Michael Corsten · Melanie Krug · Christine Moritz (Hrsg.)

Videographie praktizieren

Kultur und gesellschaftliche Praxis

Herausgeber:

Michael Corsten
Karl-Friedrich Bohler
Hartmut Rosa

In den letzten Jahrzehnten hat es in der deutschsprachigen wie internationalen Soziologie nicht nur einen massiven Anstieg von Studien zu mannigfaltigen Kulturerscheinungen und verschiedenartigen Formen gesellschaftlicher Praxis gegeben. Es ist sowohl von einem practical turn als auch von einem cultural turn in den Sozial-, Kultur- und Geisteswissenschaften die Rede.

Die Reihe „Kultur und gesellschaftliche Praxis" hat sich den Anspruch gesetzt, die Vielfalt theoretischer und empirischer Untersuchungen im Feld der Kultur- und Gesellschaftsforschung miteinander zu verbinden. Die Reihe nimmt deshalb solche Arbeiten auf, die kultur- und praxisanalytische Zugänge systematisch verknüpfen, um darüber die symbolisch-praktische Erzeugung sozialer Welten in ihren konstitutiven Mechanismen zu rekonstruieren.

Die in dieser Reihe versammelten Studien widmen sich der Rekonstruktion von historischen, kulturellen und praktischen Bedingungen der Entstehung einzelner gesellschaftlicher Symptome und der Analyse der Gegenwartsgesellschaft als Ganzer.

Michael Corsten · Melanie Krug
Christine Moritz (Hrsg.)

Videographie praktizieren

Herangehensweisen, Möglichkeiten und Grenzen

Bibliografische Information der Deutschen Nationalbibliothek
Die Deutsche Nationalbibliothek verzeichnet diese Publikation in der
Deutschen Nationalbibliografie; detaillierte bibliografische Daten sind im Internet über
<http://dnb.d-nb.de> abrufbar.

1. Auflage 2010

Alle Rechte vorbehalten
© VS Verlag für Sozialwissenschaften | Springer Fachmedien Wiesbaden GmbH 2010

Lektorat: Frank Engelhardt

VS Verlag für Sozialwissenschaften ist eine Marke von Springer Fachmedien.
Springer Fachmedien ist Teil der Fachverlagsgruppe Springer Science+Business Media.
www.vs-verlag.de

Das Werk einschließlich aller seiner Teile ist urheberrechtlich geschützt. Jede Verwertung außerhalb der engen Grenzen des Urheberrechtsgesetzes ist ohne Zustimmung des Verlags unzulässig und strafbar. Das gilt insbesondere für Vervielfältigungen, Übersetzungen, Mikroverfilmungen und die Einspeicherung und Verarbeitung in elektronischen Systemen.

Die Wiedergabe von Gebrauchsnamen, Handelsnamen, Warenbezeichnungen usw. in diesem Werk berechtigt auch ohne besondere Kennzeichnung nicht zu der Annahme, dass solche Namen im Sinne der Warenzeichen- und Markenschutz-Gesetzgebung als frei zu betrachten wären und daher von jedermann benutzt werden dürften.

Umschlaggestaltung: KünkelLopka Medienentwicklung, Heidelberg
Druck und buchbinderische Verarbeitung: MercedesDruck, Berlin
Umschlagbild: Kristina Schierbaum
Gedruckt auf säurefreiem und chlorfrei gebleichtem Papier
Printed in Germany

ISBN 978-3-531-17648-2

Inhalt

Michael Corsten
Videographie praktizieren – Ansprüche und Folgen.
Ein methodisch-theoretischer Streifzug durch die Beiträge des Bandes 7-22

1. Teil: Videos als massenmediale Inszenierungen

Jo Reichertz / Carina Jasmin Englert
Kontrolleure in der Trambahn.
Zur Methode und Methodologie einer hermeneutischen Fallanalyse 25-51

Stefan Hampl
Videos interpretieren und darstellen.
Die dokumentarische Methode 53-88

2. Teil: Videos als wissenschaftliche Dokumentationen

Jörg Dinkelaker
Simultane Sequentialität.
Zur Verschränkung von Aktivitätssträngen in Lehr-Lernveranstaltungen
und zu ihrer Analyse 91-117

Michael Hecht
Das Heben und Senken eines Armes.
Ablauf einer ethnomethodologischen Konversationsanalyse von Videos
aus deutschen und kanadischen Schulen 119-137

Thomas Irion
Hypercoding in der empirischen Lehr-Lern-Forschung.
Möglichkeiten der synchronen Analyse multicodaler Datensegmente
zur Rekonstruktion subjektiver Perspektiven in Videostudien 139-161

Christine Moritz
Die Feldpartitur.
Mikroprozessuale Transkription von Videodaten 163-193

Ronald Kurt
Diener zweier Damen.
Videobasierte Sozialforschung zwischen Datendokumentation und
Filmproduktion 195-208

3. Teil: Videos als Mittel der Selbstreflexion

Regine Hilt
„Mir gefällt am meisten der Wasserfall".
Eine forschungspraktische Annäherung an die diagrammatische
Videographie am Einzelfall 211-239

Astrid Baltruschat
Der Interpretationsprozess nach der dokumentarischen Methode am
Beispiel von Kurzfilmen über Schule 241-267

4. Teil: Methodologische Reflexionen

Ralf Bohnsack
Zugänge zur Eigenlogik des Visuellen und die dokumentarische
Videointerpretation 271-294

Zu den AutorInnen 295-298

Videographie praktizieren – Ansprüche und Folgen.
Ein methodisch-theoretischer Streifzug durch die Beiträge des Bandes

Michael Corsten

Dass der Einsatz von Videoaufzeichnungen sich in den aktuellen sozial–, bildungs– und kulturwissenschaftlichen Forschungen größter Beliebtheit erfreut, bedarf eigentlich keiner ausführlichen Begründung mehr, sondern ist mittlerweile ein Allgemeinplatz. Die Hoffnungen auf die durch Videoaufzeichnungen gewonnenen Daten scheinen groß. Aber: Welche genauen Erwartungen sind mit ihrem Einsatz verbunden und welche Funktionen im Forschungsprozess sollen die visuellen Daten übernehmen? Und: Lassen sich die an sie geknüpften Erwartungen auch erfüllen? Und wenn ja: Wie? Auf welche Weise, mit welchen Methoden soll Videographie praktiziert werden.

Die Popularität einer neuen Erhebungstechnik befördert also Fragen und Probleme. Der vorliegende Band möchte sich eben diesen methodischen Folgeproblemen widmen. Seine Beiträge beschäftigen sich deshalb mit verschiedenen Aspekten, die in der Praxis der Videographie noch ungeklärt zu sein scheinen, vor allem aber mit den methodischen Wegen ihrer möglichen Lösung.

Darum soll einleitend näher charakterisiert werden, mit welcher Art von Problemen der Forschungsprozess konfrontiert wird, wenn Videoaufzeichnungen genutzt werden. Dazu soll erstens der Status der videobasierten Daten im Forschungsprozess reflektiert werden, und die Zielsetzungen, die sich daraus ergeben (1). Zweitens stellen sich den Forscher/innen methodologische bzw. methodentheoretische Fragen, deren Beantwortung von der Beurteilung der Eigenschaften videobasiert erhobener Daten abhängt. Die methodologischen Probleme betreffen vor allem das Verhältnis von (bewegten) Bildern zur Sprache (2). Allerdings enthält auch die Differenz von stehenden und bewegten Bildern zeittheoretische Implikationen, auf die methodisch unterschiedlich geantwortet werden kann (3). Damit verknüpft sind forschungspraktische Fragen, die aber nicht ausschließlich forschungspraktischer Natur sind (4): Wie Forscher/innen mit der Reichhaltigkeit, der Mehrdimensionalität, der Multiperspektivität und der damit verbundenen Fülle der Daten konkret umgehen sollen? Und wie sie dabei die trotz der Reichhaltigkeit der Daten gegebene Selektivität der aufgezeichneten Handlungsausschnitte und deren Montage in Rechnung stellt? Und ob videobasierte Daten als einzige Materialquelle sinnvoll erscheinen oder durch den Einsatz weiterer Erhebungsinstrumente – z.B. in Form von Triangulation – im Forschungsprozess zu ergänzen sind? (5) Am Ende des Streifzugs gebe ich eine kleine Einführung in den Aufbau des Bandes und die Gliederung der Beiträge und erläutere den Stellenwert der DVD, die wir zusammen mit dem Buch zur Verfügung stellen (6).

1 Zum forschungslogischen Status videobasierter Daten

Wenn hier bisher von videobasiert erhobenen Daten oder Videographien die Rede war, so ist diese Sprechweise noch tendenziell unbefriedigend. Im weitesten Sinn sind damit alle Dokumente bezeichnet, die als filmisches Material und damit ggf. auch in Form einzelner Bilder (Einstellungen) vorliegen. Filmische Daten, die heute zumeist über Videotechnik produziert werden, aber selbstverständlich historisch auf frühere visuelle Aufzeichnungstechniken (bis hin zum Daumenkino) zurückblicken, können mit verschiedenen Zielsetzungen erzeugt werden und dabei verschiedene Funktionen erfüllen: Aufnahmen können zum Zwecke wissenschaftlicher Dokumentation, zur Erinnerung an besondere Anlässe und Begebenheiten im Alltag von Filmamateuren oder mit künstlerischem oder journalistischem Anspruch von berufsmäßigen Filmemachern hergestellt werden. Alle drei so unterscheidbaren Materialarten sind mögliche Gegenstände videographisch orientierter Forschung.

Von videographisch orientierter Forschung soll hier die Rede sein, wenn Wissenschaftler Filmmaterial als Datenbasis im Rahmen einer Untersuchung verwenden. Der Erhebungsprozess dieser Daten ist dann je verschieden. Im Fall wissenschaftlicher Dokumentation werden die Filme bzw. Videoaufzeichnungen von den Forscher/innen in der Regel selbst generiert. In den beiden anderen Fällen sind die Wissenschaftler darauf angewiesen, dass Ihnen Privatpersonen (oder Organisationen) Daten, die sie produziert haben, zur Verfügung stellen – oder sie müssen nach diesen in öffentlich zugänglichen Medien (z.B. Internet, Fernsehen) recherchieren. Ein Grenzfall stellt die Variante dar, in denen Forscher Alltagsmenschen bitten, Szenen ihrer Lebenspraxis selbst per Video festzuhalten.

Allein die unterschiedliche Erzeugung des videobasierten Datenmaterials verweist somit bereits auf eine je verschiedene Stellung, Rolle oder Funktion, die das filmische Material im Forschungsprozess besitzt. Diese scheinen zunächst gegenstandbezogener Art zu sein: wenn ich Medienkommunikation erforschen will, kann ich gleich die Daten nutzen, die von den Medien erzeugt werden; wenn ich wissen will, wie Privatmenschen Aufzeichnungsmedien nutzen, dann liegt es nahe, filmisches Material zu recherchieren, das von Laien produziert wurde. Spätestens bei der Reflexion der möglichen Erkenntnisabsichten, die mit der gezielten Erhebung videobasierten Datenmaterials im Forschungsprozess verfolgt werden, wird deutlich, dass mit der je verschiedenen Erzeugung von Datenmaterial methodische Entscheidungen zu treffen sind, die über inhaltliche Klärungen der Untersuchungsziele hinaus methodologischen bzw. methodentheoretischen Charakter besitzen.

In diesem Zusammenhang hängt die Entscheidung über den Einsatz videotechnischer Aufzeichnungen nicht allein vom inhaltlichen, sondern verstärkt vom forschungslogischen Status bzw. Wert der Filmdaten ab. Hier lassen sich folgende typische Leistungen videobasierter Daten unterscheiden. Erstens sind videobasierte Daten forschungslogisch schon allein dann unverzichtbar, wenn sich über sie Informationen methodisch kontrolliert erzeugen und wieder verwertbar machen lassen, die auf andere Weise gar nicht oder allenfalls deutlich unvollständiger und unzuverlässiger erhoben werden könnten. Darunter fallen tendenziell alle Formen von Beobachtungs- bzw. Verhaltensdaten. Wenn ich Unterrichtsverhalten von Lehrern und/oder Schüler beobachten möchte, sind Videodaten hinsichtlich der Gütekriterien der Exaktheit, Lückenlosigkeit und Zuverlässigkeit als Beobachtungsprotokoll kaum zu übertreffen[1].

Allerdings ist diese Form des Einsatzes von Videodaten relativ beschränkt. Sie erstreckt sich auf die Beweisbarkeit von Einzelaussagen über Beobachtungsdaten. Wie oft lässt sich bspw. anhand der Videoaufzeichnung von Gesichtern die Kommunikation von Missachtung innerhalb eines therapeutischen Gesprächs auszählen? Dazu bedarf es lediglich der trennscharfen Codierung von Gesichtsausdrücken (vgl. Ekman/Friesen 1975), ihrer Videoaufzeichnung und eines Auszählungsprinzips.

Schwieriger in methodologischer Hinsicht wird es dann, wenn die visuellen Daten nicht dem Nachweis des Vorliegens singulärer Sachverhalte dienen sollen, sondern dem Beweis von Gesetzmäßigkeiten sichtbarer individueller oder sozialer Verhaltensregelmäßigkeiten oder der Rekonstruktion von symbolischen Regelmäßigkeiten. Unter Gesetzmäßigkeiten fallen in diesem Kontext alle Zusammenhangsannahmen die sich auf sichtbare Ereignisse und Zustände in der Welt beziehen. Mit symbolischen Regelmäßigkeiten sollen im weitesten Sinne alle regelartigen Zusammenhänge angesprochen sein, in denen Gegenständen, Ereignissen oder Lebewesen Bedeutung zugeschrieben wird, also um Regelmäßigkeiten der Kommunikation im weitesten Sinn. Dann haben wir es mit zwei (verschiedenen) methodologischen Problemen zu tun, die im folgenden Abschnitt genauer betrachtet werden. Es fragt sich nämlich, ob es spezifische Gesetzmäßigkeiten (in der Welt) gibt, deren Überprüfung methodisch vornehmlich auf der Basis von videobasiert gewonnenen Beobachtungsdaten erfolgen muss, einerseits, und ob es spezifische symbolische Regelmäßigkeiten gibt, die vornehmlich auf der Verwendung visueller, aber nicht textueller (d.h. wort- bzw. schriftsprachlicher) Zeichen beruhen, andererseits. Das letzte Problem verweist auf die Differenz und auf das Verhältnis von Filmdaten als spezifische Bild-Zeichen und Sprache als Wort- und Satzzeichen.

2 Zum Verhältnis von Film, Bild(ern) und Sprache

Eine Reihe von Kultur- und Sozialforscher/innen, die videobasiertes Datenmaterial verwenden, setzen die Eigenständigkeit der über Film- bzw. Bilddokumente hergestellten Symbolebene voraus. Dementsprechend wird von einer konstitutiven bzw. wesentlichen Differenz zwischen Bildsprache und Textsprache ausgegangen, wobei teilweise sogar gänzlich die Analogie zur Sprache in Zweifel gezogen wird. In diesem Band sind es die Beiträge von Astrid Baltruschat, Ralf Bohnsack, Ronald Kurt oder Stefan Hampl, die aus je unterschiedlicher Perspektivik das Argument der Eigenlogik des Bildlichen bzw. Filmischen stark machen und deshalb fordern, dass auch in der Methodik der Eigenlogik des Visuellen ein Primat gebührt. Andere der hier versammelten Beiträgen (z.B. Jo Reichertz, Christine Moritz oder Regine Hilt) erkennen zwar die Bedeutung der analytischen Trennung zwi-

---
[1] Ein gewisses Problem ergibt sich allerdings aus der Selektivität des Materials (s. 4.).

schen Bild– und Sprachebene bei der Interpretation an, enthalten sich allerdings eher in der Frage des methodischen Primats. Was aber hat es mit dieser Trennung auf sich?

Zunächst einmal ließe sich doch der Zusammenhang der bildlich bzw. filmisch aufgezeichneten (symbolischen) Merkmalsausprägungen als Gesetzmäßigkeit verstehen. Denkbar wäre etwa ein Mechanismus von Signalwirkungen. Ein Reiz wird gesehen, so dass Akteure darauf mit einer Reaktion ‚antworten'. Dazu benötigten die Forscher lediglich ein Kausalgesetz der Art: immer wenn etwas visuell Wahrnehmbares einen bestimmten Reiz auslöst, dann erfolgt eine spezifische Reaktion des Akteurs. Zur empirischen Überprüfung einer solchen Gesetzmäßigkeit genügten dann analytisch trennscharfe Einzelbeobachtungen des Reizes und der darauf folgenden Reaktionen, die über Videodaten gewonnen werden könnten. In diesem Fall hätte jedoch das filmisch dokumentierte Material keine eigenständige symbolische Regelmäßigkeit. Es handelt sich um eine Reiz–Reaktions–Verkettung, die auch vermittels anderer Rezeptoren (Hören, Schmecken, Fühlen, usf.) über den gleichen Kausalmechanismus erfolgen würde. Es wäre eine für alle Wahrnehmungsorganen ausgestatteten Organismen gleiche Verhaltensregularität. Damit wäre es wissenschaftslogisch und methodologisch überflüssig, eine über die Verhaltensregularitäten der Organismen hinausgehende Symbolebene des Bildlichen oder Filmischen zu postulieren. Darin liegt ein unbestreitbarer Effizienzvorteil behavioristischer Wissenschafts– und Forschungslogik. Sie kommt mit einer sparsameren Ontologie[2] aus.

Aus dieser Perspektive lässt sich jedoch ein spezifischer zeichentheoretisch (linguistisch) relevanter Sachverhalt nicht klären, nämlich die Arbitrarität der im Filmen und/oder Bildern verwendeten bzw. dokumentierten Zeichen. Als arbiträr werden Zeichen dann angesehen, wenn ihre Bedeutung nicht durch Kausalgesetze vorgegeben, sondern durch Operationen der Bedeutungsfestlegung der Zeichenverwender hergestellt werden (Bedeutungskonventionen, wie die Wahl der Hutfarbe für den Bösewicht im Film, die auf der kollektiven Übereinkunft beruhen, für was ein Zeichen steht oder wie es im Rahmen eines Symbolsystem verwendet werden kann). Bedeutungsinhalt (das ‚Was') und Verwendungsweise des Zeichens (das ‚Wie') beruhen dabei auf Übereinkunft, wobei solche Übereinkunft auch in actu, also durch übereinstimmende Weise der Zeichenverwendung in einem gesellschaftlichen Handlungskontext (Praxis) hergestellt werden kann, ohne dass eine explizite Einführung der Anwendungsregeln der Zeichen vorausgegangen sein muss. In der Filmgeschichte lässt sich dies an Mustern des Zitierens beobachten. So weisen Reichertz und Englert in ihrem Beitrag auf das Motiv der einfahrenden Lokomotive hin, das auf die Gebrüder Lumiere zurückgeht und immer wieder zitiert wird, oder Astrid Baltruschat bzw. Regine Hilt in ihren Beiträgen zu diesem Band auf spezifische Montagetechniken, die letztlich auf Sergei Eisenstein zurückgehen.

Regine Hilt knüpft in ihrem Beitrag ganz explizit an den strukturalen Ansatz der Filmanalyse an, in dem den Bildern und ihrer synchronen wie diachronen Anordnung im Film eine grammatische Struktur zugewiesen wird. Auf der Grundlage eines hinsichtlich seiner

---

[2] Für sie gibt es im Wesentlichen nur Einzelphänomene und Kausalgesetze. Die Begründung von Handlungen über Intentionalität, Bedeutung oder die Selbstreferentialität von Zeichengebrauch bzw. Kommunikation könnten als überflüssige Scheinerklärungen entfallen.

Materialität spezifischen symbolischen Mediums – wie dem Bild, dem Film, der Musik und/oder dem Text – wird ein selbstorganisierter symbolischer Raum konstituiert. Wenn aber dann von visuellen Grammatiken des Films, der Körpersprache oder des Bildes gesprochen wird, lassen sich dann klassische linguistische Leitbegriffe wie Syntax, Semantik oder Pragmatik einfach auf die Medien/Materialitäten der Bilder, Körper oder Filme übertragen? Gibt es dann in Bildern, an oder auf Körpern oder in Filmen etwas Analoges zu Wörtern, Sätzen und ihren Verwendungsregeln in der Sprache? Und wenn es mit der verbalisierten bzw. textuellen Sprache symbolisch vergleichbare Strukturierungsmuster in Bildern, Filmen oder Körpern und ihren Moden gäbe, würde dies zum Postulat einer übergreifenden strukturalen Tiefengrammatik führen müssen, die auf alle Zeichensysteme übertragbar wäre? Müsste dann von einer Grammatik des Handelns, der Psyche, der Motive und noch mehr gesprochen werden?

Vielleicht hilft ein Blick in die Argumentationen der AutorInnen dieses Bandes, um das Spektrum der Antwortmöglichkeiten auf diese Fragen zu eruieren. So rechnet Astrid Baltruschat (ausgehend von der Dokumentarischen Methode und ergänzt um Differenzierungen im Anschluss an Imdahl und Panofsky hinsichtlich der ikonographischen und vor-ikonographischen Ebene der Interpretation) Bildern und Filmen eine eigene Symbolebene zu. Allerdings möchte sie – ganz im Sinne Karl Mannheims – den Geltungscharakter bestimmter symbolischer Regeln und Verwendungsweisen einklammern, um zum sogenannten Dokumentarischen Sinn vorzudringen. Dazu müssten die Interpreten die „ikonografischen Codes hinter sich lassen" (Baltruschat, i.d.B.). Worin aber besteht die ikonographische Symbol- bzw. Codeebene genau? Baltruschat nennt als Beispiele Handlungen und Geschichten, die wir automatisch gedanklich entwerfen, wenn wir mit bestimmten Bildern konfrontiert werden, z.B. mit dem Heben des Hutes, das wir unweigerlich als Grüßen identifizieren. Anschließend an Barthes bezeichnet sie dies als den „entgegenkommenden Sinn" eines Bildes bzw. einer Bildsequenz.

Symbolanalytisch bedeutsam erscheint mir dabei das Argument, dass es sich um eine Form der Bedeutungszuweisung handelt, die durch Konnotationen hergestellt wird. Einer bildlich (oder über andere Zeichen) wahrgenommenen Einheit (x) wird mit einer weiteren Bedeutung (y) konnotiert. Oder im Rahmen der Searle'schen Sprechakttheorie ausgedrückt: X gilt als Y in Kontext C. Die dokumentarische Methode, so wie sie heute von Bohnsack, Baltruschat, Hampl in diesem Band und von weiteren Autoren vertreten wird, sucht somit nach einem Bruch mit den pragmatischen Bedeutungskonventionen des Common Sense, wobei bereits der „erste Arbeitsschritt, in dem das *Was* beschrieben wird, ... die ikonografischen Bedeutungen soweit wie möglich einklammern" soll (Baltruschat, idB, mit Verweis auf Bohnsack 2005: 253f, Bohnsack 2009: 141ff).

Genau in dieser Frage nehmen Jo Reichertz und Carina Jasmin Englert eine gemäßigtere Position ein. Zwar unterscheiden auch sie – mit explizitem Verweis auf die Parallele zu Bohnsack und anderen Vertreter/innen der dokumentarischen Methode – zwischen dem Was der inhaltlichen Zeichenbedeutung und dem Wie der Zeichenverwendung. Allerdings lassen sich aus ihrer Sicht (bewegte) Bilder nur unter Rückgriff auf Wissen verstehen – und daher wird den Interpreten gestattet, auf sehr viele und unterschiedliche Wissensarten zurückzugreifen, die zum Verständnis eines Bildes bzw. eines Filmausschnitts beizutragen vermögen.

Die Differenz der hier von Baltruschat, Bohnsack und Hampl vertretenen Position der Dokumentarischen Methode und der von Reichertz und Englert eingenommenen Perspektive der sozialwissenschaftlichen Hermeneutik besteht daher sowohl in gegenstandsbezogener als auch in methodischer Hinsicht. Gegenstandsbezogen geht es um die Frage nach der Theorie symbolischer Praxis, die bei der Analyse videobasierten Datenmaterials zugrunde gelegt wird. Einen ersten Standpunkt hatten wir mit dem Verhaltensregularismus kennen gelernt. Im Filmmaterial sind diesem Standpunkt zufolge lediglich empirische Verhaltensregelmäßigkeiten im Sinne von Kausalverkettungen zwischen Wahrnehmungen, Verhaltensimpulsen und Verhaltensselektionen festzustellen. Neben dem Verhaltensregularismus lassen sich jedoch noch Regulismus und eine Idee impliziter Regelbefolgung einnehmen (Detel 2006: 54-63) Der Regulismus postuliert dabei, dass die Regeln symbolischer Praxis kognitiv implementiert sind, d.h. den Regelbefolgern ihrem Gehalt nach zugänglich sind. Wenn ein Akteur einen Hut hebt, dann ist im kognitiv verfügbar, dass er eine Grußhandlung vornimmt. Die Idee der impliziten Regelbefolgung behauptet dagegen, dass im genannten Fall das Heben des Hutes ohne reflexiven oder expliziten Bezug auf die Regel des Grüßens erfolgt.

Insbesondere in den Argumentationen von Baltruschat und Bohnsack wird deutlich, dass in ihrer Anwendung der Dokumentarischen Methode der Standpunkt der impliziten Regelbefolgung eingenommen wird. Die wissenssoziologische Position von Reichertz und Englert ist demgegenüber mit einem schwachen Regulismus verträglich. Wenn Bohnsack oder Baltruschat ganz offensiv einen „Bruch mit dem Common Sense" fordern und damit eine markante Differenz zu den anderen Ansätzen der interpretativen Sozialforschung beanspruchen, argumentieren sie ganz im Sinne einer Idee der impliziten Regelbefolgung:

„Sie (gemeint ist die interpretative Sozialforschung jenseits der Dokumentarischen Methode, MC) findet somit keinen systematischen Zugang zu den impliziten Wissensbeständen, deren Rekonstruktion als wesentliche Voraussetzung angesehen werden kann für den Zugang zum visuellen Material in seiner Eigenlogik." (Bohnsack, idB, S. 277)

Für Bohnsack stellen diese impliziten Wissensbestände einen modus operandi dar, die der Verständigung im Bildmedium immanent[3] seien:

„Eine Verständigung im Medium des Bildes selbst vollzieht sich aber eben – in den umfassenden Bereichen, in denen sie als solche gelingt und sich nicht (ergänzend) des Mediums Sprache bedienen muss – auf der Basis impliziter (gemeinsam geteilter) Wissensbestände. In diesem Sinne, indem nämlich handlungsleitendes Wissen in ihnen ‚gespeichert' ist, bilden sie eine Handlungspraxis ab bzw. repräsentieren sie handlungsleitendes Orientierungswissen. Das handlungsleitende Potential der Bilder erschließt sich mir, indem ich den in ihnen sich dokumentierenden modus operandi bzw. Habitus rekonstruiere, wie er in den abgebildeten Gebärden und der räumlichen Positionierung der abgebildeten Bildproduzenten zueinander, also der szenischen Choreografie (dazu auch: Kap. 8), seinen Ausdruck findet" (Bohnsack, idB, S. 280).

---
[3] Bohnsack spricht ausdrücklich auch von der über bildliche (visuelle) Medien hergestellten Kommunikation als selbstreferentiellem System.

Es ist zunächst im hier zitierten Argument von Ralf Bohnsack nicht ganz klar, ob die impliziten Wissensbestände nicht doch letztlich eine Regel repräsentieren, die dem Handelnden im Prinzip verfügbar sein könnte, insbesondere dann, wenn davon die Rede ist, dass es als „handlungsleitendes Wissen in ihnen gespeichert ist". Worauf Bohnsack jedoch hinweisen will, ist, dass dieses Wissen nicht in den Köpfen bzw. in Form von mentalen (geistigen) Orientierungen existiert, sondern als „modus operandi", als Habitus, als eine Art des Handelns, die inkorporiert – also in Körperhaltungen, Positionierungen und Bewegungsformen übergegangen – ist. Nun sprechen Reichertz und Englert in ihrem Beitrag allerdings auch davon, dass innerhalb einer wissenssoziologisch-hermeneutischen Rekonstruktion von videobasiert erhobenem Datenmaterial implizites Wissen explizit gemacht werden soll.

> „Auch wenn das übrige deutungsrelevante Wissen sozialen Ursprungs ist, bedeutet das nicht, dass alles im festen Griff des Bewusstseins ist. Viel Wissen, das einmal bewusst war und dann routinisiert wurde, ist unter die Bewusstseinsschwelle abgesunken, anderes war nie bewusst und wurde durch die Teilhabe an sozialen Praktiken erworben und inkorporiert. All dies Wissen kann man entweder reflexiv wieder heben oder aber in der Praxis der Deutung einsetzen." (Reichertz/Englert, idB, S. 39)

Es scheint nun so, dass Bohnsack im Unterschied zu Reichertz/Englert den Habitus bzw. den modus operandi selbst zu einer eigenen Regulationsebene macht und ihn dementsprechend scharf vom common sense, der aus seiner Sicht eine Alltagstheorie im Sinne von Reflexionswissen darstellt, abzugrenzen versucht.

Es soll hier jedoch nicht um die Frage gehen, welche der genannten Positionen im Recht ist, sondern darum, auf die (möglichen) methodischen Folgen hinzuweisen, die letztlich von unterschiedlichen gegenstandstheoretischen Auffassungen der Regulationsweise symbolischer Praxis herrühren, die im videographierten Material dokumentiert ist. Hier unterscheiden sich wiederum Dokumentarische Methode und wissenssoziologische Hermeneutik in der methodischen Frage, welche Art von Wissen bei der Interpretation von Bild- und Videodokumenten einzuklammern bzw. zu suspendieren sei.

Während bei Reichertz/Englert lediglich das Wissen um den äußeren Kontext einzuklammern sei, treten die Vertreter der Dokumentarischen Methode entschieden dafür ein, das sprachlich-textliche Vorwissen bei der Interpretation zu suspendieren, um die Eigenständigkeit der visuellen Ebene, der stehenden und bewegten Bilder, zugänglich zu machen. Für Bohnsack, Baltruschat oder Hampl bedeutet das, vor allem in den ersten Schritten der Interpretation auf „ikonographisches Wissen" und auf Interpretationen, die auf einem „entgegenkommenden Sinn" basieren, (methodisch kontrolliert) zu verzichten.

So ist es für Bohnsack oder Hampl sekundär, dass man in der ersten Einstellung der Fernsehshow Instanbul Total Stefan Raab in den orientalischen Gewändern eines Sultans vor der Kulisse Instanbuls erblicken kann. Weit wichtiger ist eine Besonderheit der Bildkomposition, in der die Balkonbrüstung, auf der Raab steht, und das im Bildhorizont sichtbare Stadtbild von Instanbul, deutlich voneinander geschieden sind.

Während demgegenüber wissenssoziologische Analysen sich durchaus mit den Besonderheiten der im Bild gezeigten kulturellen Zeichen (Kleidungsstücke, Bauten, Schiffe, usf) beschäftigen – und daran womöglich ähnliche Ambiguitäten wie die der Bildkomposition festgestellen –, konzentriert sich die Dokumentarische Methode im ersten Schritt auf die vor-ikonographisch rekonstruierbaren Indizien und fokussiert auch in späteren Analyseschritten stärker auf die szenische Choreographie des Bildes.

Die erste Gruppe von methodischen Problemen, die mit der Praxis der Videographie verbunden sind, führt somit zu einer Renaissance gegenstandstheoretischer Fragen, die sich auf die Art der Regulation einer symbolischen Praxis beziehen, die Verständigung im Medium bewegter und stehender Bilder herstellt. Wie ist diese Regulation visuell mediatisierter Verständigungspraxis zu beschreiben, zu klären oder gar zu erklären? Welche methodischen Konsequenzen gehen von der Wahl eines symboltheoretischen Analysestandpunkt aus? Welche Art von Wissen ist bei der interpretativen Rekonstruktion von Bild- und Videodokumenten aus methodischen und methodologischen Gründen einzuklammern, welches bevorzugt zu nutzen? Zu guter Letzt lässt sich fragen: Sind die aufgeworfenen grundlagentheoretischen, methodologischen und methodischen Fragen tatsächlich folgenreich in Bezug auf die konkreten Resultate interpretativer Forschung? Oder könnte man vielleicht sogar auf der Basis von gegenstandstheoretisch unterschiedlichen Annahmen und verschiedenen Interpretationsmethoden zu konvergierenden oder gar übereinstimmenden Forschungsergebnissen gelangen?

3 Verständigung im Bildmedium – laufende oder still gestellte Zeit?

Wenn von bewegten und stehenden Bildern die Rede ist, so stehen hier zwei Dokumentformen gegenüber, die in zeittheoretischer Hinsicht kaum unterschiedlicher sein könnten: Der Film (oder das Handlungsgeschehen) als Bilderfluss und das Bild (oder die Handlung, die Geste, Gebärde) als Momentaufnahme. Methodisch steckt dahinter das Problem, dass Filme als laufende Bilder oder das an den Beobachtern vorüberziehende Handlungsgeschehen sich gewissermaßen nie im Stillstand zeigen, sondern als sich aneinander reihende Vollzugswirklichkeiten zu registrieren und praktisch zu bewältigen sind.

Die interpretative Sozialforschung – und dies gilt auch schon für die Technik der Sequenzanalyse im Bereich der Textinterpretation – hält also mittels technischer Aufzeichnungsmedien etwas fest, das im Bereich der Alltagspraxis in der Zeit fortläuft.

Das damit verbundene Problem möchte ich anhand von zwei Kommentaren – einem populärkulturellen und einem praxis-soziologischen – verdeutlichen. Beginnen wir mit dem populärkulturellen; er stammt von Rudi Michel, einem Fußballreporter und bezieht sich auf den Einsatz von Standbildern bei der Kommentierung und Analyse von Spielsituationen durch den ebenfalls als Fußball-Kommentator tätigen Trainer Jürgen Klopp während der Fußball-Weltmeisterschaft 2006 in Deutschland:

> Ich halte Klopp für einen sehr intelligenten Menschen, der das Medium Fernsehen sehr gut zu nutzen versteht. Aber wenn er auf seinen Bildschirm drückt und das Spiel anhält, um mir zu erklären, was da passiert ist, dann ist das für mich des Guten zu viel. Das wirkliche Spiel wird nie angehalten. Deshalb kann man es mit solchen Mitteln auch nie wirklich erklären oder diskutieren, geschweige denn verstehen. (Rudi Michel, 16.08.2006, im „Tagesspiegel")

Wenn man die Äußerung von Rudi Michel forschungslogisch ernst nimmt, dann steckt in ihr der Vorwurf eines methodischen Kategorienfehlers. Es handelt sich nicht nur um ein einfaches Validitätsproblem, auch wenn es das auch ist. Die Standbilder des Spiels – so Michel – sind zwar ein empirisches Datum, auf das wir uns beziehen können. Aber diesem Datum entgehe eine wichtige Eigenschaft des untersuchten Gegenstands – hier dem Spiel. Es zeigt nicht den Spielfluss; und für Michel ist der Spielfluss das Wesentliche am „wirklichen" Spiel.

Übertragen wir dieses Argument nun auf eine Soziologie der symbolischen Praxis – am besten gleich mit Hilfe des derzeit führenden Praxistheoretikers Pierre Bourdieu – finden wir eine erstaunliche Parallele. Für Bourdieu ist das Wesentliche an der Praxis der

> Sinn für das Spiel, ..., eine recht genaue Vorstellung von dem fast wundersamen Zusammentreffen von Habitus und Feld, von einverleibter und objektivierter Geschichte, das die fast perfekte Vorwegnahme der Zukunft in allen konkreten Spielsituationen ermöglicht. (Bourdieu 1987, S. 122).

Aber das Spiel bzw. die Praxis unterliege einer besonderen Logik, auf die sich der Spielsinn bzw. der praktische Sinn ausrichte, und zwar vor allem in zeitlicher Hinsicht:

> Wenn man den Fehler ausgemacht hat, der darin besteht, die theoretische Sicht der Praxis für das praktische Verhältnis zur Praxis auszugeben, genauer noch darin, der Praxis das Modell zugrunde zu legen, das man zu ihrer Erklärung erst konstruieren muss, wird man auch schon gewahr, dass dieser Fehler auf der Antinomie zwischen dem Zeitbegriff der Wissenschaft und dem Zeitbegriff des Handelns beruht (Bourdieu 1987, S. 148).

Also auch für Bourdieu rollt das Spiel, rollt die Praxis in der Zeit ab und weist dabei Eigenschaften wie Unumkehrbarkeit, Rhythmus, Tempo und Richtung auf –

> Kurzum, die Praxis ist schon wegen ihrer ganzen Eingebundenheit in die Dauer mit der Zeit verknüpft, nicht bloß, weil sie sich in der Zeit abspielt, sondern auch, weil sie strategisch mit der Zeit und vor allem mit dem Tempo spielt. (Bourdieu 1987, S. 149)

Das Spiel bzw. die Praxis lassen sich also deshalb nicht anhalten, weil sich die Zeit nicht anhalten lässt. Aber wie reagieren nun die Methoden der Bild- und Videoanalyse auf diese zeitliche Besonderheit symbolischer Praxis? Und was bedeutet es umgekehrt, dass Bilder als Momentaufnahmen Teil der Praxis sind? Dass ihre Funktion im Alltag, aber auch in Wissenschaft und Kultur gerade darin besteht, etwas festzuhalten, was eigentlich ständig im Fluss befindlich ist? Was bedeutet es, dass im videographisch festgehaltenen Material nun sogar auf mehreren Wahrnehmungsebenen Zeichen und Zeichenfolgen aufgezeichnet wurden? Und wie lässt sich diese mehrdimensionale Mannigfaltigkeit des Bild- und Videomaterials methodisch kontrolliert bearbeiten – ohne dabei die zeitliche Eigenart des darin dokumentierten laufenden Geschehens, der Vollzugswirklichkeiten, zu tilgen?

Die Beiträge in diesem Band nehmen zu diesen Fragen unterschiedliche methodische Haltungen ein. Eine Möglichkeit besteht in der Anlehnung an Protokollierungstechniken der Musik – Notationssysteme und Partituren –, so wie in diesem Band explizit in den Darstellungen von Christine Moritz, Regine Hilt oder Jo Reichertz und Carina Jasmin Englert vorgeführt wird. Eine Partitur vermag sowohl Takt, Rhythmus, Tempo als auch verschiedene Spuren, sprich mehrere Dimensionen, zu protokollieren.

Eine andere Position nehmen in ihren Beiträgen Jörg Dinkelaker, Astrid Baltruschat, Ralf Bohnsack und Stefan Hampl ein. Für sie sind die laufenden Bilder selbst das Protokoll. Sie müssen nicht in ein eigens zur Protokollierung des Bild- bzw. Filmmaterial geschaffenes Beschreibungssystem transformiert werden. Eine derartige Transformation würde auch wiederum die Eigenart des Bildlichen bzw. Filmischen destruieren. Im Vorgehen von Jörg Dinkelaker findet sich zudem nicht nur die Mehrdimensionalität, sondern auch die Multiperspektivität des Visuellen berücksichtigt, und zwar im Versuch, die Perspektiven der am Geschehen beteiligten Akteure über die Sicht der Kamera einzunehmen.

Allerdings wird in den Verfahren der Dokumentarischen Methode den Fotogrammen ein Primat vor den laufenden Bildern eingeräumt, die dann auch nur in der sequentiellen Struktur der Fotogramme berücksichtigt werden (sollen). Durch die methodologisch begründete Vorrangstellung des Fotogramms, eines die Zeit still stellendes Bildes, können der Analyse jedoch Eigenschaften des Materials entgehen, die gerade in der Bewegung liegen. Die Leserinnen und Leser des Bandes mögen sich in dem Zusammenhang der Interpretation der Sequenz „Mariannes Hände" in dem Beitrag von Astrid Baltruschat zuwenden, und sich fragen, ob die dort anhand der Filmsequenz rekonstruierte „Übergegensätzlichkeit" nicht gerade auf einer genauen Beschreibung der im Bildfluss erkennbaren Bewegung der Hände beruht. Ob die vorbildlich herausgearbeitete Gegensätzlichkeit der Handbewegungen beim Korrigieren von Klassenarbeiten auch auf der Grundlage einer nacheinander (sequentiell) erfolgenden Interpretation der Bildkomposition von Fotogrammen ersichtlich werden würde, erscheint uns zumindest fraglich. Die genaue Messung der zeitlichen Platzierung eines Fotogramms (Standbilds, stills) in einer zeitlich gleichmäßig (z.B. im Sekundentakt) protokollierten Sequenz reicht womöglich nicht in jedem Fall aus, um die der Zeitlichkeit des Bildflusses eigene Symbolik zu dechiffrieren.

4 Reichhaltig, mehrdimensional, multiperspektivisch – und trotzdem selektiv?

Schon Siegfried Kracauer (1964: 295ff) wies daraufhin, dass durch das Medium Film die Darstellungsmöglichkeiten des Handelns in beträchtlichem Umfang – etwa im Vergleich mit dem Theater – ausgeweitet werden würden. So diskutiert er im Anschluss an Beobachtungen von Erwin Panofsky (1937: 15) den häufig in Filmen anzutreffenden Einbau von Straßenszenen als nötige oder unnötige Ergänzung der Handlung, etwa im Fall der Re-

Inszenierung einer literarischen Vorlage. Der Film vermöge hierbei verglichen mit anderen dramatischen Gattungen nicht nur in minutiöser Weise die Details eines szenischen Hintergrunds, sondern vor allem den raschen und kontinuierlichen Wechsel dieser Hintergrundkontexte[4] abzubilden.

Die scheinbar unbegrenzten Möglichkeiten von auditiven Aufzeichnungen hatten bereits die Ethnomethodologen und Konversationsanalytiker Harold Garfinkel und Harvey Sacks auf die Projektidee eines „taping the world" gebracht. Repetitives Absprielen des aufgezeichneten Materials sollte die Beachtung jedes Details ermöglichen. Die Nutzung von Videoaufzeichnungen potenziert die Ebenen, auf denen visuelle Details wiederholt und genauestens betrachtet werden können. Grund für diese Potenzierung des Materials ist seine Mehrlinigkeit und Multiperspektivität. Mehrlinigkeit bedeutet hierbei, dass Informationen auf mehreren Wahrnehmungs- und Konstruktionsebenen (Handlung vor der Kamera, Kamerahandlung, Nachbearbeitung des Films) dokumentiert sind, sowie wiederholt betrachtet werden können. Multiperspektivität bezieht sich auf die Standpunktabhängigkeit der visuellen Wahrnehmung. Wahrnehmungen ändern sich je nachdem, ob ich aus der Perspektive eines Beobachters oder eines Teilnehmers auf das Handlungs- und Kommunikationsgeschehens schaue. Zudem können verschiedene Teilnehmer- und auch Beobachterperspektiven in Bezug auf ein Kommunikationsgeschehen existieren. In der Filmwissenschaft ist dies bereits bald über die Bestimmung von Kameraperspektiven methodisch berücksichtigt worden, etwa in Eisensteins (1929) Überlegungen zu dem, was sich „(H)inter den Einstellungen" tut.

Wenn hier nach einer trotz der Mehrlinigkeit und Multiperspektivität bestehenden Selektivität des Films gefragt wird, so zeigt sich diese in zwei Eigenschaften des Videomaterials, die kaum hintergehbar erscheinen: zum einen ist die Problematik der Perspektive, der Standortabhängigkeit der Aufzeichnung unvermeidbar, zum anderen ist die Materialfülle als Ganze praktisch nicht methodisch kontrolliert zu bearbeiten. Es müssen also in jeder denkbaren methodischen Lösung Entscheidungen über die Wahl einer oder mehrerer Perspektiven (Positionen), aus denen die Kamera aufzeichnet, und über die Auswahl des zu bearbeitenden aufgezeichneten Materials, getroffen werden.

Bei diesen beiden Selektionen sind wiederum die beiden Aspekte von Bedeutung, die wir in den Abschnitten zwei und drei schon gesehen hatten. Bei der Auswahl von Perspektive und bei der Selektion des intensiver auszuwertenden Materials kann das Vorwissen des Forschers wichtig sein. Zum Beispiel dann, wenn sich der Forscher mit der Kamera im Feld bewegt, kann die Perspektive seiner Kameraführung eher akteursorientiert oder beobachterneutral sein gewählt sein. Anhand der Kameraführung können auch Teilnehmerperspektiven und/oder Beobachterstandpunkte gewechselt werden. Die Kamera kann als Beobachtende das Geschehen von der Seite oder von oben aus einer oder mehreren Ecken aufzeichnen. Mit der Stellung der Kamera werden zugleich der Raum und Horizont mitdefiniert. Im

---

[4] Daraus erwächst die Chance der ‚grande illusion' (Renoir). Die filmische Darstellung wirkt authentischer, weil sie den Kontext detaillierter ausgestalten kann. So schätzt Alfred Hitchcock (1950: 22), dass die Requisite im Film mindestens viermal so groß ist wie im Theater. Die Kamerafahrt oder der Schwenk treten den Beweis an, am Ort des Geschehens zu sein und alles im Blick zu haben, nicht nur bei eintreffenden Straßenbahnen.

Beitrag von Jörg Dinkelaker – den wir bereits im dritten Abschnitt erwähnten – wird die Auswahl der Perspektive durch die gleichzeitige Einnahme zweier Kamerapositionen gelöst. Er folgt dabei tendenziell einer rollentheoretisch begründbaren Entscheidung. Die eine Kamera schaut aus dem Blickwinkel der Lehrerrolle auf die Schüler, die andere vice versa aus dem der Schüler auf den Lehrer. Durch die Wahl der Kamerapostierung soll somit nicht eine Overlooker-Position eingenommen werden, eine Perspektive, die den sozialen Raum Unterricht quasi objektiv kontrolliert, sondern ein Blickwinkel, der an interaktiven Austauschprozessen interessiert ist. Auch über diese Frage entscheidet das Vorwissen mit, hier das zum Feld Bildung und Unterricht. Der interaktive Austausch gilt aufgrund von theoretischen Vorannahmen als relevant und wird deshalb durch die Wahl zweier Kameraperspektiven in den Fokus gerückt.

Auf ähnliche Weise folgt Michael Hecht in seinem Beitrag bei der Auswahl des Materials der Maxime ‚be relevant', hier in einer ethnomethodologischen Perspektive. Dabei versucht Hecht erst gar nicht dem Problem der Selektivität zu entgehen, sondern die Auswahl und Reihenfolge der Untersuchungsschritte durch eine Vorabbestimmung von Erkenntnisziel und Orientierungskriterien methodisch kontrollierbar, zumindest nachvollziehbar zu machen. Die von Hecht angestrebte ethnomethodologische Lösung scheint somit in einer doppelten Explikation zu liegen, nicht nur der impliziten Regeln und Wissensbestände der Akteure, die über die Analyse des Materials gefunden werden, sondern zugleich einer immer wieder – zumindest in der Darstellung – mit vollzogenen Explikation des Forscherhandelns, das die Generierung der Untersuchungsergebnisse reflexiv verfügbar macht.

Reichertz und Englert machen in diesem Zusammenhang darauf aufmerksam, dass sich innerhalb des Forschungsprozesses die Maxime ‚be relevant' auch neu stellen und im Anschluss daran anders befolgt werden kann. Dies muss nicht gegen die Verfolgung einer gleichbleibenden Fragestellung sprechen. Die wesentliche Schlussfolgerung, die Reichertz und Englert daraus ziehen, ist die, dass der Forschungsprozess nur in Grenzen darstellbar ist. Dies scheint der Vorgehensweise von Hecht, die Schritte der Forschung reflexiv zu explizieren, auf den ersten Blick zu widersprechen. Aber auch Hecht beansprucht ja nicht zu zeigen, wie er Schritt für Schritt im Detail vorgegangen ist, sondern reflexiv zu machen, nach welchen Kriterien er die forschungspraktisch unvermeidlichen Selektionen vorgenommen hat.

Eine andere Weise mit dem Problem der Selektivität umzugehen, ist der Einsatz von Figuren der Verdichtung des Materials. In den Beiträgen dieses Bandes finden wir verschiedene Varianten der Materialverdichtung. Einen neuartigen Weg beschreitet hier bspw. Regine Hilt in ihrem Beitrag mit der Technik der Räumlichen Filmdiagramme. Dabei werden die in einer Sequenz aufgefundenen Fotogramme übereinander gelagert. Daraus wird ersichtlich, wie sich die Kamera in dem sie umgebenden Raum positioniert und bewegt. Es handelt sich auch um eine weitere Alternative, die im dritten Abschnitt skizzierte Problematik der Zeitlichkeit produktiv ein zu beziehen und durch Visualisierung zu verdichten. Eine andere Verdichtungstechnik wendet Stefan Hampl in seinem Beitrag an. In einem kontrastiven Tableau stellt er eine Bandbreite von Variationen homologer planimetrisch erfasster Bildkompositionen zusammen, die er aus verschiedenen Quellen gewonnen hat. Diese

Verdichtung wird möglich, da die Kontrastierung verschiedener inhaltlicher Motive die strukturellen Homologien besonders deutlich herauszuheben vermag. Die abgebildete Bandbreite zeigt - gattungsanalytisch gesprochen – den kommunikativen Haushalt in seinem strukturellen Variationsspektrum.

Ganz anders dagegen verfährt Ronald Kurt, wenn er nach einer Transformation der auf Max Weber zurückgehenden Idealtypuskonstruktion auf die Montagetechnik des Films sucht. Lassen sich – anders gefragt – die Nacharbeitungstechniken des Films (Schnitt, Belichtung, Verzerrung, Abspieltempo) nutzen, um ein mit bewegter Kamera oder mehreren Kameras gewonnenes ‚Rohmaterial' zu verdichten, um die Sinnstrukturen des aufgezeichneten Handelns in reinerer Form – also idealtypisch – herauszuarbeiten? Ob dies gelingen kann oder im Fall des Materials von Ronald Kurt gelungen ist, möge die oder der Leser/in am Beitrag und dem mit ihm zur Verfügung gestellten Material selbst beurteilen.

5 Videographie und Triangulation

Die Eigenschaft der Mehrlinigkeit impliziert noch ein weiteres methodisches Problem, das sich im Rahmen videographischer Forschung ergibt. Wenn das videobasiert erhobene Material analytisch verschiedenen Ebenen zugeordnet werden kann und forschungspraktisch auch wird, befinden wir uns dann nicht immer schon im Bereich der Triangulation, also der Notwendigkeit verschiedene Methoden zu kombinieren, bzw. der Möglichkeit mit Hilfe der verschiedenen Methoden auch unterschiedliche, womöglich sogar divergierende Ergebnisse zu einer Videosequenz zu produzieren. Müssen sich immer Homologien, Konvergenzen oder Kompatibilitäten ergeben, wenn videobasiert erhobenes Datenmaterial auf verschiedenen Analyseebenen ausgewertet wird. Muss also – an konkreten Beispielen gefragt – immer Bild- und Textebene, Text- und Tonebene, Kamerahandlung und Handlung vor der Kamera, Schnitt, usf. zu miteinander verträglichen Ergebnissen führen? Und: Was würde es bedeuten, wenn dies einmal nicht der Fall ist? Und: Was wäre dann zu tun?

Zunächst einmal ließe sich vermuten, dass sich dieses Problem in erster Linie bei den Vorgehensweisen stellt, die anhand von Partitursystemen der Protokollierung das Videomaterial (wie Moritz, Reichertz/Englert, Hilt in diesem Band) analytisch in verschiedene Datenebenen zerlegen. Christine Moritz bspw. führt in diesem Zusammenhang ein sogenanntes Dialogisches Kubusmodell als Kategoriensystem ein, das einerseits drei Ebenen (interpersonale Orientierung, Aktivitätsebene, Bewusstheitsebene) unterscheidet, aber andererseits zugleich in einer drei-dimensionalen Kombinatorik integriert. Dieses handlungstheoretisch gewonnene Kategoriensystem fungiert als Hintergrund, in den die Feldpartitur analytisch eingebettet ist. Das Kategoriensystem eröffnet ihr die Gelegenheit Divergenzen der interpretativ gewonnenen Resultate der Videoanalyse theoretisch einzuordnen. So unterscheiden sich die Akteure in ihrem Videobeispiel zwar hinsichtlich der verbalen Symbolisierungsebene, auf der sie das von ihnen gemeinsam wahrgenommene Musikstück verorten, aber sie finden zu einer Gemeinsamkeit auf einer anderen, emotiven Ebene. Die sinnlich-ästhetische Wahrnehmung bewegt sich im gleichen Resonanzkontext, im Gefühl der Angst und des Gruselns. Die auf verschiedenen Analyseebenen gewonnenen Befunde werden hier also auf der Grundlage eines integrativen Theoriemodells zueinander in Beziehung gesetzt und ermöglichen eine differenzierte Einordnung divergierender Teilergebnisse.

Systematisch mit der Frage der Triangulation beschäftigt sich der Beitrag von Thomas Irion, indem er das Problem der Auswertung von Datenmaterial, das aus verschiedenen mit einander verlinkten Symbolsystemen (etwa Protokolle verschiedener verbaler Daten, z.B. Texte, und videographierter Lehr- und Lernhandlung, z.B. Videos) stammt, als „hypermediale Datenanalyse" (Irion idB, S. 144ff) auffasst, die mit Hilfe einer Technik des „Hypercodings" erarbeitet werden könne. Die Idee des Kodierens (Codings) übernimmt Irion grundsätzlich der Grounded Theory, konzentriert sie dabei aber auf die Problematik der Kodierung von sogenannten „Hyperlinks". Mit Hyperlinks bezeichnet Irion analytische Verknüpfungen, die der Forscher im Auswertungsprozess zwischen unterschiedlichen Datensegmenten herstellt, also bspw. zwischen einer verbalen Symbolisierungsebene und einer anhand von Videoaufzeichnungen dokumentierten affektiv-habituellen Symbolisierungsebene – wie oben im Beitrag von Moritz geschehen. Die Hypercodings generieren dann jedoch eine weitere Ebene der Daten, nämlich eine Kodierung zweiter Ordnung, die sich aus dem Verhältnis von Daten (und deren Auswertung auf einer ersten Analyseordnung) aus verschiedenen Datensegmenten zueinander ergibt.

Das Hypercoding entwickelt damit möglicherweise eine weitere analytische Perspektive: Es können nicht nur – wie so oft in der interpretativen Sozialforschung – Homologien festgestellt werden, sondern auch Konstellationen im Sinne von dynamischen Relationen.

6 Zum Charakter und Aufbau des Bandes

Die Anordnung der Beiträge dieses Bandes folgt nun nicht den methodischen Problemen, die hier in der Einleitung skizziert wurden. Sie liegen gewissermaßen quer dazu und stellen sich in jedem Beitrag auf je eigene Weise. Grundsätzlich kreisen die obigen Fragen alle um die grundlegende Problemlage, ob mit videobasiert erhobenen Daten empirisches Material eigener Art produziert wird und ob es deshalb auch videoanalytische Methoden eigener Art geben muss, kurzum: ob Videographie in einer ihr eigenen Art praktiziert werden muss?

Viele der zu diesem Band beitragenden Autorinnen und Autoren würden diese Frage in der Tendenz bejahen. Wenn es aber richtig ist, dass Videographie auf eine ihrer Besonderheit angemessene Art praktiziert werden muss, dann beinhaltete dies als Konsequenz auch, dass die Darstellungstechniken der Forschungsergebnisse die Besonderheit des videographisch gewonnenen Datenmaterials in Rechnung stellen sollten. Deutlich wurde dies etwa bereits in den Argumenten der Vertreter/innen der Dokumentarischen Methode, die die Abfolge der Bilder selbst als Protokoll auffassen und dieses nicht durch ein textliches Protokoll ersetzen wollen.

Aus diesem Grund haben wir dem Band, der ja auch überwiegend die Forschungsergebnisse wiederum in textlicher Form darstellt, eine DVD hinzugefügt, die neben einigen technischen Hinweisen zum Stand von Notationssystemen und Softwareprogrammen zweierlei enthält. Erstens Rohmaterial videobasiert erhobener Daten, auf das die Autorinnen und Autoren in ihren Beiträgen eingegangen sind sowie zweitens weitere Dokumente zu Zwischenschritten der Aufbereitung des videographischen Rohdatenmaterials. Sie werden am Rand der Texte jeweils durch Icons auf Dateien auf der DVD verwiesen, auf die sie zugreifen können, um den im Text erläuterten Analyseprozess am Material selbst nachvollziehen zu können oder sich die Datenaufbereitungen der Zwischenschritte (z.B. Partituren, längere Auswertungsprotokolle, usf.) genauer ansehen zu können.

Hinsichtlich der Anordnung der einzelnen Beiträge haben wir ein einfaches Gliederungsprinzip bevorzugt. Wir folgen dabei den unterschiedlichen (sozialen) Produktionsweisen der Video- bzw. Filmdokumente. Am Anfang (*Teil 1*) stehen mit den Untersuchungen von Jo Reichertz und Carina Jasmin Englert sowie Stefan Hampl zwei Untersuchungen von *professionell hergestellten und massenmedial verbreiteten Filmdokumenten*, die jeweils aus populären Serien bzw. Shows aus dem Privatfernsehen stammen, die der Serie „TV total" angeglichene Show „TV Instanbul" (Hampl) und der auf Sat1 gesendeten Doku-Serie „24 Stunden Reportage" (Reichertz/Englert). Im *zweiten Teil des Bandes* kommen Untersuchungen zu Wort, die sich mit spezifisch *für wissenschaftliche Zwecke produzierten Videodaten* beschäftigen, wobei hier ein Schwerpunkt auf der Aufzeichnung von Bildungsprozessen liegt. Dabei untersuchen Jörg Dinkelaker und Michael Hecht in ihren Beiträgen jeweils die Interaktionsdynamiken von Unterrichtssituationen, Thomas Irion die spezifische Lehr-Lern-Situation der Instruktion im Umgang mit Computern (und Computerprogrammen) und Christine Moritz hat den Einzelunterricht in der Musik zum Forschungsgegenstand. Musikunterricht – allerdings innerhalb einer nicht-europäischen Kulturtradition – ist ebenfalls der Gegenstand des Beitrags von Ronald Kurt. Darauf folgen im *dritten Teil* zwei Darstellungen, die sich auf den *selbstreflexiven Einsatz von Videoaufzeichnungen durch Laien* (Alltagsmenschen) im Rahmen von Bildungsprozessen beziehen. Regine Hilt untersucht den Umgang von Schüler/innen mit der Kamera bei der Aufzeichnung ihrer alltagsweltlichen Wohnumgebung, Astrid Baltruschat interessiert sich für die Filmprodukte von Schüler/innen und Lehrer/innen, in denen sie ihr konkretes schulisches Umfeld mit filmischen Mittel (verdichtend) beschreiben. Abschließend im *vierten Teil* diskutiert Ralf Bohnsack zentrale *methodologische Fragen*, die sich im Anschluss an die These der *Eigenlogik des Visuellen* stellen sowie die Möglichkeiten ihrer methodischen Beantwortung im Rahmen der Dokumentarischen Methode.

Auch die methodischen Positionen der Autorinnen und Autoren liegen quer zur Logik der Gliederung. Der Band versammelt insgesamt Vertreter/innen der Dokumentarischen Methode (Baltruschat, Bohnsack, Hampl), der wissenssoziologischen Hermeneutik (Reichertz, Englert, in gewisser Weise auch Ronald Kurt), der Ethnomethodologie (Hecht), des symbolischen Interaktionismus (Dinkelaker) sowie in Teilansätzen die Filmsemiotik (im Beitrag von Hilt) oder die Dialogphilosophie (bei Christine Moritz) und in mehreren Beiträgen wird auf das Forschungskonzept der Grounded Theory (Hilt, Irion, Moritz) zurückgegriffen.

Insgesamt beansprucht dieser Band aber keine vollständige Bestandsaufnahme aller derzeit relevanten Methoden, in denen videobasiert erhobene Daten als Grundlage der Untersuchung dienen. Quantifizierende Verfahren wurden generell ausgespart, aber auch wichtige Richtungen der ethnomethodologischen Forschung oder der kommunikativen Gattungsanalyse fehlen beispielsweise. Auch wenn hier die Frage nach der Eigenlogik des Visuellen aufgeworfen wird, soll nicht von einem ‚visual turn' in der Sozialforschung gesprochen werden.

Der Band macht dagegen aufmerksam für die methodischen Konsequenzen, die es hat, wenn die These der Eigenlogik des Visuellen ernst genommen wird, und nicht zuletzt nachvollziehbar, wie forschungspraktisch anhand des konkreten Einsatzes videographischer Erhebungs- und Analysetechniken auf die mit der These der Eigenlogik verbundenen methodischen Probleme reagiert werden kann. Dazu ergänzt und kombiniert dieser Band herkömmliche schriftsprachliche Darstellungen mit videobasierten Rohdaten und ihrer ersten Aufbereitung. Ziel des Bandes ist es somit, die geneigten Leserinnen und Leser zu inspirieren und zu animieren, selbst Videographie zu praktizieren.

Literatur

Bourdieu, Pierre (1987) Sozialer Sinn. Frankfurt/M.
Bourdieu, Pierre/Boltanski, Luc u.a. (2006) Eine illegitime Kunst. Frankfurt/M. (Original 1965)
Detel, Wolfgang (2006): Philosophie des Sozialen. Grundkurs Philosophie. Band 5 Stuttgart
Eisenstein, Sergei (1929): Hinter der Einstellung. In: Kaufmann, N. (Hg.) Das japanische Kino. Moskau (zit. nach Eisenstein, Sergei: Über Kunst und Künstler. München 1977, S. 19-37)
Ekman, Paul/Friesen, Wallace V. (1975): Unmasking the Face. A guide to recognizing emotions from facial cues. Englewood Cliffs, NJ
Hitchcock, Alfred (1950): On Suspense and Other Film Matters: An Interview With Alfred Hitchcock. In: Films in Review. Vol. 1, No. 3, New York, S. 21-47
Kracauer, Siegfried (1964): Theorie des Films. Die Errettung der äußeren Wirklichkeit. Frankfurt/M.
Panofsky, Erwin (1937): Style and Medium in the Moving Pictures. In: transition 26, S. 121-133
Searle, John (1995): The Construction of Social Reality. New York

1. Teil:
Videos als massenmediale Inszenierungen

Kontrolleure in der Trambahn. Zur Methode und Methodologie einer hermeneutischen Fallanalyse[1]

Jo Reichertz & Carina Jasmin Englert

Zusammenfassung

Aufgrund der Heterogenität des deutschen Forschungsfeldes der Bild-, Film und Videoanalyse und des Fehlens eines Notationssystems für Videos, versucht der folgende Beitrag einen neuen Lösungsweg einzuschlagen, der sowohl ein neues Begriffsinventar vorschlägt als auch ein Notationssystem für Videosequenzen anbietet. Dabei werden zunächst die Grundzüge der hermeneutisch-wissenssoziologischen Videoanalyse erläutert und in einem zweiten Schritt auf ein praktisches Beispiel umgesetzt. Ziel des Beitrages ist es, eine sehr praxisnahe Methodologie zur hermeneutischen Fallanalyse zu liefern und die bisherigen Diskrepanzen durch neue Vorschläge zur Videoanalyse zwischen Theorie und Praxis zu überwinden.

1 Die aktuelle Situation der deutschen qualitativen Bild-, Film- und Videoanalyse[2]

Im Folgenden wollen wir versuchen, Videomaterial, d.h. Teile einer Fernsehsendung, die wir im Rahmen eines Forschungsprojektes digital aufgezeichnet haben, mit dem Verfahren der hermeneutischen Wissenssoziologie (Hitzler/Reichertz/Schröer 1999) zu interpretieren. Dies kann und will nur ein erster Versuch sein, der vor allem das konkrete Vorgehen bei der hermeneutischen Analyse laufender Bilder (Reichertz 2010) beschreiben und plausibilisieren will.

Die Rekonstruktion der Bedeutung einer so komplexen Sinnstruktur, wie sie einer Film- oder Videosequenz zu eigen ist, stellt die qualitative Sozialforschung vor eine Reihe neuer Probleme. Denn ohne Zweifel kann

---

[1] Der hier vorgelegte Artikel geht zurück auf unsere Einführung in die Arbeitsweise einer hermeneutischen Videoanalyse (siehe Reichertz/Englert 2010).
[2] Danken möchten wir zum einen Steffi Lenze und Christine Moritz, die bei der Erstellung der Notation immer wieder wertvolle Hinweise auf Lesarten gaben. Zum anderen danken wir den Angehörigen der DFG-Projektgruppe Oliver Bidlo, Stefanie Böhm, Phillip Roslon und Pascal Riemann, mit denen wir den Videoausschnitt *Kontrolleure in der Trambahn* über Stunden hinweg interpretierten.

sich die Auslegung einer Sequenz laufender Bilder nicht darin erschöpfen, mehr oder weniger erprobte und bewährte Verfahren der Text- und Bildinterpretation und deren Methodologie auf die neue Datensorte ‚Film' oder ‚Video' bruchlos anzuwenden (allgemein hierzu Raab 2008). Zu unklar ist nämlich, mit welcher Art von Daten man es überhaupt zu tun hat, wie man sie fixiert, wer als Autor in Frage kommt und was mit ‚Sinn' oder ‚Bedeutung' solcher Artefakte überhaupt bezeichnet wird.

Ausführliche Literaturlisten zur Bildinterpretation sowie zur Film-, Fernseh- und Videoanalyse auf DVD

Diese Fragen stellten sich Anfang der 1970er Jahre auch bei der Interpretation von Texten, weshalb man aus ihrer Geschichte sehr viel lernen kann. Mittlerweile sind innerhalb der wichtigsten elaborierten Verfahren qualitativer Sozialforschung für die Interpretation von *Texten* und in einigen Fällen auch für die Deutung von *Bildern* und manchmal auch für *Filme* und *Videos* methodologisch fundierte und (mal mehr, mal weniger überzeugende) Antworten erarbeitet worden.

Bei der Videoanalyse gilt es weiterhin zu unterscheiden: Es gibt zum ersten Verfahren, die sich mit der Deutung von Videos beschäftigen, die von Wissenschaftlern zum Zwecke wissenschaftlicher *Forschung* gedreht wurden (paradigmatisch hierfür: Heath/Hindmarsh/Luff 2010). Zum zweiten gibt es Verfahren, die sich um die Deutung von Videos bemühen, die von Amateuren zur Dokumentation von *besonderen Festen* und *Anlässen* erstellt wurden (vor allem Raab 2008). Und zum dritten lassen sich Verfahren ausmachen, welche die Analyse von Videos angehen, die von (Halb-)Professionellen erzeugt wurden, um einem *Fernsehsender verkauft* zu werden. Im Weiteren werden wir uns ausschließlich mit der Auslegung der letztgenannten Videos beschäftigen.

Der vorliegende Aufsatz möchte die Diskussion um eine angemessene hermeneutische Deutungstheorie und Deutungspraktik weiterführen, indem erst die methodologischen Prämissen einer wissenssoziologisch und somit *handlungstheoretisch* ausgerichteten Hermeneutik (erneut und in erweiterter Form) vorgestellt und die sich daraus ergebende Forschungspraxis an einem kleinen Beispiel, nämlich der Interpretation eines Teils eines Videos, nachvollziehbar verdeutlicht wird.

2 Was ist hier eigentlich los und was ist die Frage?

Bilder, Filme wie Videos begegnen den ForscherInnen nie unvorbereitet. Sie kommen nicht daher und treffen einen zufällig. Bilder wie Videos (und alle anderen Daten) werden entweder von ForscherInnen gesucht und eingesammelt oder aber sie werden erst selbst produziert – nach den Standards, die man für relevant hält. Diese Unterscheidung ist grundlegend. Was man an Daten sammelt oder erschafft, hängt nun von der Fragestellung und den daraus resultierenden Relevanzen ab. Deshalb muss man als erstes seine Fragestellung offen legen – und das möglichst präzise und konkret. Wer keine Frage hat, findet nichts. Und wer seine Frage nicht offen legt, der täuscht bestenfalls nur sich selbst.

In unserem Fall haben wir uns im Rahmen eines DFG-Forschungsprojekts zur Rolle der Medien bei der Herstellung Innerer Sicherheit in einem Forschungsabschnitt mit den Fragen beschäftigt, *welche Normen im Fernsehen on air thematisiert werden und ob das Fernsehen selbst diese Normen bewertet*. Zu diesem Zweck haben wir vom deutschen Fernsehen ausgestrahlte Sendungen, in denen Innere Sicherheit in irgendeiner Art thematisiert wird, digital aufgezeichnet und auf einer Festplatte gespeichert. Ein besonderer Typ solcher Fernsehsendungen, nämlich *Videoproduktionen* (kurz: Video), sind jene, die vorgeben, den Alltag von Personengruppen, die im Bereich der Inneren Sicherheit tätig sind (Polizisten, Zöllner, Detektive, Kontrolleure etc.), zu dokumentieren. Videoproduktionen sollen hier alle die professionellen wie nicht-professionellen Aufnahmen heißen, die mit Hilfe digitaler Videokameras aufgezeichnet wurden und deren Bilder deshalb (im Unterschied zu fotographischen Filmkameras) sofort als Bilder und als digitale Datei verfügbar sind. Einen Teil einer solchen digitalen Datei, auf der eine von einer eigenständigen Produktionsgesellschaft erstellte Sendung zum Alltag deutscher Kontrolleure gespeichert ist, möchten wir hermeneutisch ausdeuten. Das ist der Rahmen unseres Handelns. Ohne Rahmen macht nichts Sinn.

3 Grundzüge einer hermeneutisch-wissenssoziologischen Videoanalyse

Da wir im Weiteren versuchen werden, ein Video mit dem Verfahren der hermeneutischen Wissenssoziologie zu interpretieren, soll das Auswertungsverfahren hier kurz skizziert werden – wobei die allgemeine Kunstlehre der hermeneutischen Wissenssoziologie im Hinblick auf die Besonderheit des Datenmaterials modifiziert werden muss.

3.1 Die gezeigte Handlung und die Handlung des Zeigens

Die hermeneutische Wissenssoziologie interpretiert – und das ist eine zentrale Besonderheit dieses Ansatzes – ausschließlich Handlungen, also auch *Sprech-* und *Darstellungshandlungen*. Bei der Analyse von Bildern, Fotos, Filmen und Graphiken ergibt sich allerdings die Frage, welches

Handeln überhaupt Gegenstand der Untersuchung sein soll. Hier gilt ganz allgemein, und dies im Anschluss an Peters 1980 und Opl 1990, zwischen der *gezeigten Handlung (Handlung vor der Kamera)* und der *Handlung des Zeigens (Kamerahandlung)* zu unterscheiden[3]. Diese Unterscheidung gilt sowohl für die stehenden als auch für die laufenden Bilder. Mit ersterem, also der *Handlung vor der Kamera*, wird das Geschehen bezeichnet, das mit Hilfe des Bildes aufgezeichnet und somit im Bildfeld gezeigt wird, mit letzterem, also der *Kamerahandlung*, der Akt der Aufzeichnung und Gestaltung, also der Akt des Zeigens durch die Gestaltung des Bildes (plus die Gestaltung des von dem Bild Aufgezeichneten). Die Kamerahandlung selbst muss wieder unterteilt werden in die Arbeit der Kamera *während* der Aufnahme (Produktion) und *nach* der Aufnahme (Postproduktion).

Zur Handlung des Zeigens mit der Bildgestaltung gehört bei Filmen und Videos also vor allem:

a. die Wahl der Einstellung (*take*),
b. die Auswahl und Gestaltung des Bildausschnitts (also die *Kadrierung:* Ort der Inszenierung einer Handlung vor der Kamera, die Wahl der Kulissen und des sozialen Settings),
c. die Art und das Tempo des Filmschnitts,
d. die Art und Weise, wie Bild und Ton und wie einzelne Einstellungen miteinander verbunden werden (*Montage*),
e. die Kommentierung des Abgebildeten durch Filter, eingeblendete Graphiken, Texte, Töne oder Musik,
f. die Auswahl und Ausrüstung des Aufzeichnungsgeräts (Kamera) und
g. die Gestaltung der Filmkopie (Format, Qualität).

Alle diese Handlungen, also Einstellungen, Kadrierung, Schnitt und Montage greifen in der Regel auf kulturell erarbeitete Muster und Rahmen (ikonographische Topoi, Filmästhetik, Filmsemiotik) der Bild- oder Filmgestaltung zurück, weshalb die Handlung des Zeigens sich immer auch auf andere, zeitlich frühere Handlungen des Zeigens bezieht (Inferenz statt Referenz – vgl. auch Sellars 1999 und Brandom 2000 und 2001). Da die impliziten oder expliziten Entscheidungen über die wesentlichen Elemente der Bildgestaltung oft (bei kommerziellen Filmen: immer) zeitlich der Handlung im Bild vorausgehen bzw. diese dominieren, bildet die Bildgestaltungshandlung, also die Kamerahandlung, den für die (alltägliche und wissenschaftliche) Interpretation dominanten Handlungsrahmen,

---

[3] Durchaus vergleichbar mit dieser grundsätzlichen Unterscheidung ist der Vorschlag Bohnsacks, bei der dokumentarischen Interpretation von Bildern zu unterscheiden zwischen dem, *was* dargestellt wird, und der Art und Weise, *wie* etwas dargestellt wird (vgl. Bohnsack 2003a: 155-172 und 2003b).

in dem die Handlung im Bild, also die Handlung vor der Kamera, unauflöslich eingebunden ist.

Allerdings findet sich oft für die Bildgestaltungshandlung bei näherer Betrachtung kein personaler Akteur, da z.B. im Falle eines Filmes der Regisseur in der Regel nicht für alle Kamerahandlungen zuständig ist. Meist sind an der Kamerahandlung auch Kameraleute, Maskenbildner, Tontechniker, Kulissenschieber, Ausleuchter, Kabelträger, Kreative, Text- und Songschreiber, betriebseigene Medienforscher u.v.a.m. beteiligt. Das (durch Professionsstandards angeleitete) Zusammenspiel all dieser Funktionen bringt schlussendlich das zustande, was als ‚Film', ‚Show' etc. gesendet oder als Bild veröffentlicht wird. Wird im Weiteren von dem Akteur der Bildgestaltung gesprochen, dann ist immer ein ‚*korporierter Akteur*' (= Summe aller Handlungslogiken, die an der Bildgestaltung mitwirken) gemeint.

Stets kommentiert der ‚korporierte Akteur' durch die Handlung der Bildgestaltung die Handlung im Bild. Jede Auswahlhandlung von ihm kommentiert und interpretiert das Abgebildete. Auch der Versuch, mit der audio-visuellen Darstellung nur das wiederzugeben, was den abgebildeten Dingen (scheinbar von Natur aus) anhaftet, ist ein Kommentar, allerdings ein anderer als der, wenn die Kamera z. B. durch Schärfentiefe, Verzerrungen etc. auf sich selbst weist. Im ersten Fall versucht der ‚korporierte Akteur', sein Tun und die Bedeutung seiner Handlungslogik zu leugnen bzw. zu vertuschen, im zweiten Fall schiebt er sich zwischen Abgebildetes und Betrachter und bringt sich damit selbst ins Gespräch.

Aus diesem Grund geht es bei der Analyse audio-visuellen Materials um die Auffindung der sozialen Bedeutung der Handlung der Bildgestaltung *plus* der durch sie eingefangenen Handlung im Bild – und nicht allein um die Rekonstruktion der Bedeutung des gezeigten Geschehens.

3.2 Sequenzanalyse – Feinanalyse – Kalibrierung

Da es bei der Deutung von Videos in dem hier entwickelten Sinne um die Deutung von audio-visuell dokumentierten pfadabhängigen Handlungen geht, macht es auch wieder Sinn, systematisch die *Sequenzanalyse* einzusetzen. Denn im Gegensatz zu dem *still* gibt es bei Videos einen Pfad – sogar mindestens zwei Pfade, nämlich den Pfad der Handlung *vor* der Kamera und den Pfad der Handlung *mit* der Kamera. Die Sequenzanalyse deutet beide Handlungsstränge *move* für *move*, Handlungszug nach Handlungszug, zeichnet die Pfade nach, den die Handlungen vor der Kamera und die Handlungen mit der Kamera geschaffen haben.

Aber mit der Entscheidung, dass eine Sequenzanalyse möglich ist, sind noch nicht alle Entscheidungen gefallen. Es mag zwar die eine Sequenzanalyse geben, doch im Kern bedeutet der Begriff erst einmal nur, dass die Daten im Laufe ihres Entstehungsprozesses also entlang des Entstehungspfades interpretiert werden sollen und dass man keinesfalls Daten aus einem späteren Prozesszeitpunkt nutzen darf, um einen früheren Zustand zu erklären.

Jede Sequenzanalyse muss dann aber (ob implizit oder explizit, das ist ohne Belang) die interessierenden Analyseeinheiten mit der Fragestellung kalibrieren: Nicht jede Sequenzanalyse muss auch eine Feinanalyse sein, also die kleinsten sinntragenden Einheiten als Analyseeinheit wählen. Was die kleinste Einheit ist, das muss vorab immer erst bestimmt werden, indem man Fragestellung und Einheit aufeinander abstimmt, kalibriert. Denn nicht jede Sequenzanalyse setzt immer und notwendigerweise an dem scheinbar ersten Wort an und lässt alles Weitere außen vor. Geht es in der Frage um den grundsätzlichen Aufbau von Bedeutung oder gar um die Praktiken, wie Sozialität angezeigt und hergestellt wird, dann sind gewiss die kleinsten Kommunikations- und Interaktionseinheiten von Bedeutung für die Analyse. Geht es in der Frage jedoch um die soziale Bedeutung bestimmter Handlungszüge in einer sozialen Interaktion, dann muss die Feinanalyse nicht so fein sein: dann arbeitet die Sequenzanalyse mit größeren Einheiten. Bevor also bestimmt werden kann, wie fein die Sequenzanalyse eingestellt werden soll, muss eine Kalibrierung erfolgen. Ohne Kalibrierung gibt es keine Orientierung für den Interpreten, was überhaupt der Fall ist und dann kann er auch nicht mit der Arbeit beginnen.

Der Akt der Kalibrierung und dessen Notwendigkeit werden bei Sequenzanalysen gerne unterschlagen – manchmal explizit mit den Hinweis, eine solche Abstimmung der Daten auf die Fragestellung sei das berühmte und grundsätzliche verbotene Einbeziehen des Kontextes in die Analyse und das führe doch zur Subsumtion. Letztere sei unbedingt zu vermeiden. Eine solche Erklärung verdammt jede Art von Vorkenntnis als Kontextwissen, ohne zum einen verschiedene Formen von Vorkenntnissen zu unterscheiden und zum anderen sich den wirklichen Deutungsprozess einmal zu betrachten und zu analysieren. Verständlich ist eine solche Erklärung, geht doch damit das leise Versprechen einher, man könne damit dem unbeliebten hermeneutischen Zirkel entgehen. Denn das machte lange Zeit den Charme der Sequenzanalyse aus, dass sie scheinbar ohne Vorabtheorie über den Gegenstand auskam: man nehme ohne Ansehen auf die Bedeutung immer die erste Einheit einer Datenmenge und verfolge dann den Entwicklungsprozess – so eine gängige Regel der Sequenzanalyse.

Zwar kann man explizit so das Vorgehen beschreiben, doch bei der Durchführung von Sequenzanalyse müssen implizit oder explizit immer noch andere Entscheidungen getroffen werden. Hier ist es hilfreich, mindestens zwischen vier Arten von ‚Kontextwissen' zu unterscheiden:

1. Dem *Wissen um die Welt*, in der man (Forscher und Gegenstand) lebt, also dem Wissen, dass Menschen sterblich sind, dass Fernseher Bilder übertragen, dass es bestimmte ikonische Topoi gibt und dass bestimmte kommunikative Handlungen bestimmte Bedeutungen haben.
2. Dem Wissen um den *äußeren Kontext*, also dem Wissen, wie z.B. eine bestimmte Fernsehsendung produziert wurde, wer das Geld gegeben hat, wer was zu wem gesagt hat, wie der Schnitt wirklich zustande kam und etliches mehr.
3. Dem Wissen um den *inneren Kontext*, also dem Wissen, was sich in und durch die Analyse aufgebaut hat wie z.B. das Wissen darum, was in der analysierten Einheit vorher A zu B gesagt hat etc.
4. Dem Wissen um eine *wissenschaftliche Erklärung* des untersuchten Phänomens, also dem Wissen, was bereits in der wissenschaftlichen Literatur vorzufinden ist und das vorgibt, das in Frage stehende Phänomen bereits zu erklären.

Das Verdikt, kein Kontextwissen zuzulassen, weil es sonst zu grundsätzlich unproduktiven Subsumtionen kommt, bezieht sich allein auf das Wissen um den *äußeren Kontext* und mit Maßen auf das Wissen um die *wissenschaftlichen* Erklärungen. Wissen aus dem äußeren Kontext ist zu Recht nicht mit einzubeziehen, weil es den ad-hoc-Erklärungen der beteiligten Akteure einen zu starken Platz einräumt. Das Wissen um die bereits vorhandenen wissenschaftlichen Deutungen ist nur einzuklammern, keineswegs nicht zur Kenntnis zu nehmen. Wer, und das war weiter oben bereits begründet, dumm in die Analyse geht, kommt in der Regel auch dumm heraus.

Unser Plädoyer für die Zurkenntnisnahme von Weltwissen, und dazu gehört auch das Wissen, welche Dinge für welche Zwecke bedeutsam sind, möchte explizit in Erinnerung rufen, dass jede hermeneutische Interpretation, also auch die Sequenzanalyse, den hermeneutischen Zirkel nicht wirklich aufbrechen kann. Auch für Sequenzanalysen braucht man Vorwissen, man muss das Ganze kennen, um dann angeben zu können, was in der Analyse der Fall sein soll. Das ist kein Unglück, weil der hermeneutische Zirkel keine Kreise darstellt, sondern Spiralen, die sich auf ein Zentrum verdichten, also sich nicht leer immer nur um sich selbst drehen. Hermeneutik ist immer ein gerichteter Prozess und keine Kreisbewegung.

3.3 Das methodische Vorgehen

Methodisch verfolgt eine hermeneutische Wissenssoziologie *idealtypisch* folgenden Weg. In der konkreten Forschungspraxis fließen die einzelnen Phasen oft ineinander. In der Anfangsphase muss das digital fixierte audio-visuelle Datenmaterial für die Analyse aufbereitet werden. Wenn technisch möglich, sollte der Videoausschnitt immer als Ganzes zur Verfügung stehen (siehe hierzu die über Internet verfügbaren Filmprotokollierungen von Gesche Joost[4]):

1. Einzelne Bilder des Videos werden offen kodiert, um zu ermitteln, welche Kategorien und Elemente das Notationssystem erfassen soll.
2. Es wird ein sekundengenaues Protokoll der verschiedenen Einstellungen (*takes*) erstellt.
3. Durch Sichtung der *takes* werden zusammenhängende *Handlungszüge* (*moves*) der Kamera ermittelt. Diese Handlungszüge sind die zentralen Analyseeinheiten. Die ‚Feinheit' dieser Analyseeinheiten richtet sich nach der Fragestellung des Projekts.
4. Parallel dazu werden auf einer Partitur alle wesentlichen, also alle handlungsrelevanten Teile und Elemente der Kamerahandlung in beschreibender oder kodierter Form abgetragen.

Die so entwickelte Gesamtpartitur enthält (neben dem Bild in der obersten Linie) eine nach den bestimmten Relevanzkriterien sprachlich oder zeichenhaft kodierte und somit auch fixierte Version des beobachteten Videos. Sie ist ein formalisiertes Protokoll dieser Beobachtung. Die Relevanzkriterien variieren mit der Forschungsfrage und können und sollten während der Forschungsarbeiten überprüft und gegebenenfalls weiterentwickelt werden. Neben dieser Partitur gehört auch das Video zu dem auszuwertenden Datenmaterial. Es ist immer der letzte Bezugspunkt der Deutung, der zu Rate gezogen wird, wenn eine Notation unklar ist. Grundlage der Deutung ist also nicht die erstellte Partitur, sondern es gibt immer zwei Daten: die Partitur *und* das Video.

Das vom Betrachter erstellte Protokoll enthält nur zum Teil das Protokoll einer Bildbeobachtung, es dokumentiert auch den Akt des wissenschaftlichen Sehens, also die Handlung des Deutens und Sequenzierens. Der Deutungsakt gerinnt zu geregelten Wörtern und Sätzen, die in dieser Form für die Analyse und den Diskurs bereit sind, und in dieser Form auch immer wieder für andere bereit stehen. Insofern muss die Deutung von audio-visuellen Daten – ganz im Sinne einer wissenssoziologischen

---

[4] www.geschejoost.org

Hermeneutik – immer auch die Deutung der Akte des Deutens beinhalten (siehe vor allem Soeffner 1989).

Die hier vertretene hermeneutische Wissenssoziologie betrachtet die vom Beobachter erstellte Filmpartitur als eine Art Feldprotokoll. Dieses kann entlang verschiedener Relevanzpunkte interpretiert werden (siehe auch Reichertz 2000). Dazu gehört auch, dass während der Interpretation, wenn etwas unklar ist, immer wieder das Bild bzw. das Video unter einer bestimmten Aufgabenstellung neu ‚befragt' und neu verschriftlicht bzw. die Partitur ergänzt wird (*theoretical sampling*). Die Erstellung einer Videopartitur ist also nicht nur ein Akt der Ummünzung des Bildlichen ins Sprachliche und Symbolische, sondern immer zugleich ein Akt der Ausdeutung. Fixierung und Interpretation sind untrennbar miteinander verwoben. *Deshalb ist die Erstellung einer Partitur erst am Ende, wenn die Deutung am Ende ist.*

Demnach werden Beobachtungspartituren und das Video in einem gerichteten hermeneutischen (und auch selbstreflexiven) Deutungsprozess in mehreren Phasen so lange gedeutet und erneut kodiert, bis eine Deutungsfigur ermittelt wird, die alle Elemente der Beobachtung des Videos und der Partitur zu einem bedeutungsvollen Ganzen integriert. Am Ende ist man angekommen, wenn ein hoch aggregiertes Konzept, eine Sinnfigur gefunden bzw. mit Hilfe des Protokolls und des Videos konstruiert wurde, das alle Elemente zu einem Sinn machenden Ganzen integriert und im Rahmen einer bestimmten Interaktionsgemeinschaft verständlich macht. Die Validität der auf diese Weise gewonnenen Ergebnisse resultiert zum einen aus der Nachvollziehbarkeit der Dateninterpretation und zum anderen aus der methodisch kontrollierten Verbindung von Fragestellung, Fall, Datenerhebung und Datenauswertung.

3.4 Wie sollte eine gute Videopartitur aussehen?

In den letzten Jahren gab es eine Reihe von Publikationen, in denen die Möglichkeiten der angemessenen Videotranskription und Videoanalyse erörtert und auch verschiedene (vor allem computergestützte) Systeme vorgestellt wurden (so z.B. Joost 2008, Korte/Faulstich 1991, Bohnsack 2009, sehr hilfreich: Moritz 2010).

Ausführliche Listen zu Notationssystemen und –programmen sowie zu Videoanalyse-Software auf DVD

Die Mehrzahl dieser Programme ist bereits sehr ausgefeilt. Dennoch ist die Lage noch recht unübersichtlich und einheitliche Standards sind noch in weiter Ferne. Dies ist gewiss auch so, weil die jeweilgen Notationssysteme sich aus einer bestimmten Fachperspektive und deren Relevanzen ergeben haben. Deshalb müssen sie auf die jeweilige Fragestellung angepasst werden. Jede Untersuchung benötigt ihre eigene Schärfentiefe. Für unsere Videoanalyse halten wir folgende Fähigkeiten des Notationssystems für wichtig:

1. Die Notation von Videosequenzen sollte grundsätzlich in der Partiturschreibweise erfolgen.
2. Neben der Videopartitur kommt bei der Deutung dem Video eine zentrale Bedeutung zu. Dies bedeutet, dass das Video in der Partitur nicht nur als einzelnes *still*, sondern auch als laufendes Bild bei der Analyse stets verfügbar sein sollte. Angesichts der neuen Möglichkeiten der digitalen Bildaufzeichnung könnte man u.E. bei der Auswertung und auch bei der Ergebnispräsentation sehr gut mit digitalisierten Bildsequenzen arbeiten.
3. Die Erstellung der Partitur ist nicht allein Datenfixierung, sondern immer auch Datenanalyse. Deshalb sollte eine Partitur immer ein Arbeitsmittel sein, das nicht nur eine Notation erlaubt, sondern immer auch eine Deutungsarbeit ermöglicht und erleichtert. Die Partitur sollte also in und aufgrund der Arbeit erweiterbar sein.
4. Da bei unserer Interpretation die *moves* die kleinsten Sinneinheiten sind, sollte das Notationssystem in der Lage sein, *moves* auch als solche zu erheben und zu symbolisieren. Ein Notationsverfahren sollte also *move* für *move* protokollieren und nicht mehr Bild für Bild. Auf der Ebene der Kamerahandlung können diese *moves* auch größere Handlungszüge sein.
5. Partituren sollten immer *Bedeutungseinheiten* erfassen. Die Leitwährung dieser Bedeutungseinheiten ist die bedeutungsvolle Sprache. Eine Codierung von Bildern mit Hilfe von rein deskriptiven Protokollsätzen, die sich scheinbar jeder Sinnerschließung enthalten ist zum einen grundsätzlich nicht möglich (z.B. Akteur A. macht eine vertikale Mikrobewegung mit dem linken oberen *musculus rectus superior*). Dies haben schon die Debatten um den Wiener Kreis gezeigt. Zum anderen ist sie völlig unübersichtlich und hilft bei der Interpretation nicht weiter. Gleiches gilt für die Notation mit Hilfe von einer Fülle vorab genau definierter Ikons. Eine solche Notation bringt nämlich nicht nur bei der Präsentation von Untersuchungsergebnissen Probleme mit sich, sondern auch bei der Analyse der Daten selbst, da sich die Bedeutung der Bilder im Dickicht der Zeichen verliert. Statt des Bildes hat man nun eine formelhafte Repräsentation des Bildes, wobei in der Interpretation die Formeln wieder in sprachliche Bedeutung rückübersetzt werden müssen, da die Formel immer nur Kürzel für sprachliche Formulierungen sind.

U.E. wird in den nächsten Jahren ernsthaft zu diskutieren sein, wie weit man die Verschriftlichung von audio-visuellem Material treiben kann oder zugespitzt: treiben darf. Gegen die Forderung zur vollständigen Verschriftlichung spricht nicht nur, dass die möglichst exakte schriftliche

Fixierung bzw. Codierung audio-visueller Daten schon allein wegen der Vielzahl parallel ablaufender *moves* nie zu Ende kommen kann und auch zugleich fast sinnleeren ‚Protokollsätzen' führt. Dagegen spricht auch, dass die Bedeutungsfülle des Audio-visuellen unwiederbringlich verloren geht. Was wie intensiv von den Bildern in Sprache gefasst werden soll, hängt jedoch ganz wesentlich von der Fragestellung ab. Es gilt also auch hier: so wenig wie nötig.

3.5 Das Notationssystem für unsere Videoanalyse

Die für eine Analyse relevanten Analysekriterien und Kategorien ergeben sich in der Regel erst während der Interpretation. Man beginnt damit, *tentativ* Kriterien und Kategorien, die sich bei früheren und ähnlichen Analyse als hilfreich erweisen haben, erneut anzuwenden und zu prüfen, ob sie sich am Analysematerial bewähren – was bedeutet, dass man sie darauf hin betrachtet, ob sie für die Bedeutungsaufschließung fruchtbar sind. Sind sie das nicht bzw. nicht hinreichend, entwickelt man am Material neue Kriterien und Kategorien und differenziert bzw. modifiziert sein Notationssystem. In unserem Fall hat sich das folgende System auf diese Weise ergeben (vgl. Tabelle 1 und 2). Wesentlich ist, dass wir die Handlung der Kamera in den Vordergrund gestellt haben. Entsprechend räumen wir der Notation der Kamerahandlung sehr viel Platz ein. Später erfolgt dann erst die Notation der Handlung *vor* der Kamera. Hier haben wir uns wesentlich von der dramatologischen Perspektive Goffmans auf soziale Begegnungen inspirieren lassen (vgl. Goffman 2008).

Tabelle 1: Kategorien zur Notation der Kamerahandlung

K A M E R A H A N D L U N G	Handelnde Kamera (Was macht die Technik der Kamera während der Produktion mit dem Geschehen vor der Kamera?)	Stand-/ Handkamera	Fest/bewegt
		Kadrierung	Wie ist das Bild aufgebaut? Vorn/hinten/Mitte
		Einstellung	Überblick, amerikanisch, close
		Schärfentiefe	Was ist scharf, was nicht?
		Perspektive	Augenhöhe, Frosch, Vogel
		Autonom?	Folgt die Kamera den Bewegungen der Akteure oder geht sie eigene Wege autonom?
		Tempo	Langsame Bewegungen oder schnelle
		Farbe	farbig/schwarz-weiß
	kommentierende Kamera (Wie kommentiert der korporierte Akteur in der Postproduktion das Geschehen?)	Voice-over	Was spricht die Kamera wie?
		Stimme aus dem Off	Ist eine Stimme während der Aufnahme aus dem Off zu hören?
		Liegen Verfremdungen vor	Auf welche Weise wird etwas verfremdet?
		Musik/Geräusch	Gibt es Musik oder Geräusche von der Kamera?
		Graphik	Ist eine Graphik eingeblendet?
		Text	Ist Text ins Bild eingeblendet?
	Montierende Kamera (Wie werden die takes in der Postproduktion zu einer Sequenz zusammengefügt?)	Schnitt	harter Schnitt/ Überblendung
		Zeitlupe/ Raffer	Sind Zeitlupe und/oder Zeitraffer vorhanden?

Tabelle 2: Kategorien zur Notation der Handlung vor der Kamera

H A N D L U N G V O R K A M E R A	Bühne	Ort
		Zeit
	Requisiten	zum Ort
		zur Person: Geschlecht, Alter, Aussehen, Kleidung
	Akteure	sozialer Typus: Polizist etc.
		Handlungstyp: Bedächtig, hektisch
		Nonverbal. Botschaft: verärgert
	Symbolische Interaktion	Sprechen: Was sagen die Akteure?
		Gestik: Was bedeuten die Gesten?
		Mimik: was bedeutet die Mimik?
	Handeln	Was: Was wird wie mit wem getan?
		Sinn: Subjektiver Sinn

4 Die Videoanalyse

Womit beginnen? Diese Frage spricht zwei Probleme an: Erst einmal, ganz pragmatisch die Frage: Was ist das erste Bild (Handlungszug), das interpretiert werden soll? Hat man sich für ein Bild (Handlungszug) entschieden folgt die zweite Frage: Mit welchem Teil der Notation soll begonnen werden? Soll man mit dem Text beginnen oder dem Bild (Handlungszug)?

Erst einmal: Man beginnt damit, dass man die Notation zur Hand nimmt. Genaue Notationen sind nämlich keine Fleißübungen, sondern ein notwendiges Hilfsmittel zur Analyse von Videos[5]. Doch wie nutzt man die Notationen? Aus unserer Sicht ist es am sinnvollsten, nicht mit dem Text zu beginnen, sondern mit dem durch den Film geschaffenen Filmraum, der ganz allgemein durch Ort und Zeit bestimmt wird – also mit der Kadrierung. Dann kann man schauen, wie der Ort bevölkert wird, welche

---

[5] Deshalb macht es auch Sinn, dass die Interpreten selbst an der Erstellung der Notation maßgeblich beteiligt sind. Zumindest aber sollten diejenigen, welche die Notation erstellt haben, an der Interpretation beteiligt sein.

Dinge und Personen in welcher Beziehungskonstellation zueinander auftauchen. Dann geht man Schritt für Schritt die einzelnen Punkte der Notation durch, bis man schlussendlich alle in die Deutung miteinbezogen hat. Natürlich geht das nicht mechanisch, sondern immer wieder wird man von einem Punkt zum anderen springen; die Deutung des einen Punktes beflügelt die Interpretation eines anderen und vice versa. Für diesen Prozess der Interpretation gilt Gleiches wie für die Sequenzanalyse: Man kann sie nicht wirklich darstellen. Deshalb findet sich in der Darstellung der Interpretation auch nicht immer auf den ersten Blick der direkte Bezug zu den einzelnen Punkten. Beim zweiten Blick jedoch schon.

4.1 Deuten bedeutet implizites Wissen explizit machen

Im Kern besteht jede Deutung darin, dass man etwas, das dem aktuellen expliziten menschlichen Ausdruck eingelassen ist, deutlich(er) macht – kurz: das Implizite des Gezeigten expliziert. *Deuten heißt explizit machen* (siehe auch Brandom 2000, siehe dazu auch Mead 1983: 296ff). Weil Deuten immer darin besteht, etwas Implizites explizit machen, beruht Deutung immer auf Wissen, über das der Deuter bereits verfügen muss. Deshalb gilt auch: Wer nichts weiß, kann nicht interpretieren, und derjenige, der wenig weiß, wird wenig explizit machen können. Die Fähigkeit zur Deutung wird also nicht maßgeblich von der Fähigkeit vom logischen Denken bestimmt (das wird sie nur ganz wenig), sondern vom Wissen, über das der Deuter aufgrund seiner Ausbildung und Sozialisation verfügt. Es spricht im Übrigen nichts dagegen, dass man dieses Wissen während der Analyse systematisch vergrößert, dass man also auch das Internet nutzt, sich über ‚Dinge' zu informieren, die in den Daten auftauchen. Zeigen die zu untersuchenden Bilder z.B. die Stadt Halle, dann macht es durchaus Sinn, das Internet einmal nach Wissen über Halle zu durchsuchen. Denn nichts spricht dafür, dass nur das jeweils eher zufällig vorhandene Wissen der jeweiligen Interpreten ‚am Tisch' geeignet sein sollte, menschliche Kommunikation und Interaktion hermeneutisch zu deuten – außer man ist der Ansicht, dass jeder Interpret schon immer über all das Wissen verfügt, das er für eine Deutung benötigt. Für diese Ansicht fehlen jedoch die guten Gründe.

Sehr viel mehr spricht dafür, all das Wissen zu nutzen, was am Interpretationstisch verfügbar ist. Deshalb sollten die hermeneutischen Interpretationen auch immer in einer Gruppe stattfinden. Zum einen, weil nur die Gruppe die Güte der Deutung bewerten, evaluieren kann. Denn nur in der Gruppe kann ein echter Kampf um die Akzeptanz der besten Lesart stattfinden. Mit sich selbst verschiedene Lesarten zu diskutieren, gleicht dem Vorhaben, mit sich selbst Schach zu spielen. Zum anderen ist die Gruppe vonnöten, weil das Wissen der Gruppenmitglieder das Deutungswissen der Gruppe vermehrt – aber nie vervollständigt. Der Vorschlag, den wir hier unterbreiten lautet, auch das Internet als Mitglied in die Gruppe der Interpreten aufzunehmen. Internet und *google* säßen dann immer als stille, aber stets präsente Interpreten mit am Tisch. Natürlich verfügen Internet und *google* nicht über die alltäglich verfügbare Fähigkeit des Deutens, aber beide sind hilfreich, implizites Wissen abzurufen, wenn die anderen Deuter wissen, welches Wissen gerade benötigt wird. Ein bisschen überspitzt, aber im Kern zutreffend, könnte man solchen, die Körper- und Bewusstseingrenzen erweiternden Deutungsgruppen ein „extended Mind" (Clark/Chalmers 1998:7) zusprechen.

Da vielfältiges Wissen so bedeutsam für die Ausdeutung von Daten ist, bilden folgenden Bedingungen ein gutes Klima für gute Deutungen:

a. vielfältiges Wissen von der (sozialen) Welt,
b. Fähigkeit, sich vielfältiges Wissen noch während der Deutung anzueignen,
c. die Einsicht, dass die eigene Kultur nur eine Realisierung aller möglichen Kulturen ist und
d. die Erfahrung, zwischen verschiedenen Kulturen zu leben (marginal man).

Interpreten, die ihre eigene Welt für die einzig sinnvolle Welt halten, werden bei der Deutung anderer wenig Sinnvolles entdecken.

Bei der Deutung gibt es nun verschiedene Wissenssorten zu unterscheiden. Manchmal ist es nützlich, diese Wissenssorten in der Deutung systematisch abzuarbeiten. Fast alles Wissen, das wir beim Deuten verwenden, ist sozialen Ursprungs. Nur begrenzt sozialen Ursprungs ist das Wissen um die Bedeutung basaler Gesichts- und Körperausdrücke und Intonationsmuster. Auch wenn das übrige deutungsrelevante Wissen sozialen Ursprungs ist, bedeutet das nicht, dass alles im festen Griff des Bewusstseins ist. Viel Wissen, das einmal bewusst war und dann routinisiert wurde, ist unter die Bewusstseinsschwelle abgesunken, anderes war nie bewusst und wurde durch die Teilhabe an sozialen Praktiken erworben und inkorporiert. All dies Wissen kann man entweder reflexiv wieder heben oder aber in der Praxis der Deutung einsetzen.

Bei den verschiedenen Wissenssorten gibt es erst einmal das *Weltwissen*. Es sagt uns, dass z. B. Trambahnen in der Regel aus Metall oder gar Stahl sind, dass es zu üblen Verletzungen führt, wenn man sich ihnen in den Weg stellt, dass sie sich erst dann bewegen können, wenn der Motor in Ordnung ist und Treibstoff oder Strom zugeführt wird. Zu diesem Weltwissen gehört auch, dass die Trambahn sich in einem Raum-Zeit-

Kontinuum bewegt, das durch physikalische Gesetze bestimmt ist. Die Zeit springt nicht und der Raum hat keine Löcher – zumindest solange wir uns mit mäßiger Geschwindigkeit bewegen.

Zu diesem Weltwissen gehört zudem – auch wenn es eine eigene Untergruppe bildet – das Wissen, dass Trambahnen (auch Straßenbahnen genannt) eine Erfindung des 19. Jahrhunderts sind und auch heute noch in Städten eingesetzt werden, um dort die lokale Mobilität über Tage zu gewährleisten. In Trambahnen gibt es (so wissen wir) Sitz- und Stehplätze, und wer mitfahren will, der muss einen festen Preis bezahlen. Zu diesem Wissen gehört auch, dass die Trambahn einen Fahrer benötigt und dass es seit den 1970er Jahren, als in Deutschland die Schaffner abgeschafft wurden, dort immer wieder Kontrolleure gibt, die an einer Station einsteigen und während der Fahrt zwischen zwei Stationen die Fahrgäste danach fragen, ob sie einen gültigen Fahrschein haben oder nicht. Zu diesem Wissen gehört aber auch, dass Trambahnen meist der Stadt gehören und die Bahn selbst und das Personal (direkt oder indirekt) aus der Stadtkasse bezahlt werden, dass die Städte wie die Länder und der Bund über Steuern finanziert werden, die alle Bürger/innen zu zahlen haben, dass die politischen Vertreter über Wahlen ermittelt werden und dass es in anderen Ländern anders geregelt ist. Vieles von diesem Wissen ist uns klar, anderes diffus, vieles wissen wir gar nicht.

Die zweite Gruppe des Wissens, die es bei der Deutung zu beachten gilt, ist das Wissen um die *Regeln und Praktiken der Interaktion und Kommunikation*. Zu diesem Wissen gehört erst einmal das gesamte Wissen über die Grammatik, Semantik und Pragmatik von Interaktionen und Kommunikationen. Wir wissen, was es bedeutet, wenn uns jemand etwas mit der ausgestreckten Hand zeigt, wir wissen, dass das Wort ‚Stuhl' keinen Sessel bezeichnet, wir wissen, dass mit den Augen zu zwinkern eine kokette Form der Kontaktaufnahme sein kann, wir wissen, was es bedeutet, wenn uns jemand um etwas bittet, wir wissen, welche Folge es hat, der Bitte nicht zu entsprechen. Wir wissen auch, dass man mit Worten jemanden herabsetzen oder emporheben kann und dass nicht jeder die gleiche Macht in der Kommunikation hat.

Zu diesem Wissen über Regeln und Praktiken der Interaktion und Kommunikation gehört zudem, auch wenn es eine spezielle Untergruppe darstellt, das Wissen darum, dass es bestimmte kommunikative Gattungen gibt und dass in diesen Gattungen bestimmte Regeln das Geschehen beeinflussen. Wir wissen z.B., dass Kontrolleure, wenn sie einen Fahrgast ansprechen, nicht erst „Guten Tag, Frau X" sagen müssen, sondern durchaus ihre Kontrolltätigkeit mit den Worten: „Ihre Fahrscheine" beginnen können und ihr Eingreifen auch ohne Verabschiedung beenden können, ohne als unhöflich zu gelten. Dieses Wissen um die Normalität von Kommunikationen und die in ihnen herrschenden Maxime (vgl. hierzu ausdrücklich: Grice 1993) unterscheidet sich wesentlich von dem übrigen Wissen um die Welt. Grice hat die Implikationen, die aus ihnen resultieren, *Implikaturen* genannt.

Aber nicht nur für die Interaktion und Kommunikation vor der Kamera gibt es Gattungen und dazugehörige Praktiken, sondern auch für die Kamerahandlung. Die Kamera, die der Zuschauer nie wirklich sieht und das Bild, das der Zuschauer ebenfalls nicht wirklich sieht – außer er besucht die Archive und betrachtet Kamera wie Bildmaterial – kommuniziert in einer bestimmten, historisch gewachsenen Bildsprache und die Bedeutung der Bildsprache variiert mit der jeweiligen Gattung. Wenn eine Kamera uns eine Trambahn zeigt und die Bahn ist in der Mitte des Bildes und nicht am Rand, dann ist die Bahn nicht zufällig in der Mitte, sondern sie ist dort – und das wissen wir, weil die Maxime „Be relevant!" für uns auch und gerade im Film gilt[6] –, weil sie für das weitere Geschehen wichtig ist. Etwas in der Mitte, oben oder unten, am Rand oder klein oder groß zu zeigen, das bedeutet im Film etwas, nicht immer auch im Video, aber meist. Was es bedeutet wissen wir, weil wir an dieser Praxis, wenn auch meist nur als Zuschauer, teilhaben. Ohne dieses Wissen würden wir Bilder wie Landschaften betrachten statt wie Parks.

4.2 Analyse der Sequenz: Kontrolleure in der Trambahn

Die folgende Beschreibung der von uns über mehrere Wochen hinweg durchgeführten Sequenzanalyse ist eine geordnete Darstellung einer Analyse und keine Dokumentation der wirklichen Analyse. Eine echte Dokumentation der Sequenzanalyse ist schon allein aus Rücksicht auf die begrenzte Lesezeit des Lesers nicht angeraten. Die zugrunde gelegte Videosequenz entstammt der Fernsehsendung „24 Stunden".

Informationen zur Sendung „24 Stunden" online unter:

http://www.sat1.de/ratgeber_magazine/24stunden/

---

[6] Ausgesprochen interessant und wichtig wäre eine Untersuchung, ob alle Griceschen Konversationsmaximen auch für den Film und das Video gelten, oder ob es besondere Regeln gibt und wie diese bei einer Auslegung zu berücksichtigen sind. Ebenfalls interessant wäre die Untersuchung der Frage, was das Watzlawicksche Axiom, dass man nicht nicht kommunizieren kann, für die Analyse der Kamerahandlung bedeutet.

Videoausschnitt auf DVD

4.2.1 Das gezeigte Bild: Trambahn mit Menschen und Bäumen

Womit beginnen? Das einfachste bei einer Videoanalyse ist (so scheint es zumindest), mit dem ersten Bild zu beginnen. Doch was ist das erste Bild? Auch hier ist man (wie so oft) pragmatisch und wird in der Haltung eines Menschen im Alltag das für den Anfang nehmen, was als Anfang ausgeflaggt ist. In unserem Beispiel ist es das erste Bild der Teilsequenz, die wir als ganze betrachten wollen – also das erste Bild der Episode über die Kontrolleure bei der Arbeit. Man startet mit dem Versuch einer Beschreibung dessen, was man sieht.

Das erste Bild dieser Episode ist das, das direkt nach dem Schnitt erscheint. Da Videokameras nicht mehr wie Filmkameras arbeiten, die viele Einzelfotos belichteten und viele zu einer flüssigen Bewegung verbanden, und es deshalb kein bestimmtes erstes Bild mehr gibt, nehmen wir als erstes Bild das, was als erstes zu sehen ist. Mittels moderner *Software* wird es still gestellt und farbig ausgedruckt. Dieser Ausdruck ist das erste Datum, das es zu interpretieren gilt. In unserem Fall sieht das Bild (auf den ersten Blick) so aus:

Abbildung 1:   *Still* des ersten Bildes

Groß im Vordergrund ist eine gepflasterte Straße, die sich bis zum Bildhintergrund erstreckt. Links und rechts im Bildhintergrund ist die Straße von grünen Bäumen gesäumt. Ein Auto steht/fährt am Rande, ein weiteres ist klein im rechten Hintergrund zu sehen. Rechts an der Seite befindet sich eine Gruppe Menschen, die an einer Haltestelle warten. Dort, wo der Hintergrund in den Vordergrund reicht, ist in der Mitte des Bildes eine Trambahn zu sehen. Eine Art LED-Anzeige am Kopf der Trambahn zeigt die Ziffer „4" und Buchstabenfolge: „Kröllwitz". Die Trambahn steht/fährt auf Schienen, die in die gepflasterte Straße eingelassen sind. Links unten im Bild ist das Zeichen *24 Stunden Reportage* eingeblendet, rechts oben die Buchstaben- und Ziffernfolge SAT1. Hätte ein Maler dieses Bild gemalt, hätte er es vielleicht genannt: ‚Trambahn mit Menschen und Bäumen'.

Eine solche Darstellung des Bildinhalts ist natürlich keine reine Deskription, sondern bereits eine Deutung dessen, was wir zu sehen glauben, manches Implizite haben wir bereits explizit gemacht. Die helle Fläche im Vordergrund nennen wir ‚Straße', das große rechteckige Etwas in der Mitte ‚Trambahn' (und nicht Bus), die kleinen Rechtecke ‚Autos', die Gestalten ‚Menschen' und das Rechteck am Schienenrand mit der einem großen ‚H-Schild' eine Haltestelle. Aber nicht nur die Formen, die auf dem Bild zu sehen sind, haben wir bereits mit Sinn machenden Wörtern versehen, auch das Bild selbst. Wir sprechen von Vorder- und Hintergrund, von Mitte und von rechts und links. Wer hinter eine solche Sinn machende Beschreibung zurück will, wird nicht nur nichts mehr finden, sondern zugleich feststellen, dass die scheinbar neutralen Wörter ebenfalls Sinn machen – nur etwas allgemeiner.

Eine andere Ebene der Beschreibung betreten wir, wenn wir die Menschen mit der Trambahn in Verbindung bringen und sagen, „Die Menschen warten an der Haltestelle auf die Trambahn der Linie 4, die in Richtung Kröllwitz fährt; die Trambahn kommt an; das Auto parkt". All das und noch vieles mehr lässt sich nicht wirklich dem Bild entnehmen, sondern wir müssen es folgern, erschließen, teils indem wir logisch schließen, teils indem wir das Gesamte uns verständlich machen, und zwar dadurch, dass wir uns Szenarien vorstellen, in denen die gezeigten Elemente auftauchen und Sinn machen. Auch hier wird Implizites explizit gemacht. Und eines der möglichen Szenarien, das wir kennen und das mit den Geschehnissen auf dem Bild hinreichende Ähnlichkeiten aufweist, ist das Szenarium ‚Straßenverkehr, Trambahn und Haltestelle'.

Zu sagen, dass im oberen linken Bildrand das Logo des Fernsehsenders *SAT.1* eingeblendet ist, gehört auch zu dieser abstrakteren Ebene. Wir ‚verstehen' es nur, wenn und weil wir bestimmtes Weltwissen von Fernsehsendern und der Technik des Einblendens haben. Sobald wir uns auf dieser Ebene befinden, tauchen nicht nur Trambahnen und Fahrgäste auf, sondern in deren Horizont taucht zugleich das Wissen über den Unterschied von Bussen und Trambahnen auf, wann und warum die ersten, also die Busse, eingeführt und wann die zweiten abgeschafft bzw. wieder eingeführt wurden, welche Art von Orten/Städten überhaupt (noch) über Trambahnen verfügt etc. Und wenn wir von *SAT.1* schreiben, dann taucht im Horizont unausweichlich das Wissen um Fernsehsender auf (private wie öffentlich-rechtliche), von Zuschauern, Sendungen, Einschaltquoten, Werbung, Unterhaltung etc., aber das Wissen um Techniken der Filmherstellung der Filmgestaltung u.v.a.m., kurz: das einzelne Videobild steht bereits in einem Kontext und zwar in dem, den die Interpreten für das Bild aktiviert haben.

Eine andere Ebene der Sinn machenden Deutung beschreitet man, wenn man überlegt, ob (ganz im Sinne einer ikonologischen Interpretation) es sich bei der in den Vordergrund bewegenden Bahn um eine Wiederaufnahme der berühmten Bahnszene der Gebrüder Lumiere handelt – eine Frage, die sich übrigens verstärkt, wenn man den ganzen *take* betrachtet, denn in der Tat fährt die Bahn auf die Kamera zu, wenn auch in einem anderen Winkel als bei dem Klassiker der Filmgeschichte. Auch hier wird Implizites explizit gemacht – wobei hier allerdings eher ‚vermutet' als ‚gewusst' wird. Das heißt, der Grad der Sicherheit, ob das Wissen hier auch der Fall ist, nimmt ab.

Abbildung 2: Gegenüberstellung zweier Szenen einer Bahneinfahrt der Gebrüder Lumière und der 24 Stunden Reportage

Gewiss kann man eine Ähnlichkeit zwischen der in einen Bahnhof einfahrenden Lokomotive der Gebrüder Lumiere aus dem Jahr 1895 und der hier in Frage stehenden Trambahn sehen, doch für die These, dass es sich um ein bewusstes Filmzitat handelt, spricht erst einmal nichts. Hier anzusetzen und die Deutung vor diesem filmgeschichtlich relevanten Ereignis zu entwickeln (was wir im Übrigen im Laufe unserer eigenen Interpretation über einige Zeit versucht haben), macht sehr viel Arbeit, ohne dass es unter dem Strich Gewinn bringt. Möglicherweise geht diese Art des Zeigens einer Bahn tatsächlich auf die Gebrüder Lumiere zurück, aber es ist dann ein Zitat eines Zitates, eines Zitates, eines Zitates, das sich in der Dunkelheit der Geschichte verliert. Oder aber die Betrachtungsweise der Gebrüder Lumiere ist Teil des Kanons der Filmausbildung geworden und hat sich so über die Ausbildung in das Tun von professionellen Kameramännern eingeschrieben und ist auch so Teil der habituellen Praktik des Filmens geworden. Oder aber es macht in unserer Kultur für jeden offensichtlich Sinn, eine Bahn, die im weiteren Verlauf von Bedeutung sein wird, zu zeigen, wenn sie auf einen zukommt und nicht dabei, wie sie wegfährt.

Diese ersten Sinn machenden Deutungen gelingen im Übrigen nur, weil wir das Bild als *Momentaufnahme* eines tatsächlich ablaufenden Ereignisses gedeutet haben, also indem wir das Bild in eine zeitliche Abfolge einrückten. Eine Bestätigung dieser Annahme lieferten die weiteren Bilder. Sie zeigten nämlich, dass unterschiedliche Akteure unterschiedliche Handlungszüge im Bild und mit dem Bild herstellten. Die Videobilder stellten jeweils bestimmte Handlungen und deren Abfolge dar – und das waren die Einheiten, die von Bedeutung waren. Deshalb hatten wir bereits an dieser Stelle beschlossen, die Analyse von Einzelbildern aufzugeben und uns stattdessen erst einmal einem groben Überblick über die verschiedenen Handlungszüge der einzelnen Akteure zu verschaffen.

Videosequenz auf DVD

Lässt man nun den ersten *take* der Episode vor sich ablaufen, dann löst sich das statische Bild ‚Trambahn mit Bäumen und Menschen' schnell auf und wir erhalten eine Szene. Eine Trambahn fährt auf den Betrachter zu. Erst ist sie nur unscharf zu sehen, aber dann wird das Bild klarer – ebenso das Bild der Menschen an der Haltestelle. Auf der Straße daneben fließt mäßiger Verkehr. Als die Trambahn sich der Kamera noch mehr nähert, verschwimmt das Bild wieder.

Takeübersicht auf DVD, Take 1

Mit dem ersten Bild setzt Musik ein, die das Geschehen im Weiteren immer wieder begleitet. Nach etwa einer Sekunde hört eine männliche, mittelalte Stimme (als *voice over*) sprechen. Etwa eine halbe Sekunde später erscheint im rechten unteren Bildrand nach und nach im Stakkato einer mechanischen Schreibmaschine und begleitet von dem entsprechenden Ton die Buchstaben- und Ziffernfolge: ‚Halle 11:54 Uhr'. Die männliche Stimme sagt derweil: *„In den vergangenen fünf Jahren hat die Stadt Halle knapp 500.000 Euro"* Schnitt. Ein neues Bild: Man sieht von schräg hinten zwei Frauen und ein Mann auf dem Bürgersteig offensichtlich zielgerichtet gehen. Die Stimme sagt weiter: *„Verwarngeld von Schwarzfahrern"* Schnitt. Man sieht von der Seite, wie eine der Frauen den Türöffnungsknopf einer Trambahn drückt und einsteigt. Die Stimme spricht weiter: *„kassiert. Einen Teil dieser Fahrgäste ohne Ticket haben die Kontrolleure Sabine,"* Schnitt. Man sieht von hinten, wie die zweite Frau in eine Trambahn einsteigt. Die Stimme fährt fort: *„Anett und Herbert ertappt"*. Schnitt. Die Musik, die in den drei letzten *takes* etwas in den Hintergrund gerückt war, wird wieder lauter. Man sieht, wie sich die Türen einer Trambahn schließen. Und man hört es: die Türen schließen sich mit einem deutlichen Geräusch. Schnitt. Sprecherwechsel: Nicht mehr die Kamera spricht, sondern eine der Akteurinnen vor der Kamera. Eine der Kontrolleurinnen spricht nämlich zu einem Fahrgast. Es beginnt ganz offensichtlich ein neuer Sinnabschnitt.

Takeübersicht auf DVD, Takes 2-5

Deshalb möchten wir uns im Weiteren diesen vier *takes* zuwenden. Erst einmal kann man leicht sehen und hören, dass diese vier *takes* eine Sinn-Einheit bilden, da sie sowohl mittels der Musik als auch mit Hilfe des gesprochenen Textes zusammengehalten werden. Obwohl die *takes* nicht auf den Satzbau geschnitten sind (also nicht mit einer Satzzäsur einhergehen), sondern eher zufällig, ist der gesprochene Text die Klammer, welche die *takes* zusammenhält. Die Stimme erzählt und die Kamera zeigt zu diesem Text einige Bilder. Wobei sie vor allem die zwei Elemente ‚Trambahn' und ‚Kontrolleure' zeigt, aber noch keine ‚Schwarzfahrer'. Aufgrund der Maxime „Be relevant!", die auch und gerade für die Erstellung von Filmen und meist auch für Videos gilt, ist zu erraten, dass es im Weiteren um genau das, nämlich die Schwarzfahrer, gehen wird.

Mit dieser thematischen Fokussierung geht die Aktivierung von implizitem Hintergrundwissen einher. Einmal geht es um Straßen- oder *Trambahnen*. Straßenbahn sind schienengebundene, erst von Pferden gezogene, später dann fast immer elektrisch betriebene Transportmittel im Öffentlichen Personennahverkehr (ÖPNV, Stadtverkehr). Die Trambahn fuhr ursprünglich als innerstädtisches Verkehrsmittel auf in der Straße verlegten Gleisen, fährt aber heute oft auch auf eigens für sie angelegten Trassen oder in Tunnels.

Bei dem Ort des Geschehens handelt es sich offensichtlich um die (ost-)deutsche Stadt *Halle* an der Saale. Halle ist die größte Stadt Sachsen-Anhalts (230.500 Einwohner) und eines der drei Oberzentren des Bundeslandes. Halle ist ein wichtiger Wirtschaftsstandort und eine Hochschulstadt (Martin-Luther-Universität Halle-Wittenberg und Leopoldina) und als Verkehrsknotenpunkt eingebunden in das S-Bahn-Netz Halle-Leipzig – all das kann man, wenn man es nicht weiß, über das Internet erfahren. Das Wissen um Halle ist auch dann der Darstellung implizit, wenn kein konkreter Interpret am Tisch über dieses Wissen aktuell verfügt. Wichtig ist, dass das Wissen in einer Sprach- und Interaktionsgemeinschaft mit Halle verbunden ist und im Wissensbestand einer der Deuter oder im Internet verfügbar ist.

Dort ist auch nachzulesen, dass Halle in der Geschichte der Trambahn eine besondere Stellung einnimmt. Im Jahr 1882 eröffnet nämlich die Hallesche Straßenbahn AG die erste Pferdetrambahn in Deutschland. Sieben Jahre später kauft die Firma AEG die Pferdebahn, erwirbt aus Amerika zugleich das Patent für elektrische Bahnen, rüstet um und 1891 ist Halle die erste Stadt in Europa, die über ein elektrisches Straßenbahnnetz verfügt. Im Jahr 1930 wird die erste Buslinie in Halle zugelassen und 1944 wird der Einheitstarif von 15 Pfennig eingeführt, der bis 1991 Bestand hatte. Ab 1963 erfolgt die Zahlung des Fahrgeldes durch Zahlboxen. Der Schaffnerbetrieb wird eingestellt und damit einhergehend ein kostengünstigeres Kontrolleursystem aufgebaut. All das und noch viel mehr kann man erfahren, wenn man das Wissen um ‚Halle' und ‚Trambahnen' vergrößert, ohne dass man vorab weiß (und auch nicht wissen muss), ob das Wissen später bei der Deutung nützlich sein wird.

4.2.2 Die Handlung des Zeigens: Dies ist ein Film

Schon bei der Interpretation, dass es hier um die Stadt Halle geht bzw. dass in Halle etwas stattfindet, das für die Kamera von Bedeutung, also zeigenswert ist, wird nicht nur Wissen expliziert, das dem Bild implizit ist, sondern auch Wissen, das der Zeigegeste der Kamera implizit ist. Fast trivial ist die Schlussfolgerung, dass wir es, da es sich nicht um ein stehendes Bild handelt, sondern um laufende Bilder, um die Aufnahmen einer (Video-) Kamera , um einen Film. Diese Explikation ist sehr folgenreich, da jetzt all unser Wissen (bewusstes wie vages wie stummes) im Horizont auftaucht, über das wir zu den Themen ‚Kamera' und ‚Film' verfügen.

Sobald die Musik einsetzt, der *voice-over*-Kommentar zu hören ist und die Buchstabenfolge ‚Halle' im Rhythmus einer Schreibmaschine auf dem Bild erscheint, machen wir das Wissen explizit, dass die Filmaufnahme nachbearbeitet wurde, dass Ton und Schrift nicht zum Zeitpunkt der Aufnahme mit aufgenommen wurden, da sie Teil der dokumentierten Szene waren, sondern dass hier das Filmmaterial später mit Handlungen ergänzt wurden, die nicht Teil des gezeigten Geschehens waren.

Der erste Schnitt macht klar, dass es offensichtlich zwei Zeiten gibt: die Zeit der Ereignisse und die Zeit der Aufnahme. Letztere ist deutlich kürzer. Denn wir sehen die Trambahn ankommen, wir sehen dann (für etwa eine Sekunde) drei Menschen auf dem Bürgersteig gehen, wir sehen im nächsten *take* eine weibliche Person die *Vorder*tür der Bahn besteigen und dann, wie eine andere weibliche Person die *Hinter*tür der Bahn besteigt. Das Geschehen vor der Kamera, von dem die Kamera nur bestimmte Phasen zeigt, vervollständigt sich der Zuschauer mit Hilfe seiner Weltkenntnis zu der Lesart: Drei Kontrolleure betreten in Halle eine Trambahn, um ihrer Arbeit nachzugehen. Damit angesichts der Kontrolleure kein Schwarzfahrer unauffällig entweichen kann, betreten sie das Abteil gleichzeitig durch Vorder- und Hintertür.

Das Geschehen wird aber nicht als kontinuierlich dahin fließende Handlung gezeigt, sondern die Zeit ‚springt'. Von der ursprünglichen Handlung fehlen Teile, man sieht nur die Teile der Handlung, die für den Fortgang der Handlung einen Unterschied machen. Was wir durch die takes in einer Art staccato erfahren ist: Trambahn kommt, Kontrolleure kommen zur Bahn, eine Kontrolleurin steigt vorne ein, die andere hinten (was der dritte derweil macht, ist ausgeblendet). Der Zuschauer wird so schon auf eine ‚springende und sprunghafte Darstellung' eingestimmt. Ort und Zeit können sich binnen Sekundenbruchteilen ändern. Er weiß, dass dies in Filmen so üblich ist. Er schaltet um vom normalen Raum-Zeit-Kontinuum zum filmischen Raum-Zeit-Kontinuum, in dem vieles möglich ist, was ansonsten den Gesetzen der Physik widerspricht. Er wechselt die Sinnprovinz. Er rahmt neu. Jetzt ist er im Film. Allerdings ist er bis jetzt in einem Film, der Teile der Zeit weglässt, also ausschneidet, aber ansonsten der ‚normalen' Zeitlinie folgt. Die Ereignisse folgten in dieser Reihenfolge aufeinander. Es gab bislang kein Springen in der Zeit oder ein Anhalten der Zeit.

Zu diesem im Film-Sein gehört auch, dass sich der Zuschauer nicht wirklich wundert, dass die Kamera die Vornamen der Kontrolleure kennt und letztere sogar mit ihren Vornamen adressiert. Offensichtlich kennt man sich, man ist vertraut miteinander. Die Kontrolleure und die Kamera begegnen sich hier nicht zum ersten Mal, sondern man hat schon eine Geschichte miteinander, die der Zuschauer aber nicht kennt. Die Kenntnis der Vornamen verweist in einen seltsam dunklen Raum, den die Vorgeschichte des Filmes ausmacht. Man weiß nur, dass es eine Vorgeschichte gibt, jedoch nicht, wie diese aussah. Offensichtlich gibt es auch so eine Art Arbeitsbündnis zwischen Kamera und Kontrolleuren, die auf die Vorgeschichte zurückgeht.

Aber man kann sich auch das Handeln der Kamera ansehen und dabei Implizites explizit machen: Erst einmal kann man darüber spekulieren, wie viele Kameras das Geschehen verfolgen. Mag der erste *take* noch von einer Standkamera aufgezeichnet worden sein, so gilt das für die nachfolgenden *takes* nicht mehr. Die Kamera bewegt sich teilweise mit, so dass von einer Handkamera auszugehen ist. Da das Geschehen an der Vorder- und Hintertür aufgezeichnet wird, müssen entweder zwei Kameras vor Ort gewesen sein oder aber man hat den Trambahnfahrer gebeten, etwas zu warten, so dass es möglich war, beide Szenen zu drehen. Möglicherweise hat man also doch schon etwas die Zeit angehalten. Letzteres wäre ein Beleg dafür, dass die Kamera nicht das Geschehen ‚unsichtbar' begleitet und den Ereignissen ihren eigenen Lauf lässt, sondern dass die Kamera in das Geschehen vor der Kamera eingreift, Anweisungen gibt, es für ihre Zwecke neu (und anders) aufbereitet und herrichtet.

Dass die Kamera in das Geschehen auf diese Weise eingreift, wird bei der genaueren Betrachtung der Daten klar. Denn ganz offensichtlich hat die Kamera die Akteure vor der Kamera angewiesen, nicht in die Kamera zu blicken, sie nicht zu registrieren und so zu tun, als sei sie nicht vor Ort, obwohl sie vor Ort ist. Die Beobachteten verletzten gerade nicht die grundlegende 180^0-Regel. So weist paradoxerweise gerade die Tilgung der Spuren, welche die Anwesenheit einer Kamera immer vor Ort verursacht, darauf hin, dass eine Kamera nicht nur anwesend, sondern inmitten des Geschehens ist. All dies zeigt, dass es bei den von uns untersuchten Daten auf sehr viel mehr zu achten gilt als auf die Handlung vor der Kamera. Offensichtlich greift die Kamera also auf vielfältige Weise und auf verschiedenen Ebenen in das Geschehen ein.

Die Kamera verfolgt eigene Interessen und geht deshalb eigene Wege. Die Kamera ist deshalb immer auch als *eigenständiger Akteur* aufzufassen und die Sinnhaftigkeit ihres Tuns ist immer auch zu rekonstruieren. An dieser Stelle müssen wir die Analyse des Videos abbrechen. Natürlich war das nicht die gesamte Deutung, sondern erst der Anfang[7]. Vieles bleibt so noch dunkel oder unklar. Dennoch hoffen wir, durch diese kurze exemplarische Interpretation auf einige Probleme, aber auch auf einige Lösungswege bei hermeneutischen Interpretationen hingewiesen zu haben.

Literatur

Bohnsack, Ralf (2003): Qualitative Methoden der Bildinterpretation. In: Zeitschrift für Erziehungswissenschaft 6.2, S. 239-256.
Bohnsack, Ralf (2003a): Rekonstruktive Sozialforschung. Opladen: Leske + Budrich.
Bohnsack, Ralf (2003b): Qualitative Methoden der Bildinterpretation. In: Zeitschrift für Erziehungswissenschaft 6.2, S. 239–256.
Bohnsack, Ralf (2009): Qualitative Bild- und Videointerpretation. Opladen: Barbara Budrich.
Brandom, Robert (2000): Expressive Vernunft. Frankfurt am Main: Suhrkamp.
Brandom, Robert (2001): Begründen und Begreifen. Frankfurt am Main: Suhrkamp.
Clark, Andy / Chalmers, David (1998): The Extended Mind. In: Analysis 58, S. 7-18.
Dinkelaker, Jörg / Herrle, Matthias (2009): Erziehungswissenschaftliche Videographie. Wiesbaden: VS Verlag.
Goffman, Erving (2008): Wir alle spielen Theater. Die Selbstdarstellung im Alltag. München, Zürich: Piper.
Grice, H. Paul (1993): Logik und Konversation. In: Meggle, Georg (Hrsg.): Handlung, Kommunikation, Bedeutung. Frankfurt am Main: Suhrkamp, S. 243–265.
Heath, Christian / Hindmarsh, Jon / Luff, Paul (2010): Video in Qualitative Research. London: Sage.

---

[7] Die gesamte Interpretation, die etwa 70 Seiten lang ist und zeigt, dass die Medien mit solchen Formaten auch eigene Governancevorstellungen den Zuschauern anbieten, findet sich in Reichertz/Englert 2010.

Hitzler, Ronald / Reichertz, Jo / Schröer, Norbert (Hrsg.) (1999): Hermeneutische Wissenssoziologie. Konstanz: UVK.
Joost, Gesche (2008): Bild-Sprache. Die audio-visuelle Rhetorik des Filmes. Bielefeld: transcript.
Keppler, Angela (2006): Mediale Gegenwart. Frankfurt am Main: Suhrkamp.
Knoblauch, Hubert (2004): Die Video-Interaktionsanalyse. In: sozialer sinn 1/2004 123-138.
Knoblauch, Hubert (2005): Wissenssoziologie. Konstanz: UVK.
Knoblauch, Hubert / Schnettler, Bernt (2007): Videographie. Erhebung und Analyse Qualitativer Videodaten. In: Buber, Renate / Holzmüller, Hartmut (Hrsg.): Qualitative Marktforschung. Theorie, Methode, Analysen. Wiesbaden: Gabler, S. 584-599.
Knoblauch, Hubert / Schnettler, Bernt / Raab, Jürgen / Soeffner Hans-Georg (Hrsg.) (2006a): Video analysis. Methodology and Methods: Qualitative Audiovisual Data Analysis in Sociology. Frankfurt am Main: Peter Lang.
Knoblauch, Hubert / Schnettler, Bernt / Raab, Jürgen (2006b): Video-Analysis. Methodological Aspects of Interpretive Audiovisual Analysis in Social Research. In: Knoblauch, Hubert / Schnettler, Bernt / Raab, Jürgen / Soeffner Hans-Georg (Hrsg.): Video analysis. Methodology and Methods: Qualitative Audiovisual Data Analysis in Sociology. Frankfurt am Main: Peter Lang, S. 9-26.
Korte, Helmut / Faulstich Werner (Hrsg.) (1991): Filmanalyse interdisziplinär. Göttingen: Vandenhoeck & Ruprecht.
Kurt, Ronald (2008): Vom Sinn des Sehens. Phänomenologie und Hermeneutik als Methoden visueller Erkenntnis. In: Raab, Jürgen et al. (Hrsg.): Phänomenologie und Soziologie. Positionen, Problemfelder, Analysen. Wiesbaden: VS Verlag, S. 369-378.
Loer, Thomas (1992): Werkgestalt und Erfahrungskonstitution. In: Garz, Detlef / Kraimer, Klaus (Hrsg.): Die Welt als Text. Frankfurt am Main: Suhrkamp, S. 341-382.
Loer, Thomas (1996): Halbbildung und Autonomie. Über Struktureigenschaften der Rezeption bildender Kunst. Opladen: Westdeutscher Verlag.
Michel, Burkard (2006): Bild und Habitus. Wiesbaden: VS Verlag.
Mikos, Lothar / Wegener, Claudia (Hrsg.) (2005): Qualitative Medienforschung. Konstanz: UVK.
Moritz, Christine (2010): Videotranskription und Videoanalyse – Ein Überblick. MS. Neidlingen.
Opl, Eberhard (1990): Zur Frage der Audiovisuellen "Codeebenen". In: Kodicas/Code, Vol. 13, No.3/4, S. 277 - 306.
Oevermann, Ulrich (1979): Impressionistische und vor-impressionistische Malerei: Eine kunstsoziologische Betrachtung zur Einführung in die Ausstellung. In: Ausstellungskatalog zu Bildern des Impressionismus, Galerie Oevermann. Frankfurt am Main.
Oevermann, Ulrich (2000): Die Farbe – Sinnliche Qualität, Unmittelbarkeit und Krisenkonstellation. In: Fehr, Michael (Hrsg.): Die Farbe hat mich. Essen: Klartext-Verlag, S. 426-474.
Peters, Jean Marie (1980). Bild und Bedeutung. Zur Semiologie des Films. In: Brauneck, Manfred (Hrsg.): Film und Fernsehen. Bamberg: Buchner, S. 178 - 188.
Raab, Jürgen (2008): Visuelle Wissenssoziologie. Konstanz: UVK.

Reichertz, Jo (1994): Selbstgefälliges zum Anziehen. Benetton äußert sich zu Zeichen der Zeit. In: Schröer, Norbert (Hrsg.): Interpretative Sozialforschung. Opladen: Westdeutscher Verlag, S. 253-280.

Reichertz, Jo (2000): Die Frohe Botschaft des Fernsehens. Kultursoziologische Untersuchung medialer Diesseitsreligion. Konstanz: UVK.

Reichertz, Jo (2001): The Raving Camera. In: Hitzler, Ronald / Pfadenhauer, Michaela (Hrsg.): techno-soziologie. Opladen: Leske+Budrich, S. 253-265.

Reichertz, Jo (2007): Der marodierende Blick – Überlegungen zur Aneignung des Visuellen. In: sozialer sinn. 2, S. 267-287.

Reichertz, Jo (2010): Die Macht der Worte und der Bilder. Wiesbaden: VS Verlag.

Reichertz, Jo / Englert, Carina (2010): Einführung in die qualitative Videoanalyse. Wiesbaden: VS Verlag.

Schnettler, Bernd (2007): Auf dem Weg zu einer Soziologie visuellen Wissens. sozialer sinn, 8.2, S. 189-210.

Schnettler, Bernt / Knoblauch, Hubert (2008): Videoanalyse. In: Kühl, Stefan / Strodtholz, Petra (Hrsg.): Methoden der Organisationsforschung. Ein Handbuch. Reinbek bei Hamburg: Rowohlt.

Schnettler, Bernd / Raab, Jürgen (2008): Interpretive visual analysis. Developments, state of the art and pending problems. Forum Qualitative Sozialforschung / Forum: Qualitative Social Research, 9(3), Art. 31. Abrufbar unter der folgenden URL: http://nbn-resolving.de/urn:nbn:de:0114-fqs0803314 [letzter Zugriff: 11.5.2010].

Soeffner, Georg (1989): Auslegung des Alltags. Der Alltag der Auslegung. Frankfurt am Main: Suhrkamp.

Wagner-Willi, Monika (2004): Videointerpretation als mehrdimensionale Mikroanalyse am Beispiel schulischer Alltagsszenen. In: ZBBS 5. Jg. 1/2004, S. 49-66.

Wienke, Ingo (2001): Das Luftbild als Datum soziologischer Analyse. In: sozialer sinn. 1/2001, S. 165-189.

Videos interpretieren und darstellen.
Die dokumentarische Methode

Stefan Hampl

Zusammenfassung

Im folgenden Beitrag möchte ich Interpretationsschritte vorführen, die sich im Rahmen meiner Auseinandersetzung mit Videointerpretation und in der Zusammenarbeit mit Studierenden bewährt haben. Methodologisch beziehe ich mich auf die begrifflichen Konzepte und analytischen Einteilungen, die Ralf Bohnsack (2009) – unter Berufung auf Erwin Panofsky und Max Imdahl – für die *qualitative Bild- und Videointerpretation nach der dokumentarischen Methode* erarbeitet hat[1]. Der Vorteil der dokumentarischen Methode besteht meines Erachtens in der anschaulichen Möglichkeit, Videointerpretationen *im Medium des Fallmaterials* durchzuführen. Videos können mittels Internetsuche rasch und direkt mit anderen Videos und Bildern verglichen werden, ohne davor jeweils den Umweg über die Textebene nehmen zu müssen.

Der spezifischen Eigenlogik (bewegter) Bilder möchte ich durch eine konsequente Orientierung der Arbeitsschritte an der *planimetrischen Komposition*, die „die entscheidende Grundlage für das ‚sehende Sehen'" (Bohnsack 2007: 167) sensu Imdahl (1994) darstellt, Rechnung tragen. Außerdem wird zu einem möglichst frühen Einsatz der *komparativen Analyse* im Rahmen der Videointerpretation ermutigt und diese Vorgehensweise anhand empirischer *Montage-, Einstellungs- und Gestenvariationen* demonstriert. Auf die Interpretation des Sprechtextes sowie außersprachlicher Tonereignisse (Musik, Geräusche etc.) wurde aus Platzgründen verzichtet. Die in diesem Beitrag enthaltenen Videotranskripte sowie das auf der beiliegenden DVD enthaltene Fallmaterial ermöglichen es aber, zu Übungszwecken eigene Textinterpretationen[2] durchzuführen, die leicht den Resultaten der „Stummfilminterpretation" gegenübergestellt werden können.

Neben methodologischen Überlegungen sind an die Auswertung und Darstellung von Videomaterial auch spezifische technische Anforderungen geknüpft, die im Abschnitt *Videotranskription* vorgestellt werden.

---

[1] Zur vorbereitenden Lektüre gehörten auch Arbeiten aus den Bereichen der objektiven Hermeneutik und hermeneutischen Wissenssoziologie (etwa: Dinkelaker/Herrle 2009; Herrle 2007; Knoblauch 2004; Raab 2008; Schnettler 2007; Schnettler/Raab 2008; Schnettler/Tuma/Schreiber 2010)
[2] Przyborski und Wohlrab-Sahr (2009) geben eine Übersicht bewährter Instrumente.

1. Videotranskription

Die Minimalanforderungen an Videointerpretation sind ein Videoabspielgerät für das Ausgangsmaterial sowie gegebenenfalls zusätzliche Bildquellen (Fotos, Filme, Bücher etc.) zur komparativen Analyse. Monika Wagner-Willi (2001) demonstriert anhand ihrer videogestützten Beobachtungen des Schulalltags, dass sich auch ohne aufwändige Videoanalyseapparaturen (und sogar ohne Darstellung der Videobilder im Text) hochwertige Interpretationsergebnisse erzielen lassen. Dieser Umstand ist vorab erwähnenswert, da die vielfältigen neuen computergestützten Darstellungs- und Interpretationsmöglichkeiten von Video – das hier dargestellte Videotranskriptionssystem mit eingeschlossen – eine überaus einnehmende Wirkung auf Interpret/innen ausüben können. So konnte ich bereits des Öfteren die Erfahrung machen, dass softwaregenerierte Videotranskripte bei Betrachter/innen bereits als Endergebnisse und nicht nur als Instrumente des Forschungsprozesses verstanden wurden[3]. Aufgrund der hohen Augenfälligkeit und praktischen Verwendbarkeit von Videotranskripten (siehe Abb. 1 ff.) besteht aber noch eine zweite Gefahr, nämlich das Videomaterial stillschweigend durch Videotranskripte zu ersetzen. Breidenstein (2009) warnt vor einer vorschnellen Reduktion der Daten zu einem frühen Zeitpunkt im Forschungsprozess. Aus methodologischer Sicht würden durch die Gleichsetzung von Material und Transkript auch wichtige Erkenntnismöglichkeiten vergeben werden, die deren Gegenüberstellung gerade gewährt. Schließlich informieren Material und Transkript in jeweils (medien-)spezifischer Weise über die Simultan- und Sequenzstruktur von Videos.

Videotranskripte erfüllen, ebenso wie Texttranskripte, im Interpretationsprozess zumindest zwei maßgebliche Funktionen: Zum einen fördern sie durch die gedruckte Repräsentation und Datensicherung des empirischen Fallmaterials die wissenschaftliche Verständigung *über* das Fallmaterial. Zum anderen ermöglicht die Transformation bewegter Bild- und Toneindrücke in Bildserien und geschriebene Sprache die Einnahme einer zusätzlichen Betrachterperspektive *gegenüber* dem untersuchten Material. Nach Przyborski und Wohlrab-Sahr (2009) kommen für Videotranskriptionssysteme prinzipiell dieselben Regeln wie für andere Transkriptionssysteme zur Anwendung: „Das Transkript muss – wie ein Gesprächstranskript – eindeutig auf das Ausgangsmaterial zurückgeführt werden können und hat wie dieses die Funktion einer ‚wissenschaftlichen

---

[3] Aus medientheoretischer Sicht (McLuhan 2003; Slunecko 2008) bedingen neue Technologien stets nicht nur Erweiterungen sondern auch Einschränkungen der Wahrnehmungs- und Erkenntnisprozesse. Welt*erschließung* geht unabdingbar mit Welt*verstellung* einher.

Lupe'" (Przyborski/Wohlrab-Sahr 2009: 169). Videotranskripte bieten eine effektive Orientierung im Material, erleichtern das rasche Auffinden bestimmter Passagen und ermöglichen überhaupt erst die genauere Betrachtung und Interpretation der Wechselwirkungen zwischen Bild- und Ton- bzw. Textebene[4].

Zur Durchführung der bildgestützten Auswertungsschritte in diesem Beitrag, zu deren Argumentation im Medium des Bildes sowie zur Darstellung der Ergebnisse ist eine computergestützte Verarbeitung des Videomaterials unerlässlich. Dazu muss das Material zum einen in digitaler Form auf dem Rechner vorliegen[5]. Zum anderen bedarf es probater Mittel und Methoden zur nachvollziehbaren und standardisierten „Datensicherung" (Przyborski/Wohlrab-Sahr 2009: 160) des Videomaterials.

1.1 Das Transkriptionssystem MoViQ

Das Transkriptionssystem MoViQ („Movies and Videos in Qualitative Social Research") ist 2005 im Rahmen meiner Doktorarbeit zur Fernsehsendung *Istanbul Total* gemeinsam mit Aglaja Przyborski entstanden. Die MoViQ-Transkriptionsvorlage der Eingangspassage von Istanbul Total (Hampl 2005, 2006) hat seither als Beispiel für zahlreiche darauf aufbauende Publikationen im Bereich der dokumentarischen Methode gedient (Baltruschat 2010; Baltruschat/Bohnsack/Pfaff 2010; Bohnsack 2009; Przyborski/Wohlrab-Sahr 2009; Sobotka 2009). Im Rahmen der vorliegenden Arbeit wird ein mit der Transkriptionssoftware MoviScript (Hampl 2008) neu bearbeiteter Ausschnitt zur komparativen Analyse mit drei anderen Fernsehsendungen eingesetzt (Abb. 1 ff.).

MoViQ (Bohnsack 2009: 171; Przyborski/Wohlrab-Sahr 2009: 169) basiert auf der Idee der Partiturschreibweise, die Mitte der 1970er Jahre unter dem Namen HIAT (Halbinterpretative Arbeitstranskription) von Ehlich und Rehbein (1976) in die Sozial- und Geisteswissenschaften eingeführt wurde. Bei diesem Vorgehen werden – analog zur Notation einer Musikpartitur – die Beiträge verschiedener Sprecher/innen sowie außersprachliche Informationen und Kodierungen der Forscher/innen im Transkript in übereinanderliegenden Zeilen angeordnet. Unter Bewahrung der Sequentialität des Forschungsmaterials ermöglicht dies einen visuellen Überblick über die Abfolge und das zeitliche Zusammenwirken von Ereignissen und Handlungen (z.B. Synchronität/Asynchronität). Damit

---

[4] Aus forschungsökonomischen Gründen bedarf es entsprechender Softwareunterstützung (siehe Abschnitt 1.2) um Videotranskriptionen in größerem Umfang durchzuführen.
[5] Auf die vielzähligen technischen Hürden beim Digitalisieren und Konvertieren von Videomaterial in bearbeitbare Formate kann hier aus Platzgründen nicht eingegangen werden.

bietet die Partiturschreibweise gerade für das Anwendungsgebiet der Videointerpretation große forschungspraktische Erleichterungen, insbesondere zur Klärung des Verhältnisses von Bild- und Ton- bzw. Textebene (Przyborski/Wohlrab-Sahr 2009: 169).

Bei der Entwicklung des Transkriptionssystems MoViQ zur sozialwissenschaftlichen Analyse von Videomaterial standen vor allem zwei Überlegungen im Vordergrund. Zum einen sollte die gedruckte Wiedergabe von Videomaterial – im Sinne optimaler Referenzialität zum Material – eine möglichst behutsame Transformation der ursprünglichen visuellen und auditiven Phänomene darstellen. Zum anderen sollten die Videotranskripte – in Hinblick auf ihre Zugänglichkeit und Lesbarkeit – ohne schriftliche Rezeptionsanweisungen (z.B. Angaben über Veränderungen der Kameraeinstellung) auskommen. Przyborski und Wohlrab-Sahr (2009: 164) haben vier allgemeine Gütekriterien für Transkriptionssysteme formuliert: „Praktikabilität", „Ausbaufähigkeit und Flexibilität gegenüber Gesprächsdaten", „Erlernbarkeit" und „Lesbarkeit". Für Videotranskriptionssysteme nennen sie noch ein fünftes zusätzliches Kriterium: Die „eindeutige Zuordenbarkeit von akustischen und visuellen Ereignissen" (Przyborski/Wohlrab-Sahr 2009: 169). Gegenüber Texttranskripten kommt es dabei weiters nicht nur auf die exakte Wiedergabe der Reihenfolge von Ereignissen, sondern auch ihrer Geschwindigkeit im Verhältnis zum stets konstanten Bildtakt an. MoViQ gewährleistet die Simultandarstellung von Bild- und Tonebene in einem festen Zeitintervall. Damit bleibt das Videotranskript näher am empirischen Videoausgangsmaterial als dies durch freie Kombinationen von ausgewählten Standbildern oder Bildfolgen mit Texttranskripten realisiert werden kann.

1.2 Die Transkriptionssoftware MoviScript

Link zum Download von MoviScript auf DVD

Die Praktikabilität des Transkriptionssystems MoViQ hängt von der Unterstützung durch entsprechende Software ab. Ich habe deshalb das Programm *MoviScript*[6] (Hampl 2008) entwickelt, um druckfertige Videotranskripte (siehe Abb. 1ff.) zu erstellen, die den genannten Gütekriterien für Transkriptionssysteme entsprechen. Das Programm ist als Add-On zu bestehenden, kostenlosen Transkriptionsinstrumenten gedacht, die in der scientific community bereits seit längerem eingeführt sind. Dazu zählen etwa die Transkriptionsprogramme Anvil[7], ELAN[8] und EXMA-

---

[6] www.moviscript.net
[7] www.anvil-software.de
[8] www.lat-mpi.eu/tools/tools/elan

RaLDA[9], die mit MoviScript verwendet werden können. Anhand der in diesem Beitrag abgedruckten Videotranskripte wird die Funktionsweise der Software deutlich. Die Textpassagen des Videomaterials wurden zuerst mit ELAN transkribiert und anschließend mit MoviScript in Videotranskripte umgewandelt (siehe Abb.1 ff.).

Ausführliche Liste zu Notationsprogrammen auf DVD

1.3 Weitere Transkriptionszugänge

Wie unter anderem die Tagung „Videobasierte Methoden der Bildungsforschung – sozial-, kultur- und erziehungswissenschaftliche Nutzungsweisen" der Stiftung Universität Hildesheim im Juni 2009 demonstriert hat, gibt es zwischenzeitlich einige mit MoViQ kompatible Bemühungen, um Bild und Ton bzw. Text synchron in Transkripten darzustellen. Franzmann und Pawlytta (2009) widmen sich in ihrer Arbeit zur „Nutzung moderner, computergestützter Audio- und Videotechnik im Rahmen einer naturalistischen, objektiv-hermeneutischen Unterrichtsforschung" der Annotation von Videobildern. Dabei verfolgen sie das „Ideal der Totalaufnahme" von Unterrichtsgeschehen, welches sie mithilfe eines modernen Musikprogramms in vielzähligen (Partitur-)Spuren am Computer erfassen. Mithilfe von MoviScript ließe sich die Komplexität des Unterrichtsgeschehens auch in gedruckter Form darstellen.

Ein weiteres Verfahren stellt Moritz (2009) mit der „Feldpartitur" vor.[10] Dabei handelt es sich um eine „projektspezifische Transkriptionsweise von Videoaufzeichnungen", die sich wie MoViQ an der Partiturschreibweise orientiert. Zur Transkription verwendet Moritz eine kommerzielle Musikpartitursoftware, mit deren Hilfe sich Einzelbilder, Texte und Kodierungen manuell – anstelle von Noten und Instrumentierungen – einsetzen lassen. In punkto Automatisierung könnte MoviScript hier eine kostengünstige Arbeitserleichterung darstellen. Von der Idee der Simultandarstellung von Bild und Ton abweichend, aber im Kontext der Videotranskription erwähnenswert, ist abschließend die Idee der Kombinationen von „Stillsequenz mit Worttranskript" (Dinkelaker/Herrle 2009: 35). Dabei ist das Bild vom zeitlichen Verlauf des Textes entkoppelt, repräsentiert aber bestimmte Abschnitte in der Sequenz.[11]

---

[9] www.exmaralda.org
[10] Siehe auch den Beitrag von Moritz in diesem Band.
[11] Siehe auch den Beitrag von Dinkelaker in diesem Band.

2. Auswahl und Interpretation von Videosequenzen

Die Frage der Auswahl geeigneter Einstellungen und Videosequenzen stellt für jene, die in der Methode der Videointerpretation noch unerfahren sind, die erste größere Hürde dar. Zwar bietet die einschlägige Fachliteratur grundsätzliche Auskünfte zur Auswahl von Vergleichsmaterial, etwa über die Orientierung an „Eingangssequenzen" sowie der Formulierung der Prinzipien der „Fokussierung", „Repräsentanz", „kompositorischen Auffälligkeiten" (Bohnsack 2009: 174) oder der „maximalen Kontrastierung" (Raab 2008: 169). Unbeantwortet bleibt jedoch, wie diese Richtlinien ohne eigene empirische Vorerfahrungen am Material angewendet werden sollen.

Meiner Erfahrung nach tendieren Studierende oft dazu, die Kluft zwischen Theorie und Praxis durch ein Mehr an Lektüre überwinden zu wollen. Daran ist die implizite Hoffnung geknüpft, sich so ‚auf sicherem Wege' dem Material zu nähern. Dieses in der Sozialforschung an sich bekannte Problem verschärft sich im Bereich der Bild- und Videointerpretation aufgrund des (noch verbreiteten) mangelnden Vertrauens in die Leistungsfähigkeit der Instrumente. Methodologisch als zentral erachtete Interpretationsschritte, wie etwa die planimetrische Komposition, wirken aus Studierendensicht auf den ersten Blick oft beliebig. Die Angst vor interpretativen Willkürakten im Visuellen führt zu einer Klammerung an Texte bzw. die sprachlichen Äußerungen im Material: Mit beträchtlichem Mehraufwand werden zusätzliche Common-Sense-Informationen recherchiert und gesammelt, obgleich daraus keine tiefergehenden empirischen Einsichten über das Material zu erwarten sind.[12]

Um solchen Vermeidungstendenzen gezielt entgegenzusteuern, halte ich es für didaktisch sinnvoll, von vornherein eine direkte visuelle Auseinandersetzung mit dem Videomaterial zu forcieren. Im Folgenden möchte ich darstellen, wie dieser Anspruch durch die Suche nach Vergleichshorizonten im Medium des (bewegten) Bildes praktisch umgesetzt werden kann. Stellt man das eigene Fallmaterial anderen Bildern und Videos gegenüber, so werden Gemeinsamkeiten und Eigenheiten oft unmittelbar deutlich und interpretierbar. Die Auswahl *ist* somit bereits Interpretation – die Interpretation ein Vorgang, der vom empirischen Vergleich lebt.

---

[12] Beliebte Beispiele für Recherchen, mit denen die Konfrontation mit dem Videomaterial vermieden werden kann: Lesen von Filmrezensionen, Abhören der DVD-Audiokommentare der Regisseur/innen, Führen von Interviews mit den Drehbuchautor/innen etc.

3. Exemplarische Videointerpretationen

Um das Sensorium für die Eigengesetzlichkeiten von Bildern und Videos zu schärfen, ist intensives Experimentieren mit Fall- und Vergleichsmaterial erforderlich. Ich möchte eine Herangehensweise an Videomaterial vorstellen, die ‚von außen nach innen' über die Variation von *Montage*, *Einstellungen* und *Gesten* verläuft.

Videosequenzen und Videotranskripte der Beispielfälle auf DVD

Die Montage umfasst laut Bohnsack (2009: 158) die Leistungen der *abbildenden Bildproduzent/innen* (der Personen hinter der Kamera). Gesten umfassen die Leistungen der *abgebildeten Bildproduzent/innen* (Personen vor der Kamera). Einstellungen sind als gemeinsame Produkte von abbildenden und abgebildeten Bildproduzent/innen anzusehen. Durch *Triangulation*, d.h. die Betrachtung des Materials aus den genannten verschiedenen Perspektiven, kann ein differenziertes Verständnis über die Sinnstrukturen des Videomaterials in seiner Gesamtheit gewonnen werden.

Bevor aber die direkte Auseinandersetzung mit dem Material stattfinden kann, bedarf es einer kurzen Definition der notwendigen Begrifflichkeiten aus dem Repertoire der „Bild- und Videointerpretation nach der dokumentarischen Methode" (Bohnsack 2009).

3.1 Begriffsdefinitionen

Die dokumentarische Methode (Bohnsack 2007; Przyborski/Wohlrab-Sahr 2009) unterscheidet prinzipiell *zwei Sinn- bzw. Wissensebenen*: Der *immanente Sinn* beinhaltet jene Aspekte, die das Videomaterial auf der Ebene *kommunikativ-generalisierter Wissensbestände* bestimmen. Dabei handelt es sich um die *expliziten* (und intendierten) Aussagen des Videomaterials – also das, was gesagt oder gezeigt wird. Methodologisch wird dem immanenten Sinn durch die *formulierende Interpretation* begegnet. Die forschungsleitenden Fragen betreffen die Ebene des *Was*. Demgegenüber beinhaltet der *Dokumentsinn* die Produktionsbedingungen, die das Videomaterial *seiner Form nach* bestimmen (z.B. Art der Montage, Wahl der Einstellungen, Vorkommen bestimmter Gesten). Zur Gestaltung von Videos ist *implizites* Handlungswissen erforderlich, das den Produzent/innen nicht notwendigerweise bewusst zur Verfügung stehen muss. Es handelt sich dabei um *kollektive Wissensbestände*, die in der Praxis erworben werden: Dazu gehört einerseits technisches Ablauf- und Produktionswissen (z.B. „Wie bediene ich eine Videokamera?"), andererseits Kulturwissen (z.B. „Wie gestalte ich ein Video, damit es von meinem Umfeld verstanden wird"). Dem Dokumentsinn wird methodologisch durch die *reflektierende Interpretation* begegnet. Die forschungsleitenden Fragen betreffen die Ebene des *Wie*: „Wie ist das Video formal gestaltet?", „Wie wirken die Personen vor und hinter der Kamera zusammen?" etc.

Im Rahmen der Bild- und Videointerpretation unterteilt Bohnsack (2009: 19) die formulierende Interpretation, in Anlehnung an Panofsky (2006), nochmals in die *vor-ikonographische* und *ikonographische Interpretation*. Ziel dieser analytischen Differenzierung ist die Rekonstruktion des *Common Sense*, also jener Wissensbestände, die die Forscher/innen bzw. Betrachter/innen mitbringen müssen, um das Video in seinem Kontext zu verstehen. Im Sinne des *methodisch kontrollierten Fremdverstehens* (Schütze/Meinefeld/Weymann 1973), ist der Zweck dieses Vorgehens die Kontrolle und Nutzung des *Vorwissens* der Forscher/innen: So lässt sich für Forscher/innen, die regelmäßig fernsehen, in Abbildung 1 (Sekunde 16) auf ikonographischer Ebene der bekannte Moderator Stefan Raab in orientalischer Verkleidung am Bosporus identifizieren. Auf vor-ikonographischer Ebene (also ohne Zuhilfenahme des Common Sense) ist jedoch lediglich ein Mann mit Mantel und Kopfbedeckung zu erkennen, der vor einer blauen Wasserfläche steht. Auf vor-ikonographischer Ebene sollte das Bild folglich so beschrieben werden, dass es auch ohne Vorwissen (der Forscher/innen) allgemein verstanden werden kann. Durch die Einklammerung des Vorwissens auf ikonographischer Ebene, wird der Common Sense in seiner kollektiven Bedeutung sichtbar und in seiner Funktion interpretierbar: Letztlich stellt er eine enorm effektive und selbstverständliche Form der Verständigung zwischen Videoproduzent/innen und Forscher/innen dar.

Die reflektierende Interpretation lässt sich nach Bohnsack (2003, 2007, 2009) in der Bilddimension in insgesamt vier weitere Ebenen unterteilen:

a. die *planimetrische Komposition* (Wie wird das Bild durch Formen, Farben, Richtungen etc. bestimmt?)
b. die *perspektivische Projektion* (Welche Kameraperspektive wird eingenommen?)
c. die *szenische Choreographie* (Wie sind die Akteur/innen im Bild angeordnet und durch Blicke und Gesten aufeinander bezogen?)
d. die *ikonologische bzw. ikonische Ebene* (Wie lassen sich die vorhergehenden Ebenen auf einen gemeinsamen Nenner verdichten?).

Aus methodologischer Sicht kommt der planimetrischen Komposition im Rahmen der Bild- und Videointerpretation *die* zentrale Bedeutung zu (Bohnsack 2009; Imdahl 1994). Da diese Ebene jedoch gleichzeitig dem Common Sense stark entgegenläuft, stellt sie den Vermittlungsprozess vor große didaktische Herausforderungen. Im Rahmen dieses Beitrags wird das Ziel verfolgt, die planimetrische Komposition durch die frühzeitige Einbeziehung von Vergleichsbildern und Vergleichsvideos forschungspraktisch zugänglich und anschaulich zu machen.

Übersicht: Schematische Gliederung der Interpretationsschritte

Formulierende Interpretation
- vor-ikonographische Ebene
- ikonographische Ebene (Common Sense)

Reflektierende Interpretation
- planimetrische Komposition
- perspektivische Projektion
- szenische Choreographie
- ikonologische bzw. ikonische Ebene

3.2 Montagevariation und Gattungsanalyse

Laut Aussage des Filmregisseurs Stanley Kubrick stellt die Montage ein besonderes Alleinstellungsmerkmal von Filmen dar: „Die Montage ist der einzige Vorgang, bei der Film keine Anleihen bei anderen Künsten macht. Nur beim Schnitt ist der Film ganz bei sich" (Bohnsack 2009: 159). Um dieser theoretischen Grundauffassung methodologisch Rechnung zu tragen, möchte ich in der Folge ein Vorgehen demonstrieren, bei dem die Interpretation der Montage *im Medium des bewegten Bildes* erfolgt. Es wird dabei prinzipiell eine Form der komparativen Analyse von Videos favorisiert, die sich an der planimetrischen Komposition (bewegter) Bilder orientiert. Die erste Auswahl von Vergleichsmaterial erfolgt aus didaktischen Gründen dennoch über die ikonographische Ebene, d.h. die Ebene des Common Sense, da diese für Einsteiger am zugänglichsten ist.

Videointerpretation wird von Angela Keppler (2006: 139; zitiert nach Bohnsack 2009: 240) im Wesentlichen als *Gattungsanalyse* begriffen: Im Forschungsprozess wird nicht nur ein tieferes Verständnis über das Fallmaterial alleine entwickelt, sondern es lassen sich dabei auch Gattungskriterien empirisch definieren (Keppler 2006: 139). In Umkehrung des Vorgangs kann eine auf ikonographischer Ebene vorgenommene Einordnung des Fallmaterials in eine Gattung – im Sinne einer Bestimmung des Gattungsthemas (Bohnsack 2003: 101) – als Suchhilfe eingesetzt werden. So entspricht im vorliegenden Fall die Fernsehsendung *Istanbul Total* ikonographisch der Gattung *moderierter Late-Night-*

Unterhaltungssendungen[13]. *Gattungsimmanent*, d.h. innerhalb derselben Gattung, wurden zwei weitere Sendungen zum Vergleich ausgewählt: Die *Harald-Schmidt-Show* (Abb. 2) und die Sendung *TV Total* (Abb. 6), von der *Istanbul Total* (Abb. 7 ff.) ein ‚Ableger' ist. Da das Vorwissen über die Gattungszuordnung im genannten Beispiel deren empirischer Bestimmung vorausgeht, ist es Aufgabe der komparativen Analyse, die a priori festgelegte Gattungszuordnung zu überprüfen. Im nächsten Abschnitt wird das genaue Prozedere vorgeführt.

Es kann vorkommen, dass Gattungszuordnungen, die auf der Common-Sense-Ebene plausibel und klar erschienen, auf der Ebene der formalen Bild- und Textstruktur des Videomaterials nicht überzeugen bzw. sich aus dem Material heraus Anknüpfungspunkte zu anderen Gattungen ergeben. Damit bietet das gattungsimmanente Vorgehen Ansatzpunkte für *gattungsübergreifende* komparative Analysen – für letztere wurde das Reisevideo *Reiselust Istanbul* (Abb. 4) als Beispiel herangezogen.

In der Folge sind die ersten 1:40 Minuten der Sendung *Istanbul Total* als Videotranskript dargestellt. Auf der linken Seite ist jeweils das fortlaufende Videotranskript der Eingangspassage der Fernsehsendung *Istanbul Total* zu sehen, welche das Ausgangsmaterial der vorliegenden Videointerpretation bildet. Auf der rechten Seite sind zur komparativen Analyse Vergleichssequenzen abgebildet. Diese Form der gegenüberliegenden Darstellung im Buch ermöglicht es, das Verhältnis von Ausgangssequenz und Vergleichsmaterial besonders zu verdeutlichen.

---

[13] Diese Gattung stammt ursprünglich aus den USA. Die Sendungen werden in der Regel spät abends ausgestrahlt und von einem Moderator in Anzug und Krawatte geleitet.

Videos interpretieren und darstellen. Die dokumentarische Methode

Abbildung 1: Istanbul Total

Passage (oder Sequenz): Eingangspassage
Film (oder Video): Istanbul Total
Dateiname: Istanbul Total.wmv
Datum der Transkription: 03.05.2009
Time Code: 00 - 382
Dauer: 382 sec.
Transkription: Stefan Hampl
Korrektur: -

Video- und Transkriptionsdatei zu Istanbul Total auf DVD

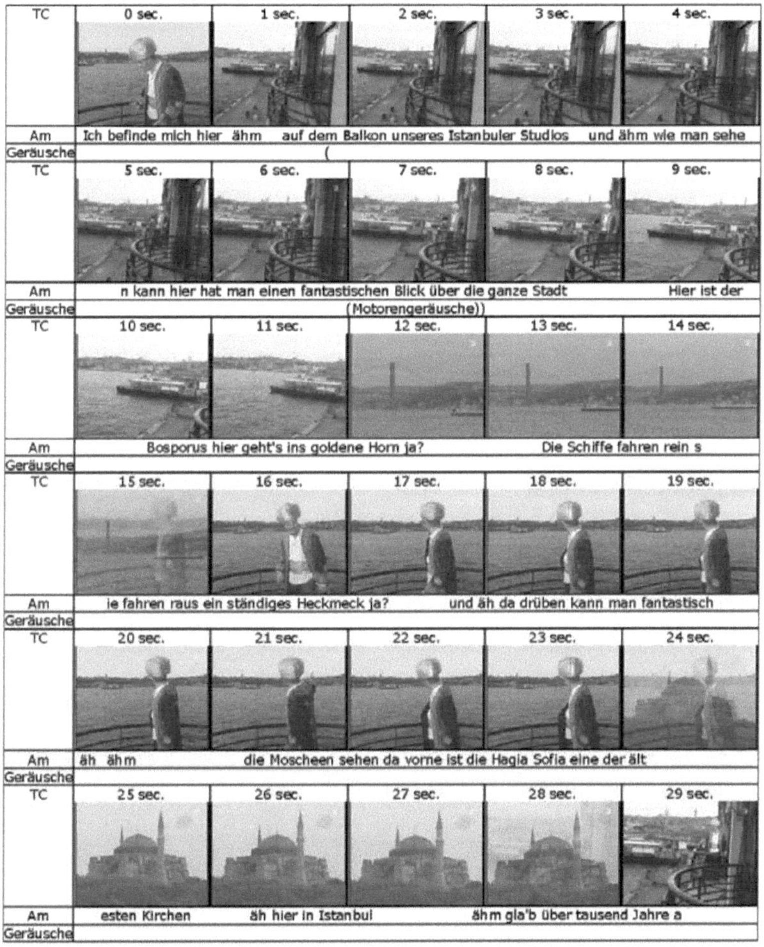

Abbildung 2: Harald-Schmidt-Show

Video- und Transkriptions- datei zur Ha- rald-Schmidt- Show auf DVD

Passage (oder Sequenz):   Eingangspassage
Film (oder Video):   Harald Schmidt Show
Dateiname: Harald Schmidt.avi
Datum der Transkription: 15.06.2009
Time Code: 00 - 69
Dauer: 69 sec.
Transkription: Stefan Hampl

TC	0 sec.	1 sec.	2 sec.	3 sec.	4 sec.
Am	Willkommen bitte um Verständnis für Sie zu Hause dass ich den Text hier oben ablese			aber im neuen Stud	
Pmf	((verebbender Applaus))			@@	
TC	5 sec.	6 sec.	7 sec.	8 sec.	9 sec.
Am	io läuft der Text hier oben rechts auf einem Laufband			Herzlich willkomme	
Pmf				@@@@	
TC	10 sec.	11 sec.	12 sec.	13 sec.	14 sec.
Am	n hier im wie es jetzt neu heißt off=ziell im Ersten im Palast der Republik			@((ha ha ha))	
Pmf				@@	
TC	15 sec.	16 sec.	17 sec.	18 sec.	19 sec.
Am	@	Neu aufgebaut und mich ham viele Leute heut angesimst und a			
Pmf	@				
TC	20 sec.	21 sec.	22 sec.	23 sec.	24 sec.
Am	nge-MMSt und äh	Faxe geschrieben und auch persönlich vorbeigekommen und gefragt was is eigentlich oben im alten Studio ich weiß es ni			
TC	25 sec.	26 sec.	27 sec.	28 sec.	29 sec.
Am	cht aber ich habe vorhin gesehen es kam der Möbelwagen			ich glaube in unserem alten Studio genau hier in unserm Studio vier-	
Bm		ja			

Videos interpretieren und darstellen. Die dokumentarische Methode 65

Abbildung 3: Istanbul Total (Fortsetzung)

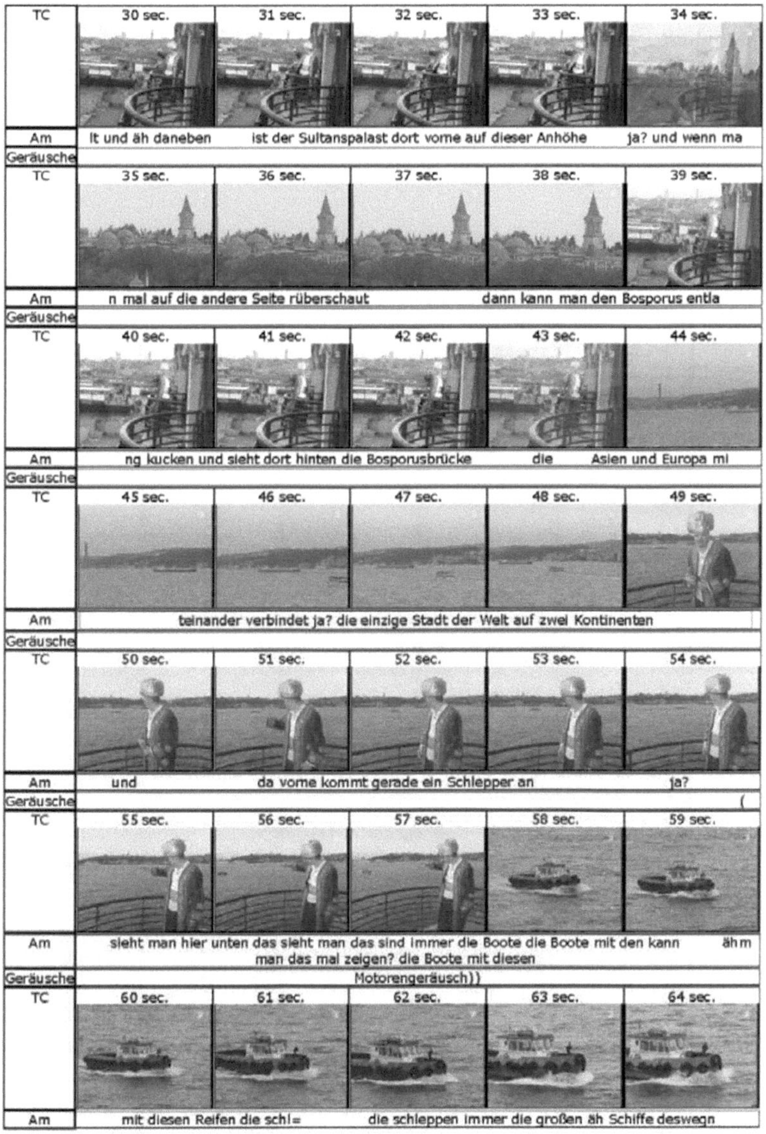

TC	30 sec.	31 sec.	32 sec.	33 sec.	34 sec.
Am	lt und äh daneben	ist der Sultanspalast dort vorne auf dieser Anhöhe			ja? und wenn ma
Geräusche					
TC	35 sec.	36 sec.	37 sec.	38 sec.	39 sec.
Am	n mal auf die andere Seite rüberschaut			dann kann man den Bosporus entla	
Geräusche					
TC	40 sec.	41 sec.	42 sec.	43 sec.	44 sec.
Am	ng kucken und sieht dort hinten die Bosporusbrücke			die	Asien und Europa mi
Geräusche					
TC	45 sec.	46 sec.	47 sec.	48 sec.	49 sec.
Am	teinander verbindet ja? die einzige Stadt der Welt auf zwei Kontinentan				
Geräusche					
TC	50 sec.	51 sec.	52 sec.	53 sec.	54 sec.
Am	und	da vorne kommt gerade ein Schlepper an			ja?
Geräusche					(
TC	55 sec.	56 sec.	57 sec.	58 sec.	59 sec.
Am	sieht man hier unten das sieht man das sind immer die Boote die Boote mit den kann man das mal zeigen? die Boote mit diesen				ähm
Geräusche			Motorengeräusch))		
TC	60 sec.	61 sec.	62 sec.	63 sec.	64 sec.
Am	mit diesen Reifen die schl=		die schleppen immer die großen äh Schiffe deswegn		

Abbildung 4: Reiselust Istanbul

Video- und Transkriptionsdatei zu Reiselust Istanbul auf DVD

Passage (oder Sequenz): Beyoglu
Film (oder Video): ZDF Reiselust Istanbul
Dateiname: Reiselust.mpg
Datum der Transkription: 25.06.2009
Time Code: 00 - 55
Dauer: 55 sec.
Transkription: Stefan Hampl
Korrektur: -

TC	0 sec.	1 sec.	2 sec.	3 sec.	4 sec.
Am	Beyoğlu 24 saat yaşar... ((spricht auf Türkisch))				((
Bm					Beyoglu lebt vier
TC	5 sec.	6 sec.	7 sec.	8 sec.	9 sec.
Am	spricht weiter auf Türkisch; Lautstärke leiser geregelt))				
Bm	undzwanzig Stunden am Tag.		Hier gibt es alles		soziale kulturelle und
TC	10 sec.	11 sec.	12 sec.	13 sec.	14 sec.
Am					
Bm	Freizeitaktivitäten		eigentlich bräuchten die Leute ihr Viertel gar nicht zu verl		
TC	15 sec.	16 sec.	17 sec.	18 sec.	19 sec.
Am					
Bm	assen	sie haben ja alles		Kino Theater Bars Restau	
Geräusche				((Läuten))	
TC	20 sec.	21 sec.	22 sec.	23 sec.	24 sec.
Am					
Bm	rants			seit über einhundert Jahren ist Beyo	
TC	25 sec.	26 sec.	27 sec.	28 sec.	29 sec.
Am					
Bm	glu das Unterhaltungszentrum Istanbuls und der Türkei				

Videos interpretieren und darstellen. Die dokumentarische Methode 67

Abbildung 5: Istanbul Total (Fortsetzung)

Passage (oder Sequenz): Eingangspassage
Film (oder Video): TV Total
Dateiname: TV Total.avi
Datum: 24.03.2010
Time Code: 00 - 513
Dauer: 513 sec.
Transkription: Stefan Hampl
Korrektur: -

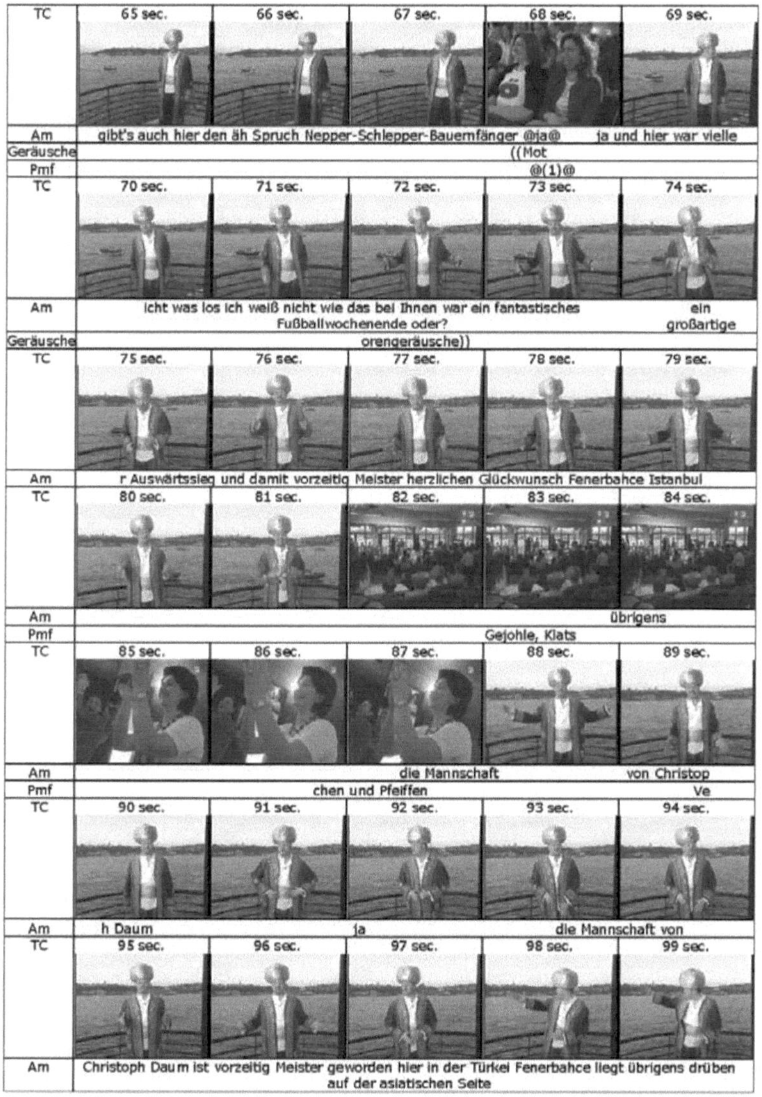

TC	65 sec.	66 sec.	67 sec.	68 sec.	69 sec.
Am	gibt's auch hier den äh Spruch Nepper-Schlepper-Bauernfänger @ja@				ja und hier war vielle
Geräusche			((Mot		
Pmf				@(1)@	
TC	70 sec.	71 sec.	72 sec.	73 sec.	74 sec.
Am	icht was los ich weiß nicht wie das bei Ihnen war ein fantastisches Fußballwochenende oder?				ein großartige
Geräusche			orengeräusche))		
TC	75 sec.	76 sec.	77 sec.	78 sec.	79 sec.
Am	r Auswärtssieg und damit vorzeitig Meister herzlichen Glückwunsch Fenerbahce Istanbul				
TC	80 sec.	81 sec.	82 sec.	83 sec.	84 sec.
Am					übrigens
Pmf			Gejohle, Klats		
TC	85 sec.	86 sec.	87 sec.	88 sec.	89 sec.
Am			die Mannschaft		von Christop
Pmf		chen und Pfeiffen			Ve
TC	90 sec.	91 sec.	92 sec.	93 sec.	94 sec.
Am	h Daum		ja		die Mannschaft von
TC	95 sec.	96 sec.	97 sec.	98 sec.	99 sec.
Am	Christoph Daum ist vorzeitig Meister geworden hier in der Türkei Fenerbahce liegt übrigens drüben auf der asiatischen Seite				

Abbildung 6: TV Total

Video- und Transkriptionsdatei zu TV Total auf DVD

Passage (oder Sequenz): Eingangspassage
Film (oder Video): TV Total
Dateiname: TV Total.avi
Datum: 24.03.2010
Time Code: 00 - 513
Dauer: 513 sec.
Transkription: Stefan Hampl
Korrektur: -

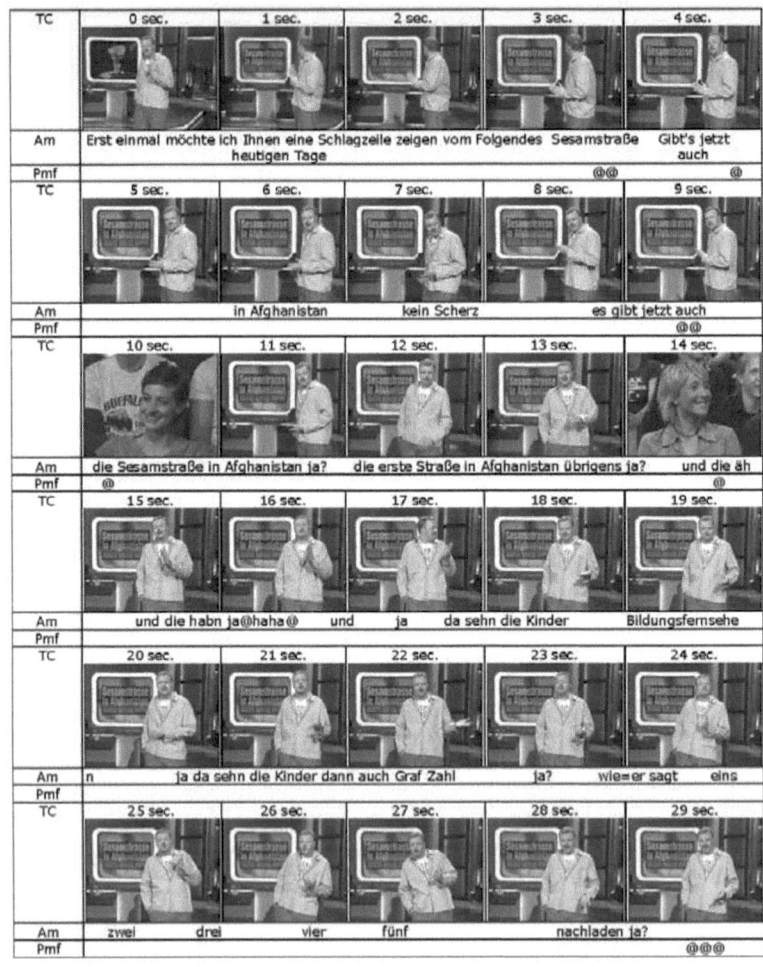

3.2.1 Gattungsimmanenter Vergleich

Der gattungsimmanente Vergleich kann als erster Ansatzpunkt bei Videointerpretationen dienen. Dabei wird die Auswahl von Vergleichsmaterial anhand von inhaltlichen Kriterien auf ikonographischer Ebene vorgenommen. Die Fernsehsendung *Istanbul Total*, die hier als Ausgangsmaterial der Videointerpretation dient, lässt sich ikonographisch als Late-Night-Show klassifizieren. Dazu passend wurden die *Harald-Schmidt-Show* sowie die Sendung *TV Total* als weitere Vertreter dieses Sendungstyps ausgewählt.

Nachdem die Gattungszugehörigkeit als ikonographisches Auswahlkriterium für Vergleichsmaterial gedient hat, ist in weiterer Folge die empirische Überprüfung dieser Zuordnung erforderlich. Aus forschungsökonomischen und didaktischen Überlegungen empfiehlt es sich, die methodische Kontrolle auf Ebene der planimetrischen Komposition und der Montage zu beginnen, da so das Fallmaterial als visuelles *Ganzes* (Deleuze 1996) besser verstanden werden kann.

Bei erster Betrachtung der Videotranskripte (Abb. 1 ff.) wird hinsichtlich der Montage der Eingangspassage der *Harald-Schmidt-Show* (Abb. 2) deutlich, dass diese mit einer einzigen Einstellung auskommt. Darin ist der Moderator im Bild zu sehen. Zur leichteren Verständigung wird diese Einstellung aufgrund ihrer konstitutionellen Bedeutung für die Sequenz als *Hauptsequenz* (Bohnsack 2009: 196) bzw. *Haupteinstellung* bezeichnet.

Vgl. Video- und Transkriptionsdatei zur Sequenz der Harald-Schmidt-Show

Empirisch charakterisieren sich Sequenzen und Einstellungen auf formaler Ebene zuvorderst durch planimetrische Gestaltungselemente, die im Sinne einer *Übergegensätzlichkeit* (Bohnsack 2009: 36; Imdahl 1994: 312; Ruck/Slunecko 2008) das visuelle Geschehen bestimmen. Laut den genannten Autoren bezeichnen Übergegensätzlichkeiten besondere Spannungsverhältnisse, die typisch für visuelle Medien sind und letztlich den Schlüssel zu deren empirischen Verständnis darstellen: charakteristisch ist die *gleichzeitige* Erzeugung und Lösung von Spannungen, durch die sich die Kernaussage des (bewegten) Bildes bestimmt.

In Abbildung 2 resultiert die planimetrische Spannung der Haupteinstellung der Harald-Schmidt-Show (unter Einbeziehung vorikonographischen Wissens) aus der horizontalen, dunklen Schichtung des Hintergrundes und der dazu vertikal aufgerichteten, hell akzentuierten Person im Vordergrund. Die Person im Bild (ikonographisch: der Moderator) durchbricht einerseits die horizontale Grundstruktur dunkler Farbtöne (Blau-Schwarz-Rot) durch ihre aufrechte Gestalt, ihre hellen Körpermerkmale (Kopf, Hemd, Hände) sowie ihre Arm- und Rumpfbewegungen (gegenüber dem unbewegten Hintergrund). Andererseits nimmt die Figur des Moderators (im Sinne einer Lösung) auch zentrale Umgebungsaspekte in sich auf: dunkle Farbtöne durch das schwarze Jackett, die Schichtlinien des Hintergrunds durch die horizontalen Kontrastlinien von Kinn- und Handansatz sowie die Brille, die Unbewegtheit des Hintergrundes durch minimale Rumpfbewegungen und Symmetrie. Planimetrisch wird die Spannung in Bild und Sequenz damit von der Gestalt des Moderators sowohl induziert als auch reduziert – und somit in Form einer Übergegensätzlichkeit fokussiert.

Videosequenzen Istanbul Total und Harald-Schmidt-Show im Vergleich

Stellt man die Eingangspassagen von *Istanbul Total* und der *Harald-Schmidt-Show* einander gegenüber, so dokumentiert sich auf Ebene der häufigsten Einstellung (Abb. 1: Sekunden 0, 16-23, 49-57, 65-67, 69-81, 88-99) eine *homologe*, d.h. vergleichbare, planimetrische Fokussierung, in der der Moderator bildbestimmend ist. Homologien bestehen auch auf Ebene der *Perspektive*: Diese ist in beiden Fällen flach (ohne Fluchtlinien, d.h. räumliche Tiefenachsen). Es handelt sich um eine *Parallelperspektive*, die sich aus einer zu Moderator und Umgebung rechtwinkligen Kameraposition ergibt. Aufgrund kleiner perspektivischer Verzerrungen an den Bildrändern (*Harald-Schmidt-Show*: gelber Vorhang links im Bild, *Istanbul Total*: gekrümmtes Balkongitter unten) lässt sich in beiden Fällen eine Aufnahmeposition im oberen Bilddrittel (etwa auf Kopfhöhe) sowie ein leicht abwärts geneigter Blickwinkel rekonstruieren. Schließlich bestehen auch auf Ebene der szenischen Choreographie deutliche Übereinstimmungen: Beide Moderatoren sind körperlich den Bildbetrachter/innen weitgehend zugewandt und deuten mit ihren Händen in verschiedene Richtungen. Wie in Abbildung 6 ersichtlich, dokumentiert sich die – auf allen drei Ebenen der formalen Komposition des Bildes – festgehaltene Homologie der Haupteinstellungen von *Istanbul Total* und der *Harald-Schmidt-Show* auch in der Haupteinstellung der Vergleichssendung *TV Total*.

Vergleich mit Videosequenz TV Total

Nachdem die Gattungszugehörigkeit zu Beginn der Untersuchung als rein ikonographische Suchhilfe gedient hatte, erlaubte die darauf aufbauende komparative Analyse eine sendungsübergreifende Charakterisierung von Late-Night-Shows. Auf empirischem Wege konnte so die zentrale Stellung der Moderator-Hauptsequenz in Eingangssequenzen der Gattung Late-Night-Shows herausgearbeitet und strukturell charakterisiert werden. Auf Ebene der Montage treten nun zwei grundlegende Gestaltungsaspekte hervor, die für die weitere Betrachtung von Interesse sind: erstens, dass sich die Sendung *Istanbul Total* gegenüber Vergleichssequenzen derselben Gattung eingangs durch einen weit häufigeren Einstellungswechsel auszeichnet sowie zweitens, dass die Frequenz des Einstellungswechsels nach den ersten sechzig Sekunden deutlich abnimmt und sich formal den Vergleichsshows annähert (Abb. 5). In Vorgriff auf die abschließende

Gesamtinterpretation könnte der zweite Aspekt für die Wirksamkeit der zuvor als zentral identifizierten Bildstellung des Moderators in der Gattung der Late-Night-Shows gewertet werden, zu der die Sendung – nach anfänglicher Abweichung – wieder hin tendiert. Die Frage, worin diese Abweichung besteht und was sich in ihr dokumentiert, kann durch den gattungsübergreifenden Vergleich geklärt werden.

3.2.2 Gattungsübergreifender Vergleich

Der gattungsübergreifende Vergleich von Videosequenzen setzt direkt an den planimetrischen Strukturen von Einstellungen *und* Einstellungswechseln an. Die Erweiterung des Konzepts der planimetrischen Komposition auf bewegte Bilder wird dabei durch die Lektüre von Max Imdahl (1994, 1996) nahe gelegt. Er versteht die planimetrische Komposition als die primordiale Totalstruktur des Bildes, die sich durch eine spezifische Konstellation von Formen, Farben, Richtungen, Kontrasten, Spannungen, Lösungen und letztlich Übergegensätzlichkeiten ergibt. Wird anstelle des Standbilds das Bewegtbild betrachtet, so lassen sich im Sinne Imdahls sowohl einzelne Einstellungswechsel als auch Muster von Einstellungswechseln interpretieren. Im Rahmen der Gattungs- und Montageanalyse interessieren aus planimetrischer Sicht etwa Fragen des Kontrasts, der Frequenz bzw. des Rhythmus von Einstellungswechseln. Im konkreten forschungspraktischen Vorgehen wird dabei nach Vergleichsmaterial gesucht, das dem Ausgangsmaterial auf möglichst vielen Ebenen planimetrisch ähnlich ist, aber nicht notwendigerweise derselben Gattung entspricht. Auf diese Weise können Gattungsgrenzen überschritten und gegebenenfalls neue Gattungstypen festgelegt werden.

Zu Beginn der gattungsübergreifenden Interpretation können wir uns auf ein Ergebnis des vorangegangenen gattungsimmanenten Vergleichs beziehen: Die Hauptsequenz von *Istanbul Total* wird – für Late-Night-Shows untypisch – auffällig von anderen Sequenzen unterbrochen. Dies betrifft sowohl die Frequenz als auch den planimetrischen Bildinhalt der in den Einstellungswechseln aufeinandertreffenden Einstellungen.

Sequenzen, die eine Hauptsequenz unterbrechen, können laut Bohnsack (2009: 162) in *Untersequenzen* und *eingelagerte Sequenzen* differenziert werden, wobei Untersequenzen im Gegensatz zu eingelagerten Sequenzen als Einstellungsvariationen innerhalb der Hauptsequenz aufgefasst werden. Die Interpretation der Einstellungen erfolgt im nachfolgenden Abschnitt im Rahmen einer *komparativen Einstellungsvariation*. Für die Darstellung der Interpretation einzelner *Fotogramme*, also Standbilder, sei an dieser Stelle auf Bohnsack (2009: 202) verwiesen. Die Eingangssequenz von „Istanbul Total" besteht aus einer Untersequenz, in der der Moderator in seitlicher Totale am Balkon stehend zu sehen ist (Abb. 1 ff.: Sekunde 1-11, 29-33, 39-43). Weiters lassen sich zwei Arten von eingelagerten Einstellungen unterscheiden: in der einen ist Publikum zu sehen – was, wie sich empirisch rekonstruieren ließe, für Late-Night-Shows gattungs*typisch* ist; in den anderen sind (entfernte) Bauwerke und Fahrzeuge erkennbar – was für Late-Night-Shows gattungs*untypisch* ist. Auf Ebene des Verhältnisses von Haupt- bzw. Untersequenzen und eingelagerten Sequenzen sind somit die ersten sechzig Sekunden von „Istanbul Total" einem Reisevideo weit ähnlicher als einer Late-Night-Show.

Vergleich mit Videosequenz Reiselust Istanbul

Im Rahmen der komparativen Analyse der Sendungen *Istanbul Total* und *Reiselust Istanbul* (Abb. 4) können Homologien und Kontraste empirisch herausgearbeitet werden. In den Haupt- und Untersequenzen beider Sendungen ist jeweils eine Person im Bild zu sehen, die sich vor einem entfernten (Gebäude-)Hintergrund befindet. Die eingelagerten Sequenzen unterscheiden sich inhaltlich: im Gegensatz zu den entfernten, diffusen Objekten in *Istanbul Total* (z.B. Abb. 3: 35-38, 44-48, 58-64 sec.), zeigt *Reiselust Istanbul* Menschenmengen (Abb. 4: 7-11 sec.) und öffentliche Transportmittel (Abb. 4: 12-18 sec.), die klar umrissen sind und dem Betrachter recht nahe kommen. Ikonologisch dokumentiert sich in der Sendung *Istanbul Total* (wie schon an anderer Stelle gezeigt) eine Distanzierung gegenüber der Umgebung. Diese Distanzierungsleistung kann anhand eines Vergleichs der Haupteinstellungen (z.B. Abb. 3: 49-57 sec. und Abb. 4: 0-6 sec.) exemplarisch noch weiter ausgeführt werden: Sowohl in *Istanbul Total* als auch in *Reiselust Istanbul* befinden sich die Sprecher auf Balkonen in erhöhter Position. Während der Balkon bei *Reiselust Istanbul in* der Straße der Stadt hängt, ist er bei *Istanbul Total über* der Stadt und über dem Meer angebracht. Der Moderator von *Istanbul Total* ist sowohl planimetrisch als auch perspektivisch (im Rahmen der Untersequenzen) fokussiert. Demgegenüber tritt der Sprecher in *Reiselust Istanbul* planimetrisch zwar durch Farbe und Form hervor. Jedoch ist er seitens der abbildenden Bildproduzent/innen deutlich am linken Bildrand angeordnet, so dass rechts das Blickfeld frei bleibt und perspektivisch in die Stadt erweitert wird. Im Gegensatz zu Late-Night-Shows unterliegen Reisevideos folglich keiner „Monostrukturierung durch den Showmaster" bzw. „Hyperzentrierung auf dessen Person" (Bohnsack 2009: 240). Den Menschen und ihren Umgebungen wird in Reisevideos mehr Raum gegeben, um ihre eigenen Relevanzstrukturen zu entfalten. Dies demonstrieren auch andere im Handel erhältliche Videobeispiele: z.B. *Städtereisen – Istanbul*, *Istanbul On Tour* oder *Crossing the Bridge: The Sound of Istanbul*, einem Dokumentarfilm von Fatih Akin.

In knapper Form, aber durch die Interpretationen sowie die vorliegenden Videotranskripte (Abb. 1 ff.) gestützt, kann hier der ikonologische bzw. ikonische Schluss (Bohnsack 2007: 158 ff.) gezogen werden, dass die Sendung *Istanbul Total* zu Beginn deutliche Anleihen beim Genre Reisevideos nimmt. Erklärbar wird dieses Vorgehen durch den ungewöhnlichen Sendestandort in Istanbul, der es erfordert, den Zuseher/innen die neue (Studio-) Umgebung als Teil der Show näher zu erklären. Gleichzeitig unterliegen Late-Night-Shows wie *Istanbul Total* gattungs- und produktionsbedingt einer starken Monostrukturierung durch den Moderator. Gattungsimmanenter und gattungsübergreifender Vergleich fördern die Kompromissbildung zutage, die sich im Verlauf der Sendung dokumentiert: Nachdem in der ersten Sendeminute gattungsuntypisch einige Gebäude und andere Umgebungsobjekte hervorgehoben werden, kehrt die Sendung sukzessive zu jener prominenten Fokussierung des Moderators im Bild zurück, die für Late-Night-Shows üblich ist. Schon von vornherein ist der Aufnahmestandort der Kameras sowie die Position des Moderators festgelegt: das Fernsehstudio bzw. dessen Balkon ermöglichen einen friktionsfreien Wechsel vom Modus des Reisevideos zurück zum Modus der Late-Night-Show. Geradezu kompensatorisch verstärkt sich im selben Zuge gegenüber Reisevideos das Prinzip der Distanzierung[14].

Nachdem für das Medium Video eine Form der Kompositionsvariation vorgeführt werden konnte, die sich im Sinne einer „Relationierung der Relationen" (Bohnsack 2009: 165) auf den Vergleich der formalen Strukturen der Einstellungen *und* des Einstellungswechsels bezog, wird nun mit der *Einstellungsvariation* ein Verfahren vorgeführt, dass zur Charakterisierung der planimetrischen „Grundstimmung" von Videos dienlich ist. Es geht dabei um das Herausarbeiten jener Bildstrukturen, die das Videomaterial sequenzübergreifend in seiner Totalstruktur prägen.

3.3 Einstellungsvariation

Ausgangspunkt der Einstellungsvariation sind die aufgrund ähnlicher Planimetrie (im Sinne eines minimalen Kontrasts) ausgewählten Einstellungen 0, 5, 12/44, 24/36 und 79. Ergänzend zum üblichen Einzeichnen planimetrischer Linien, hat sich in der Arbeit mit Studierenden das Herausarbeiten planimetrischer Strukturen durch planimetrisch homologe Vergleichsbilder bewährt. Diese können auf Basis des Ausgangsmaterials im Internet leicht aufgefunden und an die Ausgangsbilder herangetragen

---

[14] Derselbe Wirkmechanismus dokumentiert sich neben *Istanbul Total* (2004) bis heute auch in anderen Song-Contest-Specials der Sendung TV-Total. Das jüngsten Beispiel *Unser Star für Oslo* (2010) wirkt wie eine „norwegische" Variante von Istanbul Total.

werden. Die Diskussion des „korrekten Verlaufs" planimetrischer Linien lässt sich auf diese Weise anschaulich empirisch führen. Um die kreative Dimension der Einstellungsvariation hervorzukehren, finden sich in der folgenden Abbildung 7 zum Teil auch Bilder, die vom Ursprungsbild stärker abweichen. Gerade dadurch sind diese aber als spannende Kontraste anzusehen. Hinsichtlich der Vermittlung der Relevanz der planimetrischen Komposition als die – im Sinne des „Sehenden Sehens" – nach Imdahl (1994) und Bohnsack (2009) maßgeblichste Ebene der Interpretation, hat es sich bewährt, die Bild- und Videointerpretation überhaupt auf dieser Ebene zu beginnen! Der methodologische Nebeneffekt und Mehrwert des Vorgehens besteht in einer stärkeren empirischen Verankerung der vor-ikonographischen und ikonographischen Interpretation. Deren Stellenwert und Relevanz kann gemeinsam mit jenem der planimetrischen Komposition bedeutsam erhöht werden, wenn eine an den maßgeblichen planimetrischen Bildstrukturen orientierte vor-ikonographische und ikonographische Interpretation an die Stelle der – von Studierenden und Forschenden in der Praxis oft gleichermaßen verschmähten – formulierenden Interpretation von Vorder-, Mittel- und Hintergrund tritt.

Videos interpretieren und darstellen. Die dokumentarische Methode 75

Abbildung 7: Einstellungsvariation von Istanbul Total

Die Darstellung der Einstellungsvariation orientiert sich am Layout von Videotranskripten, was durch die Sprecherspur (Am) deutlich wird. Abweichend sind die diskreten Zeiteinheiten sowie die zusätzlichen Bildzeilen (A-E). Bei 12 sec./44 sec. und 24. sec/36 sec. wurden homologe Bilder aus anderen Abschnitten der Ausgangsvideosequenz gezogen. Zu Demonstrationszwecken wurde der Ähnlichkeitsgrad der Vergleichsbilder bewusst variiert, um den persönlichen Vergleichsprozess kreativ und reflektiv anzuregen. Neben Bildern, die sich planimetrisch ähnlich sind, wurden auch weniger deckungsgleiche Bilder herangezogen, die dafür auf anderen Ebenen der formalen Struktur mit dem Ausgangsmaterial korrespondieren; etwa auf Ebene der szenischen Choreographie bzw. der Gestik.

Fotogramm 0 sec.:

Die Planimetrie des Bildes wird farblich maßgeblich durch eine hellblaue Fläche geprägt, die horizontal in verschiedenen Blauabstufungen geschichtet ist (Himmel, Uferlinie, Meer, Balkongitter). Formal hebt sich davon farblich sowie durch ihre Lage und Ausrichtung eine braun-weiß-goldene Gestalt ab, die senkrecht rechts der Bildmitte aufragt (ikonographisch: der Moderator in seiner Verkleidung). Im Sinne einer Übergegensätzlichkeit (Imdahl 1994) wird das Bild jedoch – trotz dieser prinzipiell gegensätzlichen Strebungen – durch horizontale Farbkontraste (Turban bzw. auf Türkisch „Sarik" und Bauchbinde) in der Gestalt des Moderators integriert. Die Gestalt des Moderators ist somit planimetrisch fokussiert, indem sie aus dem Ensemble einerseits farblich und lagemäßig herausfällt, durch die spezifischen Akzente ihrer (Ver-)Kleidung jedoch gleichzeitig das Bild zusammenhält.

Im Rahmen der komparativen Analyse lässt sich die Suche nach planimetrisch homologen Vergleichsbildern forschungsökonomisch zur empirischen Argumentation der Ergebnisse nutzen. In den Bildern, die unter dem Fotogramm 0 angeordnet sind, dokumentiert sich eine homologe planimetrische Komposition. Durch die Gegenüberstellung der Bilder mit dem Ausgangsbild, tritt dessen formale Struktur profilierter zutage.

Fotogramm 5 sec.:

Planimetrisch ist auch dieses Bild durch seine hellblaue Farbe bestimmt, wobei der Farbton insgesamt etwas violetter ist als im Fotogramm 0. Im direkten Vergleich ist das Bild außerdem weniger klar strukturiert und stattdessen eher durch kleingliedrige Elemente bestimmt. Wie schon zuvor, ist das 90°-Verhältnis von Vertikale und Horizontale ein bestimmender Bildaspekt, der sich in den scharfen Kanten der hellblau-weißen rechten oberen Bildhälfte dokumentiert. Damit besteht ein Gegensatz zwischen der diffusen Kleingliedrigkeit sowie der rechtwinkligen Klarheit des Bildes.

Die Person des Moderators integriert diese beiden Aspekte im Sinne einer Übergegensätzlichkeit. Der Moderator fügt sich einerseits durch seine eigene Kleinheit in die detailreiche Umgebung ein, ist gleichzeitig aber durch einen weißen Farbakzent (Hemd und Turban) markiert. Des Weiteren befindet er sich direkt unterhalb der Stelle, wo horizontale und vertikale Linien sich treffen. Damit ist die Person des Moderators erneut planimetrisch fokussiert. Die Kontextualisierung mit Vergleichsbildern verdeutlicht aber, dass dieser Effekt nicht so stark wie im vorausgehenden Bild ausfällt.

Fotogramme 12 sec. und 44 sec.:

Die beiden Fotogramme aus dem Videomaterial sind zueinander planimetrisch homolog und werden deshalb gemeinsam betrachtet. Im Wesentlichen ist das Bild erneut stark von hellblauen Farbtönen geprägt, die sich in horizontaler Schichtung übereinander befinden (Himmel, Ufer, Schiff, Meer). Die Farben kontrastieren kaum miteinander. Im rechten Bilddrittel ist eine breite, mittelblaue Linie (Brückenpfeiler der Bosporusbrücke) erkennbar. Diese Linie stellt, zusammen mit dem horizontalen Ufer, eine Homologie zu den vorhergehenden Bildern dar. Insgesamt gesehen dominiert hier jedoch die horizontale Schichtung gegenüber der Vertikalität. Planimetrisch fokussiert ist damit das Verhältnis des Kontrasts „oben-unten" zu den verschiedenen Blautönen – die diesen Effekt wiederum nivellieren. Da kein Moderator im Bild zu sehen ist, wird das Bild durch diese Fokussierung vollständig bestimmt und zusammengehalten. Die unter den Fotogrammen dargestellten Vergleichsbilder illustrieren den planimetrischen Befund.

Fotogramme 24 sec. und 36 sec.:

Im vorliegenden Falle werden zwei Fotogramme betrachtet, die zueinander hinsichtlich ihres hellblauen Farbtons homolog sind sowie beide eine dunkle vertikale (Turm-)Spitze in der rechten Bildhälfte aufweisen. Es bestehen jedoch auch Kontraste zwischen den Bildern. Wie die Vergleichsbilder zeigen, unterscheidet sich Bild 24 planimetrisch von Bild 36 hinsichtlich seiner stärkeren Symmetrie und ‚Rundheit' (Kuppeldach). Diese Spannung stellt damit die Fokussierung der Bilder dar.

Fotogramm 79 sec.:

Das letzte Fotogramm stellt ebenso eine Homologie dar, nämlich zum Fotogramm 0. Im Kontrast dazu ist die Gestalt des Moderators in das Bildzentrum gerückt, wodurch das Bild insgesamt symmetrischer ausfällt. Mit beidseitig waagerecht auf Hüfthöhe ausgestreckten Armen integriert der Moderator vollständig die bereits herausgearbeiteten Gegensätze zwischen Horizontale und Vertikale sowie zwischen Hellblau und Weiß.

Vor dem Hintergrund der vorhergehenden Bilder – und den dabei herausgearbeiteten gemeinsamen Bildstrukturen (kontrastreich-kontrastarm, horizontal-vertikal, oben-unten, rund-spitz, rechtslastig-symmetrisch) – zeichnet sich das letzte Fotogramm insbesondere durch a) die Integration der bisher herausgearbeiteten Bildaspekte einerseits sowie b) die zusätzliche Betonung von Kontrast und Symmetrie andererseits aus.

Damit handelt es sich in Fotogramm 79 um eine *Metafokussierung*, die als Ausgangspunkt für die komparative Analyse auf Ebene der Einstellungen („simultane Performanz") sowie auch auf Ebene der Montage („sequenzielle Performanz") herangezogen werden kann. Der Stellenwert der Symmetrie für die Bildgestaltung lässt sich anhand der planimetrisch homologen Vergleichsbilder in Spalte 79 demonstrieren. Wie im folgenden Abschnitt gezeigt werden kann, besteht auch auf Ebene der Gestik eine besondere Fokussierung, die ihrerseits auf die szenische Choreographie des Bildes verweist.

3.4 Gestenvariation

Die Rekonstruktion von Gesten und Gebärden ist als Bestandteil der Videointerpretation sowohl für die Untersuchung von Videomaterial aus Massenmedien als auch für die Betrachtung von Videomaterial aus eigenen Erhebungen relevant. Im Rahmen der Gestenvariation rücken die Leistungen der abgebildeten Bildproduzent/innen in den Fokus. Die Verwendung von Videotranskripten stellt in diesem Zusammenhang eine große Arbeitserleichterung dar, um Bewegungsabläufe in ihrer Genese Schritt für Schritt festhalten und interpretieren zu können[15]. Zu Illustrationszwecken wurde eine besonders auffällige Geste der Sendung *Istanbul Total* ausgewählt. Wie bereits erwähnt, sind Auffälligkeiten und Diskontinuitäten in der Regel Kennzeichen von Fokussierungen im Material (Bohnsack 2009: 215). Die betrachtete Geste erstreckt sich über das Intervall von Sekunde 131-136 (Abb. 8) und wird mit planimetrisch homologen Fotos aus dem Internet (Abb. 9) kontrastiert, um den Dokumentsinn (Bohnsack 2007; Mannheim 2003) der Geste auf den Begriff zu bringen.

---

[15] Medienhistorisch betrachtet, besteht die Möglichkeit des filmischen Festhaltens von Bewegungsabläufen seit Ende des 19. Jahrhunderts. Unter dem Titel „Animal Locomotion" publizierte der Fotograf Eadweard Muybridge 1887 u.a. seine berühmten Serienfotografien von galoppierenden Pferden.

Abbildung 8: Sequenz „Jacke aufmachen"

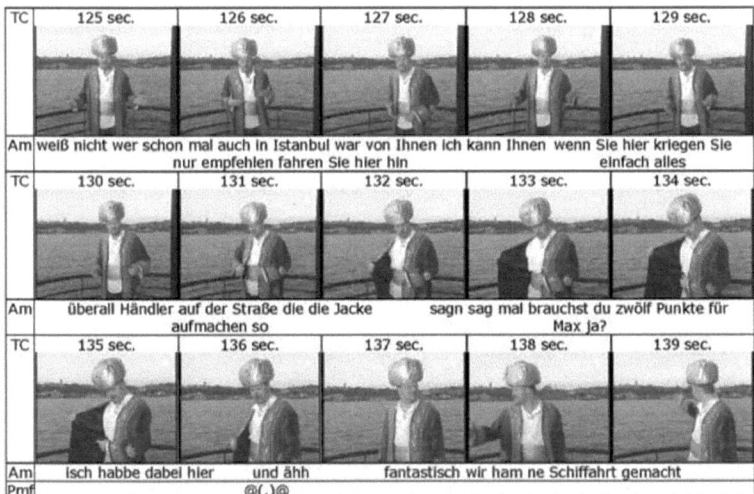

Abbildung 9: Vergleichsbilder „Jacke aufmachen"

Vorikonographisch betrachtet öffnet der Mann in Abbildung 8 von Sekunde 131-134 seinen Mantel. In Sekunde 135 streckt er seinen Zeigefinger aus und richtet diesen auf die Innenseite des Mantels. Auf planimetrischer Ebene verändert sich durch den Vorgang des Mantelöffnens die symmetrische Grundkonstitution der Einstellung: im Bild entsteht eine dunkle Fläche, die sich im Kontext eines starken Schwarz-weiß-Kontrasts wie ein Keil zwischen den abgebildeten Bildproduzenten und dessen Umgebung schiebt. Planimetrisch gesehen erhöht sich durch den Kontrastanstieg die Fokussierung der Person im Bildvordergrund; nicht nur wird die Person selbst kontrastreicher und schärfer – auch gegenüber dem Bildhintergrund gewinnt diese an zusätzlichem Profil. Die planimetrische Einstellungsvariation, bei der das Gesamtbild im Fokus steht, lässt sich so auf eine planimetrische Gestenvariation zuspitzen, bei der vornehmlich die an der Geste beteiligten Bildaspekte betrachtet werden. Zusätzlich kann es, wie im vorliegenden Fall geschehen, hilfreich sein, vor-ikonographische Kriterien bei der Auswahl der Vergleichsbilder mit einzubeziehen. Für die komparative Analyse wurden somit Vergleichsbilder gesucht, die der Sequenz der Geste (Abb. 8, Sekunde 131-134) sowohl planimetrisch als auch vor-ikonographisch entsprachen.

Die Vorzüge der empirischen Gestenvariation werden in Abbildung 9 ersichtlich. In der Gegenüberstellung der Bilder treten schon bei nur flüchtiger Betrachtung jene Bedeutungshorizonte entgegen, die für die Konstitution der Ausgangsgeste (Abb. 8) relevant sind: Keines der Vergleichsbilder durchdringt die Ausgangsgeste vollständig hinsichtlich ihrer Sinnstruktur. Jedoch ermöglicht es der Gesamteindruck aller Bilder, mit verschiedenen „Brillen" auf die Ausgangsgeste zu blicken.

Vorikonographisch lassen sich unmittelbar folgende Bestimmungsmerkmale der Geste identifizieren: Erstens ist in der Sequenz eine der Kamera zugewandte Person mit Mantel abgebildet. Diese öffnet während einer Bewegung von sieben Sekunden (131-137 sec.) mit der rechten Hand ihren Mantel und schließt ihn dann wieder. Im Zuge dessen dreht die Person ihren Körper den Bildbetrachter/innen gegenüber aus einer Frontalposition in eine Dreiviertelpose. Dabei neigt sie den Kopf leicht abwärts und dreht ihn mit dem Körper mit. Die Augen sind in Position 131 kurz nach unten gewandt, bleiben die restliche Zeit der Ausführung der Geste aber direkt auf die Bildbetrachter/innen gerichtet. Der geöffnete Zustand des Mantels bleibt drei Sekunden (133-135 sec.) lang aufrecht. Die Finger der rechten Hand sind dabei auf Brusthöhe der Person zirka eine Unterarmlänge vom Körper entfernt. Gleichzeitig vollzieht sich eine Bewegung des linken Arms der abgebildeten Person Richtung Mantelinnenseite, die durch das Ausstrecken des Zeigefingers der linken Hand abgeschlossen wird. Auf ikonographischer Ebene lässt sich diese Geste als *Zeigen* identifizieren.

Die Betrachtung der Vergleichsbilder setzt beim planimetrisch fokussiertesten Element, dem geöffneten Mantel, ein (Abb. 9). Insgesamt sind fünf verschiedene Variationen dieser Grundstruktur dargestellt. Bei erster genauerer Inspektion der Bilder fällt auf, dass Arm-, Hand- und Fingerhaltungen der Ausgangssequenz nicht in allen Vergleichsbildern gegeben sind. Sie fehlen etwa in den Bildern *Cora* und *Daniel*. Von den verbleibenden drei Bildern scheinen auch *Berta* und *Emil* auf den ersten Blick nicht ganz zur Ausgangssequenz zu passen, da in ihnen beide Arme angehoben und beide Mantelseiten geöffnet sind. Übrig bleibt vorläufig somit nur *Anna*. Sie hat eine Mantelseite mit ihrem Arm geöffnet und blickt frontal in die Kamera. Was dieser Aufnahme fehlt, ist die spezifische Haltung der anderen Hand, die auf ikonographischer Ebene als Zeigen identifiziert werden konnte. Im direkten Vergleich zwischen der Ausgangssequenz und Anna wird nun deutlich, dass die Idee des Zeigens bereits im reinen Öffnen des Mantels enthalten ist. Wie die ikonographische Interpretation der Vergleichsbilder ergibt, handelt es sich dabei jedoch um ein *Zeigen von* gegenüber eines *Zeigens auf*. Anna und Birgit zeigen ihren Mantel, genauer gesagt dessen Innenseite. Sie zeigen jedoch nicht *auf* diese Innenseite. Das Zeigen auf die Innenseite des Mantels, wie sie sich in der spezifischen Arm- und Fingerhaltung in der Ausgangssequenz dokumentiert, stellt damit eine besondere Fokussierung dar.

Irritierend ist an dieser Stelle, dass auf der Innenseite des Mantels in Abbildung 8 nichts weiter zu sehen ist, als eben der Mantel selbst. Nachdem der Mantel selbst nicht gemeint sein kann – da es dazu keines zusätzlichen Fingerzeigs bedürfte – bestehen nun zwei prinzipielle Interpretationsmöglichkeiten: Entweder es wird tatsächlich auf *nichts* gezeigt, oder es wird auf *etwas* gezeigt, das sich gerade nicht an der bedeuteten Stelle befindet. Phänomenologisch betrachtet ist es ein maßgebliches Charakteristikum des Nichts, dass sich darauf nicht zeigen lässt. Ein Nichts, auf welches gezeigt wird, ist somit indexikal für ein Etwas aufzufassen, das (derzeit) nicht anwesend ist. Im Vergleich zum Bild *Emil* (Abb. 9) erfährt dieser Gedanke seine konkrete Visualisierung. Emil trägt etwas im Mantel, das sich nicht genau identifizieren lässt. Formal festzuhalten ist jedoch, dass diese Dinge bei geschlossenem Zustand des Mantels nicht zu sehen sind. Der Träger des Mantels entscheidet folglich selbst, ob er dessen Inhalt anderen preisgibt. Andernfalls bleibt der Inhalt des Mantels Außenstehenden *verborgen*.

Zur vollständigen Rekonstruktion der Geste fehlt aber noch die abschließende Kontextualisierung dieses Mechanismus. Vor-ikonographisch ist im Bild Emil die Strichzeichnung eines Mannes mit Hut, Krawatte, Hemd, Hosenträgern, Hosen und Schuhen zu sehen. Ikonographisch handelt es sich beim Hut um ein Modell der 1930/40er Jahre – ein Zeitraum in dem auch die im Bild gezeigten Nadelstreifenhosen und Schuhe mit Gamaschen in der westlichen Welt verbreitet waren. Der Mantel ist unspezifischer, doch lässt er sich im Kontext der übrigen Kleidungsstücke als Trenchcoat identifizieren. Zusammengefasst ist der Schnitt der dargestellten Kleidung im Grunde typisch für die Mode der 1930/40er Jahre, der Zeit der Prohibition und großen Wirtschaftskrise sowie der Hochblüte des organisierten Verbrechens. Insbesondere Gamaschen und Nadelstreifen waren typische Accessoires von Mafiagangstern[16]. Die betrachtete

---

[16] Ein weiterführender Hinweis kann auf den Film „Manche mögen's heiß" (USA, 1959) gemacht werden, der im Chicago des Jahres 1929 spielt. Die kriminellen Bösewichte des Films sind ebenso in Nadelstreifen und Gamaschen gekleidet. Der Anführer der Bande heißt im Film sogar „Gamaschen-Colombo" oder einfach kurz „Gamasche".

Geste des Zeigens auf etwas Verborgenen erhält in diesem Zusammenhang die Kontextualisierung des kriminellen Aktes, des Schwarzhandels.

Der Moderator der Sendung *Istanbul Total* trägt kein Mafiakostüm, aber auch er ist verkleidet. Wie die ikonographische Betrachtung ergibt, trägt er das Kostüm eines osmanischen Sultans. In diesem Zusammenhang wird vom abgebildeten Bildproduzenten, dem Moderator Stefan Raab, die Geste des Schwarzhändlers in orientalischer Verkleidung dargestellt. Noch überspitzter könnte man formulieren: Osmanische Sultane (und damit das Türkische an sich) werden mit mafiösen Schwarzmarkthändlern gleichgesetzt. Da auf der Mantelinnenseite des als Sultan verkleideten Moderators nichts zu sehen ist, erhält die Geste in der Bilddimension den Charakter des Gespielten, nicht Ernsthaften. Diese Distanzierungsleistung findet sich auch in der Textdimension wieder: Der Moderator macht zwar ein dubioses Angebot („brauchst du zwölf Punkte für Max ja?"), spricht jedoch mit betont türkisch verstellter Stimme. Im Modus des Komischen gelingt die Vermittlung stereotyper Inhalte über das Türkische bei gleichzeitiger Vermeidung eines ernsten Beigeschmacks. So ermöglichen es Komik, Verkleidung und Rolle dem Moderator zu sämtlichen Inhalten der Sendung Istanbul Total auf Distanz zu gehen – insbesondere dann, wenn er diese selbst lanciert hat. Letztlich tritt in der Übergegensätzlichkeit der vorgestellten Geste „Jacke aufmachen" auch eine allgemeine Immunisierungsstrategie von Late-Night-Shows hervor. Von vornherein haben diese durch die Verkleidung (bei Harald Schmidt ist es der gepflegte Anzug) eine Art *Distanzierungsfilter* eingebaut, der Handlungen und Äußerungen des Moderators vor Kritik oder Anfechtungen zu schützen vermag.

3.5 Reflektierende Gesamtinterpretation und Zusammenfassung

Die reflektierende Gesamtinterpretation des Videomaterials von Istanbul Total setzt sich aus den Teilergebnissen der komparativen Montage-, Einstellungs- und Gestenvariationen zusammen. Auf Basis des gattungsimmanenten und gattungsübergreifenden empirischen Vergleichs der Eingangspassage der Fernsehsendung *Istanbul Total* mit anderen Sendungen sowie mit Vergleichsbildern aus dem Internet konnten spezifische Sendungs- und Gattungscharakteristika in der Bilddimension herausgearbeitet werden. Dabei haben wir uns dem Material „von außen nach innen" (d.h. von der Interpretation der Montage zu jener der Einstellungen und Gesten) genähert. Im Rahmen der Gattungsanalyse ließ sich die 1:40-minütige Sequenz von *Istanbul Total* (Abb. 1 ff.) als Eingangssequenz einer deutschen Late-Night-Show *TV Total* identifizieren, wobei sich auf

Ebene der Montage eine für Eingangspassagen von Late-Night-Shows untypische Schnittfolge zeigte: Üblicherweise dominieren in den ersten Minuten von Late-Night-Shows Kameraeinstellungen, in denen der Moderator fokussiert ist, oder solche in denen kurz das Publikum eingeblendet wird. Wie mittels des Vergleichs mit der Sendung *Reiselust Istanbul* (Abb. 4) gezeigt werden konnte, entspricht die Eingangssequenz von Istanbul Total zu Beginn formal gesehen eher einem Reisevideo als einer Late-Night-Show. Erst im späteren Verlauf nähert sich die Sendung wieder dem gattungsspezifischen Montagegestus von Late-Night-Shows an. So wird im Falle *Istanbul Totals* das anfängliche Spannungsverhältnis zwischen der Fokussierung des Moderators und der Fokussierung der Stadt Istanbul letztlich zugunsten der Fokussierung des Moderators gelöst. Der vorgegebene Anspruch „Istanbul Total" ist dem Produktionsformat der Sendung untergeordnet. Die Stadt Istanbul ist nichts weiter als eine Kulisse, *vor* der der Moderator steht. Dieser Hintergrund ist mit dem großen Fernsehbildschirm in *TV Total* (Abb. 6) oder der gemalten Abendskyline der *Harald-Schmidt-Show* (Abb. 2) vergleichbar. Wie die Einstellungsvariation von *Istanbul Total* (Abb. 7) ergibt, ist die Kameraperspektive der Sendung flach, die Farben der türkischen Kulisse sind hellblau-blass-kühl verwaschen. Der Moderator steht planimetrisch in deutlichem Farbkontrast zu seiner Umgebung und ist auch durch seine klar umrissene Formgebung von ihr abgegrenzt. Insgesamt dokumentiert sich in diesen Aspekten eine deutliche Opposition zur Stadt Istanbul. Demgegenüber befindet sich der Sprecher des Reisevideos *Reiselust Istanbul* (Abb. 4) direkt *in* der Stadt; formal gesehen aus dem Zentrum genommen und in der linken Bildhälfte platziert, so dass die Stadt im perspektivischen Zentrum der Einstellungen aufscheinen kann. Istanbul kommt im Falle des Reisevideos auch auf der Textebene stärker zur Sprache, indem der einheimische Erzähler der Sequenz auf Türkisch zu sprechen beginnt. Zusammenfassend dokumentiert sich in der Eingangspassage von Istanbul Total eine eindeutige Distanzierung der Moderatorperson von seiner Umgebung. Stefan Raab ist in Istanbul und zugleich doch nicht dort. Es handelt sich sozusagen um einen Besuch aus sicherer Distanz, wie er dem deutschen Late-Night-Show-Publikum zumutbar ist.

Auf Ebene der planimetrischen Komposition konnte die zentrale symmetrische Bildposition des Moderators in der Sendung Istanbul Total (Abb. 7, 0 sec. und 79 sec.) als typisches Element von Late-Night-Shows identifiziert werden, das seine kulturhistorische Verankerung in christlich-hegemonialen Bildtraditionen findet. Zur Geltendmachung und Behauptung ihrer zentralen Bildstellung sind Moderatoren generell auf eine mit den abbildenden Bildproduzent/innen akkordierte Einstellungs- und Montageleistungen angewiesen. Dieses Zusammenspiel kann als allgemeines Merkmal massenproduzierter Fernsehsendungen betrachtet werden. Die Vorausplanung und Berechenbarkeit – auch von „spontanem" Moderatorverhalten – ist eine unvermeidliche Konsequenz, die sich aus den sich regelmäßig wiederholenden Produktionsabläufen sowie dem Ökonomisierungsdruck dieser Sendungen ergibt. Bohnsack (2009) bezeichnet die Kollusion von abbildendenden und abgebildeten Bildproduzent/innen als „Monostrukturierung durch den Showmaster".

Im Rahmen der Gestenvariation konnte schließlich, anhand einer besonders auffälligen Gebärde (Abb. 8) des „Jacke aufmachens" sowie der (Ver-) Kleidung des Moderators, die Übergegensätzlichkeit zwischen hegemonialer Moderatorstellung und Distanzierung gegenüber der Umgebung genauer herausgearbeitet werden. Im Gewand eines Sultans (eines ehemaligen osmanischen Herrschers) nimmt der Moderator die Pose eines Schwarzmarkthändlers ein. Dass er auf die leere Mantelinnenseite zeigt, macht klar, dass es sich um eine Als-ob-Handlung handeln muss – eine Handlung, die der Moderator außerhalb seiner Verkleidung nicht ausführen würde. Damit entpuppt sich die gespielte Handlung selbst als Verkleidung, wodurch ihr denotativer Kern zum Thema wird: Wie bei einem Theaterstück verweist das in der Verkleidung Gespielte stets zurück auf die in der Verkleidung eingenommene Rolle sowie die umgebende Kulisse. Nicht der Moderator entlarvt sich somit durch die Geste als Schwarzhändler. Vielmehr wird all das, worauf die Verkleidung verweist, mit Schwarzhandel in Verbindung gebracht: die Einwohner und einstigen Herrscher der Stadt Istanbul und der Türkei. Im Sinne einer Übergegensätzlichkeit relativiert die komische Verkleidung einerseits die stereotype Deutung der Handlung durch humoristische Brechung. Andererseits ermöglicht der Modus des Komischen aber erst das unproblematische Einschleusen stereotyper semantischer Viren. Als reine Überbringer von Botschaften getarnt, können sich Sendung und Moderator jeglicher inhaltlicher Kritik entziehen. In Hinblick auf die Gattungsanalyse von Late-Night-Shows kann der Modus der Verkleidung und Distanzierung somit als ein praktikables und effektives Instrument angesehen werden, womit sich dieser Sendungstyp gegen eindeutige Zuschreibungen und Vorwürfe immunisieren kann und damit weniger angreifbar macht.

Hinweise zum DVD-Material dieses Beitrags

Auf DVD liegen als Videobeispiele Ausschnitte der Sendungen *Istanbul Total, Harald-Schmidt-Show, Reiselust Istanbul und TV Total* inklusive Transkriptionsdateien vor. Die Videodateien können durch Anklicken abgespielt werden. Die Transkriptionsdateien (Endung *.eaf*) lassen sich mit ELAN (www.lat-mpi.eu/tools/elan/) bearbeiten. MoviScript (www.moviscript.net) erstellt aus den Transkriptions- und Videodateien druckbare Videotranskripte.

Übung 1: Videotranskription

Öffnen Sie eine der Transkriptionsdateien (Endung *.eaf*) in ELAN. Verändern Sie einzelne Textabschnitte durch Anklicken und Einfügen eigener Textteile. Alternativ können Sie auch eine *neue Zeile einfügen* (Menü: Zeile), in der Sie zu bestimmten Zeitpunkten im Video Ihre eigenen Gedanken oder Kodierungen festhalten. Speichern Sie anschließend die veränderte Datei auf Ihrer Festplatte ab und öffnen Sie sie mit MoviScript. Nachdem MoviScript ein neues Videotranskript erstellt hat, vergleichen Sie es mit der entsprechenden Abbildung im Buch.

Übung 2: Komparative Bild- und Textanalyse

Führen Sie auf Basis der Videos und Videotranskripte eine Interpretation des Sprechtextes durch. Vergleichen Sie anschließend Ihre Ergebnisse in der Textdimension mit den im Beitrag dargestellten Ergebnissen der Bilddimension. Welche Aussagen über das Verhältnis von Bild und Text im Video können Sie auf Basis Ihrer Ergebnisse treffen? Eine Beschreibung der Arbeitsschritte der Textinterpretation sowie eine Musterlösung zum Video *Istanbul Total* finden Sie bei Bohnsack (2009, S. 222).

Übung 3: Einstellungsvariation

Führen Sie nach dem Beispiel der Sendung *Istanbul Total* eine Einstellungsvariation der Sendung *Reiselust Istanbul* durch. Wählen Sie dazu einzelne Einstellungen aus und suchen Sie über das Internet nach einem möglichst breiten Spektrum an Vergleichsbildern, die auf Ebene der planimetrischen Komposition, der perspektivischen Konstruktion oder der szenischen Choreographie dazu passen. Was erfahren Sie durch das Herantragen von Vergleichsmaterial über das Ausgangsmaterial?

Übung 4: Einstellungsvariation

Suchen Sie sich eine weitere Geste im Videomaterial und interpretieren Sie sie nach dem Muster „Jacke aufmachen" im vorliegenden Beitrag. Suchen Sie im Internet diesmal nach Bildern mit ähnlichen Gesten. Welche Erkenntnisse ergeben sich durch den direkten Vergleich der Bilder? Welche Informationen können Sie auf diesem Wege über eine bestimmte Geste generieren und den bestehenden Ergebnissen des Beitrags hinzufügen?

Literatur

Baltruschat, Astrid. (2010): Die Dekoration der Institution Schule: Filminterpretationen nach der dokumentarischen Methode. Wiesbaden: VS Verlag für Sozialwissenschaften.
Baltruschat, Astrid / Bohnsack, Ralf, / Pfaff, Nicolle (Hrsg.) (2010): Die dokumentarische Methode in der Text-, Bild- und Videointerpretation. In Enzyklopädie Erziehungswissenschaft Online (EEO). Weinheim: Juventa Verlag.
Bohnsack, Ralf (2003): Die dokumentarische Methode in der Bild- und Fotointerpretation. In: Ehrenspeck, Yvonne / Schäffer, Burkard (Hrsg.): Film- und Fotoanalyse in der Erziehungswissenschaft. Ein Handbuch (1. Aufl., S. 87-107). Opladen: Leske + Budrich.
Bohnsack, Ralf (2007): Rekonstruktive Sozialforschung. Einführung in qualitative Methoden (6. Aufl.). Opladen & Farmington Hills: Budrich.
Bohnsack, Ralf (2009): Qualitative Bild- und Videointerpretation. Die dokumentarische Methode. Opladen; Farmington Hills: Budrich.
Breidenstein, Georg (2009, Juni): Analyse und Interpretation visueller Daten. Vortrag zur Tagung „Videobasierte Methoden der Bildungsforschung – Sozial-, kultur- und erziehungswissenschaftliche Nutzungsweisen", 19.-20. Juni 2009, Stiftung Universität Hildesheim.
Deleuze, Gilles (1996): Das Bewegungs-Bild: Kino 1 (5. Aufl.). Suhrkamp Verlag.
Dinkelaker, Jörg / Herrle, Matthias (2009): Erziehungswissenschaftliche Videographie: eine Einführung (1. Aufl.). Wiesbaden: VS Verlag für Sozialwissenschaften.
Ehlich, Konrad / Rehbein, Jochen (1976). Halbinterpretative Arbeitstranskriptionen (HIAT). Linguistische Berichte, 45, 21-41.
Franzmann, Manuel / Pawlytta, Christian (2009, Juni): Zur Nutzung moderner, computergestützter Audio- und Videoaufnahmetechnik im Rahmen einer naturalistischen, objektiv-hermeneutischen Unterrichtsforschung. Vortrag zur Tagung „Videobasierte Methoden der Bildungsforschung – Sozial-, kultur- und erziehungswissenschaftliche Nutzungsweisen", 19.-20. Juni 2009, Stiftung Universität Hildesheim.
Hampl, Stefan (2005): Exemplarische Videotranskription von „Istanbul Total" in Partiturschreibweise. Videotranskript, Interpretationsvorlage und Vortrag im

Rahmen der Forschungswerkstatt für qualitative Methoden (WS 2005/06). Institut für Publizistik und Kommunikationswissenschaft, Universität Wien.

Hampl, Stefan (2006, Januar): „Istanbul Total". Die mediale Artikulation eines transnationalen Kultur- und Erfahrungsraumes. Dokumentarische Methode/Videointerpretation, Video bzw. Video-Transkription. Vortrag beim 9. Bundesweiten ZBBS-Workshop zur Qualitativen Bildungs- und Sozialforschung, Otto-von-Guericke-Universität Magdeburg.

Hampl, Stefan (2008): MoviScript - Software zur Videotranskription. Wien. Abgerufen von www.moviscript.net

Herrle, Matthias (2007): Selektive Kontextvariation: die Rekonstruktion von Interaktion in Kursen der Erwachsenenbildung auf der Basis audiovisueller Daten. Frankfurt am Main: Fachbereich Erziehungswiss. der Johann-Wolfgang-Goethe-Univ.

Imdahl, Max (1994): Ikonik. In G. Boehm (Hrsg.), Was ist ein Bild? (S. 300-324). München: W. Fink.

Imdahl, Max (1996): Giotto. Arenafresken: Ikonographie - Ikonologie - Ikonik (3. Aufl.). Fink (Wilhelm).

Keppler, Andrea (2006): Mediale Gegenwart: eine Theorie des Fernsehens am Beispiel der Darstellung von Gewalt (1. Aufl.). Frankfurt am Main: Suhrkamp.

Knoblauch, Hubert (2004): Die Video-Interaktions-Analyse. Sozialer Sinn, 5, (1), 123-138.

Mannheim, Karl (2003): Strukturen des Denkens. Frankfurt am Main: Suhrkamp.

McLuhan, Marshall (2003): Understanding media: the extensions of man (Critical ed.). Corte Madera CA: Gingko Press.

Moritz, Christine (2009, Juni): Die Feldpartitur. Abbildung realzeitlicher Handlungsprozesse auf der Basis audiovisuellen Materials. Vortrag zur Tagung „Videobasierte Methoden der Bildungsforschung – Sozial-, kultur- und erziehungswissenschaftliche Nutzungsweisen", 19.-20. Juni 2009, Stiftung Universität Hildesheim.

Panofsky, Erwin (2006): Ikonographie und Ikonologie (1. Aufl.). Dumont Buchverlag.

Przyborski, Aglaja / Wohlrab-Sahr, Monika (2009): Qualitative Sozialforschung. Ein Arbeitsbuch. (2. Aufl.). München: Oldenbourg.

Raab, Jürgen (2008): Visuelle Wissenssoziologie: theoretische Konzeption und materiale Analysen. Konstanz: UVK.

Ruck, Nora / Slunecko, Thomas (2008): A Portrait of a Dialogical Self: Image Science and the Dialogical Self. International Journal for Dialogical Self, 3(1), 261-290.

Schnettler, Bernt (2007): Auf dem Weg zu einer Soziologie visuellen Wissens. Sozialer Sinn, 8 (2), 189-210.

Schnettler, Bernt / Raab, Jürgen (2008): Interpretative Visual Analysis. Developments, State of the Art and Pending Problems. Forum Qualitative Sozialforschung / Forum: Qualitative Social Research, 9(3). Abgerufen von http://www.qualitative-research.net/index.php/fqs/article/view/1149/2555

Schnettler, Bernt / Tuma, René. / Schreiber, Soler (2010): Präsentation – Demonstration – Rezeption: Visualisierung der Wissenskommunikation. In Unsichere Zeiten. Herausforderungen gesellschaftlicher Transformationen. Verhandlungen des 34. Kongresses der Deutschen Gesellschaft für Soziologie in Jena 2008. Wiesbaden: VS Verlag für Sozialwissenschaften.

Schütze, Fritz / Meinefeld, Werner / Weymann, Ansgar (1973): Grundlagentheoretische Voraussetzungen methodisch kontrollierten Fremdverstehens. In Arbeitsgruppe Bielefelder Soziologen (Hrsg.), Alltagswissen, Interaktion und gesellschaftliche Wirklichkeit. (Bd. 2, S. 433-495). Reinbek: Rowohlt.

Slunecko, Thomas (2008): Von der Konstruktion zur dynamischen Konstitution: Beobachtungen auf der eigenen Spur (2. Aufl.). Wien: Facultas WUV.

Sobotka, Marie-Luise (2009): Humor und Geschlechterverhältnis im Unterhaltungsformat "Dancing Stars": eine rekonstruktive Studie. Diplomarbeit. Universität Wien.

Wagner-Willi, Monika (2001): Videoanalysen des Schulalltags. Die dokumentarische Interpretation schulischer Übergangsrituale. In Die dokumentarische Methode und ihre Forschungspraxis. Grundlagen qualitativer Sozialforschung (S. 121-140). Opladen: Leske + Budrich.

2. Teil:
Videos als wissenschaftliche Dokumentationen

Simultane Sequentialität. Zur Verschränkung von Aktivitätssträngen in Lehr-Lernveranstaltungen und zu ihrer Analyse

Jörg Dinkelaker

Zusammenfassung

Es ist eine zentrale Errungenschaft videobasierter Interaktionsforschung, dass mit ihr das beobachtete Geschehen als eine Verschränkung unterschiedlicher, gleichzeitig verlaufender Aktivitätsstränge begriffen und beobachtet werden kann. Der Einsatz des Datentyps Video irritiert daher monokausale und lineare Konzepte des Interaktionsgeschehens, wirft die Frage nach den Relationen zwischen den verschiedenen Strängen des Geschehens auf und provoziert neue Erklärungen dafür, wie sich in diesem Zusammenspiel die Dynamik eines Interaktionsgeschehens herausbildet (vgl. auch Knoblauch/Schnettler/ Raab/Soeffner 2006).

Am Fall von Unterrichts- und Kursinteraktionen lässt sich die Polysequentialität des Interaktionsgeschehens besonders anschaulich herausarbeiten. In ihnen handeln gleichzeitig mindestens ein Lehrender und mehrere Lernende. Dieses Handeln der Anwesenden ist wechselseitig aufeinander bezogen und eingebunden in eine wiederum eigendynamische Verlaufsordnung der Interaktion. Häufig treten zudem Nebeninteraktionen auf, die wiederum eine eigene Ordnung ausbilden. Weder die einzelnen Handlungsstränge noch die unterschiedlichen Stränge der Interaktion entwickeln sich vollständig unabhängig voneinander, dennoch sind sie voneinander unterscheidbar und keineswegs strikt aneinander gekoppelt.

Im Folgenden wird anhand einer exemplarischen Analyse gezeigt, wie es unter Rückgriff auf Videodaten möglich wird, solche Ordnungen simultaner Sequentialität systematisch zu rekonstruieren.

Zunächst wird darauf eingegangen, wieso gerade Videodaten einen Zugang zur Verflochtenheit der Aktivitätsstränge in Lehr-Lern-Interaktionen eröffnen (Abschnitt 1).

Im Überblick über videographische Studien zu Lehr-Lerninteraktionen wird dann herausgearbeitet, wie in ihnen jeweils einer oder mehrere der parallel verlaufenden Aktivitätsstränge fokussiert und dabei andere ausgeblendet werden (Abschnitt 2).

Anhand einer kurzen Sequenz aus einem Arabischkurs wird dann gezeigt, mit welchen konkreten Verfahren parallel verlaufende Aktivitätsstränge und ihre Verflechtungen empirisch rekonstruiert werden können. Dazu wird exemplarisch die Verlaufsordnung der dominierenden Kursinteraktion der Verlaufsordnung des Handelns eines ausgewählten Teilnehmers gegenübergestellt und es wird nach der Relation dieser beiden Aktivitätsstränge zueinander gefragt (Abschnitt 3).

Abschließend wird in einem Ausblick auf spezifische Leistungen einer solchen Analyse simultaner Sequentialität für erziehungswissenschaftliche Forschung und Theoriebildung hingewiesen (Abschnitt 4).

1 Reversible Selektivität

Videomitschnitte des Interaktionsgeschehens dokumentieren, was dort visuell und auditiv wahrnehmbar ist, dies nicht nur zu einem einzigen Zeitpunkt, sondern als Abfolge einzelner Momentaufnahmen, die sowohl Veränderungen als auch Gleichbleibendes über einen längeren Zeitraum hinweg abbilden. Jede Aufnahme kann allerdings nur einen Ausschnitt aus dem Geschehen dokumentieren. Was aufgenommen wird und was nicht, ergibt sich dabei aus der Positionierung und Ausrichtung der Kamera, sowie aus deren Bildwinkel. Aus dem, was im Bildausschnitt der Kamera und in Reichweite des Kameramikrofons über die beiden genannten Sinne wahrgenommen werden kann, findet allerdings während der Aufnahme keine weitere Auswahl statt, unabhängig davon, worauf der Kameramann (oder die Kamerafrau) zum Zeitpunkt der Aufnahme seine (bzw. ihre) Aufmerksamkeit richtet. Diese nichtselektive Dokumentation dessen, was im Kameraausschnitt zu sehen und zu hören ist, führt zu einer für wissenschaftliche Videoanalysen charakteristischen systematischen Überforderung der Interpretation. Denn die Dokumentation all dessen, was im gewählten Kameraausschnitt visuell und auditiv wahrnehmbar ist, erzeugt eine überkomplexe Fülle an Daten über Ereignisse und Zustände im beobachteten Geschehen. Um anhand dieser Daten etwas beobachten zu können, muss aus ihnen zwingend eine Auswahl getroffen werden.

Auch empirische Verfahren, die auf anderen Formen der Erhebung basieren, kennen die beschriebenen zwei Momente der Selektivität. Doch in videographischen Untersuchungen weist diese doppelte Selektivität charakteristische Merkmale auf, die dazu führen, dass Verschränkungen von Aktivitätssträngen im Interaktionsgeschehen analysierbar werden. An dieser Stelle soll ein Vergleich mit Audiomitschnitten und Beobachtungsprotokollen genügen, um diese Besonderheit von Videomitschnitten herauszuarbeiten[1].

Dass anhand videographischer Daten simultane Sequentialität rekonstruiert werden kann, liegt im Wesentlichen an den spezifischen Zeitstrukturen der Erhebung und der Analyse. In Abbildung 1 sind schematisch die zwei Momente der Selektivität im Forschungsprozess in dieser Hinsicht aufgeführt:

Abbildung 1: Zwei Momente der Selektivität

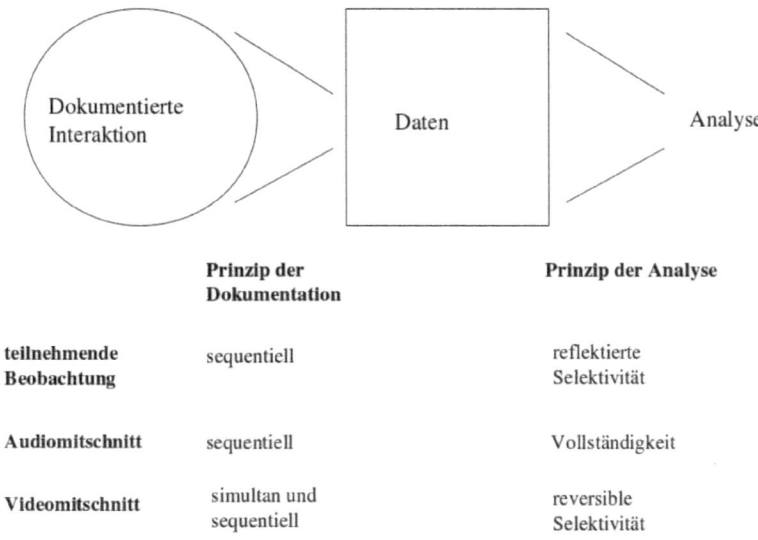

Sowohl Audiodaten als auch Beobachtungsprotokolle bilden die beobachtete Realität bereits auf Ebene der Daten als ein in sich geordnetes sequentielles Geschehen ab. Im Fall von Beobachtungsprotokollen ergibt sich die Sequentialität der Darstellungen aus den Erzählzwängen des Berichtens, die das vom Beobachter Wahrgenommene nur als sinnförmig zusammenhängendes Geschehen beschreibbar machen. Auch dann, wenn in einem Beobachtungsprotokoll zwei gleichzeitig verlaufende Ereignisstränge dargestellt werden, kann dies nur in der Form eines sequentiell organisierten Textes, also nacheinander geschehen. Im Fall von Audiomitschnitten ergibt sich die Sequentialität der erhobenen Daten daraus,

---

[1] Für einen Vergleich von Videodaten mit weiteren Datentypen vgl. Dinkelaker/Herrle 2009.

dass mit ihnen ein Ausschnitt aus dem Interaktionsgeschehen herausgegriffen wird, der von sich aus sequentiell organisiert ist. Verbale Interaktion basiert im Wesentlichen auf Ordnungen des Nacheinanders (vgl. Sacks/Schegloff/Jefferson 1974). Überlappungen in der verbalen Interaktion können zwar als solche kenntlich gemacht werden. Wie sich die einzelnen Elemente dieser sich überlappenden Ereignisse aber zeitlich zueinander verhalten, ist in diesem Rahmen nicht mehr darstellbar. Mit Videodaten wird dagegen zugleich eine Fülle einzelner Momente dokumentiert, in denen sich jeweils sehr viel simultan ereignet. Inwiefern im Dokumentierten einer oder mehrere Geschehensstränge beobachtet werden, entscheidet sich aber erst im Moment der Datenanalyse.

Anders als eine Videokamera kann ein teilnehmender Beobachter nicht alles gleichzeitig festhalten, was für ihn potentiell durch seine Sinne wahrnehmbar wäre. Er ist – wie jeder andere Interaktionsteilnehmer – darauf angewiesen, die Überkomplexität des Wahrnehmbaren ad hoc zu einem Geschehenszusammenhang zu integrieren und damit im Wesentlichen auf eine sequentielle Ordnung zu reduzieren. Dies geschieht in weiten Teilen unwillkürlich und setzt notwendig ein Vorverständnis der Situation voraus. Eben diese Selektivität der Beobachtung wird in der ethnographischen Forschung gezielt als Erkenntnisinstrument eingesetzt und mit zum Gegenstand der an die Erhebung anschließenden Analysen gemacht, so dass sich die untersuchte Realität der Analyse in einem Wechselverhältnis zwischen der ihr eigenen Selektivität und der Selektivität des Beobachters erschließt.

Die Analyse von Audiomitschnitten kann für sich dagegen das Prinzip der Vollständigkeit sowohl in der Dokumentation als auch in der Analyse in Anschlag bringen. Die detaillierte Beachtung jedes einzelnen Worts und jeder Pause in einem Audiotranskript mag zwar aufwendig sein, ist aber möglich, sofern man sich auf den Wortlaut des Gesprochenen beschränkt. Dieser Vollständigkeitsanspruch der Analyse ist erkauft durch eine Vorabfestlegung auf die Beobachtung einer spezifischen sequentiellen Ordnung im Interaktionsgeschehen: der verbalen Kommunikation.

Werden videographische Daten verwendet, ist dagegen ein solcher Anspruch auf die Analyse all dessen, was dokumentiert ist, weder sinnvoll noch realisierbar. Ob zum Beispiel in Abbildung 2 die Mäntel an der Garderobe, der Blick der Teilnehmerin mit dem grünen Pullover in die Kamera, die Handhaltung des Teilnehmers in der ersten Reihe, der Tafelanschrieb oder die Zeigerstellung der Uhr in die Analyse mit einbezogen werden sollen oder nicht, ist letztlich nur durch das zugrunde liegende Forschungsinteresse und das herangetragene Modell von (Lehr-Lern-) Interaktionen zu begründen.

Diese notwendige Auswahl aus der Vielfalt des gleichzeitig Wahrnehmbaren ist prinzipiell in jedem neuen beobachteten Moment erneut zu treffen, wobei dann das zusätzliche Problem hinzukommt, Abfolgen im Geschehen auszumachen, also einen Zustand im jetzigen Moment zu einem Zustand im vorangegangenen Moment in Bezug zu setzen. Dass eine andere Position des Zeigers auf der Uhr als Bewegung zu beschreiben ist, die auf einen Mechanismus im Inneren der Uhr zurückzuführen ist, darüber wird schnell Einigkeit herzustellen sein. Doch ob eine Öffnung der gefalteten Hände des Teilnehmers in der ersten Reihe als Reaktion auf eine verbale Äußerung des Kursleiters, auf eine Kopfbewegung seiner Nebensitzerin oder als Ausdruck einer Veränderung seiner inneren Befindlichkeit zu erklären ist, bleibt eine Frage der Interpretation.

Abbildung 2: Vielfalt des Wahrnehmbaren in der Interaktion unter Anwesenden

Jede Rekonstruktion eines Geschehens auf dieser Datengrundlage greift daher zwingend auf Selektionskriterien zurück, die es erlauben, Verläufe in Daten zu erkennen.

Der Interpret videographischer Daten steht im Moment der Analyse damit vor einem ähnlichen Problem wie der teilnehmende Beobachter in der Erhebungssituation: jede Deutung des Beobachteten ist zwingend mit einer Auswahl verbunden, jede Auswahl mit einer Deutung. Ein wesentlicher Unterschied zur teilnehmenden Beobachtung ergibt sich allerdings dadurch, dass videographische Daten diese Selektionen erst zum Zeitpunkt der Analyse notwendig machen, so dass die Komplexität der Daten trotz dieser unhintergehbaren Selektivität bestehen bleibt. Dies eröffnet die Möglichkeit, dieselbe Situation zu einem späteren Zeitpunkt erneut einer Analyse zu unterziehen und dabei anders selektiv vorzugehen. Die

Betrachtung des Videos kann umstandslos wiederholt werden, während sich die beobachtete Situation selbst nie ein zweites Mal ereignet.

Diese Reversibilität der Selektivität erlaubt es auch, unterschiedliche, parallel zueinander verlaufende sequentiellen Ordnungen je für sich und in ihrem Verhältnis zueinander zu rekonstruieren. Bevor auf dieses Verfahren der Relationierung unterschiedlicher Stränge des Geschehens näher eingegangen wird, sollen aber zunächst die unterschiedlichen Selektionskriterien gesichtet werden, die bislang in der videographischen Analyse von Lehr-Lern-Interaktionen Verwendung gefunden haben.

2 Sequentielle Ordnungen in der erziehungswissenschaftlichen Videographie

Ein Überblick über videographische Analysen von Lehr-Lern-Interaktionen lässt sehr unterschiedliche Lösungen des Problems erkennen, im überkomplexen Datenmaterial sequentielle Verläufe zu erkennen und diese anhand des Materials zu rekonstruieren. Je nach Fragestellung und theoretischer Perspektive werden dabei verschiedenste Ereignisverkettungen als sequentielle Verläufe beobachtet und analysiert.

So wird in einigen Untersuchungen der Fokus auf die Abfolge der Aktivitäten der Lehrenden gerichtet. Damit wird *das Lehrendenhandeln* als spezifische Verkettung von Äußerungen rekonstruiert, wie es beispielsweise in Studien zum Klassenmanagement (Kounin 1970) oder zum Kursleiterhandeln in Anfangssituationen (vgl. Dinkelaker/Herrle 2007) geschieht.

Seltener wird die Ordnung der Aktivitäten eines einzelnen Teilnehmenden in den Mittelpunkt gestellt. Richtungsweisend sind hier die Analysen des Teilnehmens im Unterricht von Georg Breidenstein (2006).

Am häufigsten stehen dagegen Abfolgen von Äußerungen im Mittelpunkt, die sich aus der wechselseitigen Bezugnahme mehrerer Beteiligter ergeben. Es wird nach der Ordnung gefragt, der das Anschließen des einen Beteiligten an die Äußerungen des anderen Beteiligten zu Grund liegt. Eindrücklich wird dies beispielsweise in einem Aufsatz von McDermott, Gospodinoff und Aron (1978) anhand einer so genannten „reading lesson" ausgeführt. Weitere Beispiele sind Analysen zur Lehr-Lern-Interaktion im Schulunterricht (vgl. etwa Mehan 1979, Erickson 1996, Kalthoff 1995) oder in Veranstaltungen des Bewegungslernens (Althans/Hahn/Schinkel 2009).

Die genannten Studien fokussieren jeweils einen Strang des Geschehens und blenden dabei andere Stränge aus. Die Reversibilität dieser Auswahlentscheidungen im Rahmen videographischer Analysen erlaubt es prinzipiell aber auch, *mehrere* dieser Stränge in die Analyse einzubeziehen und danach zu fragen, in welchem Verhältnis diese zueinander stehen. Studien, die diese Möglichkeit nutzen, machen die Simultaneität unterschiedlicher Stränge des Geschehens zum Gegenstand ihrer Analyse. In ihrer Studie über sogenannte „service events" in der Grundschule fokussiert beispielsweise Marilyn Merritt (1982), wie Lehrende sich zugleich auf mehrere Verlaufsstränge des Unterrichtsgeschehens beziehen. Susan Danby und Carolin Baker (2000) analysieren in ihrer Untersuchung über Prozesse der Machtaushandlung zwischen Kindergartenkindern in der Bauklötzchenecke die Verschränkung der Handlungsstränge unterschiedlicher Teilnehmer. Um das Verhältnis von pädagogischem Handeln und pädagogischer Kommunikation näher zu bestimmen, habe ich selbst in einem Ausschnitt aus einem Erwachsenenbildungskurs das Verhältnis des Kursleiterhandelns zum Interaktionsgeschehen rekonstruiert (Dinkelaker 2009).

3 Analysebeispiel

Im Folgenden wird ein solches Verfahren der Analyse der Verschränkung zweier Stränge im Interaktionsgeschehen exemplarisch vorgestellt. Zunächst wird kurz der Fall erläutert, der einer Analyse unterzogen werden soll (3.1). Dann wird als ein Strang des Geschehens die in diesem Fall entstehende sequentielle Ordnung der kursleitergesteuerten Hauptinteraktion nachgezeichnet (3.2). Im Anschluss daran wird als ein zweiter Strang des Geschehens die sequentielle Ordnung der wahrnehmbaren Aufmerksamkeitsbewegungen eines ausgewählten Teilnehmers herausgearbeitet (3.3), so dass abschließend das Verhältnis des Teilnahmehandelns zur Kursinteraktion näher bestimmt werden kann (3.4).

3.1 Der untersuchte Fall

Als exemplarischer Fall dient hier ein Videoausschnitt aus einem Arabischkurs für Erwachsene. Er wird von einer Volkshochschule angeboten und von einem arabischen Muttersprachler geleitet. Veranstaltungsort ist eine Schule, die in den Abendstunden auch für Veranstaltungen der Volkshochschule genutzt wird. Die Aufnahmen wurden im Rahmen des Projekts „Bild und Wort – erziehungswissenschaftliche Videographie. Kurs- und Interaktionsforschung" erzeugt, das in einer Kooperation der TU Dortmund mit der Goethe-Universität Frankfurt unter der Leitung von Sigrid Nolda und Jochen Kade durchgeführt wird (vgl. Kade/Nolda

Videosequenz auf DVD

2007). Die Aufnahmen wurden mit zwei Kameras durchgeführt. Eine Kamera wurde auf den Kursleitenden ausgerichtet, die andere Kamera auf die Teilnehmenden.

Die ausgewählte Szene ereignet sich zu Beginn der Kursstunde und markiert den Beginn der auf den Lerngegenstand bezogenen Interaktion. Sie wurde im Rahmen der Analyse des Aufmerksamkeitsgeschehens in Kursen der Erwachsenenbildung als bedeutsamer Fall ausgewählt, weil an ihr beobachtet werden kann, wie Teilnehmende in Auseinandersetzung mit eindeutigen kursspezifischen Teilnahmeerwartungen dennoch eine selbstorganisierte Form der Teilnahme realisieren. Der theoretische Hintergrund dieser Untersuchung und deren Befunde sind an anderer Stelle ausgeführt (vgl. Dinkelaker 2010). An dieser Stelle soll die praktische Vorgehensweise bei der Analyse näher erläutert werden. Methodische und methodologische Hintergründe dieser Vorgehensweise sind in Veröffentlichungen zur videobasierten Kursforschung und zur erziehungswissenschaftlichen Videographie zu finden (vgl. Nolda 2007, Dinkelaker/Herrle 2009).

3.2 Rekonstruktion der Verlaufsordnung der kursleitergesteuerten Hauptinteraktion

Um Geschehensstränge in Videomitschnitten ausmachen zu können, ist es notwendig, ein Kriterium anzugeben, anhand dessen entschieden werden kann, welche Ereignisse als Elemente dieses Geschehens behandelt werden sollen und welche nicht. So lange sich eine Interaktionsanalyse ausschließlich auf verbale Äußerungen bezieht, geht es in diesem Schritt lediglich um die Frage, welchen zeitlichen Umfang die einzelnen Ereignisse haben sollen, deren Verkettung betrachtet wird. Sollen Verkettungen verbaler Äußerungen Wort für Wort, Satz für Satz oder Redezug für Redezug rekonstruiert werden? Welche Ereignisse für die Verkettung überhaupt in Betracht kommen, ist dagegen nicht fragwürdig. Alles, was gesprochen wird, muss als für die Analyse relevantes Ereignis betrachtet werden.

Im Umgang mit Videodaten ist dieser Prozess der Bestimmung von Sequenzelementen dagegen aufwendiger und unhintergehbar selektiv. Um diese Auswahl zu kontrollieren und zudem für andere nachvollziehbar zu machen, sind die Kriterien anzugeben, die gewählt wurden, um die Kette von Sequenzelementen herauszuarbeiten, deren Verlaufsordnung einer Analyse unterzogen werden soll. Unterschiedliche sequentielle Ordnungen kommen zum Vorschein, wenn unterschiedliche Kriterien der Auswahl an dasselbe Datenmaterial herangetragen werden.

3.2.1 Bestimmung der Sequenzelemente

Um die kursleitergesteuerte Hauptinteraktion zu untersuchen, werden in der hier vorgestellten exemplarischen Analyse die Äußerungen des Kursleiters in den Mittelpunkt gestellt sowie all diejenigen Äußerungen, auf die dieser sich erkennbar bezieht. Ein kleiner Ausschnitt dessen, was mit dieser Form selektiver Beobachtung ausgeblendet wird, wird im Zuge der zweiten Teilanalyse (Abschnitt 3.3) noch erkennbar werden. Wechselt der Sprecher (vgl. Sacks/Schegloff/Jefferson 1974) oder ändert sich die Position oder Ausrichtung des Sprechenden im Raum (vgl. Scheflen 1964), so wird dies als Anfang eines neuen Ereignisses in diesem Geschehen interpretiert. Vor diesem Hintergrund lassen sich die folgenden Sequenzelemente des Interaktionsverlaufs bestimmen. Die jeweils fettgedruckten Worte im Transkript markieren jeweils den Zeitpunkt, an dem das beistehende Standbild erzeugt wurde. Die Standbilder illustrieren jeweils entweder den Anfangs- oder Endpunkt eines durch den Positions- bzw. Sprecherwechsels begrenzten Elements der Sequenz. Die Transkriptionen beschränken sich auf den Wortlaut des Gesprochenen (ohne Prosodie). Sprechpausen sind durch Punkte in Klammern dokumentiert (für jede Sekunde ein Punkt).

Abbildung 3:   Sequenzelement 1

KL: „**Erstens** müssen wir uns vorstellen. Aber (.) wir müssen uns vorstellen auf Arabisch"

Nachdem die Kameraleute vorgestellt wurden, fordert der Kursleiter die Teilnehmenden auf, sich ihrerseits vorzustellen. Dabei bewegt er sich quer über die Frontseite des Raums.

Abbildung 4: Sequenzelement 2

KL: „Ismi (..) Askunu (.) fi (..) Ana **(..)**"

Er wendet sich dann von den Teilnehmenden ab und schreibt etwas an die Tafel. Gleichzeitig spricht er die Worte laut aus.

Abbildung 5: Sequenzelement 3

KL: „Na. Ismi **Ali.** Askunu fi Nebenort. Ana Mohani."

Als nächstes wendet er sich wieder den Teilnehmenden zu und stellt sich selbst unter Verwendung der angeschriebenen Vokabeln vor.

Abbildung 6: Sequenzelement 4

KL: „(..)"

Er wendet sich dann einer Teilnehmerin in der zweiten Reihe zu und fordert sie nonverbal zum Sprechen auf.

Abbildung 7: Sequenzelement 5

TN1 und KL lachen

Zunächst lacht die Teilnehmerin. In dieses Lachen stimmt der Kursleiter ein.

Abbildung 8: Sequenzelement 6

TN1: „**Ismi** Ele Eleonora. Askunu fi Beidorf. Ana Morabia"

Dann stellt sich die Teilnehmerin mit den Worten vor, die der Kursleiter vorgegeben hat.

Abbildung 9: Sequenzelement 7

KL: „Na."

Vgl. für die Sequenzelemente 8-31 die Videosequenz auf DVD

Dies wird vom Kursleiter durch eine positive Rückmeldung quittiert.

Der Reihe nach ruft so der Kursleiter jeden einzelnen Teilnehmenden auf, bis sich alle nach demselben Schema vorgestellt haben (Sequenzelemente 8-31)[2]. Jeder Beitrag wird durch ein „Na" des Kursleiters bestätigt.

---

[2] Da sich das in den Elementen 5-7 realisierte Muster in den Sequenzelementen 8-31 stetig wiederholt und an dieser Stelle die Differenzen im Ausführen dieses Musters nicht von Interesse sind, wird hier auf die Darstellung dieser Ereignisse verzichtet.

3.2.2 Rekonstruktion der sequentiellen Ordnung

Die Ordnung dieser Abfolge von Äußerungen wird im Folgenden zum einen im Hinblick auf die Art und Weise des realisierten Sprecherwechsels, zum anderen im Hinblick auf die dabei realisierten Zuschreibungen von Wissen- bzw. Nicht-Wissen gegenüber den Beteiligten (vgl. Dinkelaker 2008) näher betrachtet. Damit werden einerseits die Art und Weise der Organisation des Interaktionsverlaufs und andererseits die Formen des Umgangs mit Wissen und Lernen herausgearbeitet.

Betrachtet man zunächst den Wechsel der Sprecher in diesem Interaktionsverlauf, so wird deutlich, dass eine Person – der Kursleiter – mehrfach zu Wort kommt, während alle anderen Anwesenden lediglich einmal sprechen, mit Ausnahme der Kameraleute, die sich an diesem Geschehen überhaupt nicht beteiligen. Wer wann spricht, wird durchgehend vom Kursleiter bestimmt. Sowohl seine eigenen Redebeiträge als auch die der Teilnehmenden werden von ihm initiiert. Zu Beginn dieser Sequenz lässt sich ein vergleichsweise ausgedehnter Interaktionsbeitrag des Kursleiters ausmachen, der sich anhand der von ihm vollzogenen Wechsel in der Positionierung und Ausrichtung im Raum in fünf Teilbeiträge untergliedern lässt.

Zu Beginn formuliert der Kursleiter eine Aufgabe, die wohl an alle Anwesenden gerichtet ist, was durch die Verwendung des Personalpronomens „wir" kenntlich gemacht wird (Sequenzelement 1, Abb. 3). Anstatt darauf zu warten, dass einer der Teilnehmenden nun seiner Aufforderung nachkommt, schreibt der Kursleiter Worte und Floskeln an die Tafel, die bei der Vorstellung verwendet werden können (Sequenzelement 2, Abb. 4). Damit steht die Unterstellung im Raum, dass die Teilnehmenden selbst nicht wissen, wie sie dieser Aufgabe – sich auf Arabisch vorstellen – nachkommen können.

Auch nach dieser Präzisierung der Aufgabenstellung wartet der Kursleiter nicht darauf, dass nun ein Teilnehmender das Wort ergreift. Indem er sich nun stattdessen den Teilnehmenden zuwendet und sich zunächst selbst unter Verwendung des angeschriebenen Vokabulars vorstellt (Sequenzelement 3, Abb. 5), verdichtet sich die Inkompetenzunterstellung gegenüber den Teilnehmenden. Der Kursleiter kennt die Worte und ihre Verwendung, während dies den Teilnehmenden erst noch gezeigt werden muss. Sofern die Teilnehmenden nun nicht zeigen, dass sie andere Wege kennen, sich auf Arabisch vorzustellen, erscheinen sie als diejenigen, die tun, was der Kursleiter von ihnen verlangt und dabei nachmachen, was er ihnen vorgemacht hat. Darin käme nicht nur ein starkes Kompetenzgefälle zum Ausdruck, sondern auch ein Gefälle in der Gestaltungshoheit über die Situation. Der Kurs würde sich als eine Form von Unterricht erweisen (vgl. Proske 2003).

Doch auch jetzt wartet der Kursleiter nicht ab, bis ein Teilnehmender anfängt, die sehr präzise gestellte Aufgabe zu realisieren. Indem er stattdessen eine bestimmte Teilnehmerin direkt zum Sprechen auffordert (Sequenzelement 4, Abb. 6), beansprucht er auch die Hoheit in der Frage, *wann* die jeweiligen Teilnehmenden die gestellte Aufgabe erfüllen sollen. Kommt die Teilnehmerin nun seiner Aufforderung nach, konfirmiert sie dessen Gestaltungsanspruch. Verwendet sie dabei die von ihm vorgeschlagenen Formulierungen, bestätigt sie zudem die im Vormachen des Kursleiters enthaltene Nicht-Wissensunterstellung. Beides tut die Teilnehmerin zunächst nicht. Sie lacht stattdessen (Sequenzelement 5, Abb. 7). Als der Kursleiter in dieses Lachen einstimmt, kommt sie dann aber doch seiner Aufforderung nach und verwendet auch die vorgegebenen Formulierungen (Sequenzelement 6, Abb. 8). Indem der Kursleiter dieses Nachmachen mit einer Bestätigung quittiert (Sequenzelement 7, Abb. 9) hat sich eine kursleiterdominierte Interaktionsordnung etabliert, die sich im weiteren Verlauf noch weiter festigen wird. Sie setzt sich so lange fort, bis jeder einmal nachgemacht hat, was der Kursleiter vorgemacht hat.

Anfänglich ist der Interaktionsverlauf durch ein zweischrittiges Ablaufmuster geprägt: der Kursleiter stellt eine Aufgabe, die die Teilnehmenden im Anschluss daran bearbeiten sollen. Dadurch, dass er zunächst selbst die Aufgabe erfüllt, wird diese Muster als Abfolge von Vormachen und Nachmachen rekonstruiert Diese Abfolge ist für Situationen des Einübens neuer Handlungsmuster charakteristisch (vgl. Dinkelaker/Herrle 2010). Sie ist im vorliegenden Fall bereits in den Äußerungen des Kursleiters angelegt. Allerdings realisiert sie sich erst in dem Moment, als die erste Teilnehmerin sich entsprechend dieses Musters äußert. Während es in anderen Lehr-Lern-Settings auch vorkommt, dass alle Teilnehmenden gleichzeitig das Vorgemachte nachmachen, ist im vorliegenden Fall das Nachmachen der Teilnehmenden sequentiell organisiert.

Um dieses Nacheinander des Nachmachens zu organisieren, ordnen die Kursbeteiligten Ihre Äußerungen mit Hilfe eines weiteren, dieses Mal dreischrittigen Musters. Dieses Muster ist das wohl am besten beschriebene und untersuchte Muster der Unterrichtsinteraktion (vgl. etwa Mehan 1979, Streeck 1979, Kalthoff 1995, Erickson 1996). Das so genannte Unterrichtstripel realisiert sich in der Abfolge dreier Elemente: der Lehrende evoziert mit einer Frage oder einer Aufgabenstellung eine Äußerung eines Lernenden, diese Äußerung wird vom Lernenden realisiert und im Anschluss daran vom Lehrenden bewertet. Im vorliegenden Fall gibt der Kursleiter nicht nur das Thema der jeweiligen Wortbeiträge vor, er bestimmt durch seine Vorgaben auch, was die Teilnehmenden sagen sollen und zudem auch, wer zu welchem Zeitpunkt mit Sprechen an der Reihe ist.

Da die Teilnehmenden sich in dieses vom Kursleiter vorgeschlagene Interaktionsmuster einpassen, perpetuiert sich eine stark kursleitergesteuerte Lehr-Lern-Situation.

3.3 Rekonstruktion der sequentiellen Ordnung der wahrnehmbaren Aufmerksamkeitsbewegungen eines Teilnehmenden in dieser Situation

Der zweite Aktivitätsstrang, der in dieser exemplarischen Analyse untersucht wird, ist die Abfolge der wahrnehmbaren Aufmerksamkeitsbewegungen eines Teilnehmers. Damit kommt die Art und Weise in den Blick, wie – in diesem Fall erwachsene – Teilnehmende mit den im Lehr-Lern-Geschehen realisierten Teilnahmeerwartungen umgehen[3].

3.3.1 Bestimmung der Sequenzelemente

Um diese wahrnehmbaren Aufmerksamkeitsbewegungen zu beobachten, wird jeder Wechsel in der Kopfhaltung des beobachteten Teilnehmenden als Beginn einer neuen Äußerung interpretiert (vgl. Scheflen 1964).

Das oben dargestellte Geschen erscheint vor diesem Hintergrund aus einer gänzlich anderen Perspektive:

Abbildung 10: Sequenelement 1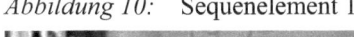

TN3: „Ismi Rainer. Askunu fi **Oberstadt**. Ana Tekni."
KL: „Tekni. Na."

---

[3] Diese Fokussierung auf wahrnehmbare Aufmerksamkeitsbewegungen rekurriert auf theoretische Überlegungen im Anschluss an US-amerikanische Untersuchungen zur Aufmerksamkeit im Schulunterricht (vgl. Anderson 1984, Doyle 2006) und an theoretische Überlegungen zum Zeigen als zentrale Operation pädagogischen Handelns (vgl. Berdelmann/Fuhr 2009). Zu einer näheren Begründung vgl. Dinkelaker 2010.

Als die ersten beiden Teilnehmer sprechen, werden die Äußerungen des hier näher betrachteten Teilnehmers, der im Folgenden Ralf genannt wird, zunächst nicht dokumentiert, weil er erst ins Bildfeld der Kamera rückt, als bereits der dritte Teilnehmer aufgerufen wird. In dem Moment, in dem Ralf mit ins Bild kommt, ist er gerade damit befasst, in seinen Unterlagen zu blättern.

Abbildung 11: Sequenzelement 2

TN4: „Ismi Anna. Askunu fi **Beidorf.** Ana Bankia"
KL: „Bankia. Na." <<

Als die nächste Teilnehmerin aufgerufen wird, wendet Ralf sich seiner Sitznachbarin (TN 5) zu und sagt etwas zu ihr, was allerdings vom Kameramikrofon nicht mitgeschnitten wurde.

Abbildung 12: Sequenzelement 3

TN4: „Ismi Anna. Askunu fi Beidorf. Ana **Bankia** "
KL: „Bankia. Na."

Die Nebensitzerin antwortet ihm kurz.

Abbildung 13: Sequenzelement 4

TN4: „Ismi Anna. Askunu fi Beidorf. Ana Bankia"
KL: „**Bankia.** Na."

Dann wendet sie sich aber wieder dem Kursleiter zu. Ralf folgt ihr in dieser Bewegung.

Abbildung 14: Sequenzelement 5

TN5: „Ismi **Lea.** Askunu fi Niederstadt. Ana Talia"
KL: „Talia. Na."

Dies alles geschieht noch rechtzeitig, bevor der Kursleiter die Nebensitzerin auffordert, sich vorzustellen. Ralf verharrt in seiner Position solange seine Sitznachbarin ihre Sätze spricht.

Abbildung 15: Sequenzelement 6

TN6: „Ismi **Ralf**. Askunu fi Niederstadt. Ana Talia"
KL: „Talia. Na."

Sobald er vom Kursleiter dazu aufgefordert wird, formuliert Ralf dann seinen eigenen Beitrag zum Geschehen, wobei er diesen durch ein Gestikulieren mit seiner linken Hand begleitet.

Abbildung 16: Sequenzelement 7, Detail 1

TN7: „Ismi **Lena**. Askunu fi Beidorf. Ana (unverständlich)"
KL: „Na."

Als sich der Kursleiter von Ralf abwendet, folgt dieser nicht seiner Bewegung, sondern formuliert gestisch und mimisch eine Aussage, die in etwa mit: „Na also, ist doch gut gelaufen" verbalisiert werden könnte (7).

Abbildung 17: Sequenzelement 7, Detail 2

TN7:" Ismi **Lena**. Askunu fi Beidorf. Ana (unverständlich)"
KL: „Na."

Die Teilnehmerin, die als erste aufgerufen wurde (ganz links auf der TN-Kamera), bietet sich als Adressatin dieser Geste an und quittiert die positive Selbstevaluation mit einem Lächeln.

Abbildung 18: Sequenzelement 8

TN7: „Ismi Lena. Askunu **fi** Beidorf. Ana (unverständlich)"
KL: „Na."

Daraufhin schaut sie in die Kamera. Ralf wendet sich währenddessen seinen Unterlagen zu, um im Anschluss daran dem oben beschriebenen Interaktionsgeschehen zu folgen. Dann schwenkt die Kamera nach links, so dass die weiteren Äußerungen Ralfs nicht mehr dokumentiert sind.

3.3.2 Rekonstruktion der sequentiellen Ordnung

Die hier dargestellte Sequenzfolge beginnt mit einer zunächst schwer deutbaren Äußerung. Was der Teilnehmende in seinen Unterlagen sucht

(Sequenzelement 1, Abb. 10), wissen wir nicht. Allerdings ist klar erkennbar, worauf Ralf seine Aufmerksamkeit *nicht* richtet. Schon darin kommt eine spezifische Selektivität der Aufmerksamkeit Ralfs zum Ausdruck. Weder folgt Ralf mit seinem Blick erkennbar dem Geschehen der Vorstellungsrunde, noch schaut er aus dem Fenster oder in die Kamera, noch begutachtet er seine Hände. Mit dem Blick auf die Unterlagen entkoppelt Ralf seine visuelle Aufmerksamkeit also einerseits vom offiziellen Kursgeschehen, wählt dabei aber andererseits einen Referenzpunkt, der mit dem Kursthema durchaus etwas zu tun haben könnte. Vielleicht überbrückt Ralf die Zeit, in der seine aktive Beteiligung nicht erwartet wird, um seine Blätter endlich zu ordnen oder sich noch einmal seine Hausaufgaben zu vergegenwärtigen. Vielleicht bereitet er sich aber auch anhand der Unterlagen auf etwas vor, was in der Kursstunde zu einem späteren Zeitpunkt noch von Bedeutung sein wird. Vielleicht ist der Blick in die Unterlagen auch nur Fassade und Ralf ist innerlich mit etwas vollständig anderem beschäftigt.

So lange der Blick auf die Unterlagen als isoliertes Einzelereignis betrachtet wird, ist über ihn nicht viel mehr zu erfahren. Erst die Betrachtung dessen, wie Ralf im Weiteren an diesen Blick auf die Unterlagen anschließt, lässt eine mögliche Ordnung des Geschehens erkennen. Dass Ralf sich, nachdem er in seinen Unterlagen geblättert hat, kurz mit seiner Nebensitzerin unterhält (Sequenzelemente 2 und 3, Abb. 11 und 12), lässt weiterhin mehrere Deutungen des Geschehens zu. So erscheint es einerseits weiterhin plausibel, dass Ralf sich die Zeit vertreibt, bis er an der Reihe ist, und dabei mal auf die Unterlagen und mal auf die Nebensitzerin zurückgreift. Es ist aber auch nicht ausgeschlossen, dass Ralf die Nebensitzerin in eine Beschäftigung mit einbezieht, die dem Kursgeschehen thematisch nahe steht, zum Beispiel in seine Beschäftigung mit den Hausaufgaben oder in seine Vorbereitungen zum weiteren Kursgeschehen.

Nur schwerlich aus diesem bisherigen Verlauf der Aufmerksamkeitsbewegungen, sondern nur aus dem parallel dazu verlaufenden Interaktionsgeschehen heraus erklärt sich der nächste Blickrichtungswechsel Ralfs (Sequenzelement 4, Abb. 13). Als der Aufmerksamkeitsfokus der Vorstellungsrunde in Ralfs unmittelbare räumliche Nähe gerät, rückt Ralfs Aufmerksamkeit in das offizielle Kursgeschehen ein, von dem sie zuvor entkoppelt war. Erst nachdem zunächst seine Nebensitzerin (Sequenzelement 5, Abb. 14) und dann er selbst (Sequenzelement 6, Abb. 15) an der Reihe gewesen ist und der Fokus der Vorstellungsrunde sich auf einen anderen Raumbereich weiterbewegt hat, ist der nächste Blickrichtungswechsel Ralfs zu beobachten (Sequenzelement 7, Abb. 16): die Adressierung der Teilnehmerin am Nachbartisch verbunden mit einer

Geste positiver Selbstevaluation. Sobald Ralf nicht mehr unmittelbar durch das offizielle Interaktionsgeschehen in Anspruch genommen wird, entkoppelt er damit erneut sein Handeln vom Verlauf der kursleiterdominierten Hauptinteraktion.

Die explizite, teilnehmeröffentliche Selbstevaluation legt nun eine Deutung des bisherigen Geschehens nahe, die die zuvor beobachteten Fokussierungen der Unterlagen und der Nebensitzerin als Vorbereitungen auf die Kursbeteiligung erscheinen lassen: die Beteiligung am vom Kursleiter angeleiteten Geschehen stellt für Ralf eine große Herausforderung dar (womöglich weiß er nicht, wie seine berufliche Tätigkeit auf Arabisch bezeichnet wird). Um sie zu meistern, holt er sich Unterstützung bei den eigenen Unterlagen und bei seiner Sitznachbarin so lange dazu noch Gelegenheit besteht. Die Befürchtung, einen Fehler zu machen, zerstreut sich im Moment der positiven Bewertung durch den Kursleiter. Der Erleichterung darüber gibt Ralf Ausdruck, sobald ihm der Kursleiter durch sein Fortfahren in der Vorstellungsrunde die Gelegenheit dazu gibt.

Die vorgestellte Interpretation des Geschehens muss zu einem gewissen Grad spekulativ bleiben, weil weder bekannt ist, was in den Unterlagen des Teilnehmers zu finden ist, noch, was er mit seiner Nebensitzerin gesprochen hat. Sie wird allerdings gestützt durch Beobachtungen, die im weiteren Kursverlauf gemacht werden können. Als der Kursleiter ein Bild an die Wand wirft und die Teilnehmenden bittet, auf Arabisch zu benennen, was Sie auf dem Bild sehen, nutzt Ralf die Beiträge seiner Mitteilnehmenden zur Ergänzung seiner Unterlagen, auf die er dann wiederum zurückgreift, um seinen eigenen Auftritt erfolgreich zu absolvieren. Als der Kursleiter farbige Zettel mit arabischen Sätzen verteilt und die Teilnehmenden auffordert, vorzulesen und zu übersetzen, was dort steht, ergänzt der Teilnehmer erneut während der Wortbeiträge der anderen seine Unterlagen und nutzt diese, als er vom Kursleiter zum Sprechen aufgefordert wird.

3.4 Relationierung der Aufmerksamkeitsbewegungen Ralfs mit der kursleitergesteuerten Hauptinteraktion

Im Rahmen ein und derselben Kurssituation konnten zwei sequentielle Ordnungen beschrieben werden, die nicht nur in unterschiedlicher Weise strukturiert sind, sondern die diese Situation auch in einem sehr unterschiedlichen Licht erscheinen lassen. Im Hinblick auf die durch den Dreischritt von Frage, Antwort und Bewertung organisierte Ordnung des Interaktionsgeschehens erscheint der Kurs als weitestgehend kursleiterdominierte Situation. Im Hinblick auf das durch den Dreischritt von Vorbereitung, Auftritt und Auswertung organisierte Teilnahmehandeln Ralfs erscheint der Kurs als weitgehend selbstgesteuerte und durch die Teilnehmendengruppe getragene Situation. Diese unterschiedlichen sequentiellen Ordnungen des Geschehens sind allerdings keineswegs voneinander entkoppelt, sondern eng aufeinander bezogen. Sie berühren sich zudem in dem Moment, als Ralf seinen Beitrag zum Kursgeschehen realisiert.

Wie die beiden beobachteten Verlaufsordnungen im Einzelnen aufeinander bezogen sind, lässt sich präzise anhand eines Konzepts herausarbeiten, das von Marylin Merrit entwickelt wurde, um die Verteilung der Aufmerksamkeit Lehrender auf unterschiedliche Interaktionsstränge in Situationen der Freiarbeit zu beschreiben (vgl. Merrit 1982). Merrit geht davon aus, dass die Aufmerksamkeitsbewegungen im Interaktionsgeschehen an sogenannten Aktivitätsvektoren („vectors of activity") orientiert sind. Diese Aktivitätsvektoren sind durch Aufgaben oder Themen bestimmt und organisieren die Abfolge von Einzelbewegungen der Aufmerksamkeit zu einer zusammenhängenden Ordnung, die ein Anfang und ein Ende aufweist. Aktivitätsvektoren können etabliert und abgeschlossen werden. Sie können auch unterbrochen und mit anderen Vektoren verknüpft werden.

Auch die beiden in der exemplarischen Analyse rekonstruierten Verläufe lassen sich als solche Aktivitätsvektoren beschreiben und vor diesem Hintergrund aufeinander beziehen. Dazu sind nicht nur die Aktivitäten zu bestimmen, die zu dem jeweiligen Vektor gehören, sondern es ist auch zu beachten, wer zu welchem Zeitpunkt an welchem Vektor beteiligt ist.

Der nach dem Muster des Unterrichtstripels organisierte Hauptvektor des Kursgeschehens lässt sich dann schematisch wie folgt abbilden (vgl. Abb. 19):

Simultane Sequentialität 113

Abbildung 19: Der Hauptvektor des Kursgeschehens

KL	Erläutert die Aufgabe	stellt sich vor	ruft TN1 auf	bestätigt TN1, ruft TN2 auf	bestätigt TN2, ruft TN3 auf	bestätigt TN3, ruft TN4 auf	bestätigt TN4, ruft TN5 auf	...
TN1			stellt sich vor					...
TN2				stellt sich vor				...
TN3					stellt sich vor			...
TN4						stellt sich vor		...
...	...	...	...	...	...	...	...	...

Kursverlauf

In der Tabelle sind all diejenigen Aktivitäten eingetragen, die in Abschnitt 3.2.1 als Sequenzelemente des kursleitergesteuerten Hauptgeschehens identifiziert worden sind. In den Zeilen sind die Aktivitäten der unterschiedlichen Akteure dokumentiert, in den Spalten die Zeitpunkte, an denen diese Aktivitäten zu beobachten sind. In der Darstellung zeigt sich, dass der Kursleiter stetig an der Fortentwicklung des Hauptvektors des Kursgeschehens beteiligt ist, während die einzelnen Teilnehmer nur zeitweise im Mittelpunkt des durch diesen Vektor organisierten Geschehens stehen. Was die Teilnehmenden *vor* und *nach* ihrer aktiven Beteiligung am Hauptvektor machen, bleibt mit dieser Perspektive auf das Geschehen unbeobachtet. Die das pädagogische Handeln prägende Normalannahme besteht in der Unterstellung, dass die Teilnehmenden auch jenseits ihrer Beiträge am Hauptvektor des Geschehens beteiligt sind. Gleichzeitig ist es eine allgegenwärtige Erfahrung, dass dies keineswegs immer der Fall ist. Will man diese Abweichungen von der unterrichtskonstituierenden Erwartung eines gemeinsamen Aktivitätsvektors nicht als bloße Störung des Lehr-Lernverhältnisses begreifen, sondern sie als in sich sinnvolle Verläufe rekonstruieren, ist nach den Aktivitätsvektoren zu fragen, in die diese eingebunden sind[4].

Die Analyse von Ralfs Aufmerksamkeitsbewegungen zeigt, wie es gelingen kann, in enger Abstimmung mit dem Hauptvektor des Kursge-

---

[4] Vgl. hierzu auch die eindrücklichen Analysen von Georg Breidenstein 2006.

schehens einen zusätzlichen Aktivitätsvektor zu etablieren und dabei sogar weitere Teilnehmende einzubeziehen, ohne dass das dominante Geschehen davon wesentlich tangiert werden würde. Schematisch lässt sich das in diesem Fall wie folgt darstellen:

Abbildung 20: Der von Ralf etablierte Aktivitätsvektor in Relation zum Hauptvektor des Kursgeschehens

KL	ruft TN3 auf	bestätigt TN3, ruft TN4 auf	bestätigt TN4, ruft TN5 auf	bestätigt TN5, ruft TN 6 auf	bestätigt TN6, ruft TN 7 auf		bestätigt TN7 ruft TN 8 auf	...
TN1					bestätigt TN 6	blickt in die Kamera		...
[...]								...
TN3	stellt sich vor							...
TN4		stellt sich vor						
TN5		antwor-tet	stellt sich vor					...
TN6	Unter-lagen	spricht mit TN 5	Startbe-reitschaft	stellt sich vor	positive Evaluation	Unterlagen	schaut zu	...
...	...	...	...	...	...	...	...	...

Kursverlauf

Mit seinem Blick in die Unterlagen eröffnet Ralf einen vom Hauptvektor des Geschehens unterscheidbaren Aktivitätsvektor, in den er dann auch seine Nebensitzerin mit einbezieht. Dieser Nebenvektor ist insofern möglicherweise auf den Hauptvektor bezogen, als dass die in ihm organisierten Aktivitäten der Vorbereitung einer Aktivität im Hauptvektor des Geschehens dienen könnten. Als der Hauptvektor des Geschehens in Ralfs räumliche Nähe kommt, unterbricht Ralf allerdings seine Aktivitäten in diesem Vektor, um sich zunächst als Zuschauer am Hauptvektor zu beteiligen. In dem Moment, als Ralf die Hauptrolle im Kursgeschehen übernimmt, verschmelzen Neben- und Hauptvektor. Bezogen auf den Nebenvektor ist Ralfs Beitrag zum Kurs der Moment der Realisierung der Vorbereitungen. Bezogen auf den Hauptvektor ist Ralfs Beitrag ein Moment der Fortsetzung des etablierten Interaktionsmusters. Sobald die Realisierung des Hauptvektors auch ohne weitere Beteiligung Ralfs auskommt, trennt sich erneut der Aktivitätsvektor Ralfs vom Hauptvektor des Interaktionsgeschehens, wobei das letzte Element des Hauptvektors, an dem Ralf noch beteiligt war – die Bestätigung Ralfs durch den Kursleiter – im

Nebenvektor noch einmal gespiegelt wird. Ralf selbst und eine weitere Teilnehmerin bestätigen seinen Auftritt. Ralfs Blick in die Unterlagen und der Blick in die Kamera der Teilnehmerin ermöglichen eine Auflösung dieses Nebenvektors, die dann durch Ralfs erneute Zuwendung zum Hauptvektor konfirmiert wird.

4 Fazit und Ausblick

Was sich eingangs zunächst als relativ einfach strukturierter, geordneter Gesprächsverlauf dargestellt hat, erweist sich bei genauerem Hinsehen als komplexes, ebenfalls geordnetes Geflecht unterschiedlicher Aktivitätsstränge. Obwohl die Darstellung des Geschehens im vorliegenden Fall bereits recht aufwendig war, wurde mit dieser Analyse dennoch nur ein kleiner Ausschnitt des komplexen Interaktionsgeschehens näher beleuchtet, das in den Videodaten zu diesem Ausschnitt dokumentiert ist. Weder das Handeln des Kursleiters in dieser Situation, noch das Handeln der anderen Teilnehmenden, noch alle der auftretenden Nebeninteraktionen wurden in der vorliegenden Darstellung systematisch verfolgt.

Auf der beigelegten DVD sind die Aufmerksamkeitsbewegungen sowohl des Kursleiters als auch der Teilnehmenden 1, 3, 4, 5 und 6 dokumentiert. Als Einzelereignisse werden in den Präsentationen die jeweiligen Wechsel der Kopfrichtungen der Beteiligten aneinandergereiht. Damit soll dem Leser die Möglichkeit gegeben werden, selbst im Umgang mit den Daten danach zu fragen, welche Ordnungslogiken diese Sequenzfolgen erklären könnten.

Stillfolgen zu den Sequenzordnungen der Teilnehmenden 1, 3, 4, 5 und 6 auf DVD

Eine solch deutliche Verkomplizierung der ohnehin schon aufwendigen Beobachtung von Lehr-Lern-Interaktionen wird in dem Moment gewinnbringend, wenn über das realisierte Interaktionsgeschehen hinaus auch das Aneignungsverhalten der in diesem Geschehen adressierten Teilnehmenden als bedeutsam erachtet wird. Teilnehmen lässt sich dann als ein von den Teilnehmenden gestaltetes prozessuales Geschehen beobachten, in dem auf die durch die Lehr-Lern-Interaktion konstituierten Teilnahmeerwartungen und Teilnahmemöglichkeiten je individuell reagiert wird (vgl. Dinkelaker 2010).

Eine solche iterative Analyse des Geschehens im Hinblick auf unterschiedliche Stränge im Geschehen erweist sich auch dann von Bedeutung, wenn die Differenzen zwischen der Ordnung des Handelns der jeweiligen Lehrenden und der sich in diesem Kontext realisierten Ordnung der Lehr-Lern-Interaktion untersucht werden sollen (vgl. Dinkelaker 2009).

Vor dem Hintergrund solcher Untersuchungen wird es möglich, das Geschehen in Lehr-Lern-Settings als Verschränkung unterschiedlicher

Handlungs- und Interaktionsordnungen sowohl theoretisch zu beschreiben, als auch empirisch zu untersuchen.

5 Hinweise zum DVD-Material dieses Beitrags

Die DVD enthält den der Analyse zugrundeliegenden Videoausschnitt sowie unterschiedliche anhand dieses Ausschnitts erstellte Stillfolgen. Sie alle beziehen sich auf dieselbe Sequenz, dokumentieren aber jeweils die Wechsel in der Kopfausrichtung eines anderen Kursbeteiligten.

Anhand dieser Stillfolgen lässt sich nachzeichnen, wie die einzelnen Kursbeteiligten sich jeweils visuell auf das Kursgeschehen beziehen. Um die darin zum Ausdruck kommende Ordnung der jeweiligen Bezugnahme auf den Kurs zu rekonstruieren, ist danach zu fragen, welches Prinzip den Übergang vom einen Beteiligungsmoment zum nächsten erklären könnte. Im so gestalteten sequentiellen Durchgang durch die einzelnen Momente lässt sich dann beobachten, inwiefern sich ein Prinzip des Anschließens in dieser Sequenz fortsetzt (vgl. auch Dinkelaker/Herrle 2009, S. 75ff).

Literatur

Althans, Birgit / Hahn, Daniela / Schinkel, Sebastian (2009): Szenen des Lernens. In: Alkemeyer, Thomas / Brümmer, Kristina / Kodalle, Rea / Pille, Thomas (Hrsg.) (2009): Ordnung in Bewegung: Choreographien des Sozialen. Körper in Sport, Tanz, Arbeit und Bildung. Bielefeld: transcript, S. 141-160.
Anderson, Lorin W. (1984): Attention, Task and Time. In: ders. (Hrsg.): Time and School Learning. Theory, Research and Practice. London & Canberra: Croom Helm, S. 46-68.
Berdelmann, Kathrin / Fuhr, Thomas (Hrsg.) (2009) : Operative Pädagogik. Grundlegung, Anschlüsse, Diskussion. Paderborn: Schöningh.
Breidenstein, Georg (2006): Teilnahme am Unterricht. Ethnographische Studien zum Schülerjob. Wiesbaden: VS-Verlag.
Danby, Susan / Baker, Carolyn. D. (2000): Unravelling the Fabric of Social Order in Block Area. In: Hester, Stephen / Francis, David (Hrsg.): Local Educational Order. Ethnomethodological Studies of Knowledge in Action. Amsterdam: Benjamins, S. 91-140.
Dinkelaker, Jörg (2008): Kommunikation von (Nicht-)Wissen. Eine Fallstudie zum Lernen Erwachsener in hybriden Settings. Wiesbaden.
Dinkelaker, Jörg (2009): Pädagogisches Handeln und Pädagogische Kommunikation. Analyse des Verhältnisses zweier Operationsweisen. In: Berdelmann / Fuhr (2009), S. 182-202.
Dinkelaker, Jörg (2010): Aufmerksamkeitsbewegungen. Zur Prozessierung des Teilnehmens in Kursen der Erwachsenenbildung. In: Zeitschrift für Erziehungswissenschaft 13, H.3. (im Druck)

Dinkelaker, Jörg / Herrle, Matthias (2007): Rekonstruktion von Kursanfängen auf der Grundlage von mehrperspektivischen Videoaufzeichnungen. In: Forneck, Herrmann J. / Wiesner, Giesela / Zeuner, Christine (Hrsg.): Empirische Forschung und Theoriebildung in der Erwachsenenbildung. Baltmannsweiler: Schneider Verlag, S. 114-129.

Dinkelaker, Jörg / Herrle, Matthias (2009): Erziehungswissenschaftliche Videographie. Eine Einführung. Wiesbaden.

Dinkelaker, Jörg / Herrle, Matthias (2010): Einfinden in Rhythmen – Rhythmen des Einfindens. Zum kursförmigen Erlernen von Bewegungsabläufen. In: Egger, Rudolf / Hackl, Bernhard (Hrsg.): Sinnliche Bildung? Pädagogische Prozesse zwischen vorprädikativer Situierung und reflexivem Anspruch Wiesbaden: VS-Verlag.

Doyle, Walter (2006): Ecological Approaches to Classroom Management. In: Evertson, Carolyn M. / Weinstein, Carol S. (Hrsg.): Handbook of Classroom Management. Research, Practice and Contemporary Issues. Mahwah, NJ.: Routledge, S. 97-125.

Erickson, Frederick (1996): Going for the Zone: The Social and Cognitive Ecology of Teacher-student Interactions in Classroom Settings. In: Hicks, Deborah (Hrsg.): Discourse, Learning, and Schooling. Cambridge, MA: Cambridge Univ. Press, S. 29-62.

Kade, Jochen / Nolda, Sigrid (2007): Kursforschung - ein neues Paradigma der Erforschung des Lernens im Erwachsenenalter. Bericht über ein Projekt. In: Forneck, Herrmann J. / Wiesner, Giesela / Zeuner, Christine (Hrsg.): Empirische Forschung und Theoriebildung in der Erwachsenenbildung. Baltmannsweiler: Schneider Verlag, S. 103-113.

Kalthoff, Herbert (1995): Die Erzeugung von Wissen. Zur Fabrikation von Antworten im Schulunterricht. In: Zeitschrift für Pädagogik 41, H. 6, S. 925-939.

Knoblauch, Hubert / Schnettler, Bernt / Raab, Jürgen / Soeffner. Hans-Georg (Hrsg.) (2006): Video Analysis: Methodology and Methods. Qualitative Audiovisual Data Analysis in Sociology. Frankfurt / M: Lang.

Kounin, Jacob S. (1970): Discipline and Group Management in Classrooms. New York: Holt, Rinehart & Winston.

McDermott, Ray P. / Gospodinoff, Kenneth / Aron, Jeffrey (1978): Criteria for an Ethnographically Adequate Description of Concerted Activities and their Contexts. In: Semiotica 24 H. 3, S. 245-275.

Mehan, Hugh (1979): Learning Lessons. Social Organization in the Classroom. Cambridge, MA: Harvard Univ. Press.

Merritt, Marilyn (1982): Distributing and Directing Attention in Primary Classrooms. In: Wilkinson, Louise C. (Hrsg.): Communicating in the Classroom. New York u.a.: Academic Press, S. 223-244.

Nolda, Sigrid (2007): Videobasierte Kursforschung. Mögliche Erträge von interpretativen Videoanalysen für die Erforschung des organisierten Lernens Erwachsener. In: Zeitschrift für Erziehungswissenschaft 10, H.4.

Proske, Matthias (2003): Pädagogische Kommunikation in der Form Schulunterricht. In: Nittel, Dieter / Seitter, Wolfgang (Hrsg.): Die Bildung des Erwachsenen. Erziehungs- und sozialwissenschaftliche Zugänge. Bielefeld: W. Bertelsmann, S. 143-164.

Sacks, Harvey / Schegloff, Emanuel A. / Jefferson, George (1974): A Simplest Systematic for the Organization of Turn-taking for Conversation. In: Language 50, S. 696-735.

Scheflen, Albert E. (1964): The Significance of Posture in Communication Systems. In: Psychiatry 27, S. 316-331.

Streeck, Jürgen (1979): Sandwich – good for you. Zur pragmatischen und konversationellen Analyse von Bewertungen im institutionellen Diskurs der Schule. In: Dittmann, Jürgen (Hrsg.): Arbeiten zur Konversationsanalyse. Tübingen: Niemeyer, S. 235-25.

Das Heben und Senken eines Armes. Ablauf einer ethnomethodologischen Konversationsanalyse von Videos aus deutschen und kanadischen Schulen

Michael Hecht

Zusammenfassung

In diesem Beitrag beschreibe ich den Ablauf einer ethnomethodologischen Konversationsanalyse von Videos wie ich sie praktiziere. Ich fasse rückblickend wichtige Stationen im Forschungsprozess und eine Forschungshaltung zusammen. Die in der Auseinandersetzung mit dem Datenmaterial notwendigen Suchbewegungen, Umwege und Sackgassen sollen dadurch keineswegs verringert, sondern im Gegenteil als notwendiger Bestandteil der Analysen erkennbar werden.

Ich gehe wie folgt vor: In einem ersten Teil umreiße ich das von mir untersuchte pädagogische Grundproblem und leite meinen empirischen Zugriff her. Sodann stelle ich einen Filmausschnitt über eine Wortmeldung im Unterricht vor, der im Folgenden als illustrierendes Beispiel dienen soll. Daran schließt sich der methodologische Hauptteil an, in dem der Frage nachgegangen wird, was das Heben und Senken eines Armes mit zentralen Fragen pädagogischer Theorie zu tun hat. Hierzu stelle ich die einzelnen Schritte meiner Vorgehensweise zur Auswertung der Videos vor. Abschließend fasse ich anhand ausgewählter Ergebnisse zusammen, welche neuen Blicke diese ethnomethodologische Perspektive eröffnet.

1 Das pädagogische Grundproblem und ein empirischer Zugriff

In meinen empirischen Untersuchungen dienen videographierte Unterrichtsstunden aus Deutschland und Kanada einer möglichst kontrastreichen Datengrundlage, um einer pädagogischen Frage nachzugehen, nämlich der nach Selbsttätigkeit im Unterricht (vgl. Hecht 2009). Hinter dem Paradoxon der Fremdaufforderung zur Selbsttätigkeit verbirgt sich eine *der* zentralen Fragen pädagogischer Theorie. Nämlich die, wie man jemanden dazu bewegen kann, genau das selbst tun zu wollen, was andere wünschen. Selbsttätigkeit sei Mensch- und Ich-Werdung (Fichte) und grundlegende Voraussetzung für Aneignungsprozesse. Erziehung und Bildung bedürfen der Fremdaufforderung zur Selbsttätigkeit (vgl. dazu ausführlich z.B. Benner 2001; Benner 2003; Langewand 2003). Trotz der überragenden Bedeutung bleibt das Paradoxon (notwendigerweise) theoretisch ungelöst. Auch bleibt die Diskussion zumindest in Bezug auf die praktische Ausgestaltung bemerkenswert empiriefern. Selbstverständlich gibt es eine große Vielfalt empirischer Arbeiten im Bereich Unterricht und Schule. Quantitative Studien der Lehr-Lernforschung können Fremdaufforderung zur Selbsttätigkeit und ihre Wirkungen jedoch schwer fassen. Sie untersuchen eben nicht das Zustandekommen von Selbsttätigkeit durch Fremdaufforderung, sondern die Zusammenhänge verschiedener Variablen mit Lernleistungen. Selbsttätigkeit als solche kommt dabei als Variable nicht vor (vgl. z.B. Fraser u.a. 1987; Helmke 2003; Klieme/ Baumert 2001; Richardson 2001; Seidel 2003; Weinert 1996). Der Vorwurf, quantitativen Studien fehle bei Aussagen über Wirkungen von Unterricht eine Vorstellung über die Qualität und die Beschaffenheit der dort ablaufenden Prozesse, konnte bis heute nicht entkräftet werden (vgl. Mehan 1979: 5). In Bezug auf Fremdaufforderung zur Selbsttätigkeit ist dies durchaus nachvollziehbar, da sie sich sowohl einer Operationalisierung als auch gängigen Erhebungsmethoden entzieht. Eine ganze Anzahl von Studien aus dem Bereich der qualitativen Forschung untersucht ebenfalls Unterricht und insbesondere Interaktionen in der Schule (vgl. z.B. Altrichter u.a. 1998; Breidenstein u.a. 2002). Empirische Studien mit konkretem Bezug auf Fremdaufforderung zur Selbsttätigkeit – zum Beispiel im Vergleich verschiedener Unterrichtskonzepte – liegen jedoch auch hier nicht vor.

Will man die Bedeutung der Institution Schule und ihre Wirkung nicht grundsätzlich in Frage stellen, so kann man annehmen, dass es Schule trotz theoretischer Problematisierung immer wieder gelingt Erziehung und Bildung „herzustellen". Das Problem wird nicht theoretisch-philosophisch, sondern im Klassenzimmer, praktisch gelöst. Offensichtlich gibt es im schulischen Alltag Expertinnen und Experten für das theoretische Paradox der Fremdaufforderung zur Selbsttätigkeit. Ich daher nehme an, dass sich interessante Einblicke gewinnen lassen, wenn man diese Lösungen ernst nimmt und sie als ursprünglich sozialen Sachverhalt, nämlich als Teil sozialer Kommunikations- und Interaktionsprozesse, betrachtet. Ich schlage deshalb vor, die praktischen Lösungen von Fremdaufforderung zur Selbsttätigkeit in den lokalen Ordnungen der Handelnden selbst zu suchen.

Bis zu dieser Stelle der Überlegungen argumentiere ich, wenn man so will, noch als Pädagoge mit normativen Resten, sozusagen mit meinem „pädagogischen Herzblut" und dem Interesse an gelingenden pädagogischen Momenten. Nun mache ich mich auf die Suche nach einer systematischen Grundlage für mein pädagogisches Gespür, mein Gefühl von gelungener Fremdaufforderung zur Selbsttätigkeit. Der Ansatz der ethnomethodologischen Konversationsanalyse soll mir dabei zu einer „methodisch kontrollierten Intuition" verhelfen (vgl. Wolff/Müller 1988: 17 ff.).

Dazu orientiere ich mich an folgenden ethnomethodologischen Forschungsmaximen:[1]

- Ich verwende beobachtbare (mit Videokameras aufgezeichnete) Daten.
- Ich untersuche das Verhalten der Beteiligten und frage nicht nach deren Motiven. Dazu halte ich mich an Harvey Sacks' analytische Empfehlung, den untersuchten Phänomenen ein ‚to do' voranzustellen. Ich untersuche beispielsweise nicht Aufmerksamkeit, sondern die Herstellung von Aufmerksamkeit („doing attentiveness") (vgl. z.B. Silverman 1998).
- Ich entwickle aus der Beobachtung der Situationen Kriterien für Kategorien. Ich verwende nicht vorschnell oder vorher festgelegte Kategorien.
- Ich versuche, die Regeln der Wirklichkeit zu beschreiben und nicht ein Modell aufzustellen, das die Wirklichkeit erklärt.[2]
- Ich versuche, die Regelmäßigkeit, die ‚Maschinerie' herauszufinden, die verursacht, dass ich (und die Teilnehmenden) etwas als in bestimmter Weise strukturiert wahrnehme.[3]

---

[1] Der Ansatz der Ethnomethodologie geht auf die Arbeiten von Harold Garfinkel zurück. Ihr Untersuchungsfeld sind alle sinnstiftenden Prozesse, insbesondere im Rahmen von Alltagshandlungen. Garfinkels Grundannahme ist dabei, dass alle Handlungen so ausgeführt werden, dass sie lokal sinnstiftend wirken und (nur) lokal zu verstehen sind. Vgl. Garfinkel/Sacks 1970; Mehan 1979: 8; Heritage 2004: 174f.; Sacks 1984; Silverman 1998: 60ff . Ursprünglich waren ethnomethodologische Untersuchungen stark auf soziolinguistische Phänomene konzentriert. Mittlerweile liegen auch aus dem Bildungsbereich eine ganze Reihe von Studien vor. Für einen Überblick vgl. z.B. Hecht 2009: 128 ff.

[2] Da es um die Untersuchung von sinnstrukturierter Wirklichkeit geht, bewege ich mich ganz allgemein gesprochen natürlich auf einem hermeneutisch verstehenden Gebiet (vgl. z.B. Taylor 1975; Habermas 1973; Habermas 1991; Gadamer 1999). Allerdings betont mein ethnometodologischer Ansatz innerhalb dieses Allgemeinplatzes eher die andere Seite der für die qualitative Sozialforschung typischen „hermeneutisch-empirizistischen Doppelbindung" (vgl. Wolff 1991: 141; vgl. Marcus 1985): Meine soziologische Herangehensweise fasse ich weniger als verstehend oder deutend, sondern als beobachtend auf (vgl. Wolff 1999: 12). Ich bin so gesehen Verhaltensforscher, fast Behaviorist, und verfolge mit Sacks regelrecht einen positivistischen Ansatz. Macbeth nennt diese Form der Rekonstruktion des „public order" (im Gegensatz zum „hidden order") einen naturalistischen Realismus (vgl. Macbeth 2003: 247f.). Zu einer Kritik dieses realistischen Paradigmas vgl. z.B. Pink 2001.

[3] Es geht also zunächst um kontextunabhängige Strukturen, die zur Gestaltung verschiedener Situation verwendet werden, wie sie zum Beispiel auch Bateson und Mead in „Balinese Character" mit dem Begriff „Ethos" beschreiben. (vgl. Wolff 1991: 137; Bateson/Mead 1942). Diese allgemeinen Strukturen sind jedoch nicht als Sozialtechnologie zu verstehen.

- Ich versuche, in meinen Daten weitere Beispiele für eine Kategorie und ihre Herstellung zu finden und ihre Gemeinsamkeiten zu beschreiben.
- Ich bemühe mich um eine kontrastive Analyse, indem ich im Sinne einer „Deviant Case Analysis" (scheinbar) abweichende Fälle besonders berücksichtige (Vgl. z.B. vgl. Mehan 1979: 21; Wolff 1999: 11).
- Ich vermeide Quasiquantifizierungen (Vgl. Wolff 28.9.2000: 16ff.).

Wenn ich also die sozial organisierten Methoden zur Erkennung von Fremdaufforderung und Selbsttätigkeit untersuche, lauten die zentralen Fragen: Wie wird Fremdaufforderung zur Selbsttätigkeit in der Situation von den Beteiligten hergestellt? Woran wird Selbsttätigkeit erkennbar? Wie zeigen sich die Teilnehmenden in der Situation, dass sie gerade ‚voll bei der Sache' oder eben auch ‚abwesend' sind? Was muss man tun, um ein engagierter Schüler zu sein (‚on doing commitment')?

2 Filmbeispiel - eine Wortmeldung im Unterricht

Filmbeispiel auf DVD

Anhand eines Filmausschnitts stelle ich im dritten Teil exemplarisch dar, wie diesen Fragen auf die Spur zu kommen ist. Hier soll zunächst das Filmbeispiel kurz vorgestellt werden:[4]

Bei dem Ausschnitt # 71 handelt es sich um 17 Sekunden in der Mitte einer Unterrichtsstunde in einer kanadischen Schule. Der Lehrer hat soeben Aufgaben für den Rest der Stunde verteilt und kündigt nun an, dass, wer in der Stunde nicht alle Fragen beantworten kann, den Rest als Hausaufgabe bearbeiten muss. In einer ersten kurzen Redepause hebt eine Schülerin den Arm halb hoch, um einen Redebeitrag anzumelden. Sie blättert nebenbei mit der anderen Hand in ihrem Ordner und schaut nicht zum Lehrer. In der nächsten kurzen Redepause streckt sie den Arm vollständig in die Höhe. Während der Lehrer seine Ansage fortsetzt, senkt sie den Arm wieder auf halbe Höhe und fährt sich durch die Haare. Kurz vor Ende des Satzes nimmt sie den Arm wieder ganz hoch und winkt zusätzlich. Der Lehrer ruft sie mit einem „Yes" auf und sie beginnt ihre Nachfrage. Dabei nimmt sie den Arm wieder herunter.

Sie legen die Teilnehmenden nicht automatisch auf bestimmtes Verhalten fest, sie werden durchaus situativ angepasst. Die Teilnehmenden müssen sie jedoch verwenden und tun dies auch.

[4] Das Beispiel ist einer Teilstudie über Wortmeldungen im Unterricht entnommen. Diese Teilstudie ist ein online veröffentlichtes Unterkapitel aus Hecht 2009 und als pdf-Dokument unter www.selbsttaetigkeit-im-unterricht.de/PDF/Melden.pdf erhältlich.

Ablauf einer ethnomethodologischen Konversationsanalyse von Videos   123

Abbildung 1:   Transkript zur Filmsequenz #71   36:23-36:40

	36:24	36:28
Lm v	Okay, if you work hard you can get this done in class today.[ ] If you	[ ]
S1w v		
S1w nv		hebt den Arm ohne zu L. zu schauen, nur halb hoch, nebenbei in Ordner geblättert

		36:29	36:30	36:31
Lm v	waste a lot of time?	[ ]	you gonna have to do	all those extra questions
S1w v				
S1w nv		Arm ganz ausgestreckt		nimmt ihre Hand runter auf halbe Höhe, fährt sich durch ihre Haare

	36:32	36:35
Lm v	[ ] for homework. Yes.	
S1w v		Do we do it on the same page ...
S1w nv	Arm wieder ganz nach oben genommen, leichtes Winken	nimmt Arm runter

Das Transkript der Szene (Abb. 1) enthält die entsprechenden Zeitangaben in Minuten und Sekunden, die der Timeline im Videoausschnitt entsprechen. Verbale Äußerungen sind in den grau hinterlegten Zeilen transkribiert. Lm v steht für die verbalen Äußerungen der männlichen Lehrperson, S1w v für die verbalen Äußerungen der Schülerin 1. In der Zeile S1w nv sind die nonverbalen Tätigkeiten der Schülerin 1 (hier: bezogen auf die Armbewegungen) notiert. Mit den Klammern [ ] werden kurze Redepausen markiert (hier: unter 1 Sekunde).

3 Wie lässt sich Fremdaufforderung zur Selbsttätigkeit empirisch fassen?

In diesem dritten Teil soll es darum gehen, den konkreten Umgang mit dem Filmmaterial bei einer ethnomethodologischen Konversationsanalyse an einem Beispiel darzustellen. Wie lässt sich Fremdaufforderung zur Selbsttätigkeit empirisch fassen? Oder nach der kurzen Vorstellung des Filmbeispiels skeptischer formuliert: Wie kann man vom Heben und Senken eines Armes auf so große pädagogische Fragen wie Fremdaufforderung zur Selbsttätigkeit schließen?

Hierzu unterscheide ich folgende Schritte:

- 3.1. Wie werden die Video-Daten erhoben?
- 3.2. Wie werden die Daten aufbereitet?
- 3.3. Wie kann die Datenmenge gebändigt werden?
- 3.4. Wie gelingt der Wechsel vom pädagogischen Interesse zur nüchternen Forschungshaltung der Konversationsanalyse?
- 3.5. Wie finde ich Phänomene, an denen sich Selbsttätigkeit rekonstruieren lässt?
- 3.6. Wie rekonstruiere ich anhand der Phänomene Selbsttätigkeit?
- 3.7. Wie lassen sich die pädagogischen Begriffe respezifizieren?
- 3.8. Wie lassen sich die Analysen zur Präsentation aufbereiten?

3.1 Wie werden die Video-Daten erhoben?

Ich filme jeweils ganze Schulstunden mit zwei Video-Kameras ohne externe Mikrofone. Die Kameras stehen auf Stativen seitlich von vorne und von hinten auf die Lerngruppe bzw. die Lehrperson gerichtet. In wechselnden Lernarrangements versuche ich mit einer der Kameras einzelnen Lerngruppen zu folgen. Das Ergebnis sind Video-Daten, die Unterrichtssituationen aus zwei verschiedenen Blickwinkeln festhalten. Es handelt sich dabei um „registrierende Konservierungen der Flüchtigkeit sozialer Wirklichkeit", die nicht „die eine Wirklichkeit" abbilden oder gar so etwas wie Objektivität herstellen können (Bergmann 1981: 23; Bergmann 1985: 302ff.). Ich besitze nicht die Kameragewandtheit des Videoethnographen, der bereits beim Filmen einzelne Szenen verfolgt und so gezielte Blickschneisen durch das Material legt (vgl. Mohn/Amann 2006). Meine Aufnahmeperspektiven ermöglichen jedoch ein ‚Fischen im Trüben', also die Analyse von durch die Kameraperspektive zwar deutlich begrenzter, thematisch aber nicht festgelegter Situationen. Durch die quasi-totale Kameraperspektive des ‚Draufhaltens' und die Möglichkeit der sich gegenseitigen Ergänzung einer Szene aus zwei Kamerastandorten besteht die Hoffnung, genügend analysierbare, weil ausreichend vollständige Situationen einzufangen.[5]

3.2 Wie werden die Daten aufbereitet?

Für die Transkription von Audiodaten (Gesprächssituationen) wird häufig das konversationsanalytische Notationssystem nach Jefferson zugrunde gelegt (vgl. Goodwin 1981: 46ff.; Heath, 1986: ixff.. Für die Transkription von Videodaten gibt es keine solche angemessene, standardisierte Methode der Transkription. Da Ethnomethodologie verschiedenste Phänomene in den Blick nimmt, sind die Transkriptionen dem jeweiligen Untersuchungsgegenstand anzupassen (,methodological adequacy'). Entgegen vielen, gerade auch konversationsanalytischen Studien basieren meine Untersuchungen zunächst und in erster Linie auf den Videofilmen selbst und nicht auf Transkripten. Ich analysiere Filme, nicht Transkripte![6] Zwei Aspekte lassen mich diese Vorgehensweise wählen:

Erstens: Zu Beginn der Analysen kann gar nicht klar sein, was transkribiert werden soll. Alles zu transkribieren, was auf den Bändern zu sehen und zu hören ist und dann erst zu analysieren, wäre schlichtweg unmöglich. Transkripte sind nicht einfach nur Daten, sondern immer bereits eine erste Analyse, eine Interpretation, eine nachträgliche Sinngebung im ethnomethodologischen Verständnis (vgl. Heritage 2004: 162; Ochs/Schieffelin 1979: 47, 51; Wolff/Knaut/Leichtl 1997: 37.).

---

[5] Auf die Beschreibung des genauen Ablauf der Datenerhebung und mögliche Schwierigkeiten beim Filmen, sowie auf die Besonderheiten von Videodaten beispielsweise hinsichtlich der Objektivität, der Natürlichkeit der Situation, forschungsethischen Fragen oder der Generalisierbarkeit gehe ich an dieser Stelle nicht gesondert ein. Vgl. hierzu ausführlich Hecht 2009: 138ff.
[6] Zur methodologischen Angemessenheit und zur Frage, ob Transkriptionen für eine Analyse notwendig sind oder nicht vgl. auch Bergmann 1981: 19; Heath 1986: 18, 178; Hester/Francis 2000: 4; Meier 2002: 41ff.

Zweitens: Eine zweite Schwierigkeit bei der Transkription ergibt sich aus der Tatsache, dass nicht nur Gesprochenes, sondern gerade auch Gesten, Handlungen und räumliche Konstellationen in den Blick genommen werden sollen. Bilder lassen sich jedoch nicht einfach in Worte übersetzen. Es gibt zwar eine ganze Reihe von Notationssystemen, die die Transkription nonverbaler Äußerungen ermöglichen. Auch sie stellen jedoch (notwendige) Verkürzungen dar und sind erst verwendbar, wenn die zu untersuchenden Phänomene bereits identifiziert sind. Hinzu kommt häufig eine deutlich erschwerte Lesbarkeit solcher Transkripte (vgl. Edwards 2006: 7; Pink 2001: 96f.).

Dennoch fertige ich aus zwei weiteren Gründen im Verlauf der Analysen Transkripte an:

Erstens benötige ich für die Analyse in manchen Fällen Transkripte als Ergänzung zu den Filmen. Es handelt sich um Rohtranskripte von Filmabschnitten, die besonders komplex erscheinen oder in denen die exakte zeitliche Abfolge auf den Filmen alleine schwer nachzuvollziehen ist. Diese Rohtranskripte sind oft von zusammenfassenden dichten Beschreibungen und Lücken durchsetzt und folgen keiner einheitlichen Transkriptionsregel. Ist die Struktur eines bestimmten Phänomens einmal mithilfe der Transkripte analysiert, kann es in der Regel ohne Transkription an anderen Stellen direkt im Filmmaterial weiter untersucht und verglichen werden.

Zweitens werden gegen Ende der Analysen ausführliche Transkripte von ausgewählten Szenen angefertigt, um sie in den Studien darstellen zu können. Damit sollen die untersuchten Szenen den Leserinnen und Lesern vorgestellt und zugleich meine analytischen Schlussfolgerungen nachvollziehbar bzw. überprüfbar gemacht werden. Die Notation greift auf einheitliche Transkriptionsregeln zurück (vgl. Hecht 2009: 378). Zusätzlich zu den Transkripten werden an manchen Stellen Standbilder eingefügt, die die visuellen Aspekte der Analyse in der Darstellung erleichtern. Je nach untersuchtem Phänomen unterscheiden sich die Transkripte hinsichtlich ihrer Ausführlichkeit. Die Transkripte sind nicht Niederschriften von allem, was auf den Bändern gesagt und getan wird oder was zu sehen ist. Es sind Beschreibungen einer Auswahl, nämlich meiner Blick- und Hörschneisen durch das Material.

3.3 Wie kann die Datenmenge gebändigt werden?

Auch nachdem die Daten erhoben und aufbereitet sind, kann man sich noch nicht der Frage zuwenden, was die Szene im Filmbeispiel mit Fremdaufforderung zur Selbsttätigkeit zu tun haben könnte. Zunächst hat man ja diese Szene gar nicht, sondern steht vor einem Datenberg. Im Fall der Studien über Selbsttätigkeit im Unterricht handelt es sich um 200 Stunden Filmmaterial aus 100 Unterrichtsstunden. Eine solche Menge kann man sich nicht gleichzeitig auf einmal ansehen, auch nicht zum Sichten des Materials. Vielmehr geht es jetzt darum, erste Zugänge in das Material zu finden.

Zunächst muss man einfach Filme immer und immer wieder ansehen.[7] Dabei kann ich ‚irgendwo' anfangen. Als ein Zugang sind bestimmte Szenen denkbar, die mir in Erinnerung sind, die ich aus welchem Grund auch immer, für bemerkenswert halte. Am Beispiel Fremdauforderung zur Selbsttätigkeit könnten das beispielsweise Stunden sein, die ich für besonders gelungen oder misslungen halte. Eine solche Vorgehensweise bei der Datenanalyse lässt sich als ‚analytische Induktion' beschreiben. Von wenigen Fällen ausgehend versuche ich Strukturen und Auffälligkeiten zu erkennen, um meine ersten Annahmen dann auf immer mehr Fälle auszudehnen und die Struktur meiner Annahmen (nicht die Fälle!) dabei entsprechend anzupassen.

Die größte Schwierigkeit im Umgang mit den Daten besteht zu Beginn darin, dass ohne eine Blickfokussierung auf einzelne Phänomene auf den Bändern ‚nichts' zu sehen ist und umgekehrt eine Fokussierung auf bestimmte Phänomene hin noch nicht möglich ist, da ja gar nicht klar ist, welche Phänomene in Bezug auf die praktische Lösung von Fremdaufforderungen zur Selbsttätigkeit überhaupt in den Blick genommen werden müssen (vgl. Mehan 1979: 21; Breidenstein 2006: 30). In dieser Phase entwickele ich typischer Weise das dringende Bedürfnis, etwas zu sehen, zu finden, den Blick fokussieren zu wollen. Zugleich gilt es aber, den Blick offen zu halten und für neue Aspekte zu weiten. Entfremdungstechniken wie das Abspielen der Filme ohne Ton oder Bild und schnelleres oder langsameres Abspielen helfen manchmal dabei, Phänomene zu entdecken, ohne sich vorschnell auf bestimmte Kategorien festzulegen.[8]

Bleibt die Frage, wonach ich eigentlich suche? Zu Beginn der Analysen suche ich nach allem, was irgendwie auffällt, interessant erscheint, merkwürdig usw. noch ohne ‚Schere im Kopf', ob dies etwas mit der Frage von Selbsttätigkeit etwas zu tun haben könnte oder nicht.

---

[7] Von diesem Zeitpunkt an ist es ratsam, neben der eigenen regelmäßigen Arbeit mit den Daten, Interpretationssitzungen mit einer Auswertungsgruppe abzuhalten. Zur Bedeutung von Auswertungsgruppen vgl. z.B. Breidenstein 2006: 34
[8] Zu versch. Aufbereitungstechniken vgl. z.B. Dinkelaker/Herrle 2009: 118ff.

3.4 Wie gelingt der Wechsel vom pädagogischen Interesse zur nüchternen Forschungshaltung der Konversationsanalyse?

Anfangs sehe ich die Filme noch oft mit pädagogischer Brille und ‚entdecke' pädagogisch-didaktische Konstrukte (zum Beispiel: „Aha, ein Think-Pair-Share" oder „Die Sicherung der Ergebnisse ist aber misslungen" oder „Was ist das denn für eine Lehrer-Schüler-Beziehung"). Wie gelingt der Wechsel vom pädagogischen Blick mit pädagogischem Interesse an einer pädagogischen Fragestellung hin zur nüchternen Forschungshaltung der Konversationsanalyse? Nun, sie gelingt nicht schlagartig, sondern scheint Teil einer Blickschulung zu sein, ein Einsehen in das Material, das erst nach und nach gelingt. Hilfreich ist dabei immer wieder die Rückbesinnung auf die oben erwähnte ethnomethodologische Fragerichtung: *Handlungen, nicht Motive untersuchen!* Die *Wie*-Frage nach der Herstellung von Sinn auf einer ganz fundamentalen Interaktionsebene steht im Mittelpunkt ethnomethodologischer Untersuchungen. Wie machen die Teilnehmenden sich und anderen in der Situation klar, was ‚hier gerade läuft'? (vgl. Goffman 1980).

Um die Handlungen, die einen bestimmten Eindruck erzeugen, in den Blick zu bekommen, würde eine Befragung der Teilnehmenden nicht weiterhelfen, da die Herstellungspraktiken nicht als explizites Wissen vorliegen. „Das Wissen liegt sozusagen weniger auf der Zunge, als es in den Knochen steckt." (Wolff 1999: 8). Vielmehr gilt es, sich an die Sacks'sche analytische Empfehlung zu halten und den untersuchten Phänomenen ein ‚wie macht man xyz' (‚to do') voranzustellen.

3.5 Wie finde ich Phänomene, an denen sich Selbsttätigkeit rekonstruieren lässt?

Auswertungstabelle auf DVD

Wie komme ich von den anfänglichen noch sehr weiten Suchbewegungen und Blickschulungen an interessanten Szenen, zu Szenen, die in Bezug auf das Thema Selbsttätigkeit interessant sein könnten? Ich vergleiche Situationen, in denen ich einen hohen Grad an Selbsttätigkeit im Unterricht wahrnehme mit solchen, in denen das nicht der Fall zu sein scheint und identifiziere Phänomene, an denen ich dies glaube festmachen zu können. Nach und nach lege ich mit Hilfe einer Tabelle zu jedem der Phänomene eine Sammlung mit ähnlichen und kontrastiven Fällen an. Im Grunde finde, sortiere und kategorisiere ich. In einem solchen Herbarium für Phänomene stelle ich unter vorsichtig gewählten Überbegriffen Tätigkeiten der Teilnehmenden zusammen, die als Instrumente zur Herstellung bestimmter sozialer Situationen dienen könnten. Ich lege Blickschneisen ins Material, indem ich bestimmte Auffälligkeiten verfolge.

Für diese Sammelarbeit sind elegante Lösungen mit Auswertungsprogrammen denkbar, die eine Verknüpfung mit der Filmszene und vielfältige Kategorisierungsmöglichkeiten bieten.

Aufgrund der Handhabbarkeit mit der großen Menge an DVDs habe ich mich nach einigen Versuchen mit verschiedenen Programmen für eine einfache Excel-Tabelle entschieden, in denen verschiedene Tabellenblätter die verschiedenen Phänomene enthalten. In die einzelnen Unterkategorien werden die Bandnummern, die Zeitangaben zur Szene und Kommentare vermerkt. In meiner Auswertungstabelle findet sich unser Filmbeispiel # 71 36:23-36:40 unter dem Tabellenblatt mit dem Arbeitstitel „Erhobene Arme" und dort jeweils in den Unterkategorien unaufgefordertes Melden, Arme unklar runter nehmen, Arme halbhoch und Arme runter nehmen über Haare.

Eine solche Sammlung kann nicht das Ziel haben, alle relevanten Situationen aus dem gesamten Datenkorpus zu erfassen. Vielmehr geht es darum, ausreichend kontrastive, das Phänomen umfassend beleuchtende Fälle zusammen zu tragen. Die Fallzahl muss es erlauben, Hypothesen an abweichenden Fällen zu überprüfen und zu modifizieren sowie Regelmäßigkeiten und Varianten von Mustern zu erfassen. Sollten für ein Phänomen keine abweichenden, kontrastierenden Fälle gefunden worden sein, ist die Sammlung vermutlich noch zu knapp. Werden zu viele Ausnahmen und Abweichungen gefunden, müssen Regelmäßigkeiten gesucht werden, die die Ausnahmen bestätigen oder eine neue Kategorie eröffnet oder die bisherigen Annahmen verworfen oder angepasst werden.

Wenn in unserem Beispiel keine weiteren Fälle mit zeitlich exakt auf die Rede des Lehrers abgestimmtem Heben und Senken des Armes zu finden gewesen wären, hätte das Beispiel als Zufall oder zumindest nicht bestätigte Ausnahme gelten müssen. Nachdem einige solcher Fälle miteinander verglichen, (scheinbare) Ausnahmen analysiert und kontrastiert werden konnten, kann von einem Muster, einem systematischen Instrument der Teilnehmenden ausgegangen werden.

Online unter:

www.
selbsttaetigkeit-
im-unterricht.de

3.6 Wie rekonstruiere ich anhand der Phänomene Selbsttätigkeit?

Bin ich so einem Instrument der Teilnehmenden und dessen Handhabung auf die Spur gekommen, überprüfe ich, inwiefern es zu meinem Eindruck von vorhandener oder fehlender Beteiligung in den jeweiligen Situationen beiträgt. Und ich frage mich, was genau die Teilnehmenden mithilfe dieses Instruments eigentlich herstellen. In unserem Beispiel: Was hat das Heben und Senken des Armes mit Selbsttätigkeit zu tun?

1. Zunächst interpretiere ich das Heben des Armes ganz nahe liegend als Bereitschaft, sich am Unterricht zu beteiligen, sich einzubringen, ein eigenes Anliegen zu signalisieren, einen Redebeitrag anzumelden und sich dabei an in diesem Klassenraum geltende Ordnungen zu halten (beispielsweise eben nicht einfach etwas zu sagen, sondern den Arm zu heben). Es wird also so etwas wie eine Bereitschaft hergestellt („doing willingness; doing readiness; doing availability; doing displaying recipiency") (vgl. Heath 1986: 30, 33; 48).
2. Auf einer zweiten Ebene wird deutlich, dass die Schülerin den Verlauf anderer Handlungen (hier die Rede des Lehrers) sehr genau verfolgt. Durch die exakte zeitliche Koordination des Heben und Senkens des Armes kommt ihre Orientierung am Unterricht zum Ausdruck. Es wird also so etwas wie Aufmerksamkeit, Anteilnahme, Wachheit hergestellt („doing attentiveness, doing monitoring").
3. Im zusätzlichen Winken gegen Ende der Armbewegungen kommt eine besondere Dringlichkeit zum Ausdruck. Es wird besonderer Wunsch erkennbar und damit so etwas wie eine subjektive Haltung („doing commitment; doing being interested; doing urgent matters").

Es kann also festgehalten werden, dass der erhobene Arm nicht nur darum eine Beteiligung am Unterricht darstellt, weil man einen Redebeitrag anmelden will. Durch das Heben und Senken des Armes in Abstimmung mit dem anderen Interaktionsgeschehen hält die Schülerin sich an die lokale Ordnung des Unterrichts und stellt sie zugleich mit her. Das gekonnte Heben und Senken des Armes ist demnach ein Instrument um zu zeigen, dass man im Unterricht ‚dabei ist, zuhört, aufmerksam ist' und in diesem Fall sogar ein dringendes Anliegen hat.

Für die ethnomethodologische Forschungshaltung ist an dieser Stelle ganz entscheidend, dass ich überprüfe, ob es sich bei diesen Kategorien auch um die Kategorien der Teilnehmenden handelt, indem ich nochmals Fälle kontrastiere, verschiedene Einsatzmöglichkeiten der Instrumente vergleiche und gegebenenfalls erneut meine Annahmen verwerfe und reformuliere. Ich mache mich am Beispiel der Szene # 71 36:23-36:40 ganz gezielt auf die Suche nach Fällen in denen eine genaue zeitliche Koordination des Armhebens nicht zum Eindruck von Aufmerksamkeit führt oder in denen die Teilnehmenden selbst Reparaturhandlungen vornehmen, etwas einfordern oder ablehnen. Das Unterbinden einer Wortmeldung durch Heben des Armes wäre hierfür ein Beispiel aus dem Material.

3.7 Wie lassen sich die pädagogischen Begriffe respezifizieren?

Der zunächst pädagogische Begriff der „Fremdaufforderung zur Selbsttätigkeit" muss und wird im Verlauf der Analysen soziologisch respezifiziert. Dies geschieht weder am Anfang theoretisch, um Kategorien an das Material heranzutragen, noch am Ende als Ergebnis der Analysen. Im Verlauf der Analysen bilden sich nach und nach Oberthemen heraus, in die sich die Instrumente in Bezug auf Selbsttätigkeit im Unterricht unterteilen lassen. Anhand einer einzelnen Szene lässt sich Selbsttätigkeit im Unterricht sicherlich nicht rekonstruieren.

Erst in der systematischen Ausdifferenzierung verschiedenster Teilbereiche mit jeweils mehreren, kontrastierenden Szenen wie der hier vorgestellten, lassen sich generalisierbare Muster herausarbeiten. Die in der Auswertungstabelle auf der DVD erkennbaren noch recht grob formulierten weiteren Oberkategorien müssen zu Teilstudien ausgebaut werden.

Auswertungstabelle auf DVD: Ausgangspunkt für eigene Teilstudien

Um eine Situation mit gelungener Selbsttätigkeit (oder dem Gegenteil und alle Abstufungen dazwischen) herzustellen, lassen sich zwei Teilbereiche identifizieren:

1. *Die Herstellung von Aufmerksamkeit:* Die Teilnehmer stellen eine Situation her, die als Unterricht erkannt werden kann. Woran kann man Unterricht erkennen? Unterricht zeichnet sich, so meine ich es meinem Material entnehmen zu können, durch einen spezifischen Umgang mit Aufmerksamkeit aus, die ich als co-produktive Herstellung von Aufmerksamkeit rekonstruiere. Ich habe dazu fünf Teilstudien zusammengestellt, die die jeweils entsprechenden Instrumente der Teilnehmenden untersuchen: Neben dem *Melden* sind das Studien zu *Anfängen*, *Aufstehen*, *Takt* und *Blicke*.
2. *Die Herstellung einer disziplinierten Subjektivität:* Unterricht ist also ohne die interaktiven Herstellungsleistungen der Teilnehmenden nicht möglich. Diese stellt zwar bereits eine gewisse Form der Beteiligung dar. Zugleich scheint es bei dem Begriff Selbsttätigkeit jedoch um mehr zu gehen, nämlich um eine besondere Anteilnahme an der Situation, in der die Subjektivität, die persönliche Haltung zur Situation zum Ausdruck gebracht wird. Hierzu habe ich drei Teilstudien zu den Phänomenen *strukturelle Gefährdungen*, *Klassenräume* und *(Un)Tätigkeit* unter der Überschrift der Herstellung disziplinierte Subjektivität gebündelt. Mit Hilfe darin rekonstruierter Instrumente zeigen die Teilnehmenden ihre Subjektivität in der Situation. Die Subjektivität der Teilnehmenden ist dabei deshalb als diszipliniert zu bezeichnen, weil sie diese sehr genau auf die Situation abstimmen und keineswegs ihrer Begeisterung (oder ihrem Desinteresse) freien Lauf lassen.

Selbsttätigkeit im Unterricht lässt sich also – um in der Sacksschen Terminologie zu sprechen – in ein „doing attentiveness" und „doing commitment" ausdifferenzieren. An so scheinbar banalen kleinen Szenen wie im Filmbeispiel stößt man auf Instrumente, an denen sich Aufmerksamkeit und disziplinierte Subjektivität u.a. in der Gestaltung von Anfängen, im Aufstehen im Unterricht, im Handheben als Wortmeldung, an Blicken oder in bestimmten Raumarrangements manifestiert. An allen diesen Fällen lässt sich rekonstruieren, wie Aufmerksamkeit mit Hilfe typischer Handlungen interaktiv hergestellt wird und wie die der Teilnehmenden ihre Subjektivität im Unterricht disziplinieren.

3.8 Wie lassen sich die Analysen zur Präsentation aufbereiten?

Eine wissenschaftliche Präsentation ethnomethodologischer Studien wird immer zwei Ziele zu verfolgen haben. Erstens sind die Ergebnisse der Interpretationen vorzustellen und zugleich sind die notwendigerweise interpretativen Analysen nachvollziehbar und gegebenenfalls widerlegbar zu machen. Diese beiden Teile der Präsentation sind nicht immer eindeutig voneinander zu unterscheiden. Je nachdem, um welche Präsentationsform (Buchveröffentlichung, Zeitschriftenartikel, Vortrag, Interpretationssitzung, Website, DVD usw.) es sich handelt, bieten sich dazu verschiedene Möglichkeiten der Kombination von Text, Transkript, Standbild, Video und Hyperverlinkung.[9] In den allerwenigsten Fällen wird es jedoch möglich sein, alle analysierten Szenen, geschweige denn das vollständige Datenmaterial zugänglich zu machen. Zumindest bei Präsentationen in Textform bietet sich die Ergänzung durch DVDs oder Websites an.

Videomaterial zu weiteren Studien von Michael Hecht online unter: www.selbsttaetigkeit-im-unterricht.de

Bei der Veröffentlichung meiner Studien habe ich die Buchform mit einer Website kombiniert, die neben ergänzenden Texten, alle in den Texten enthaltenen Szenen als Video bereitstellt. Bei der Auswahl der vorgestellten Szenen bemühe ich mich im Sinne einer kontrastierenden Komposition, meine Musterbildung für die Leserinnen und Leser nachvollziehbar zu gestalten. Dabei geht es weniger um genormte Vorgehensweisen als vielmehr um die Transparenz der Darstellung (vgl. Wolff 1991: 138ff.; Wolff/Knaut/Leichtl 1997: 41; Pink 2001: 138ff.).

---

[9] Zum Zusammenhang von Präsentation und Generalisierbarkeit der Ergebnisse vgl. Hecht 2009: 141 f.; Interessante Präsentationsvarianten u.a. mit Verlinkungen von Text, Film, mitlaufenden Transkripten und Standbildern finden sich beispielsweise auf der Homepage von Charles Goodwin (www.sscnet.ucla.edu/clic/cgoodwin/), auf der Webseite von Paul ten Have (www.paultenhave.nl/paul.htm) oder auf der Internetpräsenz von Jürgen Streeck (www.utexas.edu/coc/cms/faculty/streeck/profile/).

Neben den hier nur angedeuteten Fragen der Darstellungsform, ergibt sich in Hinblick auf die Präsentation der Analysen aufgrund der Annäherung über beobachtete Phänomene eine weitere Schwierigkeit: Oft steht das Phänomen „über"; ist breiter als die Fragestellung. Die gesammelten Phänomene liegen quer. So werden in unserem Beispiel nicht alle erhobenen Arme als Instrument für die Herstellung von Aufmerksamkeit eingesetzt. In der Analyse hat dies den Vorteil, dass Aspekte in den Blick geraten können, die man sonst nicht bemerkt hätte. Es führt aber auch zu einem Darstellungsproblem. Stellt man die Instrumente anhand von Phänomenen dar, zum Beispiel dem Heben des Armes als Wortmeldung, bleiben andere Phänomene, die dem gleichen Zweck dienen außen vor. Sortiert man nach Einsatzgebieten der Instrumente, stellt sich die Frage nach der systematischen Darstellung der Phänomene. Bei den Untersuchungen zur Selbsttätigkeit im Unterricht habe ich eine Mischform gewählt und sowohl Teilstudien angelegt, die sich an den Phänomenen (beispielsweise des gehobenen Armes) orientieren, um darin die Aspekte herauszuarbeiten, die in Bezug auf Selbsttätigkeit von Bedeutung sind. Ich habe aber auch Teilstudien angelegt, die verschiedene Phänomene bündeln, die zur Herstellung eines bestimmten Eindrucks dienen. So gehe ich beispielsweise in der Teilstudie über (Un)Tätigkeit der Frage nach, was man eigentlich tun muss, um nichts zu tun („on doing doing nothing").

4 Ausgewählte Ergebnisse einer Konversationsanalyse von Unterrichtsvideos

Mit der Präsentation der Ergebnisse und deren Diskussion und Reinterpretation in Bezug auf die pädagogische Ausgangsfrage ist die ethnomethodologische Konversationsanalyse von Videos abgeschlossen. In diesem vierten und letzten Teil greife ich einige Ergebnisse zusammenfassend auf, um zu verdeutlichen, welche Arten von Einblicken in das Thema Selbsttätigkeit im Unterricht durch das vorgestellte videographische Verfahren gewonnen werden können.[10]

Die ethnomethodologische Perspektive soll vorhandene pädagogische Auseinandersetzungen mit dem Konstrukt Fremdaufforderung zur Selbsttätigkeit nicht ersetzen, sondern ergänzen. Der nüchternere Blick ermöglicht eine Rekonstruktion von Selbsttätigkeit im Unterricht als die Herstellung einer bestimmten Aufmerksamkeitsform und disziplinierter Subjektivität. Es lassen sich nun die interaktiven Instrumente beschreiben,

---

[10] Zur Ausführlichen Diskussion vgl. Hecht 2009: 351 ff.

mit denen den Teilnehmenden dies gelingt. Die Rekonstruktion ermöglicht Einblicke in die lose Kopplung der beiden Teilbereiche (Aufmerksamkeit auf der einen und Subjektivität auf der anderen Seite) und macht nachvollziehbar, warum eine pädagogisch gewünschte Gleichzeitigkeit bereits auf einer ganz basalen Interaktionsebene höchst voraussetzungsvoll ist und daher eher die Ausnahme darstellt.[11]

In der pädagogischen Reinterpretation tritt u.a. zu Tage, dass der Grad von Selbsttätigkeit keinesfalls endlos gesteigert werden kann, ohne Unterricht zu gefährden. Zur Herstellung von Unterricht bedarf es einer *disziplinierten* Subjektivität. Dies widerspricht einem bislang häufig vertretenen pädagogischen Postulat, welches pauschal und undosiert möglichst viel Selbsttätigkeit einfordert (vgl. Herz 2000). Da es nicht möglich ist, permanent aufmerksam zu sein, beinhaltet „doing attentiveness" auch ein Aufmerksamkeitsmanagement, das mit Hilfe von Insellösungen für die soziale Situation Unterricht ‚ausreichend' Aufmerksamkeit zu Verfügung stellt. Für die Herstellung von Unterricht ist es aber weder nötig noch möglich, dass immer alle Teilnehmenden zur gleichen Zeit aufmerksam sind (vgl. Breidenstein 2006).

Es lassen sich Unterrichtsphasen nach jeweils typischer, ihnen angemessener, erwartbarer Beteiligung unterscheiden. Beteiligung ist demnach ein relatives Produkt, jeweils bezogen auf die Situation. Auch eine über das erwartbare Maß hinausgehende, besondere Beteiligung, auf die das pädagogische Konstrukt der Selbsttätigkeit insbesondere abzielt, ergibt sich relativ zur Situation. Diese Erkenntnis wirft die Frage auf, wie in Offenen Unterrichtsformen, die bereits von der Anlage her eines relativ hohen Maßes an Beteiligung bedürfen, eine *besondere* Beteiligung zum Ausdruck gebracht werden kann.[12]

In Bezug auf Anwendbarkeit in konkreten Unterrichtssituationen sind die Ergebnisse unpraktisch: Sie verweisen nicht zuletzt darauf, wie komplex die Situation Unterricht und ihre interaktiven Herstellungsleistungen sind. Sie sind nicht einfach nur komplexer, weil sie unter das konversationsanalytische Mikroskop gelegt wurden, sondern weil das Ineinandergreifen verschiedener Herstellungsprozesse aufgedeckt wird. Es wird benennbar, auf welche Weise der Erkenntnisgegenstand komplexer ist. Mit anderen Worten: Man kompliziert sich und seine Sicht auf den Gegenstand – und damit die Reflexionsmöglichkeit des pädagogischen Handelns und Denkens. Ethnomethodologische Konversationsanalysen von Unterrichtssituationen ermöglichen eine sozialwissenschaftliche Supervision pädagogischer Praxis.

---

[11] Zum Konzept der losen Kopplungen vgl. z.B. Weick 1976
[12] Zum Institutionalisierungsproblem von Beteiligung vgl. Hecht 2009: 340 ff.

Hinweise zum DVD-Material dieses Beitrags

Zu diesem Beitrag gehören zwei Materialien auf der DVD: Es handelt sich zum einen um die hier analysierte Szene „Filmbeispiel # 71" als Videodatei. Zum anderen veranschaulicht eine Exeltabelle die Sammlung von Phänomenen als Grundlage für die detaillierteren Analysen.

Mithilfe der Filmdatei kann sich ein Überblick über die gesamte Szene verschafft werden. Es lassen sich auch Schritt für Schritt die im Text transkribierten Sequenzen nachvollziehen. Die Exeltabelle ist ein Auszug aus einer Analysetabelle. Sie soll veranschaulichen, wie zu verschiedenen Phänomenen (an den Tabellenblättern erkennbar) einzelne Szenen in Unterkategorien zusammengetragen wurden. Dies ist auszugsweise am hier relevanten Beispiel „Erhobene Arme" veranschaulicht. Die in diesem Beitrag relevante Szene ist jeweils rot markiert.

Literatur

Altrichter, Herbert / Posch, Peter (1998): Lehrer erforschen ihren Unterricht. Eine Einführung in die Methode der Aktionsforschung. 3. Aufl. Bad Heilbrunn

Bateson, Gregory / Mead, Margaret (1942): Balinese Character. A photographic analysis. New York

Benner, Dietrich (2001): Allgemeine Pädagogik. Eine systematisch-problemgeschichtliche Einführung in die Grundstruktur pädagogischen Denkens und Handelns. 4. völlig neu bearbeitete. Aufl. Weinheim

Benner, Dietrich (2003): Über die Unmöglichkeit, Erziehung allein vom Grundbegriff der "Aufforderung zur Selbsttätigkeit" her zu begreifen. Eine Erwiderung auf Alfred Langewand. In: Zeitschrift für Pädagogik, (49) (2), S. 290-304

Bergmann, Jörg R. (1981): Ethnomethodologische Konversationsanalyse. In: Schröder, Peter; Steger, Hugo (Hrsg.): Dialogforschung. Jahrbuch 1980 des Instituts für deutsche Sprache. Düsseldorf, S. 9-52

Bergmann, Jörg (1985): Flüchtigkeit und methodische Fixierung sozialer Wirklichkeit. Aufzeichnungen als Daten der interpretativen Soziologie. In: Bonß, Wolfgang / Hartmann, Heinz (Hrsg.): Entzauberte Wissenschaft. Zur Relativität und Geltung soziologischer Forschung. Göttingen, S. 299-320

Breidenstein, Georg (2006): Teilnahme am Unterricht. Ethnographische Studien zum Schülerjob. Wiesbaden

Breidenstein, Georg / Combe, Arno / Helsper, Werner / Stelmaszyk, Bernhard (Hrsg.) (2002): Interpretative Unterrichts- und Schulbegleitforschung. Forum Qualitative Schulforschung 2. Opladen

Dinkelaker, Jörg / Herrle, Matthias (2009): Erziehungswissenschaftliche Videographie. Eine Einführung. Wiesbaden

Edwards, Derek (2006): Managing subjectivity in talk. Revised draft; prepared for A. Hepburn & S. Wiggins (Eds.), Discursive research in practice: New approaches to psychology and interaction. Cambridge, UK: Cambridge University Press. Verfügbar unter: www-staff.lboro.ac.uk/~ssde/Edwards%20-%20Managing%20subjectivity%20H&W2006%20ms.pdf (5.12.2006)

Fraser, Barry J. / Walberg, Herbert J./Welch, Wayne W./Hattie, John A. (1987): Syntheses of educational productivity research. In: International Journal of Educational Research, (11), S. 145-252

Gadamer, Hans-Georg (1999): Hermeneutik. Wahrheit und Methode. Grundzüge einer philosophischen Hermeneutik. Tübingen

Garfinkel, Harold / Sacks, Harvey (1970): On formal structures of practical actions. In: McKinney, John C.; Tiryakian Edward, A. (Hrsg.): Theoretical sociology: perspectives and developments. New York, S. 337-366

Goffman, Erving (1980): Rahmen-Analyse. Ein Versuch über die Organisation von Alltagserfahrungen. Frankfurt/Main

Goodwin, Charles (1981): Conversational organization. Interaction between speakers and hearers. New York

Habermas, Jürgen (1973): Selbstreflexion der Geisteswissenschaften: Die historische Sinnkritik. In: Habermas, Jürgen (Hrsg.): Erkenntnis und Interesse. Frankfurt/Main, S. 204-233

Habermas, Jürgen (1991): Rekonstruktive vs. verstehende Sozialwissenschaften. In: Habermas, Jürgen (Hrsg.): Moralbewußtsein und kommunikatives Handeln. 4. Aufl. Frankfurt/Main, S. 29-52

Heath, Christian (1986): Body movement and speech in medical interaction. Cambridge

Hecht, Michael (2009): Selbsttätigkeit im Unterricht. Empirische Untersuchungen in Deutschland und Kanada zur Paradoxie pädagogischen Handelns. . Wiesbaden

Helmke, Andreas (2003): Unterrichtsqualität erfassen, bewerten, verbessern. Seelze

Heritage, John (2004): Garfinkel and Ethnomethodology. 7. Aufl. Cambridge

Herz, Otto (2000): Im Leben lernen - Im Lernen leben. Anstöße zu entlastenden Innovationen. Vortrag vor dem Städte-Netzwerk NRW bei der"Netzwerke für die Schule des Lebens" 11. August 1999 in Dortmund. In: Lernende Schule, S. 9-11

Hester, Stephen / Francis, David (Hrsg.) (2000): Local educational order. Ethnomethodological studies of knowledge in action. Amsterdam

Klieme, Eckhard / Baumert, Jürgen (Hrsg.) (2001): TIMSS - Impulse für Schule und Unterricht. Forschungsbefunde, reforminitiativen, Praxisberichte und Video-Dokumente. Bonn

Langewand, Alfred (2003): Über die Schwierigkeit, Erziehung als Aufforderung zur Selbsttätigkeit zu begreifen. In: Zeitschrift für Pädagogik, (49) (2), S. 274-289

Macbeth, Douglas (2003): Hugh Mehan's Learning Lessons reconsidered: On the differences between the naturalistic and critical analysis of classroom discourse. In: American Educational Research Journal, (40) (1), S. 239-280

Marcus, George (1985): A timely rereading of Naven: Gregory Bateson as oracular essayist. In: Representations, (12), S. 66-82

Mehan, Hugh (1979): Learning lessons. Social organization in the classroom. Cambridge

Meier, Christoph (2002): Arbeitsbesprechungen. Interaktiosstruktur, Interaktionsdynamik und Konsequenzen einer sozialen Form. Radolfzell

Mohn, Bina Elisabeth/Amann, Klaus (2006): Lernkörper. Kamera-ethnographische Studien zum Schülerjob. (DVD).

Ochs, Elinor/Schieffelin, Bambie B. (Hrsg.) (1979): Developmental Pragmatics. New York

Pink, Sarah (2001): More visualising, more methodologies: on video, reflexivity and qualitative research. In: The Sociological Review, (49) (4), S. 586-599

Richardson, Virginia (Hrsg.) (2001): Handbook of research on teaching. 4. Aufl. Washington

Sacks, Harvey (1984): Notes on methodology. In: Atkinson, Maxwell J. / Heritage, John (Hrsg.): Structures of social action. Studies in conversation analysis. Cambridge, S. 21-27

Seidel, Tina (2003): Lehr-Lernskripts im Unterricht. Münster

Silverman, David (1998): Harvey Sacks. Social science and conversational analysis. New York

Taylor, Charles (Hrsg.) (1975): Erklärung und Interpretation in den Wissenschaften vom Menschen. Frankfurt/Main

Weick, Karl E. (1976): Educational organizations as loosely coupled systems. In: Administrative Science Quarterly, (21), S. 1-19

Weinert, Franz E. (1996): Für und Wider. Die ‚neuen Lerntheorien' als Grundlagen pädagogisch-psychologischer Forschung. In: Zeitschrift für Pädagogische Psychologie, (10) (1), S. 1-11

Wolff, Stephan (1991): Gregory Bateson & Margaret Mead: "Balinese Character" (1942). - Qualitative Forschung als disziplinierte Subjektivität. In: Flick, Uwe; Kardorff, Ernst von / Keupp, Heiner / Rosenstiel, Lutz von / Wolff, Stephan (Hrsg.): Handbuch Qualitativer Sozialforschung. München, S. 135-141

Wolff, Stephan (1999a): Disziplinierte Subjektivität. Strategien der Qualitätssicherung im Forschungsbetrieb. Manuskript. Hildesheim

Wolff, Stephan (28.9.2000): Generalisierung als "practical accomplishment". Verfügbar unter: http://www.uni-hildesheim.de/media/sozpaed/ Generalisierung_Soziologentag_Koeln_2000.pdf (12.3.2004)

Wolff, Stephan / Müller, Hermann (1997): Kompetente Skepsis. Eine konversationsanalytische Untersuchung zur Glaubwürdigkeit in Strafverfahren. Opladen

Wolff, Stephan / Knauth, Bettina / Leichtl, Günther (1988): Kontaktbereich Beratung. Eine konversationsanalytische Untersuchung zur Verwendungsforschung. Abschlußbericht zum DFG-Projekt "Formen des Einbringens von Wissenschaft in entscheidungsbezogene Beratungsgespräche". Hildesheim

Hypercoding in der empirischen Lehr-Lern-Forschung. Möglichkeiten der synchronen Analyse multicodaler Datensegmente zur Rekonstruktion subjektiver Perspektiven in Videostudien

Thomas Irion

Zusammenfassung

Die Potentiale von digitalen Videotechnologien führen zu einem Comeback von Videostudien in der empirischen Lehr-Lern-Forschung. Häufig verbleibt die Analyse von Videodaten allerdings auf einer Außenperspektive, ohne subjektive Sichtweisen der Akteure zu erfassen. Um dies zu ermöglichen werden in Studien inzwischen zunehmend verschiedene Erhebungsmethoden mit einander kombiniert. Nicht immer werden die Ergebnisse dieser Erhebungen jedoch forschungssystematisch aufeinander bezogen.

Die in diesem Artikel dargestellte Verknüpfung von Daten aus Befragungen und videografischen Erhebungen von Lehr-Lern-Situationen kann ein Weg sein, die Außenperspektive videografischer Erhebungen zu verlassen. Dies bietet Chancen für die Analyse von Handlungsprozessen und begleitender Kognitionen, stellt aber auch besondere Herausforderungen an die technische Verknüpfung der für die Analyse verwendeten Daten. Mit dem hier vorgestellten Begriff „Hypercoding" werden Verfahren bezeichnet, in denen verschiedene Datensegmente gemeinsam kodiert und analysiert werden. Mit dem Begriff „hypermediale Datenanalyse" wird die verknüpfte Analyse verschiedener Symbolsysteme (z.B. Text und Video) bezeichnet. Hypercoding ist somit ein spezifisches Verfahren zur Umsetzung der Hypermedia-Analyse, die auch mittels anderer quantitativer oder qualitativer Analyse-Verfahren realisiert werden kann.

Im Artikel werden die Verfahren Hypercoding und hypermediale Datenanalyse zunächst forschungsmethodologisch in aktuelle videografische Vorgehensweisen in der empirischen Lehr-Lern-Forschung eingeordnet. Im Anschluss wird die Anwendung von Hypercoding und hypermedialer Datenanalyse an einer Beispielstudie demonstriert. Erfahrungen und Empfehlungen aus einer weiteren derzeit laufenden Studie fließen in die Begleitmaterialien auf DVD ein, um Umsetzungsmöglichkeiten der Verfahren in einem Lehr-Lern-Setting mit aktueller Hard- und Software zu illustrieren.

1 Videographie in der empirischen Lehr-Lern-Forschung

Die Möglichkeiten digitaler Technologien für die Erhebung, Aufzeichnung und Analyse digitaler multicodaler Daten (Wild 2003: 98f) haben zu einem Comeback von Videostudien in der empirischen Lehr-Lern-Forschung geführt (Petko/Waldis/Pauli/Reusser 2003: 265). Eine Initialzündung für dieses Comeback bildeten die zunächst unter amerikanischer Leitung stehenden Video Surveys TIMSS 1995 und 1999 (Stigler/Gallimore/Hiebert 2000, Pauli/Reusser 2006). Diese und weitere Studien nutzen zunehmend die Vorteile von digitalen Videotechnologien, die es ermöglichen, qualitativ hochwertige Bild- und Tonaufnahmen im Klassenzimmer zu erstellen, diese Ressourcen sparend zu archivieren und zu distribuieren und mittels geeigneter Software zu analysieren.

Während bei den deskriptiv angelegten TIMSS Video Surveys durch die niedrig inferenten Auswertungsmethoden Probleme bei der Auswertungsobjektivität weitgehend gering gehalten werden konnten und auch Validitätsansprüche leichter befriedigt werden können, müssen sich Studien, die versuchen, Unterrichtshandlungen eingehender zu analysieren und Empfehlungen für pädagogisches Handeln zu entwickeln, hinterfragen lassen, wie sie quantitativen und qualitativen Gütekriterien empirischer Forschung genügen können.

Die Rekonstruktion komplexerer Zusammenhänge mittels empirischer Methoden bedarf kontrollierter Verfahren. Durch mehrere unabhängig voneinander realisierte Durchgänge zur Einschätzung des Auftretens hoch inferenter Phänomene unter Einbezug verschiedener Personen wird bspw. versucht, die Subjektivität von Bewertungen durch eine einzelne Person zu überwinden (Kobarg/Seidel 2003, Seidel 2003). Die Erfassung der Interkoder-Reliabilität / Interrater-Reliabilität erlaubt es dabei, Abweichungen unter verschiedenen Ratern zu quantifizieren (Wirtz 2002). Doch auch durch die Berücksichtigung verschiedener Kodierer wird nicht in jedem Fall eine objektive Erfassung des Geschehens gewährleistet. So muss sich bspw. die Analyse immer auf Teilaspekte des Geschehens konzentrieren und die Außenperspektive vernachlässigt häufig im Handlungsvollzug für die Akteure subjektiv relevante Bedingungen.

Wenngleich digitale Videoaufzeichnungen durch den Einsatz verschiedener technischer Möglichkeiten wie multiplen Kameraperspektiven, beliebigen Wiederholungen, Zeitlupen und Zeitraffern oder Zooming (vgl. auch Irion 2002) besondere Möglichkeiten eröffnen, die spezifische Vorteile gegenüber Beobachtungsverfahren vor Ort aufweisen, muss bedacht werden, dass Videoaufzeichnungen nur einen Ausschnitt der Realität repräsentieren. Dies ist bei der Auswertung allerdings nicht immer im Blick, da das Betrachten und die Analyse von Bildern oder Bewegtbildern mit dem Eindruck hoher Authentizität verbunden sind (Arnheim 1980). Die semiotisch direkte Anbindung an die Realität lässt die Rekonstruktionsprozesse bei der Aufzeichnung und Aufbereitung häufig in Vergessenheit geraten und es entsteht der Eindruck real dabei gewesen zu sein. Auch Tonfilme zeigen nur Ausschnitte der Realität. Konstruktionsprozesse durch Bild- und Tongestaltungselemente (vgl. etwa Monaco 2009) gehen weit über Einschränkungen hinsichtlich taktiler, gustatorischer und olfaktorischer Wahrnehmungen (Dinkelaker/Herrle 2009: 15) hinaus. Nicht immer werden Beschränkungen der Kameraperspektive(n) und des Erhebungsprozesses so klar thematisiert wie bei Müller et al. (2006: 133ff).

So gilt es, während der Analyse von Unterrichtsvideos zu beachten, dass vor dem Betrachten von Videos in der Analyse schon bei der Erfassung des Geschehens mit der Videokamera, aber auch durch die Aufbereitung mittels Videoeditoren und Analysesoftware Konstruktionsprozesse durch verschiedene Personen stattgefunden haben. Vor allem für die Analyse von Unterrichtsprozessen fehlen häufig Informationen, die für die videographierten Akteure im Handlungsvollzug relevant sind, da diese bspw. außerhalb der Kameraperspektive liegen oder zeitlich vorgelagert sind. Nebenbemerkungen von Schülerinnen und Schülern, diskrete körpersprachliche Kommunikationssignale, Distanzen zwischen Personen oder der Filmaufnahme vorgelagerte Kommunikationsprozesse können für die Akteure in der Unterrichtssituation relevant werden, ohne dass diese Informationen von den Kameras erfasst werden. Auf der Grundlage dieser Einschränkungen kann konstatiert werden, dass eine hohe Interrater-Reliabilität bei Kodierprozessen zwar interessante und intersubjektiv nachvollziehbare Ergebnisse ermöglichen kann, doch gestatten diese Verfahren lediglich Einblicke in einige Aspekte des unterrichtlichen Handelns. Andere Bereiche sind der Videoanalyse nur sehr begrenzt zugänglich. So müssen die kognitiven Prozesse und subjektiven Bewertungen der Akteure in reinen Videobeobachtungsstudien weitgehend ausgeblendet bleiben (Blömeke/Eichler/Müller 2003).

Zur Überwindung dieser spezifischen Beschränkungen von Unterrichtsvideos wird vielfach dazu übergegangen, Videoerhebungen mit weiteren Erhebungsverfahren zu kombinieren. Bspw. wird durch die Kombination von Videoerhebungen mit Fragebögen, Tests oder problemzentrierten Interviews (Witzel 2000) versucht, kognitive Prozesse und subjektive Bewertungen ergänzend zu erfassen (vgl. etwa Blömeke/Eichler/Müller 2003, Seidel/Rimmele/Prenzel 2003, Seidel et al. 2006, Hugener/Rakoczy/Pauli/ Reusser 2006 oder Baer et al. 2009). Die Erhebung und Analyse dieser ergänzenden Daten erfolgt im Regelfall allerdings unabhängig von den erhobenen Videodaten, so dass die Perspektive der Beteiligten in der videographierten Unterrichtssituation weitgehend unberücksichtigt bleibt. Auch beim advokatorischen Verfahren von Oser/Heinzer/Salzmann (2010), bei dem Lehrkräfte den Unterricht anderer beurteilen und diese Beurteilungen bewertet werden, wird mittels einer Außenperspektive das Unterrichtshandeln bewertet. Die situativ relevanten Bedingungen für die Handelnden bleiben somit häufig unbeachtet. Verfahren, die die Erhebung von Videodaten mit gezielten Introspektionen koppeln (etwa bei Wild 2001), bilden die Ausnahme.

Um die Perspektive der Akteure und die für sie in der Situation subjektiv bedeutsamen Kontextbedingungen zu erfassen, haben wir in verschiedenen Studien[1] neben der videographischen Erfassung der Lern- oder Unterrichtshandlungen zusätzliche verbale Daten erhoben, in denen die Handelnden ihre subjektiven auf Handlungen bezogenen Sichtweisen verbalisieren. Durch die computergestützte Datenanalyse war es möglich, die verbalen Daten mit den subjektiven Eindrücken und Kognitionsfragmenten und den Videodaten verzahnt zu analysieren. Das Analyseverfahren haben wir als Hypercoding bezeichnet, da verschiedene Datenquellen mittels Hyperlinks synchron kodiert werden. Hypercoding basiert auf einer hypermedialen Datenanalyse und eröffnet die Möglichkeit, Videodaten auch für die Rekonstruktion subjektiver Perspektiven nutzbar zu machen und Beobachtungsstudien mit Befragungsstudien zu verbinden.

2 Hypermediale Datenanalyse und Hypercoding

2.1 Was ist eine hypermediale Datenanalyse?

Bei der Datenauswertung haben wir Methoden verwendet, die wir im Anschluss an den Begriff Hypermedia (Kuhlen 1991, Tergan 2002) als hypermediale Datenanalyse bezeichnen wollen. Die hypermediale Datenanalyse basiert auf der simultanen Analyse verschiedener miteinander verlinkter Symbolsysteme (etwa Protokolle verschiedener verbaler Daten (Texte) und videographierter Lehr- und Lernhandlung (Videos), vgl. Abb. 1).

Videodaten bieten spezifische Vorteile für zirkuläre Analyseprozesse. Im Rahmen unserer verschiedenen Studien wurde durch Versuche zur Verschriftlichung von Videodaten deutlich, welches Korsett den Analy-

---

[1] Projekte: Hypermedia-Recherche im Grundschulalter (Irion 2008), SESAM-Verbesserung der Usability eines Online-Angebots für Lehrpersonen (Irion/Dörr/Reinhoffer/Renner/Zylka), ExMNU- Gespräche beim Experimentieren im Sachunterricht (Halder/Irion/Reinhoffer).

seprozessen durch eine systematische Transkription entsteht. Die Transkriptionsregeln mussten immer neu umformuliert werden, da beim Transkriptionsprozess durch die Versuchsleitung immer wieder neue Phänomene auftauchten, die bei der Transkription berücksichtigt werden mussten. Eine Anwendung der veränderten Transkriptionsregeln auf alle zu analysierenden Fälle hätte eine Transkription durch Hilfskräfte jedoch unmöglich gemacht. Noch bedeutender wären allerdings Einschränkungen hinsichtlich der Datenauswertung, die entstanden wären, wenn der Fokus auf den Transkripten gelegen hätte: Es zeigte sich etwa im Verlauf der Analyseprozesse von Lernhandlungen am Computer, dass immer wieder neue Phänomene in den Daten ausgemacht wurden, die bei einer raschen Konzentration auf verschriftlichte Daten unberücksichtigt geblieben wären.

So empfiehlt sich für zirkulär ausgerichtete Analyseprozesse von Interaktionshandlungen verschiedener Personen im Unterrichtsgeschehen die direkte Analyse von Videos anstelle der Analyse von Transkripten. So kann es im Verlauf der Analyse erforderlich werden, Distanzen zwischen Personen, nonverbale oder paraverbale Kommunikationselemente oder Kontextbedingungen von Kommunikationshandlungen (Beleuchtungssituation, Nebengeräusche, spezifische Eigenschaften bearbeiteter Materialien, Versuchsanordnungen...) zu erfassen, die zu Beginn der Analyse nicht im Fokus der Untersuchung lagen.[2]

Auf der anderen Seite bieten sich Transkripte an, um rasch bestimmte Textpassagen zu suchen oder weitere Textanalysen durchzuführen.

Hypermediale Datenanalyse ermöglicht es, die Vorteile der Analyse von Videodaten mit den Vorteilen der Analyse von Textdaten zu kombinieren:

---

[2] Die Bedeutung der direkten Analyse von Videodaten in einer unserer Studien wird in Unterkapitel 3.6.1 illustriert.

Abbildung 1: Hypermediale Datenanalyse: verknüpfte Analyse verschiedener Symbolsysteme (hier: Schriftsprache und Video)

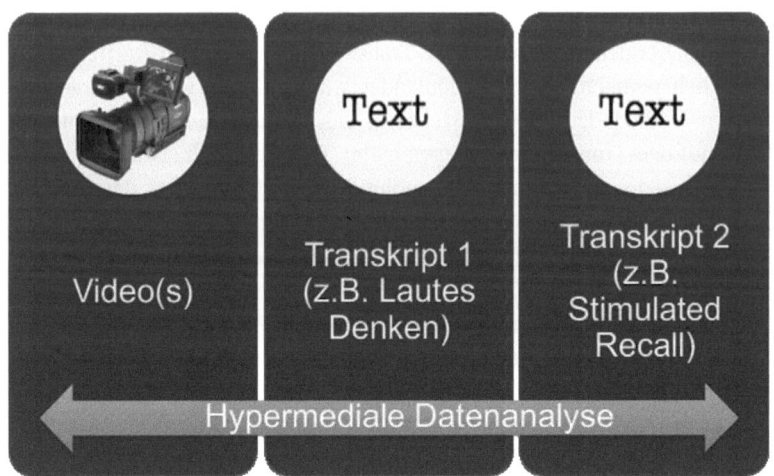

2.2 Was ist Hypercoding?

Kodierprozesse werden in der empirischen Sozialforschung verwendet, um durch die Reduktion des Datenmaterials Einsichten in Zusammenhänge zu erhalten. Bei der Kodierung werden Aussagen in Kategorien strukturiert und diese Kategorien werden dem Vorkommen der Ereignisse in den Daten zugeordnet.

Beim Hypercoding erster Ordnung werden lediglich Videodaten und deren Transkripte gemeinsam kodiert. Beim Hypercoding zweiter Ordnung werden zusätzlich zu Video und Videotranskript weitere, ergänzende Daten mitkodiert. Abbildung 2 veranschaulicht, wie die Kodierungen auf miteinander verknüpfte Datensegmente bezogen werden. Die Bezugssegmente sind exemplarisch. So ist es beim Hypercoding durchaus auch möglich, Kodierungen bei verknüpften Videosegmenten oder anderen Datenkombinationen (Fotos, Schaubilder, Karten, Audiodateien...) anzuwenden. Wild (2001) verknüpft mittels Catmovie Videodaten, Transkripte und quantitative Daten.

Abbildung 2: Hypercoding erster und zweiter Ordnung

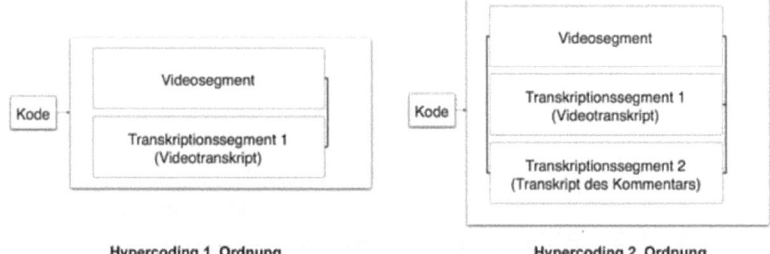

Mittels Hypercoding kann nun bspw. die Rezeption von Filmen durch Verbalisierungsmethoden untersucht werden. Da die Äußerungen der Rezipientinnen und Rezipienten verschriftlicht werden, kann die Filmpassage, für die das Transkript vorliegt, bei der Textanalyse abgespielt werden.

Wir haben diese Möglichkeit des Hypercodings bei Befragungsverfahren zu Lehr- und Lernhandlungen genutzt. Prinzipiell ist die Methode aber auch für die Analyse der Rezeption von Lehrfilmen oder Spielfilmen möglich. Die Datenauswertung selbst bedient sich den üblichen Kodierverfahren (vgl. etwa Miles/Huberman 1994), wobei in unseren bisherigen Studien vor allem die Methode des theoretischen Kodierens (Strauss/Corbin 1990 und 1996) oder die Methode der qualitativen Inhaltsanalyse (Mayring 1983 und 2000) zum Einsatz kamen.

Im Folgenden wird anhand eines Beispiels aus unserer Forschungspraxis die Anwendung der hypermedialen Datenanalyse und des Hypercodings illustriert, bevor im Anschluss Herausforderungen für die Weiterentwicklung des Verfahrens diskutiert werden.

In der explorativen qualitativen Studie zu Navigationshandlungen von Kindern am Computer wurden Videodaten gemeinsam mit zwei unterschiedlichen Verschriftlichungen verbaler Daten kodiert. Der Fokus bei der Darstellung dieser abgeschlossenen Studie liegt auf den Möglichkeiten der kombinierten Analyse von Videodaten und Befragungsdaten zur Rekonstruktion der Sicht der Akteure.

3 Beispiel-Studie: Hypermedia-Recherche durch Grundschulkinder

3.1 Inhaltlicher und methodologischer Überblick über die Studie

Die Digitalisierung und der Zugang zu digitalen Inhalten boomen in Gesellschaft und Wissenschaft. Informationsaneignungsprozesse über Printmedien und elektronische Bildmedien werden zunehmend ergänzt durch Zugriffe auf Informationsangebote auf Datenträgern (Festplatten, CDs, DVDs, Speichersticks usw.) oder in Datennetzen (World Wide Web, Firmennetze, Schulnetze usw.). Die so verfügbaren Daten können als hypermediale Angebote bezeichnet werden. Gemein ist diesen Informationsangeboten, dass der Zugriff Rezipientinnen und Rezipienten höhere Steuerungsmöglichkeiten hinsichtlich der Informationsaneignung eröffnet.

Die Nutzung von Hypermedia wird allerdings auch begleitet von typischen Rezeptions- und Navigationsproblemen. Lösungsansätze für Probleme wie kognitive Überlast oder Desorientierung wurden bislang vielfach in der Gestaltung der Hypermedia-Datenbasis gesehen. Empirische Befunde zeigen aber, dass diese nur begrenzt mit Mitteln der Systemgestaltung in den Griff bekommen werden können (Tergan 2002). Längerfristig sind auch die Kompetenzen der Nutzerinnen und Nutzer zu fördern.

Unklar bleibt allerdings weitgehend, welche Kompetenzen zur Nutzung von hyper-medialen Informationsangeboten gefördert werden sollen. In der hier beschriebenen Studie wurde der Versuch unternommen, auf der Basis einer empirischen, explorativen Untersuchung Techniken und Probleme bei der Recherche in Hypermedia zu unterscheiden und Anhaltspunkte für die gezielte Förderung von Hypermedia-Recherchetechniken jenseits von auf ein einzelnes Softwareprodukt bezogenen Schulungsmaßnahmen zu entwickeln.

Für die qualitative Erhebung und Analyse von Recherchetechniken und -schwierigkeiten von Grundschulkindern bei der Informationsrecherche am Computer wurden die Kinder während der Informationssuche am Computer videographiert. Um Entscheidungsprozesse und Schwierigkeiten der Kinder nachvollziehen zu können, wurden ergänzend verbale Daten mittels lautem Denken (Weidle/Wagner 1994) und einem Leitfadeninterview mit Stimulated Recall (ebd.) Elementen erhoben. Die Analyse dieser Daten erfolgte mittels Hypercoding.

Hypercoding kann sowohl in quantitativen als auch in qualitativen Studien eingesetzt werden. In der vorliegenden Studie wurde das Hypercoding entlang des qualitativen Paradigmas verwendet. Die Entscheidung für qualitative Verfahren ergab sich sowohl aus dem Forschungsgegenstand als auch aus dem Stand der Forschung. So betont Schulmeister (2002) die geringe Übertragbarkeit vorliegender Forschungsergebnisse aufgrund der hohen Differenziertheit unterschiedlicher Hypermedia-Typen. Zudem wurden die für die Hypermedia-Recherche erforderlichen Kompetenzen von Kindern bislang kaum untersucht. Vor diesem Hintergrund erschienen hypothetiko-deduktive Verfahren als wenig geeignet, diese Komplexität zu erfassen. Stattdessen orientierte sich die Studie an den Prinzipien der Grounded Theory Strauss-Corbinscher Prägung (Strauss/Corbin 1990, 1996, Strübing 2004, 2008) mit ihren methodologischen Kernstücken theoretisches Sampling und theoretisches Kodieren.

3.2 Entwicklung der Versuchsanordnung

Die Ablösung der untersuchten Settings von der Alltagsrealität ist ein wesentlicher Kritikpunkt an den üblichen Untersuchungen zu hypermedialem Lernen: „Es werden Fragestellungen in künstlichen Situationen getestet, die nichts über eine mögliche Extrapolation auf reale Lernsituationen aussagen" (Schulmeister 2002: 409). Um einerseits die Vergleichbarkeit der Rechercheprozesse der Kinder und andererseits die Realitätsnähe der Versuchsanordnung zu gewährleisten, wurden in einer Pilotstudie Probleme bei der Informationssuche durch Kinder erfasst und typologisiert.

Die für die Pilotstudie ausgewählten Kinder (vgl. Kapitel 3.3) erhielten verschiedene Suchaufträge, die auf ein zu dieser Zeit durchgeführtes Unterrichtsprojekt zum Thema Indianer abgestimmt waren. In einer teilnehmenden Beobachtung wurden die Navigationsprobleme bei dieser Recherche notiert. Diese Navigationsprobleme wurden bei einem eigens für die Hauptstudie programmierten Informationsangebot berücksichtigt, so dass die Kinder mit unterschiedlichen typischen Navigationsproblemen konfrontiert waren (vgl. Abbildung 3). Durch die Formulierung der Suchaufträge wurde gewährleistet, dass alle Kinder dieselben Navigationsprobleme lösen mussten, um interindividuelle Unterschiede erfassen zu können.

Für die Studie entwickeltes Hypermedia-Webangebot auf DVD

Abbildung 3: Beispielseite der für die Untersuchung erstellten Website, auf der die Kinder Suchaufträge abarbeiteten

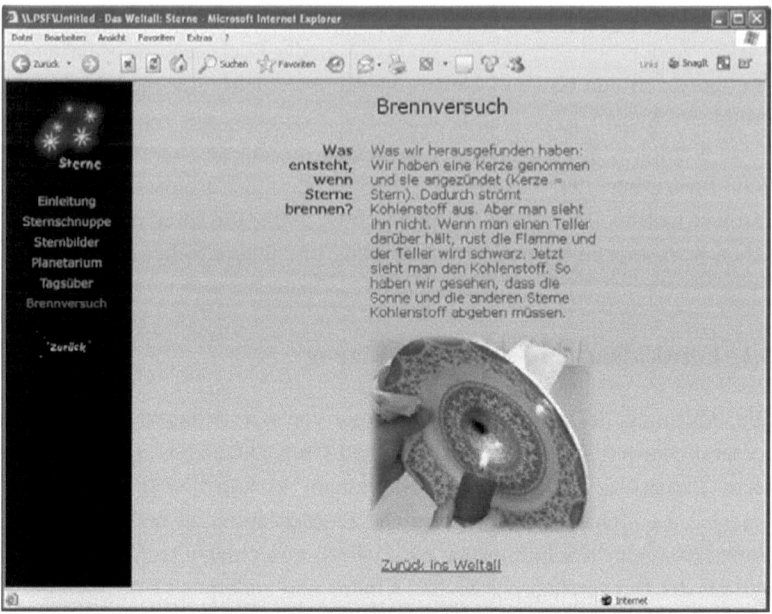

3.3 Stichprobe

Die Stichprobe wurde nach Prinzipien des Theoretical Sampling gebildet. Diesem Prinzip folgend wurden von zwanzig Kindern (alle im Alter von etwa neun Jahren) sieben Fälle so ausgewählt, dass die im Rahmen der Studie entwickelten Kategorien in angemessener Form repräsentiert wurden. Im Rahmen des offenen und axialen Kodierens wurden dabei die Kategorien traditionelle Lesefähigkeit, Navigationstechniken und Techniken des recherchierenden Lesens unterschieden. Auf eine letztendliche theoretische Sättigung der Kategorien musste verzichtet werden, da die Erfassung des Phänomens erforderte, auch die Anwendungskontexte zu variieren. Die hohe Varianz von Hypermedia-Navigationsstrukturen machte es erforderlich, die Untersuchung nicht auf eine Navigationsstruktur zu beschränken. Stattdessen mussten verschiedene Navigationsstrukturen (z.B. Rahmennavigation, Ankernavigation, Navigation in sehr textlastigen Seiten...) berücksichtigt werden, sollte die Studie sich nicht nur auf eine einzelne Navigationsstruktur beziehen. Es wurden also aus der gesamten beobachteten Schülerzahl nicht nur sieben Probanden zur weiteren Untersuchung und Analyse ausgewählt, sondern in der Versuchsanordnung wurden zusätzlich sechs verschiedene Navigationsformen berücksichtigt, die jede Versuchsperson bearbeitete.

3.4 Datenerhebung

Im Rahmen der Datenerhebung wurden videounterstützte teilnehmende Beobachtungen mit Befragungen kombiniert.

3.4.1 Videounterstützte teilnehmende Beobachtung

Die Informationshandlungen der am Versuch teilnehmenden Kinder wurden vom Versuchsleiter begleitet, um einerseits die Kinder bei auftauchenden Problemen, die die weitere Bearbeitung der Aufgaben verhindert hätten, Hilfestellung zu gewähren, und auf der anderen Seite die Verbalisierungen der Kinder im lauten Denken zu unterstützen (vgl. Abschnitt 3.4.2).

Die Abgrenzung von aktiver und passiver teilnehmender Beobachtung lässt sich in Untersuchungen selten klar vornehmen (Lamnek 2005: 562). Auch in der Durchführung dieser Beobachtung vermischten sich aktive und passive Beobachtungselemente. Der Grad der Intervention durch den Versuchsleiter wurde in einem separaten Analyseschritt durch zwei Beurteilende bestimmt.[3] Die teilnehmende Beobachtung erfolgte aufgrund der Orientierung am qualitativen Forschungsansatz weitgehend unstrukturiert (Lamnek 2005: 566ff). Bei einer videogestützten teilnehmenden Beobachtung wird die eigentliche Face-to-Face-Beobachtung (Schwartz/Schwartz 1955) durch videographische Aufzeichnungen dokumentiert, so dass es zu Überlappungen von teilnehmenden und nichtteilnehmenden Beobachtungselementen kommt.

Bei der Videoaufzeichnung kamen eine Kamera zum Abfilmen des Bildschirms und eine Kamera zur Aufzeichnung des jeweiligen Kinds zum Einsatz. Beim Abfilmen des Bildschirms wurde darauf geachtet, dass die Bildschirminformationen auf den Videoaufzeichnungen lesbar festgehalten wurden. Dies wurde durch das Abfilmen von LC-Displays möglich. Beim Abfilmen von Röhrenmonitoren kam es zu für die anschließende Analyse sehr störenden Bildinterferenzen.

Um die Kamerascheu der Kinder etwas abzumildern, aber auch aus dem forschungsethischen Anspruch heraus, den Kindern Anfang und Ende der Aufzeichnung bewusst zu machen, durften sich die Kinder zu Beginn mit der Kamera vertraut machen und die Aufzeichnung selbst starten und beenden. Zudem begannen die Erhebungen mit problemzentrierten Interviews (Witzel 2000), die ebenfalls auf Videoband aufgezeich-

---

[3] Weitere Informationen zu diesem Verfahren finden sich bei Irion 2008: 173ff.

net wurden. Dies hatte auch den Zweck, die Kinder an die Verwendung der Kamera zu gewöhnen. Die Kameras wurden möglichst diskret außerhalb des Blickfeldes der Versuchspersonen platziert (Irion 2002, Abs. 15). Durch die seitliche Anordnung befanden sich die Videokameras nicht im Gesichtsfeld der Kinder, wenn diese sich mit dem Versuchsleiter unterhielten oder am Bildschirm arbeiteten.

3.4.2 Handlungsbezogene Befragungen

Die Beobachtungsdaten wurden ergänzt um verbale Daten, die durch Befragungen mit Elementen des lauten Denkens während (Think Aloud) und nach der Rezeption (Stimulated Recall) gewonnen wurden. Diese Erhebungsmethode haben wir als handlungsbezogene Befragungen bezeichnet.

Beim lauten Denken werden die Versuchspersonen gebeten, alle ihre Kognitionen im Handlungsvollzug zu verbalisieren. Die Verbalisierungen werden üblicherweise durch Tonaufzeichnungsverfahren erfasst.

Die zeitliche Nähe von Handlung und Verbalisierung richtet beim lauten Denken den Fokus der Befragten auf die Verbalisierung von Kognitionen zu aktuellen Handlungen statt wie bei anderen qualitativen Erhebungsmethoden auf Reflexionsprozesse über die eigene Situation (Weidle/Wagner 1994: 82f). Im Gegensatz zu anderen periaktional ausgerichteten Verfahren wie Gedankenstichproben, wird die Datenfülle vergleichsweise wenig reduziert (Huber/Mandl 1994a: 104), weshalb sich die Methode des lauten Denkens vor allem auch für explorativ ausgerichtete Studien eignet.

Die Methode des lauten Denkens erlebt angesichts der technischen Möglichkeiten digitaler Videographierung und -analyse (Irion 2002) in den letzten Jahren einen Boom im Bereich der Mensch-Computer-Interaktion (HCI) vor allem im Rahmen von Usability-Studien (Yom 2003).

Pilotstudien zur Erprobung der Methoden zeigten allerdings, dass die von Stratman/Hamp-Lyons (1994: 95) erarbeiteten Faktoren zur Reaktivität der Verbalisationen auf die Handlungsausführung vor allem auch bei Grundschulkindern relevant werden können. Obwohl die Methode des lauten Denkens mit den Kindern zu Beginn der Stunde kurz eingeübt wurde, kam es immer wieder zum Abreißen des Erzählstroms. Zwar bat die Versuchsleitung die Kinder wiederholt darum, ihre Kognitionen zu verbalisieren, dennoch waren die Kinder nicht immer in der Lage laut zu denken. Entwicklungstheoretisch können die Probleme von Kindern bei der synchronen Verbalisierung von Kognitionen auf mangelnde metakognitive Fähigkeiten von Kindern zurückgeführt werden (Huber/Mandl 1994b: 17).

Es zeigte sich in der Pilotstudie, dass es den Kindern leichter fällt, ihre Gedanken in Gesprächssituationen mit natürlicherem Charakter zu verbalisieren, weshalb das laute Denken in ein problemzentriertes Interview (Witzel 2000) eingebunden wurde. Auf diese Weise konnten Einblicke in die Entscheidungsprozesse der Kinder gewonnen werden. Dennoch blieben für die Analyse interessante Entscheidungen von den Kindern unkommentiert, da die Versuchsleitung durch zu häufige und nachdrückliche Interventionen die Entscheidungsprozesse der Kinder behindert hätte.

Statt die Interventionen zur Stimulierung des lauten Denkens seitens der Versuchsleitung noch weiter zu erhöhen und durch zu großen Druck zum lauten Denken die Gefahren der Reaktivität noch zu verstärken, wurde entschieden, bei den handlungsbezogenen Befragungen neben der Methode des lauten Denkens auch die Methode des Stimulated Recall (Methode des nachträglichen lauten Denkens) zu integrieren.

Beim Stimulated Recall werden den Akteuren nachträglich für die Analyse besonders ergiebig erscheinende Sequenzen vorgespielt, um die Erinnerung der Versuchspersonen an handlungsleitende Kognitionen zu unterstützen. Dazu werden direkt im Anschluss an die Erhebung die Videodaten durch die Versuchsleitung gesichtet, um besonders interessante Passagen auszuwählen. Diese Passagen werden dann den Versuchspersonen direkt am nächsten Tag vorgespielt mit der Aufgabe, nachträglich ihre Kognitionen während der vorgespielten Videosequenz zu rekonstruieren.

Auch der Stimulated Recall konnte mit den Kindern nicht in Reinform realisiert werden. Stattdessen wurden auch hier Leitfragen mit Stimulated-Recall-Elementen gekoppelt. Bei der Durchführung des Stimulated Recalls wurde deutlich, dass nicht alle Kognitionen memoriert werden konnten. Aus diesem Grund wurden die Daten des simultanen und nachträglichen lauten Denkens nicht vorrangig zur gegenseitigen Validierung eingesetzt, sondern vielmehr um eine umfassendere Datenbasis für die explorativ ausgerichtete Analyse zu erhalten.

3.5 Datenaufbereitung für das Hypercoding

Während bei vielen quantitativen Videostudien die Videodaten die zentrale Grundlage für Analyseprozesse bilden, wird in qualitativen Studien das Videomaterial vielfach lediglich als Basis für Transkriptionsprozesse verwendet. Gerade bei explorativ ausgerichteten Studien oder in Untersuchungen, in denen Kategoriensysteme noch erstellt oder ergänzt werden müssen, scheint uns dies häufig eine unangemessene Einschränkung des Datenreichtums von Videodaten darzustellen und bedingt – meist ohne forschungsmethodologische Rechtfertigung – eine Beschränkung der Perspektive auf das transkribierte Material.

Ein besonderes Potential von Videodaten für qualitative Studien sehen wir in deren Offenheit für die in der qualitativen Sozialforschung bedeutsamen zirkulären Vorgehensweisen (Flick/Kardoff/Steinke 2000) bei der Datenanalyse. Durch die Vielschichtigkeit der Videodaten können Phänomene und Aspekte auch dann gezielt analysiert werden, wenn diese erst im Verlauf der Studie als relevant bewertet werden. Diese durch Videodaten erzeugte Offenheit der Datenanalyse ermöglichte innerhalb der Studie die für Grounded Theory typischen zirkulären Kodierungsprozesse. Nur auf diese Weise war es möglich, im Analyseverlauf neu auftauchende Phänomene auch nachträglich noch gezielt bei den schon analysierten Fällen zu untersuchen, um dem Prinzip des ständigen Vergleichs zu genügen. So erlaubte die Offenheit des Videomaterials eine Vielzahl von Umstrukturierungen der Kodes. Um die Textanalysefunktionen gängiger qualitativer Forschungssoftware nutzen zu können, wurden die verbalen Daten ergänzend transkribiert. Durch hypermediale Datenanalyse und Hypercoding, die ja die gekoppelte Analyse von Videodaten und Transkripten erlauben, war es möglich, die reichhaltigen Videodaten für zirkuläre Analyseprozesse zu nutzen, ohne auf die Textanalysefunktionalitäten gängiger Software zu verzichten.

Entwickeltes HTML-Analysetool auf DVD

Die Verwendung von drei unterschiedlichen Datenquellen (Videodaten und zwei Protokolle handlungsbezogener Befragungen (mit Elementen des lauten Denkens und des Stimulated Recalls) stellte die Aufbereitung der Daten für die Analyse vor besondere Herausforderungen. Zu diesem Zweck wurde auf HTML-Basis unter Einbezug von Quicktime-Technologien eigens ein Analyseinstrument entwickelt. Mit diesem Instrument war es möglich, die Datenquellen synchron anzusteuern (vgl. Abbildung 4). Das für die Analyse entwickelte Instrument auf HTML- und Javascript-Basis findet sich mit einem Beispielfall auf dem beigelegten Datenträger.[4]

---

[4] Aus datenrechtlichen Gründen wurde die für die Analyse ebenfalls bedeutsame Audiospur gelöscht.

Abbildung 4: Eigenentwickeltes HTML-Tool zu synchroner Darstellung und Hypercoding von Protokollen des simultanen und nachträglichen lauten Denkens und Videodaten

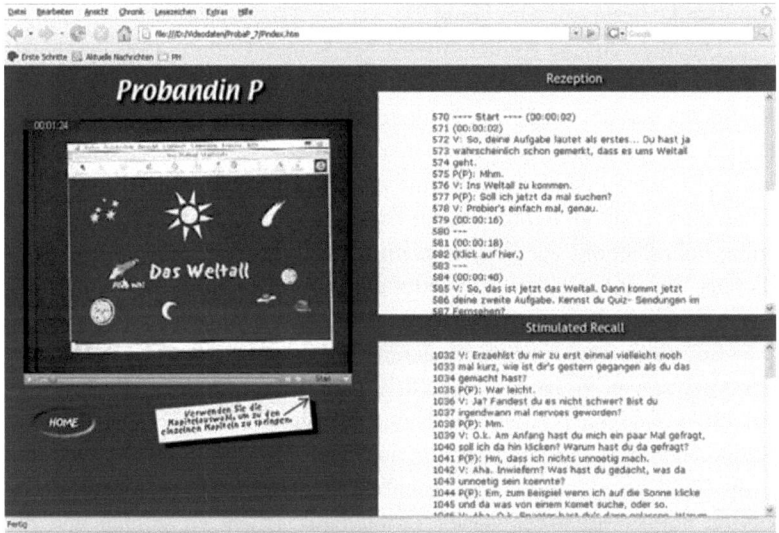

3.6 Einsatz des Hypercodings bei der Datenanalyse

Die Datenanalyse folgte dem Verfahren des theoretischen Kodierens (Strauss/Corbin 1996). Die Kodierprozesse wurden mit der professionellen Software zur qualitativen Datenanalyse Aquad 5 durchgeführt. Das Hypercoding selbst wurde in dieser Studie per Hand realisiert. Hierzu wurden die Segmente miteinander verlinkt, indem spezielle Kodes mit den Zeilennummern von Textpassagen oder den Zeitangaben von Videosegmenten direkt an die Kodes angehängt wurden, so dass jederzeit nachverfolgt werden konnte, auf welche Passagen sich die Kodierung über den Haupttext hinaus bezieht. Die Verwendung des Hypercodings hatte spezifische Vorteile in den verschiedenen Phasen offenes Kodieren, axiales Kodieren und selektives Kodieren.

Videotutorial zur Umsetzung des Hypercodings mit Atlas.ti

3.6.1 Anwendung des Hypercodings 1. Ordnung beim theoretischen Kodieren

Beim Hypercoding 1. Ordnung werden Transkriptionen und Videodaten simultan kodiert (vgl. Abbildung 2).

Das theoretische Kodieren wird bei Strauss/Corbin (1996) realisiert durch miteinander verzahnte Phasen des offenen Kodierens, des axialen Kodierens und des selektiven Kodierens. Beim offenen Kodieren bewährte sich der Einbezug von Videodaten. Die iterativen Prozesse der Datenanalyse machten deutlich, dass eine reine Verbaltranskription der Videodaten eine zu starke Reduktion der Daten dargestellt hätte. Eine solche zu frühe Fokussierung von Phänomenen hätte dem Prinzip des offenen Kodierens nach sukzessiver Entwicklung von Konzepten (Böhm 2000: 477) widersprochen.

So wurde bspw. beim Kodieren der Navigationstechniken erst bei der Analyse von Probandin 5 deutlich, welche Probleme der Wechsel von der Off-Frame-Navigation (der Navigation in der Browserzeile) zur In-Frame-Navigation (der Navigation auf der HTML-Seite selbst) bedingen kann. Nun waren, um die Vergleichbarkeit zu erhöhen, die zuvor analysierten Fälle hinsichtlich dieser Problematik erneut zu sichten und die entsprechenden Videosegmente zu kodieren. Dies konnte allerdings nur am originären Videomaterial erfolgen, da ohne Fokussierung der Problematik Suchbewegungen des Mauszeigers, die Dauer des Verweilens auf einzelnen Symbolen im Off-Frame-Bereich usw. nicht transkribiert worden wären. Ein nachträgliches Kodieren wäre damit unmöglich geworden. Das offene Kodieren war bei der Analyse des Rezeptionsprozesses somit nur durch die Nutzung eines auf videographische Daten bezogenen Analyseverfahrens sinnvoll möglich. Auch beim axialen und selektiven Kodieren waren die videographischen Daten hilfreich, da die Kontextbedingungen von Handlungen und Äußerungen besser beurteilt werden konnten, was Kodierentscheidungen erleichterte.

Die Transkription der verbalen Daten aus den problemzentrierten Interviews (mit Elementen des Lautes Denkens) und den Leitfadeninterviews (mit Stimulated-Recall-Elementen) (vgl. Kapitel 3.2.4) während und nach der Informationssuche durch die Kinder ermöglichten auf der anderen Seite eine textbezogene Computerunterstützung während des theoretischen Kodierens. Ein zentrales Problem in Kodierprozessen ist das Auffinden relevanter Textabschnitte (Miles/Huberman 1994: 56). Durch Wort- und Schlüsselwortsuchvorgänge mittels der Datenanalysesoftware Aquad 5 (Huber 1999: 87ff.) konnte bspw. die Kodierkonsistenz erhöht werden, wenn etwa alle Äußerungen zum Umgang mit Maus und Tastatur gesucht werden mussten. So konnten blitzschnell durch den

Suchstring „Maus oder Tastatur oder Taste oder Tasten oder Kabel" mehrere Passagen angezeigt werden, in denen sich die Kinder zu diesem Themenbereich äußerten. Wortzählungen unterstützten die Entdeckung zentraler Begriffe und dienten damit der Entwicklung wichtiger Kategorien.

Auf diese Weise konnten durch die verknüpfte Analyse von Videodaten und Transkripten der handlungsbezogenen Befragung mit Elementen des lauten Denkens (Hypercoding 1. Ordnung, s.o.) verschiedene Kategorien entwickelt werden. Bspw. wurde erklärbar, warum ein Schüler bei der Verwendung des Schließfeldes eines überlappenden Browserfensters zögerte. Im durch Fragen der Versuchsleitung unterstützten lauten Denken äußerte der Proband Bedenken, dass er durch die Verwendung des Schließfeldes das Programm beenden könnte:

> (00:25:39) (Proband A (PA) deutet nach längerem Zögern mit dem Mauszeiger auf das Schließfeld des überlappenden Fensters)
> Wenn ich da drauf drück, geht das Bild wieder weg.
> Versuchsleiter (V): Welches Bild geht denn weg?
> PA: Das was gerade da ist.
> V: Und woher weißt du das, dass das da weggeht?
> PA: Das meine ich halt. Es ist mir mal bei dem passiert.
> V: Ah so.
> PA: Da hab ich auf einen Knopf gedrückt, der war da und dann ist das Bild weg gewesen.
> V: Aha.

Beim Betrachten des Videos fiel besonders der Unterschied zu seinem sonst gezeigten Vorgehen bei der Navigation auf, bei dem sich der Junge sehr entscheidungssicher zeigte. Während aber andere wesentlich entscheidungsunsicherere Kinder bedenkenlos auf das Schließfeld des Fensters geklickt hatten, zögerte er wohlüberlegt, da ein unbedachtes Schließen des Fensters ja tatsächlich hätte bedeuten können, dass das Programm beendet worden wäre. Diese Umsicht bei den Navigationshandlungen konnte bei einem anderen Probanden ebenfalls beobachtet werden. Zur Bewertung der Navigationshandlung als umsichtig waren somit sowohl die verbalen Daten als auch die Videodaten erforderlich. Auf der Grundlage der Aussagen und der Beobachtungsdaten konnte die Kategorie „Vorsicht in sensiblen Navigationsbereichen" als Teilkompetenz einer Navigationskompetenz ausgemacht werden.

3.6.2 Anwendung des Hypercodings 2. Ordnung beim theoretischen Kodieren

Beim Hypercoding 2. Ordnung wird neben Transkriptionen und Videodaten eine weitere Datenquelle zusätzlich kodiert (vgl. Abb. 2). In dieser Studie wurden zusätzliche Daten aus einem nachträglichen Interview mit Stimulated-Recall-Elementen gewonnen. Den Versuchspersonen wurden am folgenden Tag in einer Schnellanalyse ausgewählte Passagen ihrer Informationsrecherche am Computer vorgespielt und sie wurden gebeten, sich zu diesen Passagen zu äußern, um ihre handlungsleitenden Kognitionen nachträglich rekonstruieren zu können (vgl. Unterkapitel 3.4 Datenerhebung)

Die mittels des Hypercoding 2. Ordnung realisierte verknüpfte Analyse von Videodaten und handlungsbezogenen Befragungen ermöglichte es, Phänomene zu kodieren, die ansonsten keine Berücksichtigung hätten finden können. So war bei einer Schnellanalyse[5] am Tag der Erhebung aufgefallen, dass eine Schülerin blitzschnell auf einer textlastigen Seite die Lösung dafür gefunden hatte, wie lange der Mond benötigt, um die Erde zu umrunden. Die hohe Geschwindigkeit beim Finden der Lösung ließ es unwahrscheinlich erscheinen, dass sie die ganze Seite gelesen hätte. Im problemzentrierten Interview mit Stimulated-Recall-Elementen am Folgetag wurde sie beim Betrachten der entsprechenden Filmsequenz befragt, wie sie das Ergebnis so schnell gefunden hätte:

> Frage: Gleich als du die Seite gesehen hast, hast du gesagt: Da steht's! Woran hast du das gleich gesehen?
> Antwort: Weil ich hab da nach Zahlen geguckt, ob die da drin kommen.

Auf dieser Grundlage konnte die Textlesestrategie „Suche nach Antwortfragmenten" entwickelt werden, die offensichtlich auch schon von einer Drittklässlerin eingesetzt wird.

Diese und andere Analyseprozesse führten zu drei Hauptkategorien, die für die Rechercheprozesse der Kinder bedeutsam wurden: traditionelle Lesetechniken, Navigationstechniken und Techniken des recherchierenden Lesens.

---

[5] Im Rahmen der Schnellanalyse kamen verschiedene von Miles/Huberman (1994) vorgestellte Kurzanalyseverfahren wie etwa Contact Summary Sheets zum Einsatz.

4 Zusammenfassung, Ausblick und praktische Hinweise zur eigenen Umsetzung von Studien mit Hypercoding

Das Verfahren des Hypercodings ermöglicht es, das in der qualitativen Sozialforschung häufig angewendete Analyseverfahren der Kodierung auf verschiedene, miteinander verknüpfte Datenquellen anzuwenden. Die synchronisierte Verwendung der unterschiedlichen Datenquellen erlaubt es dabei, Beobachtungsdaten und Befragungsdaten kombiniert zu analysieren.

Die Kombination von Videodaten mit Protokollen handlungsbezogener Befragungen mit Elementen des lauten Denkens und des nachträglichen lauten Denkens erzeugte eine reichhaltigere Datenbasis, um zu analysieren, auf welche Schwierigkeiten Grundschulkinder bei der Recherche von Informationen in Hypermedia stoßen und welche Strategien, sie bei der Informationssuche anwenden. So konnten Probleme und Herangehensweisen der Kinder rekonstruiert werden, die mit einem einzelnen Verfahren nicht entwickelt hätten werden können.

Beim Hypercoding können die Vorteile der Textanalyse mit den Vorteilen der Analyse von Videodaten verkoppelt werden. Auf diese Weise ist es möglich, die Potentiale von Videodaten für zirkuläre Analyseschritte zu nutzen und gleichzeitig andererseits traditionelle transkriptionsbasierte Analysewerkzeuge zu verwenden.

Die Verfahren Hypercoding und hypermediale Datenanalyse eröffneten in dieser und in weiteren Studien Potentiale, Videostudien auch für die Rekonstruktion der Sichtweise der Akteure in Lehr-Lern-Situationen zu nutzen. In den laufenden Studien werden zudem die Relationen zwischen den Datenquellen (kritisierend, rechtfertigend, bestätigend, widersprüchlich, erweiternd, einschränkend....) erfasst. So kann beispielsweise der Kommentar einer Versuchsperson das eigene Verhalten in einer Videosequenz kritisieren oder rechtfertigen. Dies erlaubt strukturierte Vergleiche unterschiedlicher Segmentrelationen zur Dimensionalisierung verschiedener Ausprägungen sozialer Phänomene.

Der Entwicklung und Anwendung der Methode des Hypercodings unter Einbezug der verwendeten Videographieverfahren wies eine nicht geringe Komplexität auf. Für künftige Studien können die vorliegenden Erfahrungswerte genutzt werden, um die Potentiale der Methode noch weiter auszuschöpfen. Abschließend möchten wir unserem Wunsch Ausdruck verleihen, dass es mit diesen und weiteren Verfahren gelingen möge, in Videostudien stärker die Perspektive der Akteure in Lehr-Lernsituationen zu berücksichtigen.

Zusatzmaterial für die Durchführung von Studien mit Hypercoding:

Videotutorials zu weiterer Studie

pdf „Hypercoding mit aktuellen Technologien"

Um Folgestudien mit aktueller Technik zu erleichtern, finden sich auf der beigelegten DVD nicht nur Materialien, die bei der bereits abgeschlossenen Studie zum Einsatz kamen, sondern auch Materialien und Erfahrungsberichte aus einer aktuellen Studie zu Gesprächen beim Experimentieren im Sachunterricht.[6] In dieser Studie kommen derzeit hypermediale Datenanalyse und Hypercoding zum Einsatz, um situativ förderliche und hinderliche Bedingungen für die Gesprächsführung durch Lehrpersonen zu analysieren. Da die Studie noch nicht abgeschlossen ist, erfolgt hier keine Präsentation von Ergebnissen. Die Darstellung des technischen Vorgehens dient lediglich als Hilfestellung für die Konzeptionierung eigener Studien mit aktueller auf dem Markt befindlicher Technik.

Mit diesem Artikel ist die Hoffnung verbunden, Hilfestellung für interessierte Forscherinnen und Forscher zu geben, die die Methode des Hypercodings ebenfalls einsetzen wollen. Über einen Erfahrungsaustausch würden wir uns freuen.

Hinweise zum DVD-Material dieses Beitrags

1. Im Begleitartikel ‚Hypercoding mit aktuellen Technologien' kann nachvollzogen werden, wie wir Hypercoding in einer derzeitigen Studie zu Gesprächen beim Experimentieren im Sachunterricht einsetzen. Hier wird beschrieben, wie Hypercoding mit Atlas.ti umgesetzt werden kann.
2. Im Dokument ‚Empfehlungen zur Aufzeichnung und Aufbereitung von Unterrichtsaufnahmen für die Datenanalyse' wird das Vorgehen in einer aktuellen Studie zur Datenaufzeichnung und –aufbereitung beschrieben. Von Interesse könnte hier u.a. das Verfahren zum Mischen von Ton- und Videospuren für die Datenanalyse in Atlas.ti oder in anderen Analyseprogrammen sein, die nicht auf mehrere Film- und Tonspuren ausgelegt sind.
3. In den Videotutorials können die Arbeitsschritte beim Zusammenmischen der Bild- und Tonspuren und beim Hypercoding nachvollzogen werden.

---

[6] Die Darstellung der technologischen Umsetzung bezieht sich auf eine Studie unter Leitung von Prof. Dr. Bernd Reinhoffer, für die der Autor die forschungsmethodologische Durchführung der Videoteilstudie verantwortlich konzipierte. Die Gesamtkonzeption dieser Studie wurde von Prof. Dr. Reinhoffer entwickelt. In dieser Studie promoviert Frau Simone Halder zum Thema „Gespräche beim Experimentieren im Sachunterricht". Die Beschreibung der Verfahren in dieser Beispielstudie entstand unter tatkräftiger und kompetenter Mithilfe der studentischen Hilfskräfte Andreas Knecht und Simon Wassmer. Die Adaption der Methode des Hypercodings auf diese Studie entstand im Diskurs mit Frau Simone Halder. Ich möchte den genannten Personen an dieser Stelle herzlich danken.

4. Das beigelegte HTML-Analysetool kann für eigene Weiterentwicklungen des Instruments und den Einsatz in Studien verwendet werden. Wir bitten dann um eine kurze Rückmeldung mit den geplanten Einsatzzwecken.

Literatur

Arnheim, Rudolph (1980): A forecast of television. In: Adler Richard P. (Hrsg.) (1980): Understand Television. New York: Praeger, S. 3-10

Baer, Matthias et al. (2009): Auf dem Weg zu Expertise beim Unterrichten - Erwerb von Lehrkompetenz im Lehrerinnen- und Lehrerstudium. Unterrichtswissenschaft, 37. Jahrgang. 2. S. 118-144

Böhm, Andreas (2000): Theoretisches Codieren: Textanalyse in der Grounded Theory. In: Flick, Uwe / Kardoff, Ernst v. / Steinke, Ines (Hrsg): Qualitative Forschung. Ein Handbuch. Reinbek bei Hamburg: Rowohlt. S. 475-485

Blömeke, Sigrid / Eichler, Dana / Müller, Christiane (2003): Rekonstruktion kognitiver Strukturen von Lehrpersonen als Herausforderung für die empirische Unterrichtsforschung. Theoretische und methodologische Überlegungen zu Chancen und Grenzen von Videostudien. Unterrichtswissenschaft, 31. Jahrgang. 2. S. 103-121

Dinkelaker, Jörg / Herrle, Matthias (2009): Erziehungswissenschaftliche Videographie. Eine Einführung. Wiesbaden: VS Verlag für Sozialwissenschaften

Flick, Uwe / Kardorff, Ernst v. / Steinke, Ines (Hrsg.) (2000): Qualitative Forschung. Ein Handbuch. Reinbek bei Hamburg: Rowohlt.

Irion, Thomas (2002): Einsatz von Digitaltechnologien bei der Erhebung, Aufbereitung und Analyse multicodaler Daten. Forum Qualitative Sozialforschung / Forum: Qualitative Social Research (Online Journal), 3.2. Techikeinsatz in qualitativer Sozialforschung. Verfügbar über http://www.qualitative-research.net/fqs/fqs.htm2002. (Zugriff: 10.3.2010).

Irion, Thomas (2008): Hypermedia-Recherche im Grundschulalter. Eine qualitative Videostudie zu Vorerfahrungen und Recherchekompetenzen. Baltmannsweiler: Schneider Verlag Hohengehren

Huber, Günter L. (1999): Analyse qualitativer Daten mit AQUAD FÜNF. Schwangau: Ingeborg Huber Verlag

Huber, Günter L. / Mandl, Heinz (1994a): Gedankenstichproben. In: Huber, Günter L. / Mandl, Heinz (Hrsg.): Verbale Daten. Eine Einführung in die Grundlagen und Methoden der Erhebung und Auswertung. Weinheim: Beltz, S. 104-118

Huber, Günter L. / Mandl, Heinz (1994b): Verbalisationsmethoden zur Erfassung von Kognitionen im Handlungszusammenhang. In: Huber, Günter L. / Mandl, Heinz (Hrsg.): Verbale Daten. Eine Einführung in die Grundlagen und Methoden der Erhebung und Auswertung. Weinheim: Beltz, S. 11-42

Hugener, Isabelle / Rakoczy, Katrin / Pauli, Christine / Reusser, Kurt (2006): Videobasierte Unterrichtsforschung: Integration verschiedener Methoden der Videoanalyse für eine differenzierte Sicht auf Lehr-Lernprozesse. In: Rahm, Sibylle/Mammes, Ingelore/Schratz, Michael (Hrsg.): Schulpädagogische Forschung - Unterrichtsforschung - Perspektiven innovativer Ansätze. Innsbruck, Wien, Bozen: Studienverlag, S. 41-53

Kobarg, Mareike / Seidel, Tina (2003): Prozessorientierte Lernbegleitung im Physikunterricht. In: Seidel, Tina / Prenzel, Manfred / Duit, Reinders / Lehrke, Manfred (Hrsg.): Technischer Bericht zur Videostudie" Lehr-Lern-Prozesse im Physikunterricht". Kiel: Ipn, S. 151-200

Lamnek, Siegfried (2005): Qualitative Sozialforschung (4. Aufl.). Weinheim, Basel: Beltz PVU

Mayring, Philipp (1983): Qualitative Inhaltsanalyse. Grundlagen und Techniken. Weinheim: Beltz

Mayring, Philipp (2000): Qualitative Inhaltsanalyse (28 Absätze). Forum Qualitative Sozialforschung / Forum: Qualitative Social Research (Online Journal), 1.2. Disziplinäre Orientierungen I: Qualitative Psychologie. Verfügbar über http://www.qualitative-research.net/fqs-texte/2-00/2-00mayring-d.htm (Zugriff: 17.9.2005)

Miles, Matthew B. / Huberman, A. Michael (1994): Qualitative Data Analysis: An Expanded Sourcebook (2. Aufl.) Thousand Oaks, CA: Sage

Monaco, James (2009): Film verstehen Kunst, Technik, Sprache, Geschichte und Theorie des Films und der Neuen Medien; mit einer Einführung in Multimedia (Überarb. und erw. Neuausg.). Reinbek bei Hamburg: Rowohlt-Taschenbuch-Verlag

Müller, Christiane/Eichler, Dana/Blömeke, Sigrid (2006): Chancen und Grenzen von Videostudien in der Unterrichtsforschung. In: Rahm, Sibylle/Mammes, Ingelore/Schratz, Michael (Hrsg.): Schulpädagogische Forschung - Unterrichtsforschung - Perspektiven innovativer Ansätze. Innsbruck, Wien, Bozen: Studienverlag, S. 125-138

Oser, Fritz / Heinzer, Sarah / Salzmann, Patrizia (2010): Die Messung der Qualität von professionellen Kompetenzprofilen von Lehrpersonen mit Hilfe der Einschätzung von Filmvignetten. Chancen und Grenzen des advokatorischen Ansatzes. Unterrichtswissenschaft, 38. Jahrgang.1. S. 5-24

Pauli, Christine/Reusser, Kurt (2006): Von international vergleichenden Video Surveys zur videobasierten Unterrichtsforschung und -entwicklung. Zeitschrift für Pädagogik, 52.Jahrgang. 6. S. 774-798

Petko, Dominik / Waldis, Monika / Pauli, Christine/Reusser, Kurt (2003): Methodologische Überlegungen zur videogestützten Forschung in der Mathematikdidaktik. Zentralblatt für Didaktik der Mathematik, 35.Jahrgang. 6. S. 265-280

Schulmeister, Rolf (2002): Grundlagen hypermedialer Lernsysteme: Theorie, Didaktik, Design (3. korr. Aufl.). München: Oldenbourg

Schwartz, Morris S. / Schwartz, Charlotte Green (1955): Problems in Participant Observation. The American Journal of Sociology, 60. Jahrgang. 4. S. 343-353

Seidel, Tina (2003): Überblick über Beobachtungs- und Kodierverfahren. In: Seidel, Tina/Prenzel, Manfred/Duit, Reinders/Lehrke, Manfred (Hrsg.): Technischer Bericht zur Videostudie" Lehr-Lern-Prozesse im Physikunterricht". Kiel: Ipn, S. 99-112

Seidel, Tina / Rimmele, Rolf / Prenzel, Manfred (2003): Gelegenheitsstrukturen beim Klassengespräch und ihre Bedeutung für die Lernmotivation. Videoanalysen in Kombination mit Selbsteinschätzungen. Unterrichtswissenschaft, 31. Jahrgang. 2. S. 142-165

Seidel, Tina et al. (2006): Blicke auf den Unterricht. Ergebnisse der IPH Videostudie. Zeitschrift für Pädagogik, 52. Jahrgang. 6. S. 799-821

Stigler, James W. / Gallimore, Ronald / Hiebert, James (2000): Using Video Surveys to Compare Classrooms and Teaching Across Cultures: Examples and Lessons From the TIMSS Video Studies. Educational Psychologist, 35. Jahrgang. 2. S. 87-100

Stratman, James F./Hamp-Lyons, Liz (1994): Reactivity in concurrent think-aloud protocols: Issues for research. In: Smagorinsky, Paul (Hrsg.): Speaking about writing: Reflections on research methodology. Thousand Oaks, CA: Sage, S. 89-111

Strauss, Anselm/Corbin, Juliet M. (1990): Basics of qualitative research: Grounded theory procedures and techniques. Newbury Park, CA: Sage

Strauss, Anselm/Corbin, Juliet (1996): Grounded Theory. Grundlagen qualitativer Sozialforschung. Weinheim: Beltz

Strübing, Jörg (2004): Grounded Theory. Zur sozialtheoretischen und epistemologischen Fundierung des Verfahrens der empirisch begründeten Theoriebildung. Wiesbaden: Verlag für Sozialwissenschaften.

Strübing, Jörg (2008): Pragmatismus als epistemische Praxis. Der Beitrag der Grounded Theory zur Empirie-Theorie-Frage. In: Kalthoff, Herbert/Hirschauer, Stefan/Lindemann, Gesa (Hrsg.): Theoretische Empirie. Zur Relevanz qualitativer Forschung. Frankfurt am Main: Suhrkamp, S. 279-311

Tergan, Sigmar-Olaf (2002): Hypertext und Hypermedia: Konzeption, Lernmöglichkeiten, Lernprobleme und Perspektiven. In: Issing, Ludwig J./ Klimsa, Paul (Hrsg.): Information und Lernen mit Multimedia und Internet. Lehrbuch für Studium und Praxis (3., vollst. überarb. Aufl.) Weinheim: Beltz PVU, S. 99-114

Weidle, Renate/Wagner, Angelika (1994): Die Methode des Lauten Denkens. In: Huber, Günter L. / Mandl, Heinz (Hrsg.): Verbale Daten. Eine Einführung in die Grundlagen und Methoden der Erhebung und Auswertung. Weinheim: Beltz, S. 81-103

Wild, Klaus-Peter (2001): Die Optimierung von Videoanalysen durch zeitsynchrone Befragungsdaten aus dem Experience Sampling. In: Aufschnaiter, Stefan v./Welzel, Manuela (Hrsg.): Nutzung von Videodaten zur Untersuchung von Lehr-Lernprozessen. Münster: Waxmann, S. 61-74

Wild, Klaus-Peter (2003): Videoanalysen als neue Impulsgeber für eine praxisnahe prozessorientierte empirische Unterrichtsforschung. Unterrichtswissenschaft, 31. Jahrgang. 2. S. 98-102

Wirtz, Markus A. (2002): Beurteilerübereinstimmung und Beurteilerreliabilität Methoden zur Bestimmung und Verbesserung der Zuverlässigkeit von Einschätzungen mittels Kategoriensystemen und Ratingskalen. Göttingen Bern [u.a.]: Hogrefe Verlag für Psychologie

Witzel, Andreas (2000): Das problemzentrierte Interview (26 Absätze). Forum Qualitative Sozialforschung / Forum: Qualitative Social Research (Online Journal) Retrieved 1.2.2005, 1, from http://qualitative-research.net/fqs

Yom, Miriam (2003): Web-Usability von Online-Shops. Göttingen: better solutions.

Die Feldpartitur. Mikroprozessuale Transkription von Videodaten

Christine Moritz

In diesem Beitrag wird das System der Transkription von Videodaten mit der Feldpartitur[1] erstmals vorgestellt. Es handelt sich dabei um ein System, welches versucht, die dem Medium immanenten und überwiegend nichtsprachlichen Informationsträger zunächst analytisch zu erfassen (Feldpartitur als Analyseinstrument) und anschließend zum Zweck des wissenschaftlichen Diskurses darzustellen (Feldpartitur als Darstellungsinstrument). Die Erfassung des Datenmaterials geschieht durch die Zerlegung des audiovisuell vermittelten Inhaltes einer Videoaufzeichnung in seine Einzelkomponenten, welche im Medium Video in Gleichzeitigkeit und je eigener Prozessualität vorliegen. Die Alltagswahrnehmung audiovisueller Daten wird dabei nicht außen vor gelassen, sondern in reflexiver Weise mit der in der Forschung bestehenden Notwendigkeit einer analytischen Differenzierung verbunden.

Zunächst werden in diesem Beitrag grundlegende Überlegungen zur Spezifik des audiovisuellen Datentypus ausgeführt. Anschließend werden die Einzelkomponenten des Datenmaterials im Rahmen von zwei Kategorien auch unter Bezugnahme auf aktuelle Forschungsansätze systematisiert, darauf aufbauend das Konzept der Feldpartitur in seinen Grundzügen kurz erläutert. Eine forschungspraktische Anschauung der Arbeit mit der Feldpartitur geschieht anhand eines Einzelfallbeispieles aus einer videobasierten Studie, welche die realzeitliche kommunikative Handlung der Akteure in der Instrumentalpädagogik untersucht. Das Einzelfallbeispiel mit der Bezeichnung *„Kriminalfilm? – Horrorfilm!"* soll dabei exemplarisch aufzeigen, dass Videodaten gerade nichtsprachliche Aktivitäten – in diesem Einzelfall die Kommunikation über das Medium der erklingenden Musik – der Akteure im Kontext eines erweiterten kommunikativ-interaktiven Verständnisses zu erfassen in der Lage sind. Diesen

Zusammenfassung

---

[1] Die Feldpartitur wurde entwickelt in meiner videobasierten Dissertationsstudie Moritz 2010a. Untersucht wurden die Kommunikations- und Interaktionsprozesse im Fach Instrumentalpädagogik. Das Projekt beruht auf einer Datenbasis von zunächst 257 videoaufgezeichneten Unterrichtseinheiten bei 12 Klavier-Lehrkräften aus Baden-Württemberg, 1-3 Interviews pro Lehrkraft sowie (im Rahmen des theoretical sampling) 55 weiteren Videoaufzeichnungen nach Instruktion, ExpertInneninterviews sowie eines Gruppendiskussionsverfahrens. Das Projekt wurde gefördert im Rahmen eines Schlieben-Lange-Stipendiums des Landes Baden-Württemberg.

Beitrag abschließend soll der kognitive Mehrwert durch die Arbeit mit der Feldpartitur für Forschende aufgezeigt werden.

1 Semantische Unbestimmtheit als Merkmal audiovisuellen Datenmaterials

Audiovisuelle Daten[2] sind – insbesondere angesichts ihrer rasanten Zunahme im Rahmen des ‚visual turn' in der Qualitativen Sozialforschung[3] – als ein eigenständiges Symbol-, Zeichen- und Ausdruckssystem gegenüber dem System der Sprache zu bezeichnen (Langer 1984: 87; Bohnsack 2009). Diese an sich triviale Prämisse zieht innerhalb des sprachlich-logoszentrierten Wissenschaftsbetriebes verhältnismäßig selten forschungspraktische Konsequenzen nach sich (Knoblauch 2004), sondern es werden vielfach Methoden, die sich auf die Arbeit mit Texten beziehen, direkt übertragen auf die Forschungsarbeit mit dem Videofilm[4].

Audiovisuelle Daten beinhalten jedoch auch explizit nichtsprachliche Daten, die somit ganz andere Informationen bereithalten als Verbaltexte[5] in der Qualitativen Sozialforschung. Es stellt sich in der Forschungsarbeit mit audiovisuellem Datenmaterial die zentrale Frage, wie sich solcherlei visuell und auditiv vermittelte Informationen zum Zweck eines Erkenntnisgewinns in ihren Bedeutungsstrukturen erfassen und auf eine zeichentheoretische Ebene übertragen lassen (vlg. hierzu Barthes 1979; Jakobson/Halle 2002; Metz 2000; Metz/Blüher 2000; Joost 2008). Vielfach wird im Umgang mit Videodaten auf der Basis unterschiedlicher theoretischer Hintergründe postuliert, die Informationen im Video seien auf der Basis kultureller Vertrautheit[6] ‚intuitiv verfügbar'[7] und gelangen daher unwillkürlich in den Wissensbestand der Forschenden. Die differenzierte

---

[2] Es werden in diesem Beitrag für das behandelte audiovisuelle Datenmaterial auch die Bezeichnungen „Video", „Videofilm", „Videoaufzeichnung" oder „auditiv unterlegte Bewegtbilder" verwendet.
[3] Vgl. zu unterschiedlichen Klassifikationen von Videoaufzeichnungen in der Qualitativen Sozialforschung Reichertz/Englert 2010, Knoblauch 2009; Bohnsack 2009; Friebertshäuser/Prengel/von Felden/Schäffer 2007; Ehrenspeck/Schäffer 2003, .
[4] So bsw. etwa das „Filmprotokoll" Faulstich 2008, textbasierte Tabellentranskriptionen wie Raab 2008a, 2008b, Reichertz/Englert 2010. Weitere textbasierte Methoden der Videotranskription (ELAN, SYNCWriter, EXMARaLDA u.a.) siehe überblickend in Moritz 2010 b
[5] Vgl. zu den Kriterien der Notationalität von Zeichen- und Symbolsystemen und deren Unterscheidung zu verbalen Texten Goodman/Philippi 2007: 125ff
[6] Film als „eine ursprünglichere Form der Kommunikation" Elsaesser 2007: 79; vgl. Raab 2008b
[7] Vgl. die Begabung zur „synthetischen Intuition" nach Panofsky 1987: 221; auch Sachs-Hombach/Rehkämper 1999, Sachs-Hombach 2003, implizites Bildwissen überblickend bei Bohnsack 2009: 28f.

Erfassung und Analyse der im Bild/Video vermittelten Bedeutungsträger führe über die Eigenschaft einer „Totalpräsenz" (Imdahl 1996) zu Verstehen. Angesprochen werden weiterhin die durch „körpergebundene Kommunikationszeichen" (Sachs-Hombach 2003, S. 122) vermittelten ästhetischen Ausdruckskomponenten[8], die Forschende in einen Zustand der „prä- oder nonverbalen Sinnenwelt" (Boehm 2006, 1996) führen. Die analytische Arbeit am und mit dem Bild eröffne Forschenden somit eine Eigenart des genuin-bildhaft Vermittelten: der Diskursivität des Symbolsystems der Sprache stehe die semantische Unbestimmtheit oder gar ‚Irrationalität' des Zeichen- und Symbolsystems insbesondere des Bildes gegenüber[9].

Die Arbeit mit der Feldpartitur ist ein Ansatz, verschiedene Kommunikationsmodi des Mediums Videofilm reflexiv zu erschließen und in zirkulärer Arbeitsweise den analogen Modus der Alltagswahrnehmung mit einer systematisch-analytischen Arbeitsweise zu *verbinden*. Die Feldpartitur, welche auf der Tagung „Videobasierte Methoden der Bildungsforschung. Sozial-kultur- und erziehungswissenschaftliche Nutzungsweisen" (19./20.06.2009) in Hildesheim erstmals vorgestellt wurde, soll im Folgenden anhand eines Einzelfallbeispiels in ihren Grundzügen erläutert werden. Sie befindet sich derzeit in der Entwicklung durch die Anwendung in weiteren Forschungsarbeiten.

In Bezug auf die technischen wie inhaltlichen Fortentwicklungen des Konzepts sei an dieser Stelle auf Moritz 2010b verwiesen.

Aktuelle Entwicklungen des Konzepts der Feldpartitur auf www.feldpartitur.de

Einzelkomponenten audiovisueller Daten

Audiovisuelles Datenmaterial lässt sich hinsichtlich seiner Einzelkomponenten in zwei Kategorien einteilen: die Kategorie der *audiovisuell im Film abgebildeten Akteure und Objekte,* welche aus einer determinierten Perspektive durch technische Protokollierung auf dem Videoband zu sehen und zu hören (nicht aber zu riechen, zu schmecken und zu tasten) sind, sowie die *filmischen Komponenten.*[10]

---

[8] Vgl. zu rhetorischen Techniken des Films Joost 2008: 97ff.; zur ästhetischen Ausdrucksebene im Film Kloepfer 2003, zur ästhetischen Ausdrucksebene in den Künsten Seel 2008, Goodmann, Philippi 2007; zur Rekonstruktion von Bedeutung auf der Basis von beobachteten Einzelelementen insbesondere Niesyto 2001, Belgrad, Niesyto 2003, Marotzki, Niesyto 2006; Knoblauch 2004.
[9] vgl. hierzu Burkard 2007: 73, auch Kade und dessen Beschreibung der Irrationalität und der Kontingenzen von Bildmaterial: Kade 2003: 405
[10] Eine dritte Kategorie, welche in diesem Beitrag aus Gründen des Umfangs lediglich angedeutet wird, bieten darüber hinaus die Kontextinformationen, die entweder fallintern direkt aus dem Datenmaterial rekonstruiert werden können oder durch Triangulation mit weiteren Datentypen, ‚z.B. in Form von Interviews mit den gefilmten Feldpersonen oder

Die erste *Kategorie der im Videofilm abgebildeten Akteure und Objekte*[11] begrenzt sich zunächst auf die audiovisuell vermittelten Inhalte der vorliegenden Videoaufzeichnung, so wie sie den Forschenden zur Verfügung stehen. Diese Kategorie ignoriert demnach zunächst sowohl die Entstehungskontexte des Videos, seine filmischen Komponenten (s.u.) wie auch eventuell vorhandene Kontextdaten. Im Rahmen qualitativer Sozialforschung handelt es sich dabei zuvorderst um *menschliche Akteure:* Die Kamera soll das *Verhalten* und/oder die *Handlungen* der zu beobachtenden Personen(gruppen) über eine bestimmte Zeitspanne fixieren. Im Gegensatz zur menschlichen Beobachtung kann eine Kamera dabei im Rahmen ihrer Möglichkeiten „exakt und nichtselektiv" (Kurt 2002: 184–185) ‚beobachten', audiovisuelle Spuren dieser Handlungen auf einem Aufzeichnungsband fixieren und beliebig oft wiederholbar machen. In diese Kategorie abgebildeter Akteure und Objekte fallen weiterhin die jeweiligen *Artefakte* der Beteiligten. Alle diese Objekte sind innerhalb einer spezifischen *räumlichen Konstellation* vorzufinden.

Diese erste Kategorie abgebildeter Objekte steht im Rahmen einer hermeneutischen Bildanalyse[12] häufig im Vordergrund einer qualitativen Forschungsarbeit.[13] Sinnvoll erscheint es, relevante Einzelbilder (sog. stills, screens oder moves) auszuwählen, da das selektierte Einzelbild (Goffman 2009) nichtsprachliche Informationen wie etwa die Körperhaltung einer Person oder die Konstellationskomponenten einer räumlichen Situation beinhaltet, wodurch Habitus oder Kommunikations-/Interaktionssituation fixiert werden können. Der ‚genuin bildhafte Aussagegehalt' visueller Medien steht häufig im Vordergrund der Forschung mit Videomaterial und wird auf der Basis unterschiedlicher Methodologien[14] und unter verschiedenen Begriffen gehandelt[15]. In der Triangulation mit der auditiven Ebene (Sprache, Musik, Geräusch) finden im Medium Video dabei auch außersprachliche Kommunikationskomponenten Anwendung. In vielen Fällen wird die im Vordergrund stehende Bildanalyse des Einzelbildes oder von Einzelbildfolgen in der methodischen

---

Daten aus einer Interpretationsgemeinschaft (siehe Einzelfallbeispiel unten) kombiniert werden können.
[11] Vgl. die Ausführungen zur ikonischen Differenz bei Boehm 1996; Boehm 2006
[12] Methodologisch wird die Bildanalyse zurückgeführt auf den kunstinterpretativen Ansatz nach Panofsky 2006
[13] So etwa bei Bohnsack 2009
[14] Z.B. aus der kunstgeschichtlichen Bildhermeneutik Panofsky 2006; Imdahl 1996; vgl. zur Hermeneutik des Bildes in der Qualitativen Sozialforschung Schnettler 2001; Knoblauch/Schnettler/Raab/Söffner 2006; Raab 2008b; Bohnsack 2009, Reichertz/Englert 2010. Vgl. Literaturrecherche zur Filmwissenschaft im Beitrag von Hilt in diesem Band.
[15] Vgl. zum Begriff der allgemeinen Wesensverfassung des Bildes und der "autonomen Sagkraft des Bildes allein" Gadamer 1990: 153 zu den „Bildcodes" bei Sachs-Hombach/Rehkämper 1999 zum Begriff des Bildhabitus überblickend etwa Burkard 2007, zu den Ausdruckskomponenten der kommunikativen Handlung etwa Reichertz 2010: 293.

Triangulation mit weiteren Daten, wie Kontext- oder Interpretationsdaten, durchgeführt.[16]

In einer zweiten *Kategorie der filmischen Komponenten* werden die durch die Kameratechnik bedingten Aspekte im Film, nämlich der *Kamerabewegung* und (in der Postproduktionsphase) der *Montage/des Schnittes* erfasst. Objekte im Video werden darüber hinaus immer durch eine spezifische *Kameraperspektive* dargestellt, durch einen *Ausschnitt (Kadrierung)* begrenzt, und sie erscheinen in der Aufzeichnung schließlich in einer spezifischen *Schärfe, Schattierung* sowie *Farblichkeit*.[17] Diese zweite Kategorie filmischer Elemente determiniert das Datenmaterial ganz wesentlich, und zwar zum einen bereits *vor* der Aufzeichnung (z.B. durch Überlegungen zur Positionierung der Kamera oder zur Wahl des Ausschnittes), und in diesem Fall unwiderruflich, da die aufzuzeichnende Gegenwartssituation vergangen ist und sich nicht mehr wiederholen lässt. Zum anderen spielen *während* und *nach* einer Aufzeichnung diese filmischen Komponenten eine Rolle. So werden etwa in einzelnen Ansätzen qualitativer Forschung während der Filmphase von Forschenden Entscheidungen über die Wahl des Aufzuzeichnenden getroffen.[18] Schließlich können in der Postproduktionsphase Veränderungen am ursprünglich aufgezeichneten Material vorgenommen werden, welche ihrerseits Einfluss haben auf die Forschungsarbeit. Im Fall der Qualitativen Sozialforschung betrifft dies beispielsweise die Notwendigkeit des Schnittes und somit Auswahl[19] relevanter Sequenzen für eine Präsentation oder der technischen Bearbeitung zum Zweck einer verbesserten Darstellung.

Überblickend sollen die genannten Elemente der ersten und zweiten Kategorie in der folgenden Tabelle dargestellt werden. Entgegen der Auffassung, das Bild liefere die entscheidenden Informationen, werden also auditive Komponenten als mögliche Bedeutungsträger in gleicher Weise beachtet wie Bilddaten. Insbesondere jedoch der Analyse der Prozesskomponenten, welche bislang kaum Beachtung in der Forschung erhielten, wird im Zuge des Systems Feldpartitur Rechnung getragen. An dieser Stelle werden in der dritten Spalte der Tabelle Vorschläge (!) entsprechender Zeichen- und Symbolvorräte aufgelistet, welche in einer Transkription mit der Feldpartitur eingesetzt werden können. Anstelle einer symbolischen Visualisierung können Kodes (z.B. visuelle Kodes, Textcodes) vergeben werden.

---

[16] Vgl. zur interpretierenden Arbeit mit visuellem Material im Rahmen einer internetbasierten Interpretationsgemeinschaft Moritz 2009
[17] vgl. überblickend zur Filmsemiotik, –semiologie und -semiose Kloepfer 2003
[18] Hierunter sind insbesondere Ansätze angesprochen, welche die Subjektivität der Aufzeichnenden nutzbar machen Knoblauch 2004; Mohn 2002; 2010; Holliday 2000.
[19] Siehe hierzu die Ausführungen Kurt 2009 und seinen Beitrag in diesem Band

Tabelle 1: Übersicht über Einzelkomponenten von Videos

	Kategorienbezeichnung	Analyseelement	Symbolsystem
Visuelle Daten	Bildkomponenten	Bildgegenstände	Fotogramm
		Kadrierung	Symbolsystem Joost
		Schärfe	Symholsystem Hilt
		Farbe	Symbolsystem Hilt
		Schattierung	Symbolsystem Hilt
	Nonverbale Kommunikation	Mimik	vgl. Moritz 2010b
		Gestik	Vgl. Moritz 2010b
		Körpersprache (Körperausdruck)	Vgl. Moritz 2010b
	Bewegungskomponente a	Kamerabewegung	Filmsprache
		Kameraeinstellung	Symbolsystem Joost
		Montage/Schnitt	Filmsprache
	Bewegungskomponente b	Objektbewegung	Choreographie
	Konstellationskomponenten	Raumkonstellation	Fotogramm
Auditive Daten	Musik	Musikproduktion der Abgebildeten	Musiknotation
		Postproduktive Musikunterlegung (Filmmusik, Jingles etc.)	Musiknotation
	Geräusche	Geräusche	Musiknotation
		Geräuschunterlegung	Musiknotation
	Sprache	Sprechen, Lautäußerungen	Texttranskription
		Postproduktive Unterlegung eines Kommentars	Texttranskription
		Prosodische und paralinguale Elemente des Sprechens	Texttranskription Oder analoge Symbolisierung
		Ausdruck der Sprechstimme (incl. Der Klangfarbe)	Musikalische Notatonszeichen Oder analoge Symbolisierung
		Tonhöhe	Musikalische Notationszeichen/ analoge Symbolisierung (z.B.) durch einen Linienverlauf
		Lautstärke der Sprechstimme	Musikalische Notationszeichen/Symbol

Die genannten Einzelkomponenten des Datenmaterials erscheinen im Video in *linearer* Abfolge. Die Linearität erfolgt dabei nicht kettenförmig wie im Symbolsystem der Sprache, sondern fest eingeschrieben in das gleichförmig laufende Band der Zeit. Somit bildet sie im Video den Faktor der *Bewegung* mit der zugrundeliegenden Eigenschaft messbarer Geschwindigkeit (Beschleunigung oder Verlangsamung) ab (Eisenstein 1975, Klöpfer 2003). Neben der linearen Erscheinung sind im Video die genannten Einzelkomponenten – und hier werden sie gänzlich inkompatibel mit dem Symbolsystem der Sprache[20] – in der *Gleichzeitigkeit*, also zeitsynchron vorfindlich.[21] Die Verbalverschriftung und der damit einhergehende Kodewechsel erscheinen aus diesem Grund nicht immer als der geeignete Weg zur Erforschung von Videodaten, da sowohl der Aspekt der Gleichzeitigkeit wie der Prozessualität nicht berücksichtigt werden können und der Prozess der Verbaltranskription somit einen erheblichen Informationsverlust aufweist.

Sondern als ein Achsenmodell gedacht, spannt sich dem Forschenden mit dem Datentypus Video ein zwei-dimensionales System aus Bedeutungsträgern auf, in welcher die Linearität einer Abfolge auf einer horizontalen, die Simultaneität dieser Abfolge auf einer vertikalen Achse gedacht werden kann. Wesentlich für die Erschließung der Bedeutung ist dabei, dass es weniger die isolierte Betrachtung einer einzelnen Komponente als vielmehr die spezifische und dynamisch sich verändernde *Kombination* der sich bewegenden Einzelelemente einer Aufzeichnung ist, die im Rahmen eines derartigen Zeit-Raum-Kontinuums das medienspezifisch-sinnkonstituierende Moment kommuniziert und auf diese Weise in einer potentiell unendlichen Kombinationsmöglichkeit die Vielfalt kultureller Lebenswelten zum Ausdruck bringt (vgl. Moritz 2010b).

Auch wenn an dieser Stelle aus Gründen des Umfangs zum notwendigen Prozess der *Selektion* relevanter Einzelkomponenten auf eine weitere Publikation verwiesen werden muss, ist dennoch an dieser Stelle festzuhalten: die Rekonstruktion der (ausgewählten) Einzelkomponenten über eine Zeitachse und auch deren Kombinationen im Medium Videoaufzeichnung erlaubt *umgekehrt* Rückschlüsse auf die jeweilige Bedeutungsebene, die im Rahmen einer qualitativen Erforschung erschlossen und systematisch rekonstruiert werden kann.

---

[20] Gemeint ist das Symbolsystem der Sprache, nicht aber das Sprechen. Dieses zeigt (wie der Film oder die Musik, aber anders als geschriebener Text), in seinen prosodischen Elementen wie Tonhöhe, Lautstärke, dynamische Veränderung, Klangfarbenveränderung, Obertonreichtum eine gleichermaßen simultane Erscheinung. Vgl. zur „Polyphonie" des Sprechens Bakhtin/Emerson/MacGee 2010, Moritz 2010a, 2010b.

[21] vgl. zur Synchronizität und Linearität in der Rezeption audiovisueller Daten überblickend Bohnsack 2009; zur synchronen vs. diachronen Rezeption visueller Daten Knoblauch 2004, „Simultaneität (Raum- oder Körperkunst) und Sukzessivität (Zeit- und Dauerkunst)" (Kloepfer 2003: 5).

2 Das Konzept der Feldpartitur

Das Konzept der Feldpartitur ist ein System zur Transkription von Videodaten, welches durch die Bereitstellung eines zweidimensionalen Raum-Zeit-Kontinuums zu einer reflexiven Wahrnehmung, Interpretation, Deutung und Darstellung, also zu einer Aneignung der videoimmanenten Bedeutung verhilft. Wie in der Musik- und Sprachentwicklung lässt sich die Entwicklung eines analytischen Schrift-Systems dabei als ein kognitiver Sprung zur vormals mündlichen Überlieferung betrachten[22]. In einer Partitur[23], d.h. in einer vertikalen Übereinanderlagerung einzelner Spuren über eine Zeitachse, können die oben geschilderten Datenkomponenten zunächst kodiert werden. Diese Kodes können in Form einer Zuordnung von Textkodes, Symbolen oder anderer Zeichen (z.B. eines visuellen oder sprachlichen Codes) übereinandergeschichtet und auf diese Weise überblickend visualisiert werden (vgl. Abb. 1).

Das System bezieht sich bei diesem Vorgang somit auf das historische Vorbild der Musiknotation. Dies ist nicht verwunderlich, zeigt doch die Zeitkunst erklingender Musik mit dem audiovisuellen Datenmaterial Gemeinsamkeiten: die oben ausgeführten Aspekte einer Akteurs- und Objektebene (in der Musik z.B. unter dem Stichwort der musikalischen Erscheinung (Seel 2008)), und der filmischen Komponenten (in der Musik etwa Aspekte der Aufführungspraxis), insbesondere jedoch die Eigenschaft der Gleichzeitigkeit von einzelnen Ereignissträngen (in der Musik unter dem Stichwort z.B. der Polyphonie oder dem Stimmensatz einer Orchesterpartitur) sowie der dynamischen Entwicklung auf dem Fließband der Zeit (in der Musik Metrisierung, Dynamik, Agogik) sind nämlich beiden Medien als Eigenschaften immanent. Wie in der Musiknotation können daher auf der Basis einer Partiturtranskription in einzelnen, über einer Zeitachse liegenden Spuren die für eine Forschungsfrage relevanten Einzelkomponenten isoliert, in Form von visuellen Symbolen oder Kodes kodiert und – am Ende eines prozessualen Forschungsprozesses – erfasst und dargestellt werden.

---

[22] Vgl. hierzu Weingarten 1989: 14: Die Entwicklung der Schrift als Kulturtechnik stellt „die bisher bedeutendste und folgenreichste Form der Technisierung" in der Verständigung zwischen Mensch und Umgebung dar.
[23] Die Nutzung eines Partitursystems zum Zweck der Handhabung von Videodaten ist dabei nicht neu. Bereits Eisenstein verwendete Partiturschreibweisen (Eisenstein 1975), vgl. grundlegend hierzu Goodman 2007. Interessant sind auch die der Designforschung entstammenden Arbeiten zum sog. „Notationsprotokoll" von Joost 2008, und die Software AKIRA, Klöpfer. Vgl. allgemein zur Analogie zwischen Film und Musik Kloepfer 2003.

Die Feldpartitur. Mikroprozessuale Transkription von Videodaten

Abbildung 1: Musterseite einer Feldpartitur

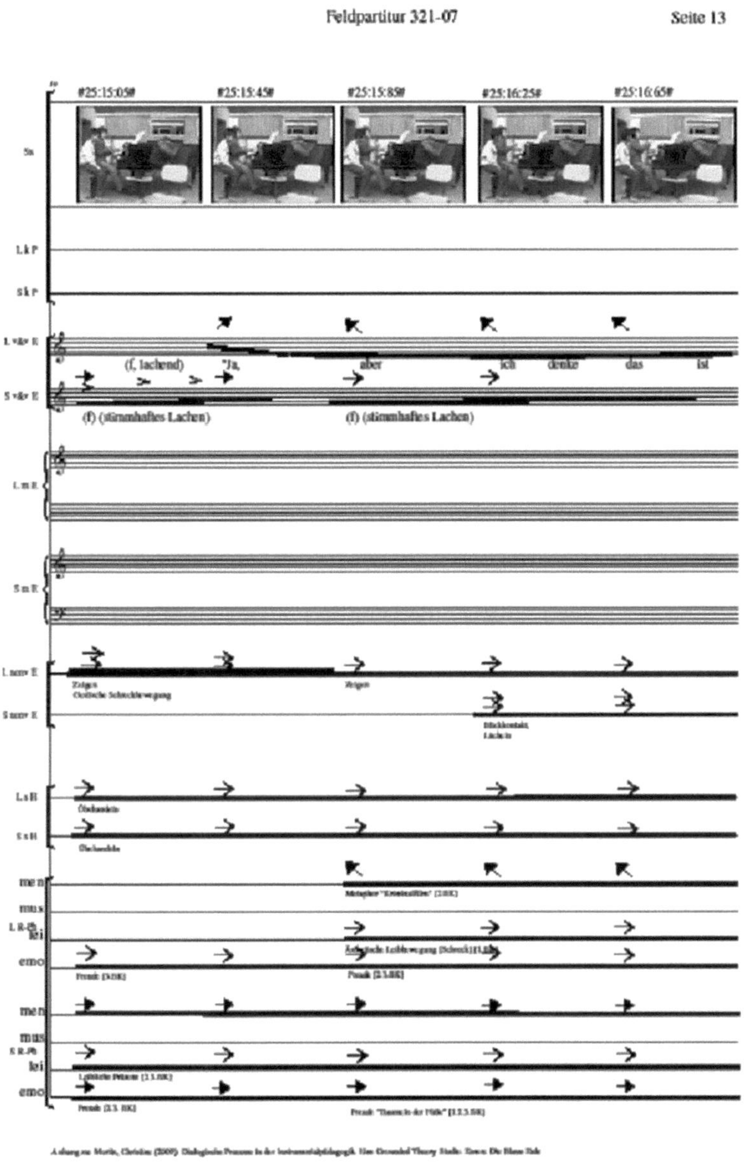

Filmmaterial, Feldpartitur in Originalgröße und Legende zur Feldpartitur auf DVD

Genau betrachtet handelt es sich im Vergleich mit der Musiknotation jedoch um einen umgekehrten Vorgang: Während die Musiknotation im Vorgang der Komposition (componere = zusammensetzen) das Gesamtereignis klingender Musik durch das *Zusammensetzen* von Einzelelementen (und zwar in der Musik bis zur Mitte des 20. Jahrhunderts mit Hauptparameter der Tonhöhe) sukzessive aufbaut, geschieht umgekehrt im Prozess des Feldpartiturschreibens eine Analyse (analysis), also eine *Zerlegung* eines vormals audiovisuell vermittelten Ganzen.

Es ist an dieser Stelle zu reflektieren, dass dieser Vorgang der Zerlegung eines Ganzen (z.B. einer Bewegungsgeste, in Form eines Ausdruckes, eines Habitus etc.) in Einzelkomponenten nicht ohne Verlust vonstatten gehen kann. Sondern bei diesem Prozess der Zerlegung und anschließenden Zuschreibung von Bedeutung handelt es sich um einen Prozess, bei welchem nicht nur ein Moduswechsel, sondern darüber hinaus aktuell-gegenwärtige Zeit mit ihrer Eigenschaft bruchloser Kontinuität überführt wird in ein digitales, nichtfließendes Koordinatensystem in Form des Zeit-Raum-Rasters der Partitur. Auf diese Weise wird zwar die Verschriftung nicht nur von Verbal- sondern auch aller anderen genannten Videokomponenten möglich, welche für die Erforschung eines Videos erforderlich sind. Diese Verschriftung ist dabei jedoch nicht (immer) als Widergabe eines objektiv Gegebenen im Sinne eines Abbildrealismus, sondern als eine Interpretation des ursprünglichen Materials durch Forschungssubjekt(e) zu begreifen. So sind die audiovisuell vermittelte metaphorische Bewegungsgeste einer Feldperson, der durch das Video vermittelte Körperausdruck eines Menschen oder die affektive Wirkung einer schnittrhythmischen Figur in ihrer *Bedeutung* immer *mehr* als die bloße Aneinanderreihung von einzelnen Symbolen, Punkten oder Kodes.

Aus diesem Grund wird in den bisherigen Forschungsarbeiten, welche die Feldpartitur anwenden, auf die originäre Videodatei in einem permanenten Wechsel mit der Schreibarbeit zurückgegriffen. Es ist dabei das Ziel, die geschilderten Modi der Wahrnehmung eines „entgegenkommenden Sinnes" (Barthes 1990 [1980]) mit der Notwendigkeit einer analytischen Differenzierung medienspezifischer Einzelkomponenten durch solcherart wechselweise Betrachtung[24] zu *verbinden*. Das Schreiben einer Partitur erfordert dabei eine erhöhte Reflexion der Forschenden über den Kodierungsprozess, welche am Ende eines Forschungsprozesses im Zuge der Nachvollziehbarkeit der finalen Interpretation mit der Feldpartitur dokumentiert werden soll und kann.

---

[24] Flechsig 2001, Flechsig 1977

3 Forschungspraktische Veranschaulichung der Arbeit mit der Feldpartitur anhand eines Einzelfallbeispieles

Zur forschungspraktischen Veranschaulichung der Arbeit mit der Feldpartitur soll in diesem Textabschnitt ein Einzelfallbeispiel aus meiner Dissertationsstudie ausgeführt werden. Es wurde in dieser videobasierten Studie die Face-to-face-Kommunikation im Handlungsfeld der Instrumentalpädagogik unter dem Blickwinkel der Dialogphilosophie (Buber 2006; Bidlo 2006) nach der Methode der Grounded Theory Methodology (GTM, Glasersche Variante) (Glaser 1978; Glaser 2009) bei 12 Klavierlehrkräften aus Baden-Württemberg explorativ untersucht. Die offene Forschungsfrage zu Beginn des Projekts lautete:

„Welche Qualitäten der pädagogischen Beziehung lassen sich ausgehend vom Phänomen der Begegnung (nach M. Buber) über einen subjektorientierten Zugang zu einem Forschungsfeld im Verlauf musikalischer Lernprozesse hinsichtlich spezifisch instrumental-pädagogischer Anforderungen beobachten und in für die pädagogische Praxis geeigneten sprachlichen Begriffen differenziert beschreiben?"[25]

Die Sprache spielt, wie die Studie in ihrem Verlauf zeigte, bei der Annäherung an die fachspezifisch-instrumentalpädagogische Vermittlungspraxis eine verhältnismäßig geringe Rolle. Weit eher wird die Vermittlung von Lehr-inhalten über das Kommunikationsmedium der Musik durch das gemeinsame Musizieren und Handeln der Beteiligten innerhalb eines Gegenwartsgeschehens praktiziert. Aus diesem Grund ergab sich die Notwendigkeit zur Entwicklung eines Transkriptionssystems, welches in der Lage ist, auch nichtsprachliche Handlungskomponenten innerhalb eines Gegenwartsgeschehens zu erfassen. Die im Anschluss an Reichertz und Bidlo mit der Bezeichnung „kommunikatives Handeln" titulierte Aktivität (Reichertz 2003, 2009; Bidlo 2006) wurde in Form eines heuristischen Rahmenmodells (Teilergebnis I der Studie) zunächst systematisiert und am Ende der Studie als Kategorien- und (im Rahmen der zunehmenden Verdichtung der Kategorien während der Forschungsarbeit) nicht zuletzt als Begriffssystem zur Transkription in die Feldpartitur ausformuliert (Teilergebnis III der Studie). Vor der Ausführung des Einzelfallbeispieles wird daher im folgenden Textabschnitt in gebotener Kürze das Dialogische Kubusmodell vorgestellt.

---

[25] Zum der Studie zugrundeliegenden Datenmaterial vgl. Fußnote 1

3.1 Vorstellung des Kategoriensystems

Das kommunikative Handeln der Beteiligten wurde mit einem in der Studie entwickelten heuristischen Rahmenmodell, dem sog. Dialogischen Kubus[26] erfasst und im Sinne eines Kategoriensystems in der dritten Phase der Forschungsarbeit für die Übertragung der Kodes in die Feldpartitur zum Zweck der Hypothesenüberprüfung und Verdichtung der entwickelten Theorie genutzt. Forschungshistorisch entstand das Modell über die Prozesse des offenen Kodierens nach der GTM überwiegend in der ersten Forschungsphase, wobei eine permanent sich verändernde Gruppierung, Gewichtung und Verdichtung der einzelnen Kategorien bis zum Abschluss der Arbeit – auch und gerade durch die Arbeit mit der Feldpartitur - noch vorgenommen wurde.

Die im folgenden Textabschnitt vorgestellten Dimensionen und Ebenen erfassen im Sinne eines Komponentenmodells die kommunikative Gesamthandlung eines Subjekts im Gegenwartsgeschehen. Die Systematisierung in Form eines Kubus erlaubt dabei einerseits den Überblick über das gegenwärtige Handeln der Akteure, andererseits jedoch widerstreben die in der sozialen Wirklichkeit einhergehenden Handlungsprozesse der symmetrischen Form des Kubusbildes. Diese kennzeichnen sich in ihren empirischen Eigenschaften weder durch Symmetrie noch durch klar voneinander abzugrenzende Komponenten, sondern lassen sich vielmehr durch idiosynkratische Verschiedenheit, intrasubjektive Gleichzeitigkeit und fließendes Ineinanderübergehen der einzelnen sog. „Kubus-Felder" beschreiben. Die einzelnen Komponenten des Kubusmodells treten darüber hinaus in unterschiedlichen Intensitäten auf, waren zeitlich von unterschiedlicher Dauer und befanden sich in einem zeitlichen permanenten Wechsel. Die Metapher des Wetters (EBEL 1967, S.50f), die sich auch im Begriff des „Unterrichtsklimas" durchgesetzt hat, lässt sich auf die Vielschichtigkeit und Wechselhaftigkeit ineinander-übergreifender und aufeinander-einwirkender Ereignisse eines Gegenwartsgeschehens gut anwenden.

Dennoch bietet die Visualisierung in Form eines Kubusmodelles einen kognitiven Mehrwert, da durch den entstehenden Überblick auch komplexe und feinverästelte kommunikative Gesamtabläufe gut nachvollzogen werden können. Die Beobachtung und Kodierung anhand des Modells ist dabei – wie oben bereits ausgeführt wurde - nicht in allen

---

[26] Das Kubusmodell ist als Teilergebnis II der Dissertation ausformuliert. Es handelt sich bei diesem Modell um den eigens für die vorliegende Fragestellung entwickelten heuristischen Rahmen der Studie. Das Kubusmodell ist eine Visualisierung von drei theoretischen Dimensionen auf der x-Achse, der y-Achse und der z-Achse. Der Begriff „Dialogischer Kubus" wird aus Gründen der Lesbarkeit als terminus technicus in der vorliegenden Studie groß geschrieben.

Fällen als eine positivistische Messung der Handlungsprozesse, vielmehr als verstehende und interpretierende Annäherung an die Bedeutungsgehalte der kommunikativen Gesamthandlung auf der Basis empirischer und zu benennender Indikatoren zu betrachten.

Im folgenden Textabschnitt wird das Modell des Dialogischen Kubus, welcher als Kategoriensystem für die spätere Transkription in die Feldpartitur fungiert, in Form eines abstrakten, empirisch leeren Darstellung der Kategorien vorgestellt. Die Gegenstandsverankerung und dichte Beschreibung der Kategorien anhand der empirischen Gesamtdatenbasis erfolgten in der bereits genannten Dissertation.

Abbildung 2: Die drei Dimensionen des Dialogischen Kubusmodells (Aktivität, Interpersonale Orientierung, Bewusstheit) mit den jeweiligen Subebenen und den daraus entstehenden 40 Kubusfeldern

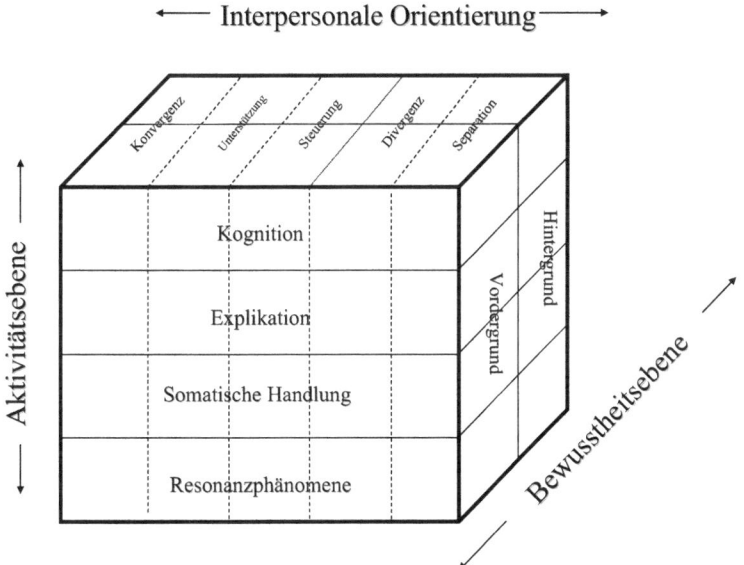

Die Visualisierung in Form eines Kubus entsteht durch die Übereinanderlagerung dreier Analysedimensionen, die in der sozialen Wirklichkeit einer kommunikativen Gesamthandlung untrennbar miteinander verbunden sind, und daher nur theoretisch im Sinne eines *Komponentenmodells* differenziert werden können: Die Ebene der Aktivität, die Ebene der interpersonalen Orientierung eines Subjekts und die Ebene der Bewusstheit über die eigene Aktivität und Orientierung. Das heißt: Die empirischen Videodaten lassen rekonstruieren, dass *jede* Aktivitätskomponente gleichzeitig innerhalb einer *spezifischen* interpersonalen Orientierung und gleichzeitig innerhalb einer *spezifischen* Bewusstheit der Beteiligten über ihre eigene Aktivität und Orientierung vollzogen wird.

Das Kubusmodell erfasst dabei lediglich die Aktivität der Beteiligten innerhalb des auf dem Videoband aufzeichneten *Gegenwartsgeschehens*. Makroprozessuale Strukturen lassen sich aufbauend auf der mikroprozessualen Analyse rekonstruieren. Die Kodierung erfolgte auf der einen Seite im Sinne der oben aufgeführten ersten Kategorie videobasierter Akteurs- und Objektabbildung. Aber es wurden darüber hinaus auch Kontextdaten, in diesem Einzelfall zeitversetzte Informationen der Feldpersonen selbst, zugeordnet. Schließlich wurden Interpretationen des Videomaterials im Rahmen einer Interpretationsgemeinschaft durch Forschende (Moritz 2009) den Geschehnissen auf Videoband zugeordnet. (vgl. zu diesen drei Beobachtungskategorien die Ausführungen unten). Alle empirischen Belege wurden dem aufgezeichneten Videoabschnitten zugeordnet, und unter Bezeichnung der entsprechenden Beobachtungskategorie (vgl. Fußnote 41) als Kode in der jeweiligen Stelle der Feldpartitur eingetragen.

Die *erste Dimension* des Dialogischen Kubusmodells (siehe Vertikalachse Abb. 2) ist die der *Aktivität,* denn kommunikative Handlung wird durch Aktivität vollzogen. Umgekehrt formuliert bedeutet dies: ohne Aktivität der jeweiligen Beteiligten entsteht keine Kommunikation. Dieser sich an den Konstruktivismus anschließende Grundgedanke findet in der vorliegenden Studie eine Anwendung. Wie die Vertikalachse der Kubusabbildung zeigt, werden die Aktivitäten der Beteiligten dabei in *vier* Subkategorien (das sind im Kubusmodell die einzelnen Ebenen der Dimension Aktivität) eingeteilt. Von Bedeutung bei der Rekonstruktion der Aktivität ist, das den beiden Ebenen der sog. extraversiven (extra = außen) Aktivität (zeichenhaft vermittelten Explikation und somatische Handlung) die beiden Ebenen der intrapsychischen Aktivität (Kognition und subjektive Resonanz) zugesellt werden[27]. Vorfindliche Kommunikationsmodelle, die sich ausschließlich mit den empirisch leichter zugängli-

---

[27] In Bezug auf die Kodierung der intrapsychischen Prozesse sei an dieser Stelle in Kürze erwähnt: Die Kodierung wird erstens durch die Beobachtung der Ereignisse auf Videoband (= 1. Beobachtungskategorie), und darüber hinaus durch die fallinternen, meist zeitlich versetzte Zuordnung von Daten (= 2. Beobachtungskategorie) vergeben. Dritte Beobachtungskategorie bilden die Rekonstruktionsprozesse innerhalb des Einzelfalls unter Bezugnahme auf die Gesamtdatenbasis (in diesem Einzelfall sind das Interviews) sowie durch den Vergleich der Forschungsinterpretation mit der Selbstinterpretation durch die Lehrkräfte (konsensuelle Validierung nach von Mruck 2000) sowie weiterer Forschenden im Rahmen der Interpretationsgemeinschaft (Moritz 2009) (= 3. BK). Die Triangulation der Beobachtungskategorien dient der Validierung der Kodierung in der Feldpartitur; gekennzeichnet wurden dort jeweils die Kürzel 1. BK, 2. BK, 3.BK. Die Beobachtungen und Interpretationen sind dabei nicht gleichzusetzen mit der Gegenwartshandlung selbst.

chen extraversiven Ebenen einer Kommunikationshandlung beschäftigen, werden daher in diesem Modell durch die intrapsychischen Formen der Kommunikationsaktivität erweitert. Diese lassen sich auf der Basis des subjektwissenschaftlichen Forschungsansatzes rekonstruktiv erforschen.

Diese erste und vierte Aktivitätsebene der intrapsychischen Aktivität (Kognition und Resonanz) wirft dabei in ihrer Kategorisierung eine Dichotomie auf. Die Kognition[28] wird gegenüber der Resonanz (lat. resonare = wiederklingen) durch die Eigenschaften der *willkürlichen Steuerung* und der *Nicht-Sinnenbasiertheit* der mentalen Aktivität definiert, die Resonanzaktivität[29] (welche in anderen Studien den Kognitionen zugeordnet wird) demgegenüber als eine *unwillkürliche* (keineswegs unbewusste) und *sinnenbasierte Aktivität* (Re-Aktivität im Sinne einer Re-Sonanz) der Beteiligten innerhalb einer gegebenen Situation. Wie sich zeigen wird, ist das Medium der Videoaufzeichnung geeignet, Resonanzen auf der Basis des musikerspezifischen und visuell zu beobachtenden Bewegungshabitus der Lehrkräfte und SchülerInnen zu deuten.

Die zweite Aktivitätsebene der Explikation (zeichenhafte Vermittlung) umfasst drei Subkategorien: die Ebene der Sprache (*verbale Explikation*) und die Ebene der nonverbalen Zeichen (*nonverbale Explikation wie die Mimik und die Gestik*). Auch über das Medium der Musik können Kommunikationsinhalte zeichenhaft, nämlich mittels der musikalischen Symbolebene vermittelt werden (*musikalische Explikation*)[30]. Bei der Kodierung ist dabei die Abgrenzung zwischen der nonverbalen Explikation und der Ebene der subjektiven Resonanz fließend, wie bereits erwähnt[31]. So kann ein beobachtetes „Lächeln" im Videobild auf der einen Seite zeichenhaft als nonverbale Explikation verstanden werden oder auf der anderen Seite als ein empirischer Indikator der intrapsychischen Aktivität Emotion (z.B. als Grundemotion der Freude, aber auch vieldeutig wie etwa als Sarkasmus, Bitterkeit u.v.a.) verstanden werden. Neben der

---

[28] Kodiert werden produktive Kognitionen nach Seel 2003
[29] Die Resonanzaktivität der Beteiligten wird in der Studie in vier Formen empirisch beobachtbar: als leibliche Resonanz („Gänsehaut", „Tonusveränderungen" etc., also der genuine Gegenstand der empirischen Musikpsychologie), als emotionale Resonanz (etwa Gefühle der Freude, Trauer, hintergründig als Stimmungen etc.), als mentale Resonanz (sprunghaft ins Bewusstsein „einfallende", meist auf synästhetischer Verknüpfung beruhende Assoziation) – und aufgrund der Bedeutung im Rahmen der musikpädagogischen Studie separat aufgeführten sog. musikalischen Resonanz („genuin musikalische Empfindung"). Die empirischen Eigenschaften der Resonanzphänomene werden in der Dissertation – im Rahmen des theoretical sampling nach GTM auch unter Bezugnahme auf bestehende Wahrnehmungstheorien - ausführlich erörtert.
[30] Vgl. zur „musikalischen Grammatik" Lehrdahl/Jackenhoff 1983; vgl. zur Musiksemiotik Karbusicky 1987; Stoianova 1987; Ausführungen zur Musik als einer „lingua universalis" Kopiez 2004; Versuch eines Anschlusses an Kommunikationswissenschaft Großmann 1991.
[31] „Nicht alles in der kulturell angeeigneten und produzierten Welt der Dinge ist seiner Bestimmung nach ein Zeichen; alles kann aber zum Zeichen werden." (Karbusicky 1987, S. 227)

bereits erwähnten Tatsache, dass beide Ebenen (Explikation und Resonanz) in der Gleichzeitigkeit auftreten können, zeigt die Analyse der vorliegenden Gesamtdatenbasis, dass eine anhand der vorliegenden Kriterien rekonstruierte *Gegenwartserlebens* der Emotion (z.B. Freude) sich nicht gleichzeitig in Form eines Lächelns nach außen explizieren *muss*, und umgekehrt eine *nichtempfundene* Emotion der Freude durch ein Lächeln zu einem spezifischen Zweck innerhalb der kommunikativen Gesamthandlung durchaus dennoch nach außen expliziert werden *kann*. Die beiden Ebenen der subjektiven Resonanz (Erleben der Emotion) und deren explikative Ausdrucksebene (das Lächeln) lassen sich demnach voneinander durchaus unterscheiden.

Die dritte Ebene der somatischen Handlung wird gemeinsam mit der Ebene der Explikation als eine der beiden extraversiven, also sich nach außen performativ sich darstellende Ebene, zusammengefasst. Somatische Handlungen werden von der Ebene der Explikation durch die Nicht-Zeichenhaftigkeit unter Aktivierung der Physis abgegrenzt. Physische Aktivität von Lehrenden, wie es beispielsweise die didaktische Handlung oder das praktische Musizieren sind, wird in der Musikpädagogik in vielfältiger, teilweise polemischer Weise diskutiert, überwiegend unter Bezugnahme auf Handlungstheorien der Allgemeinpädagogik und Psychologie, wobei auch der Tätigkeitsbegriff diskutiert wird[32].

Die hier kategorisierten vier Aktivitäten werden von einem Subjekt dabei in numerisch variabler Anzahl *gleichzeitig* vollzogen: eine, zwei, drei oder auch vier Formen der Aktivität sind im Datenmaterial in der Gleichzeitigkeit beobachtbar. Das Datenmaterial zeigt beispielsweise eine Schülerin, die gleichzeitig produktiv denken *und* sprechen *und* eine somatische Handlung (z.B. Klavierspielen) durchführen *und* eine Emotion (Freude) dabei empfinden/erleben kann. In diesem Fall würden bei dieser Sequenz alle vier Aktivitätsebenen in der Gleichzeitigkeit kodiert.

Die *zweite Dimension* des Kubusmodells (Horizontalachse) ist die Ebene der *Interpersonalen Orientierung*. Mit diesem Begriff wird in der vorliegenden Studie die gegenwärtige Gerichtetheit der beteiligten Personen („das Eigene") auf die Außenwelt („das Andere", „der Unterrichtsgegenstand"[33]) definiert. Es werden in der Studie fünf Formen interpersonaler Orientierung kategorisiert: Konvergenz als eine Orientierung der Annäherung (abgeleitet aus lat. vergere = ′sich neigen′, ′sich hin′- oder ′zuneigen′ im Sinne einer An-Näherung oder auch eines Heran-Kommens an ein Außenliegendes), zwei Formen der hierarchischen Orientierung

---

[32] Vgl. hierzu die Ausführungen in der Dissertation Moritz 2010.
[33] Interpersonale Orientierung kann dabei auf die beteiligte Person oder (anders als im „didaktischen Dreieck") über einen medial vermittelnden Unterrichtsgegenstand angewendet werden.

(die Verstärkung und die Steuerung), die Orientierung der Divergenz als eine Gegenstück zur Konvergenz und schließlich als negatives Äquivalent die Orientierung der Separation (ausbleibende interpersonale Orientierung bei Vollzug einer Aktivitätskomponente) innerhalb einer gegebenen Situation.

Jede der geschilderten vier Aktivitäten kann also unter jeder der fünf Formen *interpersonaler Orientierung* vollzogen werden, wodurch bis zu diesem Textabschnitt bislang 20 Kubusfelder (= Kodes) konstruiert werden. So lässt sich in der vorfindlichen Datenbasis beispielsweise die explikative Aktivitätskomponente einer Lehrkraft in Konvergenz oder Divergenz, die somatische Handlungskomponente eines Kindes steuernd oder in der Separation, die kognitive Aktivitätskomponenten oder die subjektive Resonanz einer Lehrkraft (z.B. eine Emotion) verstärkend oder divergierend auf das Gegenüber oder auf den Gegenstand des Unterrichts orientiert sein.

Alle 20 Kubusfelder können schließlich innerhalb des Gegenwartsgeschehens in bewusster oder in nicht(latent-)bewusster Weise (nach Husserl, vgl. Überblickend Thurnherr, Hügli 2007) vollzogen werden, wodurch die *dritte Dimension des Kubusmodells (Sagittalebene)* genannt wird. Bewusst vollzogene Aktivitäten werden entsprechend der Visualisierung mit der Bezeichnung „Vordergrund", nicht- oder latentbewusste mit der Bezeichnung „Hintergrund" versehen. Auch der Begriff des Bewusstseins, gleichwohl ein epistemischer Begriff, wurde dabei, wie alle Kategorien des Kubusmodells, gegenstandsbegründet entwickelt: in Bezug auf die Rekonstruktion der kommunikativen Gesamthandlung ist die Bewusstheit der Lehrkräfte über ihr eigenes Lehrerhandeln von Relevanz für die vorliegende Fragestellung. Es ergeben sich innerhalb des Dialogischen Kubusmodells auf diese Weise insgesamt 40 Kubusfelder.

3.2 Übertragung des Kategoriensystems auf die Feldpartitur

Die erste Zeile der Feldpartitur zum Einzelfallbeispiel bildet im vorliegenden Einzelfallbeispiel eine Zeile aneinandergereihter Einzelbilder (stills)[34]. Erst unter den stills befinden sich die Einzelspuren zur Notierung der Aktivitätskomponenten, wie sie im vorigen Textabschnitt geschildert wurden. Die Aktivitäten der Beteiligten wurden - im Wechsel mit einer Fließbetrachtung der Gesamtszene – alle 0,4 sec kodiert, dies

Videosequenz und Feldpartitur einschließlich Legende auf DVD

---

[34] Die Genehmigung zur Veröffentlichung sowohl des Bild- wie Videomaterials ist nicht immer gegeben. In der vorliegenden Gesamtstudie wurde die Genehmigung zur Veröffentlichung sowohl der Bild- wie ausgewählter Videodaten durch die Feldperson lediglich in diesem einen Einzelfall freigegeben.

entspricht einem mit dem bloßem Auge - also ohne eine Verlangsamung der Abspulgeschwindigkeit – einzelnen, wahrnehmbaren „Augenblick". In dieser Studie wurde die Aneinanderreihung von fünf stills pro Din A 4 Seite gewählt, wodurch pro Seite ein Videozeitraum von 2 sec bedingt ist.

Die 40 oben aufgeführten genannten Felder des Kubusmodells wurden als Kodes in folgender Weise auf die Feldpartitur übertragen: Die Ebenen der Aktivität wurden in der vertikalen Achse der Feldpartitur in Form einzelner Zeilen oder „Spuren" untereinander gereiht. Sowohl Lehrkraft wie SchülerInnen erhalten dabei jeweils separate Transkriptionsspuren pro Aktivitätskomponente. Am linken Rand der Partitur ist diese mit entsprechenden Kürzeln - wie in der Legende gezeigt - versehen. Die Eintragung eines *„Balken"* entspricht der Beobachtung/Rekonstruktion der jeweiligen Aktivität. Entsprechend deutet die Auslassung eines Balkens auf das entsprechende Ausbleiben der Aktivität der Beteiligten in der Aufzeichnung. Die Ebene der Interpersonalen Orientierung wird durch ein *Pfeilsymbol* direkt über der jeweiligen Aktivität markiert. Die Ebene der Bewusstheit schließlich durch die *Füllung der Pfeilspitze*. Die einzelnen *Beobachtungskategorien* (1. BK, 2. BK, 3.BK) finden sich in der Ebene Kognition und Resonanz jeweils unterhalb des markierten Kodes.

3.3 Ausführung des Einzelfallbeispieles anhand der Partitur

An dieser Stelle erfolgt, wie bereits angekündigt, eine zusammenfassende Darstellung eines Einzelfallbeispieles, um die Anwendung der Feldpartitur zu veranschaulichen. Es handelt sich bei der ausgewählten Sequenz *„Kriminalfilm? Horrorfilm!"* um eine von vier Kurzsequenzen, welche exemplarisch und möglichst deutlich kontrastierend voneinander die Kernkategorie der Studie, das sogenannte „Kongruenzfeld"[35] darlegen.

Beim ausgewählten Fallbeispiel handelt es sich um eine Unterrichtsstunde der *Lehrkraft F.* mit dem *Schüler M.* Dieser ist zum Aufnahmezeitpunkt 12 Jahre alt, als erfolgreicher Musikwettbewerbsteilnehmer der Gruppe ‚fortgeschrittene SchülerInnen' zugeordnet, verfügt über einen Migrati-

---

[35] Beim Kongruenzfeld, der Kernkategorie der Studie, handelt es sich um fluide Phasen der Kommunikation, welche auf der Basis der Konstruktion eines Gemeinsamen Lebensraumes entstehen (= kausale Bedingung nach Glaser). Dieser widerum wurde als ein „funktionsfähiges Feld der Verständigung" zwischen den Beteiligten definiert. Das Kongruenzfeld zeigt in seinem Ablauf empirische Eigenschaften, so zum Beispiel die *erhöhte Resonanzaktivität* bei ihrem Eintritt, die (anhand der Feldpartitur nachgewiesene) *additive Erweiterung* des Gemeinsamen Lebensraums, die Explikation eines sogenannten Kongruenzfeldereignisses, und im fallinternen Vergleich auch die *interindividuelle Synchronizität* in einer eher mittleren Phase des Feldes, die sich in allen Aktivitätsebenen, selbst auf der Aktivitätsebene verbaler Explikation beobachten lässt.

onshintergrund und befindet sich laut Anmeldebogen seit drei Jahren im Klavierunterricht bei dieser Lehrkraft. Die künstlerisch und instrumentalpädagogisch an einer Musikhochschule in Deutschland ausgebildete Lehrkraft wurde der Feldgruppe ‚erfahrene Lehrkräfte' zugeord*net. Beim Unterrichtsgegenstand* handelt es sich um die ´Flüchtigen Visionen´ op. 22 von S. Prokofjeff, welchen nach Angabe des Komponisten eine Gedichtzeile des Dichters Konstantin Balmont unterlegt wurde: *„In jeder flüchtigen Vision erblicke ich Welten, erfüllt vom Wechselspiel der Regenbogenfarben".* Die 12 Miniaturen lassen sich als Charakterstücke bezeichnen, die technisch (mittlerer Schwierigkeitsgrad) und in ihrer Form (A–B–A') eher niedrige Anforderungen aufweisen, interpretatorisch jedoch aufgrund ihrer Dichte hinsichtlich harmonischer, melodischer und teilweise auch rhythmischer Eigenschaften zuweilen eine Herausforderung für junge Pianisten darstellen: die ungewöhnlichen, „fremd" wirkenden dissonanten Klangfarben, die chromatisch fortschreitenden Harmonierückungen sowie die teilweise sehr dicht ineinander verwobenen musikalischen Motive bieten Anlass zu einer aktiven Auseinandersetzung und Aneignung des musikalischen Materials. Während des Aufnahmezeitraums wird die Nr. XII, ‚assai moderato', behandelt.

Diesem Einzelfall liegen als Datenmaterial insgesamt fünf Videoaufzeichnungen aufeinanderfolgender Unterrichtseinheiten mit diesem Kind zu Grunde. Ausgewählt wurde in der Dissertation diese Sequenz (neben vier weiteren Sequenzen anderer Lehrkräfte), da sie am Ende der Studie in exemplarischer Weise prägnant und voneinander kontrastierende die Kernkategorie der Studie mit ihren Eigenschaften veranschaulicht. Es liegt darüber hinaus Kontextmaterial (Interviews, Eintragungen im „Kurzfragebogen unmittelbar nach der Unterrichtseinheit, weitere Aussagen der Lehrkraft im sog. „Gruppendiskussionsverfahren") vor. Die auf beiliegender DVD beigefügte Videosequenz wurde innhalb drei Interpretationsgemeinschaften (Moritz 2009) interpretiert.

Wie in der Feldpartitur zu ersehen ist, beginnt die ausgewählte Sequenz[36] mit der überwiegenden Aktivität der Lehrkraft: diese ist soeben dabei, das Spielstück nach einer andauernden Phase des gemeinsamen sog. „Übehandelns" (erarbeitet wurden insbesondere die Isolierung der Einzelstimmen, der Fingersätze sowie der Pedalisierung der Passage) dem Kind performativ vorzutragen. Die Aktivität der Lehrkraft wurde in der Feldpartitur an dieser Stelle als „performatives Lehrervorspiel" auf der Ebene der somatischen Handlung kodiert. Das Kind nimmt entsprechend komplementär die Zuhörerschaft ein (ebenfalls kodiert in der Feldpartitur auf

---

[36] Die Seiten 1-4 sind in der Kodierung identisch zu Seite 5, weshalb sie nicht abgedruckt werden

der somatischen Handlungsebene, jedoch auf der entsprechenden Spur des Kindes).

Hervorgehoben werden soll an dieser Stelle die Resonanzaktivität der Lehrkraft und des Schülers. Von Wichtigkeit stellte sich die Möglichkeit der Rekonstruktion dieser intrapsychischen Aktivität heraus, da sich im Laufe der Forschungsarbeit diese als bedeutsam für die Beantwortung der Forschungsfrage herausgestellte. Phasen der erhöhten Resonanzaktivität, wie es diese im Folgenden ausgeführte, atmosphärisch dichte *„Gruselszene"* *(Interpretationsgemeinschaft)* exemplarisch darstellt, stellen im Rahmen des Gesamtdatenmaterials einen ganz wesentlichen Teil der genuin instrumentalpädagogischen Kommunikationshandlung dar. Die mikroprozessuale Aufschlüsselung in die vier Subkategorien ist dabei von Relevanz, da diese Aktivitätsprozesse im sukzessiven Ablauf eines Lernprozesses spezifische Lernergebnisse nach sich zieht.

Abbildung 3: Resonanzphänomene der Lehrkraft

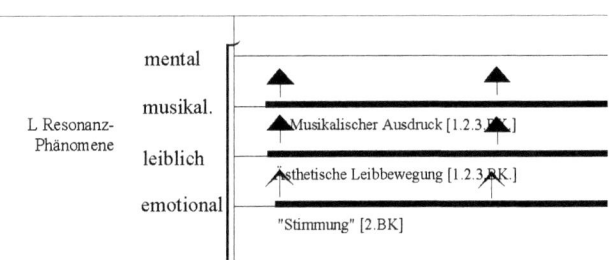

Die Resonanzaktivität offenbart sich an dieser Stelle (Feldpartitur Seite 5) in Form des auditiv und visuell deutlich wahrnehmbaren ästhetischen Klavierspiels besonderer Ausdrucksstärke, wie das Hörbeispiel auf CD und der kurze Bildauszug aus der Feldpartitur Seite 5 zeigen soll. Dieser Kode der Resonanz konnte dabei zu einem Teil in allen drei Beobachtungskategorien ([1.2.3. BK], siehe Erläuterung in Fussnote 27) vergeben werden. In der ersten Beobachtungskategorie kann *auditiv* eine erhöhte musikalische Ausdrucksintensität kodiert werden, jedoch zeigt gerade auch auf der Ebene der *visuellen* Abbildung der musikerspezifische Bewegungshabitus der Lehrkraft die leibliche Resonanz der Lehrkraft einen ausgeprägten Aktivierungsgrad[37]. Diese beiden Kodes werden durch die

---

[37] Dieser Bewegungshabitus ist insbesondere für NichtmusikerInnen schwer verbal vermittelbar, weshalb die fokussierte Beobachtung insbesondere der Bewegungskomponente der Lehrkraft anhand der beigefügten DVD nahegelegt wird. Die Kodierung erfolgt auch auf der Basis einer erhöhten Sensibilität, welche in langjähriger eigener Lehr- und Musizierpraxis und zunehmend durch die analytische Arbeit des Videomaterials mit den 12 Lehrkräften gewonnen werden konnte.

späteren Verläufe der Videosequenz ([2. BK]) als auch die Interpretation in der Interpretationsgemeinschaft (IG) gestützt – es handele sich um eine *„völlig verzauberte Szene" (IG),* gar um eine *„Emotionsmagie" (IG) -* wodurch an dieser Stelle eine kohärente Kodierung aller drei Beobachtungskategorien gegeben ist. Der Kode „Stimmung" jedoch, welcher als hintergründige (latent- oder nichtbewusste) Form emotionaler Aktivität definiert wird, lässt sich ausschließlich durch den Bezug auf die späteren Handlungsprozesse (also [2. BK]) rekonstruieren: die Lehrkraft verbalisiert zu einem *späteren* Zeitpunkt selbst diese Szene als eine *„Gruselszene".* Zu *diesem* Zeitpunkt wird die emotionale Aktivitätskomponente der Lehrkraft jedoch als nicht bewusst interpretiert.

Abbildung 4: Resonanzphänomene des Schülers

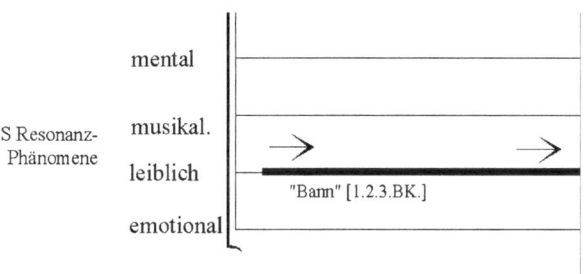

Wird der Blick zu diesem Zeitpunkt auf die Aktivität des Kindes gerichtet, so ist auch hier die Aktivität der subjektiven Resonanz, und zwar bislang lediglich in der leiblichen Subkategorie und bei hintergründigem Bewusstsein zu kodieren. Der Körperausdruck des an dieser Stelle ([1. BK]) *„stocksteif sitzenden" (IG, [3. BK]),* ansonsten im fallinternen Vergleich ([2. BK]) eher zappeligen Kindes bedingt die Zuschreibung des Kode der leiblichen Resonanz. Dieser Kode erhält die Bezeichnung *„Bann" (IG),* der wiederum der Interpretationsgemeinschaft entstammt, und als geeignet erscheint, diesen Habitus des Kindes einzufassen. Weiterhin in zweiter Beobachtungskategorie spricht die spätere Verbalisierung des Kindes selbst für diese Kodierung der leiblichen Resonanz. Es sagt: *„Da bekommt man ja ne Gänsehaut" (Feldpartitur)* und liefert damit quasi retrospektiv ([2.BK]) innerhalb des Datenmaterials einen empirischen Hinweis auf die zu diesem Zeitpunkt aktivierte leibliche Resonanz.

Im Anschluss an diese atmosphärische dichte „Grusel-Szene" lässt sich – siehe Partitur Seite 7 - eine Änderung auf der makroprozessualen Ebene der kommunikativen Gesamthandlung rekonstruieren. Erst *nach* dieser Phase der nahezu ausschließlichen Resonanzaktivität werden erste, noch zaghafte verbalexplikative Aktivitätskomponenten beobachtbar. Zwar immer noch ‚*stocksteif*' sitzend und wie ‚*gebannt*' (also immer noch unter Resonanzaktivität) begibt sich das Kind - flüsternd – auf die explikativ-verbale Aktivitätsebene. Auch hier können erneut Interpretationsdaten aus der Interpretationsgemeinschaft zugeordnet werden um das Verhalten des Kindes interpretativ zu deuten. Das Kind brächte aufgrund der „*Intensität des Erlebens*" auf der Ebene der Explikation nahezu kein Wort heraus: „*Als der Schüler sehr leise und unverständlich etwas sage, da geht er mit - ist dabei! Ist völlig gebannt von der Magie der Situation. Ist nicht fähig sich jetzt hörbar zu artikulieren, die Stimme versagt, weil die Nerven so angespannt sind.*" *(IG)*. Dieser Wechsel der Aktivität innerhalb des Kubusmodells ist von kategorialer Bedeutung für den weiteren Verlauf, weshalb die Unterscheidung in die Phase der nichtsprachlichen Resonanzaktivität und der Versprachlichung der während dieser Phase erlebten Ausdrucksgehalte sich bestätigt. Interessant erschien dabei während der Forschungsarbeit zunächst als ein Nebenaspekt, dass das Kind in diesem Flüstern vermutlich unwillkürlich auf der Ebene paraverbaler Ausdrucksmittel ein Passungsverhältnis mit der Lehrkraft herstellt: sowohl im Sprachgestus als auch in der Lautstärke wählt es einen zur ‚Gruselstimmung' passenden (ähnlichen) Sprechausdruck (Feldpartitur Seite 7). Dieser zunächst nebensächlich scheinende Sachverhalt der Passung in den „nur" paralingualen Aspekten der Lautstärke und der Stimmhöhe sowie der Klangfarbe erwies sich im weiteren Verlauf der Studie als zentral für die Kategorie Konstruktion eines Gemeinsamen Lebensraums, welche in der erneuten deduktiven Überprüfung an weiteren Einzelfallbeispielen als eine ursächliche Bedingung gemäß den Glaserschen Kodierfamilien bezeichnet werden konnte.

Von besonderer Bedeutung für das weitere Unterrichtsgeschehen ist an dieser Stelle die Aktivität der Lehrkraft. Auch diese konnte – wie die Interpretierenden der Aufzeichnung - die unverständliche „Lautäußerung" des Kindes nicht verstehen, und fragt folglich mit einer gleichfalls als Lautäußerung zu bezeichnenden Stimmaktivität nach: „*H?*" *(FP 321-07, S. 8)*. Diese in der Partitur unter der Bezeichnung ‚Aufmerken' kodierte kognitive Aktivität der Lehrkraft stellt im Gegenzug erneut eine „passende" Reaktion auf das vormals unverständliche Sprechen des Kindes dar: Die Lehrkraft *nähert* sich mittels dieser Lautgebärde - also in der Orientierung der Konvergenz - der bislang unverständlich geflüsterten Aussage des Kindes *an*. Die Lautäußerung markiert in ihrer Unscheinbarkeit im kommunikativen Gesamtgefüge dabei einen für den weiteren Fortgang der Unterrichtseinheit bedeutsamen Vorgang, welcher als das *Heraustreten* aus dieser als „Bann" bezeichneten, bislang nahezu ausschließlich von Resonanz geprägten Situation bezeichnet werden kann: „*Bei ‚Hä?' ver-*

lässt die Lehrkraft die erzeugte Zauber-Szene, bleibt nicht bei der Emotionsmagie, sondern leitet über auf die verbale Ebene – und der S geht mit und kann später das Gefühl in Worte fassen." (IG).

Diese Ausführungen sollen in Kürze und anhand des konkreten kurzen Beispiels verdeutlichen, in welcher Ausprägung in der instrumentalpädagogischen Unterrichtspraxis nichtsprachliche Vermittlung über das Medium der Musik eine Rolle spielt. Die nichtsprachlichen Aktivitäten der Resonanzebene sind dabei von Bedeutung, da sie – wie sich im Vergleich mit weiteren ausgewählten Sequenzen zeigte – dem Kongruenzfeld vorangehen. Es folgt nämlich im Anschluss an diese Phase der erhöhten Resonanzaktivität ein sich nach außen verbal explizierender Vorgang. Die musikalischen Ausdrucksgehalte werden im weiteren Verlauf von den Beteiligten im Unterricht in Form von Symbolzuschreibungen (Cassirer)[38] verbal „eingefangen" und (in diesem Einzelfall) erfreulicherweise unmittelbar verbalisiert. Dieser Symbolisierungsprozess führt demnach über den *Weg* einer ursprünglich leiblichen Resonanz *(„Da bekommt man ja ,'ne Gänsehaut")* zu einer zunächst noch sprachlich ungelenken, zunehmend jedoch klar sich verbal explizierenden Weise zu einer hohen subjektiven Produktivität: die Beiden produzieren in der Folge in hoher Geschwindigkeit (sprunghaft) etliche Metaphern, Bilder und Assoziationen (mentale Resonanzphänomene) unter erhöhter kommunikativer Gesamtaktivität. Das Kind liefert zu Beginn dieser Phase kommunikativer Dichte in gewisser Weise die Überschrift oder das *Programm* zur Variation des weiteren Unterrichtsverlaufs:

S: *(unverst.) „So könnte man einen Hintergrund für'n Horrorfilm machen." (Feldpartitur S. 11)*

Die Lehrkraft reagiert mit einem ausgeprägten zunächst mimischen (=Ebene nonverbaler Explikation, emotionale Resonanz [Freude]) später silbischen Lachen. Sie unterstützt dieses Lachen mit einer performativen, hervorschnellenden Geste, welche metaphorisch als „Schreckgeste" (siehe Abbildung der Partitur oben) interpretiert wurde (zuckende Körperbewegung, senkrecht steil nach oben gerichteter Blick, mimisch-erstarrender

---

[38] Zur Beschreibung dieses Vorganges innerhalb der Unterrichtssituation ist dabei der Bezug zum Symbolbegriff aus der Kunstdidaktik hilfreich: Anders als zum Beispiel Peirce beschreibt CASSIRER (1973) den Symbolfindungsprozess als eine *„immanente Gliederung"* im Akt der Wahrnehmung, welcher sich durch eine anschließende *„Verdichtung und Herauslösung"* in Form eines Symboles *„repräsentiert"*. Ausgangspunkt dieses Wahrnehmungsprozesses ist die Mimesis des mythischen Bewusstseins. Durch Symbole werden sinnliche Inhalte dem Bewusstsein zugänglich und (erst) zu Trägern von Bedeutung. Symbole stehen in enger Verbindung zur sinnlichen Wahrnehmung, *weisen* jedoch transzendent durch und mit kultureller Aktivität über die Sinnlichkeit *hinaus*. Vgl. Hierzu Niesyto 2001; sowie die Beiträge im Sammelband Marotzki, Niesyto 2006

Gesichtsausdruck). Die der Hochkultur[39] entstammende Pianistin lässt unter Lachen verlauten, es handele sich doch sicherlich nicht um einen Horrorfilm, sondern wohl eher um einen *„Kriminalfilm" (Partitur S. 8)*. Weder die Schreckgeste noch die verbale Verneinung halten das Kind jedoch davon ab, in der Folge (auch in den folgenden Unterrichtsstunden) seine Horrorfilm-Metapher kontinuierlich auszubauen: Das Spielstück in der eigentümlichen Prokofieffschen Harmonik und Motivik beherbergt in der Vorstellung des Kindes nämlich, wie sich zeigt, bereits ein ganzes Horrorszenario: Es gibt viele kleine, schleichende Monster, die ‚ihn'[40] holen – kleine Monster verwandeln sich während des Spielstückes - es gibt aber auch richtige Zombies. Das Kind assoziiert im rhythmisch punktierten Leitmotiv des Prokofieff-Stückes schließlich einen „Mann mit Holzfuß", der sich hinkend, als ein armer, hässlicher und vor allem an tödlichem Liebeskummer leidender Mensch in einem Zirkus mit einem schweren, großen Elefanten durch die Manege schleppt. Aber wunderschön singen, ja das könne er dennoch....[41]. Ein Auszug aus dem Verbaltranskript möge hier einen Einblick in den nunmehr eher sprachlich und nonverbal geführten Kommunikationsabschnitt verdeutlichen:

(…)
#00:33:48-5# L: (Blickkontakt zu S) "Was ist dann?"
#00:33:50-6# S: "Monster (hin- und herwiegende Kopfbewegung, Beginn eines Lächelns) (unverst.)"
#00:33:51-9# L (mimisch lachend): "Was?" (lässt Kopf nach unten fallen bis ca. 10 cm über Kniehöhe, anhaltender Atem [Beginn des lauten, stimmhaften Lachens]
#00:33:52-2# S (laut stimmhaft lachend, Verbalsilben verschluckt): "Da((h))as schleichende Monster (lacht stimmhaft, (ff). (unverst.) (zeigt mit dem Zeigefinger der rechten Hand auf eine Stelle in den Noten)- und das ho((h))olt ihn jetzt."
#00:33:57-9# S (legt Hand auf die Klaviatur und spielt einige Male das Motiv (...) L (gleichzeitig lachend Widerspruch einlegend, unverständlich)
#00:34:00-1# L (rufend): „ (unverst.) da ist ein dreifaches Pianissimo!"
#00:34:04-2# S: "Dann ist es halt ein (Handgeste: zeigt die Größe des Monsters) <<hh>> ganz kleines Monster."
#00:34:05-6# L: (lacht stimmhaft) "Nee, ich würde eher sagen ein Schmetterling oder so etwas ganz Kleines so - uiluiliulupp (↑) - (Hanggeste) - so richtig - ja?"
(…)

---

[39] Der vielfach umstrittene Begriff der Hochkultur bezeichnet die durch Bildungseinrichtungen (insb. Hochschulen und Universitäten) legitimierte Bildungselite („Leitkultur") der Gesellschaft im Gegensatz zu einer insb. durch Bourdieu 1993) geprägten, ethnologisch geprägten Kulturbegriff, der auch Alltags-, Massen oder Populärkulturelles einschließt.
[40] Wer damit gemeint ist (vielleicht das Kind?), geht aus den Daten nicht hervor.
[41] Vergleiche Transkriptionsdatei der gesamten Unterrichtseinheit im Anhang der genannten Dissertation

Auch wenn in diesem Beitrag bedauerlicherweise aus Gründen des Umfanges nicht auf das subtile und dennoch vergleichsweise ausgeprägte Steuerungsverhalten der Lehrkraft eingegangen werden kann (#00:34:00-1#, vgl. die Ausführungen in der Dissertationsschrift) soll doch auf folgende Beobachtung der Studie hingewiesen werden, die in Bezug auf die Transkription mit der Feldpartitur als Erkenntnisinstrument gerade im Vergleich mit textbasierten Forschungsmethoden eine Rolle spielt: Die *Unterschiedlichkeit* der verbalen Symbolzuschreibungen der Lehrkraft und des Kindes (Kriminalfilm vs. Horrorfilm; Monster vs. Schmetterling; Zombies vs. Clown etc.) scheint an dieser Stelle keine besonders große Bedeutung im Hinblick auf die funktionsfähige Verständigung zwischen den Beteiligten zu erhalten, die *Gemeinsamkeit* zwischen den beiden verschiedenen Symbolen scheint auf einer anderen Ebene zu liegen: die sinnlich-ästhetische Wahrnehmungsebene sowohl des Horror- wie des Kriminalfilms verweist auf einen zugrunde liegenden Kontext der Resonanzphänomene: die Emotion, die als eine Emotion des Gruselns (Angst) durch die Lehrkraft dargestellt wurde und der damit einhergehenden leiblichen Spürung. Bezeichnenderweise sind demnach die symbolischen Zuschreibungen der Beteiligten auf denselben musikalisch-erklingenden Inhalt also gerade *nicht* identisch. Diese Differenz der symbolhaften Einkleidung des musikalischen Ausdrucksgehaltes ist dabei – ganz anders wäre dieser Sachverhalt im Zeichensystem der Sprache - jedoch offenbar völlig belanglos – die beiden Beteiligten verstehen sich auch auf der Basis völlig unterschiedlicher verbaler Bezeichnungen.

4 Fazit

Zusammengefasst bietet das Konzept der Feldpartitur aus folgenden Gründen einen kognitiven Mehrwert zur textbasierten Arbeit mit dem Video:

Transkription videoimmanenter Strukturen: Visuellen und auditiven Strukturen des Videos kann in ihrer Eigenschaft der Gleichzeitigkeit und Linearität durch die Partiturschreibweise eher Rechnung getragen werden als durch die verbale Umschreibung. Es können in der Partiturschreibweise videoimmanente Strukturen, insbesondere deren vielfältig ineinandergreifende dynamische Entwicklungen erfasst und sichtbar gemacht werden. Weitere Symbolsysteme wie z.B. zu Räumlichkeit oder filmischen Mitteln können in die Feldpartitur ebenso notiert werden wie textuelle Kodes, Icons oder – durch Verlinkung – verbale Memos.

Analyseinstrument: Die Aneignungsaktivität der Forschenden (wahrnehmen, sehen und hören, deuten, interpretieren) wird in dieser Erfassung des semantisch diffus Unbestimmten durch das gegebene Zeit-Raum-Raster der Feldpartitur systematisiert und daher unterstützt. Wie in der Musik- und Sprachentwicklung lässt sich die Entwicklung eines analytischen Schrift-Systems dabei als ein kognitiver Sprung zur vormals mündlichen Überlieferung betrachten. Insbesondere explorative Forschungsfragen erfordern in diesem Prozess zunächst die latente, dann zunehmende bewusste und begrifflich fassbare Wahrnehmung der Einzelkomponenten des Videos. Im Forschungsprozess lassen sich daher häufig der Wechsel zwischen der (vorläufigen) Kodierung und dem erneuten Betrachten der originären Videodatei vorfinden. Auf diese Weise gelingt eine zunehmende Prägnanz der Kode-, Kategorien- und Begriffsbildung. Die Visualisierung der Komponenten in einer Partitur generiert daher Erkenntnisse, die durch eine verbale Beschreibung schwerlich zu erreichen sind. Aus diesem Grund dient die Feldpartitur als Analyseinstrument, welches durch die effiziente Visualisierung der Erkenntnisgewinnung dient.

Untersuchung von Zusammenhängen: Erst auf der Basis der differenzierten Isolierung einzelner Komponenten kann ein Vergleich der Einzelspuren sowie im Anschluss eine Untersuchung der Beziehung der einzelnen Spuren zueinander untersucht werden. Diese Beziehungen zwischen den einzelnen Elementen können erneut kodiert und kategorisiert werden (so zum Beispiel lassen sich die im Fallbeispiel geschilderten „Phasen der additiven kommunikativen Erweiterung" erst auf der Ebene der Transkription empirisch rekonstruieren und fallintern wie –extern vergleichen). Die Feldpartitur ermöglicht auf der einen Seite auf diese Weise die Hervorhebung einer relevanten Einzelkomponente über einer digitalen Zeitleiste. Es sind jedoch auch rasterübergreifende Kodierungen, beispielsweise die Kodierung länger andauernder oder versetzt übereinanderliegender Ereignisse, denkbar.

Selektion: Wenig behandelt wurde in diesem Beitrag der Aspekt der Auswahl und Selektion der Einzelspuren, welcher angesichts der potentiellen Überfülle von Bedeutungsträgern im Datenmaterial von großer Bedeutung bei der analytischen Arbeit mit audiovisuellem Material ist (vgl. Moritz 2010b). Rein technisch liegt keine Begrenzung in der Anzahl übereinanderliegender Spuren vor. Der Aspekt der Selektion betrifft darüber hinaus die Auswahl relevanter Sequenzen („Schlüsselsequenzen") sowie die Einstellung der Zeitleiste.

Datenreduktion: Der Aspekt des Kodewechsels und die damit einhergehende gewünschte Reduktion der Information auf relevante Inhalte wurde in diesem Beitrag ebenfalls nur marginal angerissen. Es ist bei der Transkription von Videodaten mit der Feldpartitur grundsätzlich zu bedenken, dass der Moduswechsel von einem Symbolsystem (Video) in ein zweites (visualisierendes Diagramm) sich in reflexiver Weise auch mit der Frage beschäftigen muss, welche Verluste mit diesem Kodewechsel einhergehen, um diese nachvollziehbar zu dokumentieren.

Ergebnisdarstellung: Deskriptiv lässt sich die Feldpartitur am Ende eines Forschungsprozesses als ein *Darstellungsinstrument* verwenden. Sie beschreibt Elemente der oben geschilderten ersten Kategorie (Ebene der Akteurs- und Objektabbildung) als auch der filmischen Elemente. Von besonderer Wichtigkeit ist die Feldpartitur als Darstellungsinstrument insbesondere in Fällen, wo sensible Videodaten nicht zur Veröffentlichung freigegeben werden. Die Partitur dient am Ende eines erfolgten Forschungsprozesses als empirischer Beleg.

Die Dokumentation der Beobachtungskategorien und Kodeprozesse ermöglicht das Gütekriterium der Nachvollziehbarkeit der Interpretation für Außenstehende. Nicht zuletzt dient die Verschriftung in Form einer Partitur als ein kognitiv effizientes schriftsprachliches Kommunikationsmedium im Rahmen einer schriftsprachlichen Publikation.

Hinweise zum DVD-Material dieses Beitrags

Es findet sich auf der beiliegenden DVD eine kurze Videosequenz des Einzel-Klavierunterrichts und die dazugehörige Feldpartitur in der Version 06/2009 samt Legende. Zur Erstellung der Feldpartitur wurde zum Zweck der ersten Erprobung die Musik-Notationssoftware FINALE[42] verwendet. Derzeit befindet sich das System in einem Weiterentwicklungsprozess, weshalb aktuellere Anwendungsbeispiele der Feldpartitur mit weiterer Software auf der Homepage www.feldpartitur.de zu finden sind.

---

[42] Mit freundlicher Unterstützung der Fa. Klemm Technologies

Literatur

Bakhtin, Mikhail Mikhailovich / Emerson, Caryl / MacGee, Vern W. (2010): Speech genres and other late essays. 12. paperback print. Austin, Tex.: Univ. of Texas Press (University of Texas Press Slavic series, 8).

Barthes, Roland (1979): Elemente der Semiologie. Frankfurcht a.M.: suhrkamp taschenbuch wissenschaft.

Barthes, Roland (1990 [1980]): Der entgegenkommende und der stumpfe Sinn. Kritische Essays III. Frankfurcht a.M.

Belgrad, Jürgen; Niesyto, Horst (Hg.) (2001): Symbol. Verstehen und Produktion in pädagogischen Kontexten. Baltmannsweiler: Schneider Verl. Hohengehren.

Bidlo, Oliver (2006): Martin Buber. Ein vergessener Klassiker der Kommunikationswissenschaft? Dialogphilosophie in kommunikationswissenschaftlicher Perspektive. Marburg: Tectum.

Boehm, Gottfried (1996): Bildbeschreibung. Über die Grenzen von Bild und Sprache.

Boehm, Gottfried (2006): Was ist ein Bild? 4. Aufl. München: Fink.

Bohnsack, Ralf (2009): Qualitative Bild- und Videointerpretation. Die dokumentarische Methode. Opladen: Budrich (UTB).

Bourdieu, Pierre (1993): Narzißtische Reflexivität und wissenschaftliche Reflexivität. In: Berg, Eberhard / Fuchs, Martin (Hrsg.): Kultur, soziale Praxis, Text. Die Krise der ethnographischen Repräsentation. Frankfurt a.M.: Suhrkamp, S. 365–374.

Buber, Martin (Hrsg.) (2006): Das Dialogische Prinzip. Gerlingen: Schneider.

Burkard, Michel (2007): Vermittlung und Aneignung von visuellem Wissen. In: Friebertshäuser, Barbara Prengel Annedore / Felden, Heide von / Schäffer, Burkhard (Hrsg.): Bild und Text. Methoden und Methodologien visueller Sozialforschung in der Erziehungswissenschaft. Opladen: Budrich, S. 61–78.

Ehrenspeck, Yvonne / Schäffer, Burkhard (Hrsg.) (2003): Film- und Fotoanalyse in der Erziehungswissenschaft. Ein Handbuch. Opladen: Leske + Budrich.

Eisenstein, Sergej (1975): Dramaturgie der Film-Form. [1929]. In: Schlegel, Hans-Joachim (Hrsg.): Sergej. Eisenstein. Schriften. München (3), S. 200–224.

Elsaesser, Thomas (2007): Filmtheorie zur Einführung. Hamburg: Junius-Verl. (Zur Einführung).

Faulstich, Werner (2008): Grundkurs Filmanalyse. 2. Aufl. Paderborn: Fink (UTB).

Flechsig, Hartmut (1977): Studien zu Theorie und Methode musikalischer Analyse. München: Katzbichler.

Flechsig, Hartmut (2006): Hören - Sehen - Erinnern. Vorlesungsmanuskript 25.7.2006. Ludwigsburg.

Friebertshäuser, Barbara / Prengel Annedore / Felden, Heide von / Schäffer, Burkhard (Hrsg.) (2007): Bild und Text. Methoden und Methodologien visueller Sozialforschung in der Erziehungswissenschaft. Opladen: Budrich.

Gadamer, Hans-Georg (1990): Gesammelte Werke. 1 : Hermeneutik; 1. Wahrheit und Methode: Grundzüge e. philos. Hermeneutik. 6. Aufl. (durchges.). Tübingen: Mohr.

Glaser, Barney (1978): Theretical Sensititivity: Advances in the Methodology of Grounded Theory. Mill Valley: Sociology Press.

Glaser, Barney G. (2009): The discovery of grounded theory. Strategies for qualitative research. 4. paperback print. New Brunswick: Aldine Transaction.

Goffman, Erving (2009): Wir alle spielen Theater. Die Selbstdarstellung im Alltag. Ungekürzte Taschenbuchausg., 7. Aufl. München, Zürich: Piper (Serie Piper).

Goodman, Nelson / Philippi, Bernd (2007): Sprachen der Kunst. Entwurf einer Symboltheorie. 5. Dr. Frankfurt am Main: Suhrkamp Taschenbuch Verl (Suhrkamp-Taschenbuch Wissenschaft, 1304).

Großmann, Rolf (1991): Musik als "Kommunikation". Zur Theorie musikalischer Kommunikationshandlungen. Univ., Diss.--Giessen, 1990. Braunschweig: Vieweg (Konzeption empirische Literaturwissenschaft, 14).

Holliday, Ruth (2000): We've been framed: visualising methodology. In: Sociological Review, S. 503–521.

Imdahl, Max (1996): Giotto, Arenafresken. Ikonographie. Ikonologie. Ikonik. 3. Aufl. München: Fink.

Jakobson, Roman / Halle, Morris (2002): Fundamentals of language. Repr. of the 2., rev. ed. Berlin, New York: Mouton de Gruyter.

Joost, Gesche (2008): Bild-Sprache. Die audio-visuelle Rhetorik des Films. Zugl.: Tübingen, Univ., Diss., 2007 u.d.T.: Grundzüge der Filmrhetorik. Bielefeld: transcript.

Kade, Jochen (2003): Von der Wissensvermittlung zur pädagogischen Kommunikation. Theoretische Perspektiven und empirische Befunde.

Karbusicky, Vladimir (1987): Zeichen und Musik. In: Zeitschrift für Semiotik, Jg. 9,3/4, S. 227–249.

Kloepfer, Rolf (2003): Semiotische Aspekte der Filmwissenschaft: Filmsemiotik". In: Posner, Roland / Robering, Klaus / Sebeok, Thomas A. (Hrsg.): Semiotik=Semiotics. Ein Handbuch zu den zeichentheoretischen Grundlagen von Natur und Kultur. 13 Bände. Berlin: de Gruyter, S. 3188–3211.

Knoblauch, Hubert (2004): Die Video-Interaktions-Analyse. Methodenwerkstatt. In: Sozialer Sinn, H. 1, S. 123–138. Online verfügbar unter http://nbn-resolving.de/urn:nbn:de:0168-ssoar-7571, zuletzt geprüft am 13.4.2010.

Knoblauch, Hubert (2009): Video analysis methodology and methods. Qualitative audiovisual data analysis in sociology. 2., rev. ed. Frankfurt am Main, Berlin, Bern, Wien: Lang.

Knoblauch, Hubert / Schnettler, Bernt / Raab, Jürgen et al. (Hg.) (2006): Video analysis: methodology and methods. Qualitative audiovisual data analysis in sociology. Frankfurt, Main: P. Lang.

Kopiez, Reinhard (Hrsg.) (2004): Der Mythos von Musik als universell verständliche Sprache. Hildesheim: Olms.

Kurt, Ronald (2002): Menschenbild und Methode der Sozialphänomenologie. Konstanz: UVK Verlagsgesellschaften.

Kurt, Ronald (2009): Indien und Europa. Ein kultur- und musiksoziologischer Verstehensversuch. Bielefeld: transcript-Verl. (Kultur- und Medientheorie).

Langer, Susanne K. (1984): Philosophie auf neuem Wege. Das Symbol im Denken, im Ritus und in der Kunst. Übers. von Ada Löwith. Frankfurt.

Lehrdahl, Fred / Jackenhoff, Ray (1983): A Generative Theory of Tonal Music. Cambridge: MIT Press.

Marotzki, Winfried / Niesyto, Horst (Hg.) (2006): Bildverstehen und Bildinterpretation. Methodische Ansätze aus sozialwissenschaftlicher, kunst- und medienpädagogischer Perspektive. 1. Aufl. Wiesbaden: VS Verl. für Sozialwiss. (Medienbildung und Gesellschaft, 2).

Metz, Christian (2000): Film language. A semiotics of the cinema. [Repr.]. Chicago, Ill.: Univ. of Chicago Press.

Metz, Christian / Blüher, Dominique (2000): Der imaginäre Signifikant. Psychoanalyse und Kino. Münster: Nodus Publ. (Film und Medien in der Diskussion, 9).

Moritz, Christine (2009): Eine "virtuelle Insel für Qual-Frösche": Erfahrungsbericht einer netzbasierten qualitativen Arbeitsgruppe im Rahmen des Netz-Werkstatt-Konzepts. In: Forum Qualitative Sozialforschung (FQS), Jg. 9, H. 1. Online verfügbar unter http://www.qualitative-research.net/index.php/fqs/article/view/1193/2622.

Moritz, Christine (2010a): Dialogische Prozesse in der Instrumentalpädagogik. Eine Grounded Theory Studie. Essen: Die Blaue Eule.

Moritz, Christine (2010b): Die Feldpartitur. Ein System zur mikroprozessualen Transkription von Videodaten in der Qualitativen Sozialforschung. Wiesbaden: VS-Verl. für Sozialwissenschaften (Reihe Qualitative Sozialforschung. Praktiken – Methodologien – Anwendungsfelder. Hrsg: Uwe Flick, Christian Lüders, Jo Reichertz.).

Mruck, Katja unter Mitarbeit Günter Mey (2000): Qualitative Sozialforschung in Deutschland. In: Forum Qualitative Sozialforschung (FQS), Jg. 1, H. Art. 4. Online verfügbar unter http://nbn-resolving.de/urn:nbn:de:0114-fqs000148., zuletzt geprüft am 26.4.2010.

Niesyto, Horst (2003): VideoCulture. Video und interkulturelle Kommunikation ; [Grundlagen, Methoden und Ergebnisse eines internationalen Forschungsprojekts]. München: kopaed.

Panofsky, Erwin (1987): Zum Problem der Beschreibung und Inhaltsdeutung von Werken der bildenden Kunst. In: Kaemmerling, Ekkehard (Hrsg.): Ikonographie und Ikonologie. Theorien, Entwicklung, Probleme. Köln: DuMont, S. 185–206.

Panofsky, Erwin (2006): Ikonographie und Ikonologie. Bildinterpretation nach dem Dreistufenmodell. 1. Aufl. Köln: DuMont.

Raab, Jürgen (2008a): Phänomenologie und Soziologie. Theoretische Positionen aktuelle Problemfelder und empirische Umsetzungen. Wiesbaden: VS Verlag für Sozialwissenschaften / GWV Fachverlage GmbH Wiesbaden.

Raab, Jürgen (2008b): Visuelle Wissenssoziologie. Theoretische Konzeption und materiale Analysen. Zugl.: Konstanz, Univ., Habil.-Schr., 2007 /// Univ., Habil.-Schr.--Konstanz, 2007. Konstanz: UVK-Verl.-Ges.; UVK Verl.-Ges. (Erfahrung - Wissen - Imagination, 17).

Reichertz, Jo (2003): Überlegungen zum Fachverständnis der Essener Kommunikationswissenschaft. Fachverständnis 2. Universität Duisburg-Essen. Online verfügbar unter http://www.uni-due.de/imperia/md/content/kowi/fachv2.pdf, zuletzt aktualisiert am 03.08.2009, zuletzt geprüft am 03.03.2010.

Reichertz, Jo (2009): Kommunikationsmacht. Was ist Kommunikation und was vermag sie? Und weshalb vermag sie das? 1. Aufl. Wiesbaden: VS-Verl. für Sozialwissenschaften.

Reichertz, Jo (2010): Die Macht der Worte und der Medien. 3. Aufl. Wiesbaden: VS Verl. für Sozialwiss.

Reichertz, Jo / Englert, Carina (2010): Einführung in die qualitative Videoanalyse. Eine hermeneutisch-wissenssoziologische Fallanalyse. Wiesbaden: VS Verl. für Sozialwiss.

Sachs-Hombach, Klaus (2003): Vom Bild zum Film. Zur begrifflichen Analyse wahrnehmungsnaher Kommunikationsformen. In: Ehrenspeck, Yvonne /

Schäffer, Burkhard (Hrsg.): Film- und Fotoanalyse in der Erziehungswissenschaft. Ein Handbuch. Opladen: Leske + Budrich, S. 121–134.

Sachs-Hombach, Klaus/Rehkämper, Klaus (Hrsg.) (1999): Bildgrammatik. Magdeburg: Scriptum-Verlag.

Schnettler, Bernt (2001): Vision und Performanz. Zur soziolinguistischen Gattungsanalyse fokussierter ethnographischer Daten. In: Sozialer Sinn, H. 1, S. 143–163.

Seel, Norbert M. (2003): Psychologie des Lernens. Lehrbuch für Pädagogen und Psychologen. München.

Seel, Martin (2008): Ästhetik des Erscheinens. 3. [Aufl.]. Frankfurt am Main: Suhrkamp (Suhrkamp-Taschenbuch Wissenschaft).

Stoianova, Ivanka (1987): Musikalische Graphik. In: Zeitschrift für Semiotik, Jg. 9, H. 3-4, S. 283–299.

Weingarten, Rüdiger (1989): Die Verkabelung der Sprache. Grenzen der Technisierung von Kommunikation. Frankfurt am Main: Fischer (Fischer-Taschenbücher Fischer alternativ, 4181).

Diener zweier Damen. Videobasierte Sozialforschung zwischen Datendokumentation und Filmproduktion

Ronald Kurt

»Wenn ein gewisses technisches Können erreicht ist,
verschmelzen Wissenschaft und Kunst
gern zu Ästhetik, Bildhaftigkeit und Form.
Die größten Wissenschaftler sind immer auch Künstler.«
Albert Einstein (1923)

Dieser Text geht auf einen Vortrag zurück, den ich im Juni 2009 in Hildesheim im Rahmen der Tagung 'Videobasierte Methoden der Sozialforschung. Sozial-, kultur- und erziehungswissenschaftliche Nutzungsweisen' hielt. Aus diesem Vortrag ist das Buchkapitel 'Exkurs: Film als Instrument der Wissenschaft' entstanden. Es ist Bestandteil meiner Monografie 'Indien und Europa. Ein kultur- und musiksoziologischer Verstehensversuch' (Kurt 2009) und dient dort als Anleitung für das Verstehen der diesem Buch beigefügten Dokumentarfilme. Für das vorliegende Lehrbuch habe ich den Text noch einmal überarbeitet. An der Struktur des Textes hat sich dabei nichts geändert: Einführend stelle ich den soziologischen Charakter meiner Dokumentarfilme heraus. Nach einigen grundsätzlichen Bemerkungen zum Verhältnis von Film und Wissenschaft wende ich mich dann dem Problem zu, wie filmende Soziologen als 'Diener zweier Damen' den Ansprüchen der Datendokumentation und der Filmproduktion gerecht werden können. Im darauf folgenden Kapitel über filmische Idealtypen wird beschrieben, wie sich Max Webers Methode der Idealtypenbildung auf das Genre Film übertragen lässt. Abschließend wird das Making-Of eines filmischen Idealtyps anhand von Videodaten beispielhaft dargestellt.

Zusammenfassung

Die dem Buch 'Indien und Europa' beigefügte DVD enthält drei Filme. Der 47minütige Film *Be a Medium. Teaching and Learning Indian Classical Music* bietet eine Einführung in die Ästhetik, die soziale Praxis und die Kulturbedeutung der klassischen indischen Musik. Der 45minütige Film *Indische Musik - Europäische Musik. Ein interkulturelles Lehr- und Lernprojekt* stellt Strukturmerkmale indischer und europäischer Musikerziehung gegenüber, indem er gemäß des Grounded-Theory-Prinzips des maximalen Kontrastes Schlüsselmomente des Lehrens und Lernens kulturdialogisch kontrastiert. Der 11minütige Film *Raga Jog* zeigt ohne Schnitt die Aufführung eines Raga als sequenzielle Entfaltung einer musikalischen Ordnung.

Im Folgenden werde ich begründen, warum ich die drei Filme *Be a Medium, Indische Musik – Europäische Musik* und *Raga Jog* als soziologische Filme bezeichne. Die genannten Filme nenne ich nicht deshalb soziologisch, weil sie ein Soziologe gemacht hat oder weil sie von Sozialem handeln, sondern weil in ihnen filmische Mittel im Sinne soziologischer Denkweisen eingesetzt wurden. In diesem Zusammenhang sollen die Filme nicht nur kultur- und musiksoziologische Aussagen des Buches sicht- und hörbar machen; sie sollen darüber hinaus mit Bildern und Klängen etwas Allgemeines über konkrete soziale Phänomene aussagen, das sich mit Worten allein nicht zum Ausdruck bringen ließe.

Zur Erläuterung dieser Position sind einige grundsätzliche Bemerkungen zum Verhältnis von Film und Wissenschaft erforderlich. Es kommt nicht von ungefähr, dass ich mich bei der Verwendung der Videokamera zwischen zwei Ansprüchen hin und her gerissen fühle: dem dokumentarischen Anspruch, soziale Situationen audiovisuell so objektiv wie möglich zu protokollieren einerseits und dem ästhetischen Anspruch, brauchbares Bild- und Tonmaterial für einen Filmschnitt zu produzieren andererseits. Die konträren Auffassungen, die sich in dieser ambivalenten Haltung kreuzen, sind so alt wie der Film selbst und lassen sich in überspitzter Form wie folgt gegenüberstellen:

1 Film als objektive Abbildung der Außenwelt – Film als subjektive Inszenierung von Innenwelt

Das ambivalente Verhältnis zwischen Faktischem und Fiktionalem, zwischen Wissenschaft und Kunst, zwischen Objektivität und Subjektivität charakterisiert den Film seit seinen Anfängen bei Louis Lumière (mit seiner dokumentarisch-realistischen Lokomotivenfahrt – L'arrivé D'un train 1895) und Georges Méliès (mit seiner theaterhaft-illusionistischen Reise zum Mond – Le Voyage Dans La Lune 1902). Im Verhältnis zu diesem Verhältnis wurden extreme Positionen bezogen, zum Beispiel diejenige, dass die Funktion des wissenschaftlichen Films darin bestehe, für Forschung und Lehre Anschauungs- und Beweismaterial bereitzustellen; vorzugsweise in der Form von unbearbeitetem Filmmaterial. Der wissenschaftliche Film, so Hans-Joachim Koloß, „ist Abbild der Wirklichkeit, er ist Beweismaterial, aber er stellt keine Interpretation und Deutung dar" (Koloß, zit. nach Ballhaus 1995: 15). Ein Film ist dementsprechend dann ein Dokumentarfilm, wenn er „Ereignisse abbildet, die auch ohne die Anwesenheit der Kamera stattgefunden hätten" (Roth 1982: 185).

Den Gegenpol zu diesen positivistischen Filmauffassungen bilden konstruktivistische Positionen, die im Akt des Filmens eine interpretierende Handlung sehen und die, wie beispielsweise Jean Rouch, von einer Kooperation zwischen Filmenden und Gefilmten ausgehen. „Grundsätzlich heißt das: nie mit versteckter Kamera drehen, nie Bilder stehlen, sondern immer den anderen in Kenntnis des Vorgangs setzen, mit allem, was dazugehört" (Rouch, zit. nach Friedrich 1984: 41). Diese Maxime ist auch maßgebend für meine eigenen Dreharbeiten. Mit einer versteckten Kamera zu filmen, lehne ich nicht nur aus ethischen, sondern auch aus forschungspraktischen Gründen ab. Welche Erkenntnismöglichkeiten Kooperationen zwischen Forschern und Beforschten bereithalten, haben beispielsweise Sol Worth und John Adair gezeigt. Sie verteilten in ihrer „Untersuchung über die Navajos Kameras an die Indianer/innen, damit diese ihre eigene Gruppe selbst filmen konnten" (Kaczmarek 2008:10). Indem sie die Forschungsobjekte zu Subjekten ihrer eigenen Lebenswelt emanzipierten, konnten Worth und Adair sehen, wie die natives ihre Welt sehen. Umgekehrt gilt: Geben Forscher ihre Kameras nicht aus der Hand, dann müssen sie aufpassen, dass sie mit ihren kulturell geprägten Seh- und Verstehensgewohnheiten nicht systematisch übersehen, was aus der Sicht der Gefilmten Relevanz besitzt. Schließlich geht es in der rekonstruktiven Sozialforschung nicht um die Reproduktion ethnozentrischer Vorurteile, sondern darum, „den Standpunkt des Eingeborenen, seinen Bezug zum Leben zu verstehen und sich *seine* Sicht *seiner* Welt vor Augen zu führen" (Malinowski 1979: 49, Hervorhebung im Original).

Sich nun zu einer rein objektivistischen oder rein (inter-) subjektivistischen Filmauffassung zu bekennen, würde zu einem irreführenden Credo führen. Filme sind weder 100%ige Wirklichkeitsrepräsentationen noch 100%ige Illusionskonstruktionen; sie stellen notwendigerweise Mischverhältnisse aus objektivem Registrieren und subjektivem Konstruieren dar. Das technische Kameraauge, das *Objektiv*, zeichnet unter der subjektiven Führung des menschlichen Auges kontinuierlich auf, was sich zu einer bestimmten Zeit an einem bestimmten Ort ereignet. Unter der Raum- und Zeitlupe des Kamerablicks kann so einerseits sichtbar werden, was für das menschliche Auge normalerweise nicht wahrnehmbar wäre: zum Beispiel der Moment im Galopp, in dem sich die Hufen des Pferdes sämtlich in der Luft befinden (vgl. Eadweard Muybridges Aufnahme der Vollblutstute Annie G., 1887). Andererseits ist jede Filmaufnahme notwendigerweise selektiv, (weil sie nur das aus dem Bereich des Sicht- und Hörbaren erfasst, was dem Filmenden relevant erscheint), perspektivisch (weil sie vom Blickwinkel der Kamera abhängt) und interpretativ (weil beispielsweise durch Bild-, Farb- und Schärfeeinstellungen, Kamerabewegungen und die Anfangs- und Endpunkte der Aufzeichnung Bedeutungszuweisungen vorgenommen werden). Auf die Bedeutungsgebung durch den Schnitt in der Postproduktionsphase wird gleich noch einzugehen sein.

Die Widerständigkeit des Films gegenüber dem Objektivitätsideal des traditionellen Wissenschaftsverständnisses muss nun nicht zwangsläufig zu der Schlussfolgerung führen, dass der Film als Forschungs- und Darstellungsinstrument der Wissenschaft nicht geeignet ist. Im Gegenteil: Gerade weil das Interpretative, Intersubjektive und Künstlerisch-Kreative zu den Potentialen des Mediums Film gehört, kann es für die wissenschaftliche Arbeit von großem Nutzen sein, insbesondere dann, wenn es gelingt, das Wissenschaftlich-Objektive mit dem Künstlerisch-Subjektiven zu integrieren. Kurz: Es geht darum, im Sinne Carlo Goldonis ein Diener zweier Herren zu sein. In dem gleichnamigen Lustspiel geht Truffaldino diese Aufgabe mit Trotz und Optimismus an: „O herrlich! Es gibt so viele, die einen Herrn suchen, und ich habe gleich zwei gefunden. Was, zum Teufel, soll ich machen? Ich kann doch nicht allen beiden dienen! Nein? Und warum nicht?" (Goldoni 1959:33). Übertragen auf die Problemstellung dieses Textes impliziert dies die Aufgabe, den Ansprüchen zweier Damen gerecht zu werden: der wissenschaftlichen Datendokumentation einerseits und der künstlerischen Filmproduktion andererseits.

Bevor ich auf die Gelingensbedingungen einer solchen doppelten Dienerschaft zu sprechen komme, steht zunächst die Frage zur Klärung an, welche Bedeutung audiovisuelle Daten im wissenschaftlichen Kontext haben. Können Bilder und Töne wie Worte verstanden werden? Können Bilder und Töne in Worte übersetzt werden? Oder stellen Bilder und Töne Zeichen dar, die sich nicht oder nur zum Teil verworten lassen? Wenn die Welt Text wäre oder voll und ganz in Texten beschreibbar wäre, dann müssten auch Bilder und Klänge eins zu eins in geschriebene Sprache zu übersetzen sein. Wenn dies nicht der Fall ist, und davon gehe ich aus, dann kann der Sinn von Bildern und Tönen nicht auf den Sinn von Worten reduziert werden.

Es spricht natürlich nichts dagegen, in wissenschaftlichen Filmen die Bilder nur mit den Funktionen des Dokumentierens, Veranschaulichens und Beweisens zu belegen und dem Kommentartext entsprechend unterzuordnen, aber damit ist das Sinnpotential des Bildes noch nicht ausgeschöpft. Das Gleiche gilt auch für die Musik. Als Zeichensprachen eigener Art gehen Bild und Musik in ihrer Sprachförmigkeit und der ihnen eigenen Grammatik und Semantik nicht vollständig in der gesprochenen bzw. geschriebenen Sprache auf. Wenn die Wissenschaften nun darauf insistierten, dass nur mit Worten und in der Form von Texten wissenschaftlich argumentiert werden könne, dann würden sie sich wahrscheinlich zu enge Grenzen setzen. Vielleicht ist es ja möglich, auch mit Bildern und Tönen wissenschaftlich zu argumentieren; nicht nur als Ergänzung zu sprachlichen Äußerungen, sondern als eine auf definierbaren Regeln und Bedeutungen beruhende Art und Weise, etwas über die Welt auszusagen. In diesem Sinne geht es darum, den Film als eine eigenständige Form des wissenschaftlichen Argumentierens anzuerkennen. Es geht also nicht nur darum, „den Film als ein Medium zu akzeptieren, das der intellektuellen Artikulation fähig ist" (MacDougall, zitiert nach Friedrich 1984: 11). Es geht um den viel stärkeren Anspruch, den Film als eine Form zu begreifen, die es ermöglicht, Argumente prinzipiell ohne die Verwendung von Worten zu formulieren.

Die nächste Frage wäre nun, wie filmisch argumentiert werden könnte. Kann ein Argument, also eine Verknüpfung von Aussagen, die eine Behauptung zu begründen oder zu widerlegen in der Lage ist, mit filmischen Mitteln formuliert werden? Meiner Meinung nach ist dies möglich, wenn bei der Produktion eines Films ästhetische Mittel zum Einsatz kommen. Auf diese Weise kann die Filmkunst der Wissenschaft als Ausdrucksmittel zur Seite stehen. Zugespitzt formuliert: Ohne Kunst kann die Wissenschaft im Film kein Argument formulieren. Wie ein solches filmsprachliches Argumentieren aussehen könnte, möchte ich nun unter Zuhilfenahme der Idealtypenlehre von Max Weber zu zeigen versuchen.

2 Filmische Idealtypenbildung

Als Max Weber seinerzeit die Idee von der Methode des Idealtypus niederschrieb, hat er sicherlich nicht an das Medium Film gedacht. Heute ist es aufgrund der fortgeschrittenen Filmtechnik nahe liegender, über die Potentiale einer solchen Verknüpfung nachzudenken. Max Webers Anleitung zur Bildung eines Idealtypus lautete folgendermaßen:

> „Er wird gewonnen durch einseitige *Steigerung eines* oder *einiger* Gesichtspunkte und durch Zusammenschluss einer Fülle von diffus und diskret, hier mehr, dort weniger, stellenweise gar nicht, vorhandenen *Einzel*erscheinungen, die sich jenen einseitig herausgehobenen Gesichtspunkten fügen, zu einem in sich einheitlichen *Gedanken*bilde." (Weber 1968: 191, Hervorhebung im Original).

Der Weg vom Konkreten zum Allgemeinen führt also „über die *gedankliche* Steigerung bestimmter Elemente der Wirklichkeit (...) zu einem in sich widerspruchslosen Kosmos *gedachter* Zusammenhänge" (Weber 1968: 190, Hervorhebung im Original). Auf den Film angewandt bedeutete dies, aus einer Fülle von Einzelerscheinungen ausgewählte Aspekte eines sozialen Geschehens sinnadäquat aufzunehmen, um dann durch die Bearbeitung des Rohmaterials auf die gedankliche Steigerung einiger Elemente hinzuwirken, die dann im Schnitt zu einem einheitlichen Gedankenbild zusammenzuführen wären.

Filmische Idealtypenbildungen führen so weder zu einer Abbildung noch zu einer Idealisierung von Wirklichkeit. Noch weniger dient ein filmischer Idealtypus als Schema, „*in* welches die Wirklichkeit als *Exemplar* eingeordnet werden sollte" (Weber 1968: 194, Hervorhebung im Original). Der filmische Idealtypus ist vielmehr als eine wissenschaftliche Konstruktion zu verstehen, zu der es in der empirischen Wirklichkeit eine Entsprechung weder geben kann noch geben soll. Es ist gerade diese Wirklichkeits- und Werturteilsferne, die den in Bild, Ton und/oder Text verfassten Idealtypus als Erkenntnisinstrument auszeichnet. Er dient als Kontrastmittel, um in der Anwendung auf empirische Einzelfälle „festzustellen, wie nahe oder fern die Wirklichkeit jenem Idealbilde steht" (Weber 1968: 191). In der Kontrastierung mit einem Idealtypus kann so sichtbar werden, was die Eigenart eines empirischen Einzelfalls ausmacht. Der Idealtypus ist ein Maß, das sich an die Wirklichkeit zur Abstandsmessung anlegen lässt: um anhand der Abweichung vom Ideal die „Eigenart von Kulturerscheinungen scharf zum Bewußtsein zu bringen" (Weber 1968: 202).

Für den filmischen Idealtypus heißt dies, dass er etwas zeigt, was sich so gar nicht ereignet hat: Hier wird eine Szene auf einen Bruchteil der Originalzeit zusammengekürzt, dort wird Späteres dem Früheren vorangestellt, an anderen Stellen werden Bilder und Sounds hineinmontiert, die der Ursprungssituation gar nicht zugehörten. Entscheidend für die Konstruktion eines filmischen Idealtypus ist nicht, dass er das ursprüngliche Geschehen in Echtzeit und im Originalsynchronton wiedergibt, sondern dass er der Interpretationsfigur des Sozialwissenschaftlers Gestalt verleiht. Zu diesem Zweck scheint mir die Arbeit mit filmästhetischen Mitteln legitim zu sein.

Als Filme machender Soziologe eine derartige Idealtypenbildung anzustreben bedeutet, von der ersten Aufnahme bis zum letzten Schnitt mit Konstruktionsentscheidungen konfrontiert zu sein. Angesichts der Aufgabe, schneidefähiges Material für die Idealtypen bildende Postproduktion aufzunehmen, müssen von Anfang an viele wissenschaftliche, ästhetische und pragmatische Entscheidungen getroffen werden: Wird eine Drehgenehmigung benötigt oder geht es auch ohne? Welche Perspektive(n)? Wie viele Kameras? Wie wird die Szene in Bildeinstellungen aufgelöst? Wird die Szene mit den Akteuren vor und hinter der Kamera abgesprochen oder lässt man die Kameras so lange laufen bis das Erwartete, oder, noch besser, etwas Unerwartetes geschieht? Werden Handlungsabläufe geprobt? Werden Szenen mehrmals aufgenommen oder nachgestellt, um hinterher beim Schnitt zwischen verschiedenen Takes wählen zu können? Reicht das natürliche Licht, sollen zusätzliche Lichtquellen installiert werden oder verschiebt man die Dreharbeiten auf eine andere Tageszeit? Können nebensächliche Gegenstände aus dem Bild entfernt werden und sollen stattdessen symbolisch aussagekräftigere Objekte in die Bildkomposition eingefügt werden? Wo und wie wird der Ton ‚geangelt'? Werden Mikrofone und Kameras ins Bild integriert, um die Künstlichkeit der Aufnahmesituation zu kennzeichnen? Soll sich der filmende Soziologe vor der Kamera (oder im Kommentar) als Autor ‚outen' oder wäre es für den Film unter Umständen besser, wenn der Autor sich und seine Intentionen dem Rezipienten vorenthält?

Die jeweils einzelfallspezifische Lösung dieser Probleme untersteht der Leitfrage, was filmisch sinnvoll und wissenschaftlich verantwortbar ist. Das kann nicht ohne innere Konflikte gehen: Lasse ich die Situation so, wie sie ist oder verfälsche ich die Situation, damit das Ganze im Film echter wirkt? Verzichte ich zugunsten einer dokumentarischen Kamera auf ein schönes Bild oder verzichte ich zugunsten eines attraktiven einprägsamen Bildgehalts auf die ungeschminkte Aufzeichnung einer natürlichen Situation?

Subjektive Entscheidungen bezüglich der Natürlichkeit, Künstlichkeit und künstlichen Natürlichkeit der Bilder gehören im Dokumentarfilmgenre zum Alltagsgeschäft. Jede Aufnahme basiert auf den Relevanzsetzungen des Filmenden. Immer wieder von Neuem ist zu entscheiden, was wichtig ist, wie zu filmen ist - nah, halbnah oder total?, von unten oder oben?, frontal, seitlich, im Anschnitt?, im Schwenk oder im Zoom? - und wie der intendierte Ausdruck gegebenenfalls durch entsprechende Inszenierungen intensiviert werden kann. Filmende Wissenschaftler sollten wissen, was sie tun, wenn sie Sinn gebend vor, mit oder hinter der Kamera agieren. Hier geht es nicht um die (eindeutig mit Ja zu beantwortende) Frage, ob im Film Wirklichkeit konstruiert wird. Es geht um die Frage wie in einem wissenschaftlichen Film Wirklichkeit methodisch kontrolliert (re-)konstruiert werden kann.

Anstatt die Subjektivität des filmenden Forschers nun als unwissenschaftlich abzutun, möchte ich hier im Sinne der qualitativen Sozialforschung dafür votieren, das subjektive Entscheiden-Müssen methodisch kontrolliert und für andere nachvollziehbar in die Idealtypenkonstruktion mit einzubeziehen.

Das Vermitteln zwischen objektiv Gegebenem und subjektiv Gemachtem, zwischen registrierendem Dokumentieren und ästhetisierendem Inszenieren zieht sich durch alle Phasen der Filmproduktion. Die Schnittphase ist hier besonders hervorzuheben. Den Ausdruck ‚Schnitt' ziehe ich demjenigen der ‚Montage' vor, weil die Metapher der Montage suggerieren könnte, dass in der Postproduktionsphase das Bild- und Tonmaterial auf der Basis detailgenauer Konstruktionspläne nur noch mechanisch zusammenzusetzen sei. Insbesondere für Dokumentarfilme gilt, dass sie ihre Struktur meist erst in der Phase des Schnitts erhalten. Die Montage-Metapher könnte zudem zu der Fehleinschätzung verleiten, dass Dokumentarfilme im Grunde nur Zitatcollagen sind, in denen Fragmente des Sicht- und Hörbaren in digitalisierter Form zusammengeführt werden. Der Ausdruck ‚Schnitt' ermöglicht hingegen Assoziationen, die den Prozess der Filmproduktion weitaus besser treffen. Das Bedeutungsfeld des Wortes ‚Schnitt' reicht vom chirurgischen Einschnitt über das Abschneiden von Haaren, das Beschneiden von Pflanzen, das Aus- und Zuschneiden von Mustern bis hin zum Goldenen Schnitt als Inbegriff vollkommener Verhältnismäßigkeit. Schnitte können in diesem Sinne sowohl trennend und zerstörend als auch verbindend und Gestalt gebend sein.

Im Dokumentarfilm kann der Schnitt in einem beträchtlichen Maße nicht nur Sinn gebend, sondern zugleich auch Sinn nehmend sein, zum Beispiel dann, wenn man eine Hinrichtungsszene durch das Hineinschneiden eines lachenden Theaterpublikums in einen Comedy-Kontext versetzt. Wenn Videosequenzen, die zeitlich, räumlich oder sozial nicht unmittelbar zusammengehören, durch Schnitte in einen Sinnzusammenhang gebracht werden, dann ist es jederzeit möglich, etwas zu dokumentieren, was sich nie ereignet hat. Die Möglichkeiten der Materialmanipulation sind im Dokumentarfilmbereich geradezu grenzenlos. Hier kommt es letztlich auf die Haltung des Dokumentarfilmers an. Lässt er sich von den Möglichkeiten des Schnitts zur Konstruktion von Fiktionen verführen, oder versucht er die Möglichkeiten des Schnitts zur idealtypischen Rekonstruktion sozialer Wirklichkeit einzusetzen.

Als Filme machender Sozialwissenschaftler folge ich der Forderung des zuletzt genannten Orientierungsmusters. Ich meine damit auch der Methodologie von Alfred Schütz zu folgen. In diesem, seinem Sinne fasse ich filmische Idealtypen als Konstruktionen 2. Ordnung auf, also als „Konstruktionen jener Konstruktionen, die im Sozialfeld von den Handelnden gebildet werden" (Schütz 2010: 334). Sie ersetzen die alltagsweltlichen Konstrukte durch filmische. Filmische Konstruktionen 2. Ordnung dürfen deshalb nicht als Wirklichkeitsabbildungen missverstanden werden. Sie zeigen nicht, was tatsächlich geschah; sie zeigen auf das Typische einer sozialen Situation hin (durch die filmästhetische Hervorhebung des Relevanten, das Herausschneiden des Irrelevanten, die Verdichtung und Rekonfiguration von Zeitabläufen und Raumordnungen). Aus Sicht der verstehenden Soziologie ist Film ein methodologisches Hilfsmittel, um Modelle von den Konstruktionen der Alltagswelt zu bilden.

Durch den Akt des Schneidens ist es nun möglich, aus dem Rohmaterial (im Rahmen einer auf den Konventionen einer Seh- und Hör-Kultur beruhenden Bild- und Tonsprache) satzähnliche Aussagestrukturen zu formen. Im Wechsel der Perspektiven, im Rhythmus des Schnitts und in der Abfolge der Bildeinstellungsgrößen und in der polyphonen (oft kontrapunktischen) Verknüpfung von Bildern, Tönen, Kommentaren und Untertiteln entfaltet sich nach festgelegten Regeln filmischer Sinn. Hier sind sich Film und Schrift strukturell nah.

> „Die Grammatik der Filmsprache verlangt nach einer Satzkonstruktion, die im Aufbau, und was dessen Spielregeln betrifft, durchaus mit einer schriftlichen Abfassung vergleichbar ist" (Ballhaus 1995: 23f.).

Im Rahmen der Regeln für filmsprachliches Argumentieren sollte es auch möglich sein, bewegten Bildern die Bedeutung von Begriffen zu geben. Sie stünden dann in ihrer Konkretheit nicht nur für sich selbst, sondern zugleich für etwas Allgemeines, in dessen Bedeutungsfeld das Gemeinte auch mit anderen Bildern gesagt werden könnte. Als Begriff gebraucht können Filmsequenzen das Typische einer sozialen Situation in dichten Bildern zum Ausdruck bringen und zugleich durch die Offenlegung ihres Konstruktcharakters darauf verweisen, dass das Dargestellte kein Abbild der Wirklichkeit, sondern die Darstellung eines Idealtypus ist. Anders gesagt: Im Sinne der Logik des Idealtypus ist das konkret Gezeigte im Grunde eine Abstraktion. Es enthält perspektivierte und ausschnitthafte Verweise auf etwas Vergangenes, das einmal wirklich war, nun aber im Idealtypus zum integrativen Bestandteil einer Wirklichkeits(re)konstruktion geworden ist.

Um im Schnitt aus dem zugrunde liegenden Bild- und Tonmaterial audiovisuelle Typen zu formen, können sich Regisseur und Cutter einer Reihe filmästhetischer Werkzeuge bedienen: Wegschneiden, Dranschneiden, Überblenden, Laufgeschwindigkeit erhöhen oder verlangsamen (oder umkehren), Tonspuren vertauschen oder übereinander legen, Farbwerte und Bildausschnitte ändern etc. Für die wissenschaftliche Verwendung dieser Gestaltungswerkzeuge ist entscheidend, dass der Einsatz filmästhetischer Mittel keinen Selbstzweck darstellt, sondern im Sinne einer rekonstruktiven Idealtypenbildung geschieht. So können Wissenschaft und

Kunst Hand in Hand über die Brücke Film in Richtung einer regulativen Idee namens Wahrheit gehen.

Das ist die Einstellung, aus der heraus die Filme *Be a Medium* und *Indische Musik – Europäische Musik* entstanden sind. Während dem Kurzfilm *Raga Jog* die Idee zugrunde lag, die Aufführung eines indischen Raga von Anfang bis Ende ohne Unterbrechung und ohne Schnitt in einer Totalen aufzunehmen, um Ton für Ton die sequenzielle Entfaltung einer musikalischen Form zu dokumentieren, so stand die Arbeit an den beiden anderen Filmen unter dem Vorzeichen, Idealtypen konstruieren zu wollen. Ob bzw. inwieweit mir das in der Zusammenarbeit mit Mathias Allary (Produzent) und Jean-Claude Piroué (Schnitt) gelungen ist, lasse ich hier offen. Nicht offen lassen kann ich hingegen die Frage, welche Erkenntnis- und Darstellungsinteressen ich mit meinen Filmen verbinde. Zur Reflexion über die Filme fand sich in den Filmen selbst kein Platz – bei 24 Bildern pro Sekunde hat das Reflektieren im mitreißenden Fluss des Sicht- und Hörbaren einen schweren Stand. Deshalb habe ich mich dafür entschieden, diese Reflexion hier auf Papier durchzuführen. Für Reflexionen ist das Buch der bessere Ort.

3 Vom Filmen bis zum Feinschnitt

Abschließend möchte ich exemplarisch auf das Making-Of eines filmischen Idealtypus eingehen. Damit will ich einer naiv-realistischen Rezeption meiner Filme entgegenwirken. Ich bitte darum, sie eben nicht als objektive Abbildungen von Wirklichkeit, sondern, wie weiter oben beschrieben, als subjektive Konstruktionen 2. Ordnung zu verstehen, das heißt als idealtypische Rekonstruktionen der Konstruktionen, die das Wirklichkeitsverständnis der Gefilmten konstituieren. Hier soll nun anhand eines Falls nachvollziehbar dargestellt werden, wie das Rohmaterial durch den Schnitt eine Bedeutungsverdichtung erfuhr.[1] Damit versuche ich eine Selbstreflexivitätsaufforderung einzulösen, die Meyer zufolge kennzeichnend für viele zeitgenössische Dokumentarfilmer ist:

> „[D]ie Filmemacher treten nicht nur jeder eindeutigen Evidenz ihrer Bilder entgegen; als Urheber dieser filmischen Wirklichkeit bleiben sie erkennbar und legen ein besonderes Augenmerk auf den Konstruktionscharakter ihrer filmischen Argumentationsstrategie, ohne dabei zu vergessen, die Grenzen ihrer Konzeption aufzuzeigen." (Meyer 2005: 204).

---

[1] Um meine Filme als wissenschaftlich auszuweisen, müsste streng genommen für jede Filmsequenz der Bezug zum Ausgangsmaterial hergestellt werden.

Zur Kontrastierung von Rohmaterial und Feinschnitt habe ich die erste Szene aus *Be a Medium* ausgewählt. Sie stellt in idealtypischer Weise die (meiner Interpretation nach) wesentlichen Merkmale des indischen Musikunterrichts heraus: die Wort- und Schriftlosigkeit der mündlich-mimetischen Musikvermittlung, das Improvisieren im Rahmen eines Ragas und die Intensität der streng hierarchisch geregelten Lehrer-Schüler-Interaktion. Durch die filmische Definition der sozialen Situation (in Form verschiedener Perspektiven und Bildeinstellungen), den Rhythmus des Schnitts, die Fokussierung auf die Blicke der Musizierenden und das Weglassen von Nebensächlichem habe ich in der Zusammenarbeit mit Jean-Claude Piroué versucht, hier mit filmsprachlichen Mitteln einen Idealtypus zu bilden. Als kommentarlose Aussage eröffnet er meine filmische Interpretation der Musikkultur Indiens.

Filmischer Idealtyp als Videoausschnitt auf DVD

Im Abgleich mit dem Rohmaterial ist schnell zu erkennen, dass die Filmszene etwas zeigt, das sich so gar nicht ereignet hat. Der Schnitt bietet nicht nur eine stark gekürzte Version der ohne Unterbrechung aufgezeichneten Handlungssituation (46 Sekunden vs. 213 Sekunden), er gibt dem Ganzen auch eine neue zeitliche Ordnung, indem Späteres früher und Früheres später gezeigt wird. So mit der Zeit zu spielen, ist vom Standpunkt einer Dokumentarfilmtheorie, die verlangt, ein Ereignis in Realzeit und in der tatsächlichen Reihenfolge wiederzugeben, nicht akzeptabel (vgl. etwa Heider in Hohenberger 1988: 144). Im Rahmen eines idealtypisch gemeinten Dokumentarfilms sollten Zeitversetzungen dieser Art aber gestattet sein. Der Grund hierfür wurde schon mehrmals genannt: Der Weg zum Idealtypus als einer wissenschaftlichen Aussage führt über die filmsprachliche Fiktionalisierung des Faktischen. Nur so war es im vorliegenden Fall möglich, vom Rohmaterial zum filmförmigen Ausdruck eines sozialwissenschaftlichen Gedankens zu gelangen.

Vgl. Rohmaterial als Basis des filmischen Idealtyps auf DVD

Von der im Film gezeigten Intensität der Lehrer-Schüler-Interaktion ist im ungeschnittenen Rohmaterial nicht viel zu spüren – was sich durch die Umstände der Aufnahme leicht erklären lässt. Das insgesamt 37 Minuten lange Filmdokument entstand zu Beginn meiner Erforschung des indischen Musikunterrichts, im März 2002. Die Gelegenheit zur Aufzeichnung des Unterrichts ergab sich, als mich Madhup Mudgal, der Leiter der Musikschule Gandharva Mahavidyalaya in New Delhi, im Rahmen eines Interviews in eine seiner Unterrichtsstunden einlud.

Zu diesem Zeitpunkt war mir die indische Musikkultur noch äußerst fremd. Entsprechend vorsichtig tastete ich mich mit meiner Videokamera an das mir Unvertraute heran. Mehrmals die Position der Kamera wechselnd suchte ich den Raum nach Blickwinkeln ab, aus denen heraus sich das für das Verstehen des sozialen Sinns der Situation Relevante ‚einfangen' ließ. Nach 25 Minuten hatte ich mich dann in einer für die Beobachtung der Lehrer-Schüler-Interaktion günstigen Perspektive eingerichtet. In meiner videoethnographischen (das Fremde filmend beschreibenden) Tätigkeit versuchte ich zunächst, die Gesamtsituation und die einzelnen Personen zu erfassen – hier beginnt die als ‚Rohmaterial'[2] bezeichnete Filmsequenz.

Bei der videotechnischen Erfassung der Situation fand (bewusst oder auch nicht-bewusst - ich erinnere mich nicht mehr) eine selektive Fokussierung statt. Indem ich mich auf den Lehrer und zwei seiner Schülerinnen konzentrierte, geriet alles andere aus dem Blick: die zahlreichen Musikinstrumente (nebst weiteren situationsirrelevanten Gegenständen), die Notenhefte auf dem Teppich und nicht zuletzt die anderen im Raum befindlichen Schülerinnen. Meine Beobachtungshandlungen zeigen nicht nur, dass und wie ich mir mit der Videokamera interpretativ einen sozialen Raum erschlossen habe, sie zeigen auch, dass und wie ich in Form von Nahaufnahmen Schönes schön darstellen wollte. Kurz: Als Diener der Damen Datendokumentation und Filmproduktion habe ich versucht, soziologisch Relevantes filmisch attraktiv ins Bild zu setzen.

Nachdem mein Sehinteresse an der detaillierten Beobachtung der Interaktionsteilnehmer gesättigt war, bin ich dann dazu übergegangen, mich und die Kamera noch intensiver auf die Interaktion als solche auszurichten.

Filmisch hat sich dieses Erkenntnisinteresse in zuerst zögerlichen, dann aber entschlossener wirkenden Schwenks zum Ausdruck gebracht – ich war von der Interaktion buchstäblich hin und her gerissen. Ästhetisch mögen die unsauberen Schwenks nicht gelungen sein, sozialwissenschaftlich betrachtet sind sie sehr wohl gelungen: weil in ihnen eine Situationsinterpretation zum Ausdruck kommt, die sich im weiteren Verlauf des Forschungsprozesses als fruchtbar erwies. Meine Antwort auf die Frage, wie in Indien Lernen funktioniert, zeichnet sich in dieser Interpretation bereits umrissartig ab. Für eine reflexive Durchdringung des intuitiv Erfassten war ich in meinem Verstehensprozess zu diesem Zeitpunkt allerdings noch nicht weit genug. Erst vier Jahre später ging es dann bei der Arbeit an *Be a Medium* darum, diesem Umrissartigen durch den Schnitt klare Konturen zu geben: durch die Konstruktion eines filmischen Idealtypus.

Schritte zur Bildung filmischer Idealtypen

Jean-Claude Piroué und ich sind dabei wie folgt vorgegangen: Im ersten Schritt schauten wir uns das Rohmaterial an – ich mit soziologischen Blick, Jean-Claude Piroué mit dem Blick des erfahrenen Editors. Während ich die soziologisch relevanten Schlüsselszenen markierte, arbeitete Jean-Claude Piroué ein Set sinnadäquater Schnittmöglichkeiten aus. Formale Aspekte standen dabei nie im Vordergrund. In erster Linie

---

[2] Die Bezeichnung ‚roh' ist hier nicht ganz korrekt. Aus Gründen der Hör- und Sehverträglichkeit sind Anfang und Ende der Sequenz mit Auf- bzw. Abblenden bearbeitet worden.

ging es darum, durch Schnitte Ideen zu realisieren. Faktisch hieß das: ausprobieren. Ob ein Schnitt den in ihn gesetzten Erwartungen entsprechen kann, zeigt sich erst, wenn man ihn macht.

Der erste Schnitt erfüllt die Funktion, in die Situation einzuführen: Er setzt den Schülerinnen ihren Lehrer gegenüber, nachdem dieser bereits im Off zu hören war. Dass die hinein geschnittene Handlung des Lehrers faktisch zu einem anderen Zeitpunkt geschah und dass die Schülerinnen in dem Moment nicht das singen, was zu hören ist, war zweitrangig. Es erschien uns wichtiger, durch das Wegschneiden eines unschönen Schwenks und die Vertauschung zweier Tonsequenzen die Intensität und Unmittelbarkeit des Lehrer-Schüler-Verhältnisses filmisch pointiert zum Ausdruck zu bringen.

Nach dem Schwenk zurück zu den Schülerinnen wird die filmische Darstellung der Lehrer-Schülerinnen-Kommunikation mit Nahaufnahmen weitergeführt. Die Nahaufnahmen erlauben ein detailgenaues Studium der Mimik der Musizierenden und sie zeigen eindrücklich, wie konzentriert der Lehrer und seine Schülerinnen bei der Sache sind (unbeeinflusst von der Kamera oder trotz bzw. gerade wegen ihr). Die Hingabe, mit der die beiden Schülerinnen nachsingen, was ihnen ihr Lehrer vorsingt, lässt sich mit Worten nur bedingt beschreiben. Mit sechs Nahaufnahmen, die rhythmisch zwischen dem Lehrer und seinen Schülerinnen hin und her wechselnd das achtsame Aufeinander-Reagieren der Musiker wiedergeben, kann man hier meiner Meinung nach mehr erreichen. Indem hier ein sozialwissenschaftliches Gedankenbild in einen Bildgedanken übersetzt wird, erhält der Idealtypus seine filmische Ausdrucksform.

An dieser Stelle ist einmal mehr hinzuzufügen, dass der Zusammenschnitt der Nahaufnahmen ein Konstrukt darstellt. Im vergleichenden Blick auf das Rohmaterial wird offensichtlich, dass der dargestellte Ablauf nicht mit dem realzeitlichen Ablauf identisch ist. Erst durch die Loslösung vom ursprünglichen Zeitablauf war es möglich, meine Deutung der Unterrichtsszene mit 'dichten Bildern' idealtypisch zum Ausdruck zu bringen.

Inhaltlich und formal wurde die Unterrichtsszene dann mit einer Bildeinstellung abgeschlossen, die wie zu Beginn die Schülerinnen noch einmal in einer totaleren Aufnahme zeigt. Mit dem Wechsel der Bildeinstellung von Nähe auf Distanz wird dem Betrachter die Möglichkeit gegeben, sich geordnet aus der Situation zurückzuziehen. Auch der Leser kann nun einen Schnitt machen und sich auf die Lektüre des nächsten Texts konzentrieren.

Literatur

Ballhaus, Edmund (1995): Film und Feldforschung. Überlegungen zur Frage der Authentizität im kulturwissenschaftlichen Film. In: Edmund Ballhaus (Hrsg.), Der ethnographische Film. Berlin: Reimer. S. 13-46.

Friedrich, Margarete (1984) (Hrsg.): Die Fremden sehen. Ethnologie und Film. Katalog zur Filmreihe des Filmmuseums im Münchener Stadtmuseum. München: Trickster.

Goldoni, Carlo (1959): Der Diener zweier Herren. Lustspiele. Ins Deutsche übersetzt von Lola Lorme. Wien: Bergland Verlag.

Hohenberger, Eva (1988): Die Wirklichkeit des Films. Dokumentarfilm, ethnographischer Film, Jean Rouch. Hildesheim: Olms.

Kaczmarek, Jerzy (2008): Soziologischer Film - theoretische und praktische Aspekte (22 Absätze). Forum Qualitative Sozialforschung / Forum: Qualitative Social research, 9(3), Art. 34, http://nbn-resolvin.de/urn:nbn:de0114-fqs0803343.

Kurt, Ronald (2009): Indien und Europa. Ein kultur- und musiksoziologischer Verstehensversuch. Bielefeld: transcript.

Malinowski, Bronislaw (1979): Argonauten des westlichen Pazifik. Ein Bericht über Unternehmungen und Abenteuer der Eingeborenen in den Inselwelten von Melanesisch-Neuguinea. Aus dem Englischen von Heinrich Ludwig Herdt. Herausgegeben von Fritz Kramer. Schriften in vier Bänden. Band 1. Frankfurt am Main: Syndikat.

Meyer, F.T. (2005): Filme über sich selbst. Strategien der Selbstreflexion im dokumentarischen Film. Bielefeld: transcript.

Roth, Wilhelm (1982): Der Dokumentarfilm seit 1960. München: Bucher.

Schütz, Alfred (2010): Zur Methodologie der Sozialwissenschaften. ASW IV. Hrsg. von Thomas S. Eberle, Jochen Dreher, Gerd Sebald. Konstanz: UVK.

Weber, Max (1968): Gesammelte Aufsätze zur Wissenschaftslehre. Herausgegeben von Johannes Winkelmann. Tübingen: Mohr.

3. Teil:
Videos als Mittel der Selbstreflexion

„Mir gefällt am meisten der Wasserfall." Eine forschungspraktische Annäherung an die diagrammatische Videographie am Einzelfall

Regine Hilt

Zusammenfassung

Im vorliegenden Beitrag soll die forschungspraktische Herangehensweise an ein spezifisches, in seiner Bedeutung schwer zugängliches Videodatenmaterial – audiovisuelle Eigenproduktionen einer 11-jährigen Schülerin mit Migrationshintergrund – vor einem kurz umrissenem, theoretischen Hintergrund differenziert dargelegt werden. Im ersten Abschnitt, *Einzug der Bilder in die Sozialwissenschaft*, wird zu diesem Zweck zunächst in den Themenbereich eingeleitet und verschiedene, mit dem audiovisuellen Material verbundene, forschungspraktische Probleme skizziert. Mit einer kurzen Zusammenschau historischer Elemente der Filmtheorie, werden im zweiten Abschnitt, *Film als Zeichensystem*, die Parallelen von Sprach- und Filmtextur zur Auseinandersetzung mit dem Problem der Filmnotation unter dem, im Abschnittstitel angelegten Schwerpunkt erörtert. Auf dieser Basis wird im dritten Abschnitt, *Diagramme als Analyseinstrumente*, die Notation als diagrammatische Erkenntnismethode vorgeschlagen und in zwei Notationssystemen – dem räumlichen Filmdiagramm und der Feldpartitur nach Moritz – vorgestellt. Der fünfte Abschnitt, *Diagrammatisches Vorgehen am Beispiel,* beginnt mit einer Einordnung des im Beispiel verwendeten Materials. Danach wird das im Titel genannte Einzelfallbeispiel „Wasserfall" auf der Basis der vorgestellten Analysemethoden erschlossen.

1 Einzug der Bilder in die Sozialwissenschaften

Bilder prägen zunehmend den öffentlichen Raum und ein Großteil der täglich genutzten Medien ist visueller Art (vgl. Reichertz 2009; Krotz 2007, Ang 2006). Der enorme Anstieg der Bildanwendungen wird durch die zügige Entwicklung der Informationstechnologie ermöglicht bzw. herausgefordert: leistungsfähigere Speichermedien wie z.B. Festplatten im mehrstelligen Gigabyte-Bereich, Übertragungstechnologien mit hohen Bandbreiten in geringer Zeit, bewältigen die bei Bildern und Video anfallenden Datenmengen (vgl. Strutz 2005). Durch einfachere Handhabung und fallende Preise vermischen sich professionelle und Privatdarstellungen und finden mittels Youtoube, Google oder anderen Plattformen breiteste Veröffentlichungsmöglichkeiten.

Über den frühen Einsatz von Film und Foto in der sozialen Anthropologie (vgl. Schnettler/Pötzsch 2007) schon zu Beginn des 20. Jahrhunderts und durch die erwähnten marktwirtschaftlichen und technologischen Veränderungen von Foto- und Video-Technologien, sowie ihrer digitalen Anbindung mit vielen Zugangsmöglichkeiten, breitet sich die Verwendung von Bildmaterial in angrenzende Fachbereiche aus, so dass nun die „expandierenden Bildwelten" (ebd., 2007:1) aus zwei Richtungen in die Sozialwissenschaften eindringen: Untersuchungen, in denen Bildern als zusätzliches Auswertungsmaterial (in Form von Fotos und Videos) eine wichtige Rolle zukommt und Untersuchungen, in denen die Bilder selbst als soziale oder kulturelle Artefakte durchleuchtet werden (vgl. Knoblauch et al. 2008).

Durch das wachsende Interesse an Bild und Film und deren Einbindung in sozialwissenschaftliche Forschung gewinnt die Auseinandersetzung mit Ansätzen der Bild- und Videointerpretation an Bedeutung (vgl. Ehrenspeck 2003; Marotzki/Niesyto 2006; Knoblauch/Schnettler/Raab/Soeffner 2006; Dinkelaker/Herrle 2009; Bohnsack 2009). In dem Bestreben, Methoden zur wissenschaftlichen Erschließung des Materials Bild oder Film zu erarbeiten, führte der interdisziplinäre Blick in Fachgebiete, die sich, wie z.B. die Kunstwissenschaft, traditionell mit Bildmaterial beschäftigen, zu wichtigen Anstößen: Panofskys Ikonologie und ikonographisches System (vgl. Panofsky 1955), Imdahls Ikonik (vgl. Imdahl/Giotto 1996), aber auch Warburgs Ikonologie und Bilderatlas Mnemosyne (vgl. Wuttke 1998) oder für die bewegten Bilder Bordwells und Thompsons neoformalistische Filmtheorie (vgl. Bordwell/Thompson 2008) dienen auch qualitativen Untersuchungen von Bild- oder Videomaterial als Grundlage (vgl. Bohnsack 2009, Jörissen/Marotzki 2009).

Die Einordnung des Materials – durch Klärung von Entstehungszusammenhang und Aufzeichnungszweck – ist eine wichtige Voraussetzung für die Forschenden, denn je nach Entstehungs- und Untersuchungskontext ist das Material entsprechend anders zu deuten. Das audiovisuelle Bewegtbildmaterial kann aus unterschiedlichen Kontexten stammen und zu verschiedenen Zwecken produziert worden sein: Je nach Betrachtungsschwerpunkt kann ein audiovisuelles Erzeugnis als Dokumentation im Sinne einer Aufzeichnung, als Kunstform, Auftragsarbeit oder als technisches Produkt eingeordnet werden.

Das zu qualitativ-empirischen Forschungszwecken verwendete Material kann nach Entstehungszusammenhang und Aufzeichnungszweck in folgende Kategorien eingeteilt werden: Zum einen (1) in Videomaterial, das zu Forschungszwecken *erzeugt* wird. Dazu zählen (1a) erstens Videoaufzeichnungen durch die Forscher, hier werden bestimmte Situationen videotechnisch protokolliert, das Forschungsinteresse ist dabei meist auf die Handlungsebene der Akteure reduziert. Zweitens (1b) gehören in diese Kategorie zu Forschungszwecken initiierte, von den Beforschten selbst erstellte „Eigenproduktionen" (Niesyto 2001). Um eine andere Kategorie (2) handelt es sich bei Videomaterial, welches unabhängig bereit steht. Hier sind (2a) professionell produzierte Filme und (2b) zu Privatzwecken produzierte Amateurfilme[1] zu unterscheiden.

Die vorhandenen Analyseansätze in der Filmtheorie beziehen sich ausschließlich auf professionell produzierte Filme, die bewusst mit einer bestimmten Aussage bzw. Wirkoption (vgl. Joost 2008) für ein Publikum erstellt wurden. Entsprechend finden sich vor allem verschiedene, wirkungsorientierte Ansätze in der Filmtheorie (Elsaesser/Hagener 2008), die Film überwiegend aus der Perspektive der Rezeption betrachten.[2]

Auch in der qualitativen Videoanalyse wird häufig auf wirkungsorientierten Ansätze wie z.B. dem neoformalistischen Ansatz von Bordwell, Caroll und Thompson zurückgegriffen (vgl. Bohnsack 2009, Jörissen/Marotzki 2009), obwohl deren Eignung für die Untersuchung des sehr unterschiedlichen qualitativen Materialspektrums in der sozial- oder erziehungswissenschaftlichen Literatur bis jetzt nicht kritisch diskutiert wurde.

Das Filmische als Ganzes umfasst vielseitige Ausdrucksmöglichkeiten wie Bild, Musik, Sprache, Geste, Mimik, Raum, Zeit, Rhythmus, Licht etc. die sich ihrerseits jeweils ihrer ‚eigenen Sprache' bedienen und die somit zu verschiedenen Zeichenebenen führen. Vor allem aber das Ineinander wirken dieser Ebenen in gleichzeitiger und/oder aufeinanderfolgender, selbstständiger Fortentwicklung anderer Ebenen stellt als „principle of coexpressibility" (Panofsky 1955: 347) eine wesentliche Eigenschaft von Film dar. In diesem Artikel wird Film als Sprache unter folgenden drei Prämissen untersucht: Erstens handelt es sich um eine Sprache, die sich aus zwei Prozessen entwickelt. Ein Prozess besteht in der Auswahl von Codes aus einem zugrundliegenden System während des Filmschaffens, der zweite Prozess in der Kombination dieser Codes miteinander durch ein Regelsystem (vgl. Buckland 2000: 10). Beide Prozesse begründen die Sinnverständlichkeit der jeweiligen Filmsprache, deren Bedeutung aus der strukturellen Beziehung der Codes erzeugt wird. Zweitens kann eine Filmsprache anhand ihrer spezifischen Ausdrucksformen,

---

[1] Vgl. hierzu Schnupp (2008) zur Tagung „Medienamateure: Wie verändern Laien unsere visuelle Kultur?" im September 2008.
[2] Die Ansätze beziehen sich außerdem auf bestimmte Bewegtbildformen, es wird zwischen Film, Cinéma, Fernsehen, Unterhaltung oder verschiedenen Filmgenre unterschieden (vgl. Wuss 1999: 81).

welche aus ihrem spezifischen Codesystem hervorgeht, analysiert werden. Damit soll drittens zugleich die Anlehnung an erweiterte semiotische Filmanalyseansätze (siehe detaillierter in Abschnitt 2) hervorgehoben werden. Mit Code ist hier ein Begriff angesprochen, welcher das zu Grunde liegende, spezifische System eines Films bestimmt, der die Besonderheit eines Phänomens ausmacht, ihr Struktur verleiht und ihren Sinn vermittelt.

Die Datenanalyse setzt die Grounded Theory Methodology der Strausssschen Variante (Strauss 1996, Corbin/Strauss 2008, Strauss 2004), im Folgenden GTM benannt, ein. Dazu werden die Filmdaten mittels zweier, im Abschnitt 3.2 vorgestellten, visuellen Verfahren in Filmdiagramme transformiert und mit der GTM kombiniert. Diese Methode wird verwendet, da sie sich – obwohl historisch vielfach auf textbasierte Forschungsmaterialien reduziert – explizit auf alle Datentypen, also auch auf Videomaterial, anwenden lässt. So hebt Strauss die Unabhängigkeit der GTM von Datentypen ausdrücklich hervor (vgl. Strauss 2004: 433). Dennoch erfolgen aktuell nur wenige auf Videomaterial basierende Untersuchungen mit der GTM, da der Datentypus erhebliche forschungspraktische Probleme in den Auswertungsprozessen mit sich bringt. Mit diesem Artikel möchte ich den, durch die Besonderheiten des Materials hervorgerufenen Schwierigkeiten (vgl. Abschnitte 2.2 und 4.1) reflexiv und durch die anschauliche Ausführung anhand eines Einzelfalles begegnen, um so zu einer vermehrten Anwendung der GTM auf Videomaterial beizutragen.

2 Film als Zeichensystem

2.1 Filmtheoretischer Hintergrund

Die Analogie Film – Sprache bzw. die Betrachtung von Film als Fortsetzung von Literatur (vgl. Bazin 1975) lenkt das Hauptaugenmerk der Analyse immer wieder auf den Inhalt als Erzählung zurück (Wuss 1999: 85f.). Sehr früh prägen sich zwei Ansätze aus (vgl. Brütsch/Tröhler/Hediger 2005), Formalisten und Realisten. Für die Formalisten (wie Eisenstein, Arnheim und die russischen Formalisten) wird der Film in seiner Künstlichkeit und Gemachtheit untersucht, durch Reihenfolge, Dauer und Häufigkeit ihres Erscheinens wird Bedeutung konstruiert, wie z.B. Eisenstein durch seine Filmarbeiten und Montagetheorie nachwies (Bulgakowa 2002). Hingegen vertreten die Realisten den Ansatz, dass gerade in der offenkundig scheinbaren Realität Wirklichkeit mitschwingt. Film wird als zeichenhaftes Arrangement betrachtet, welchem auf verschiedenen Ebenen Bedeutung innewohnt, so dass den Zuschauern ermöglicht wird „durch die Dinge zu denken" (Kracauer 1996: 49). anstatt ‚über sie'. In der Weiterentwicklung griffen vor allem Strukturalisten wie de Saussure, Barthes oder Lacan diesen Ansatz auf und bereiteten den Boden für die psychoanalytischen Untersuchungsansätze der 70er bis 90er Jahre. Die Auseinandersetzung mit Symbolen, Ideologien, und Begehren als affektverknüpfte Spuren im Film, führen zur Idee des ‚kinematografischen Apparates', der Höhlen- bzw. Traum-Analogie[3] in der die (durch ihr Unterbewusstsein gesteuerten) Zuschauer dem Filmerleben ausgeliefert seien (vgl. Baudry 2008). Der französische Filmsemiotiker Metz befasst sich damit, „welche Ähnlichkeit zwischen der menschlichen Sprache, wie sie von Linguisten erforscht und beschrieben wird und dem Kino besteht" (Elsaesser, Hagener 2008: 83). Er entwickelt zunächst ein semiotisches Beschreibungsinventar für die vorgefundenen Zeichen (vgl. Metz 1972), welches er später, angelehnt an Barthes und Lacan als statisches Bedeutungssystem von Codes zur psychoanalytischem Filmsemiologie erweitert. Filmlesen bedeutet in Konsequenz das kodierte Zeichensystem Film im Sinne von *language*[4] wissenschaftlich zu rekonstruieren, um es dann in Form von *langue* bzw. *parole* anzuwenden (vgl. Metz/Blüher 2000).

An die Formalisten schließen sich die Neoformalisten der Schule von Wisconsin[5] an. Bordwell, Caroll und Thompson entwickeln ihren Ansatz auf der Basis zahlreicher Filmuntersuchung als ein narratologisches Modell, welches die russischen Formalisten und die kognitive Filmtheorie (Anderson 1996) miteinbezieht. Sie heben dabei die aktive Rolle des Zuschauers hervor, dessen kognitive Leistung im Herausfiltern und Verknüpfen von „wesentlichen Informationen aus der Vielzahl von Bildern, Handlungen und Dingen, die gezeigt werden" (Lowry 1992: 115) besteht. Film gilt als Kunst, aber diese wird explizit „nicht als Kommunikation betrachtet" (Thompson 1995: 34). Das Hauptaugenmerk der neoformalistischen Betrachtung gilt der filmischen Erzählung (narrative) als „a chain of events in cause-effect realationship occuring in time and space" (Bordwell/Thompson 2008: 75). Die Filme werden mit aus der literaturtheorethischen Forschung übertragenen Schwerpunkten wie

---

[3] Der französische Filmtheoretiker Baudry verglich in den 70ger Jahren die Kinosituation mit dem Höhlengleichnis von Platon. Er bezog sich dabei auf den immobilen, realitätsfernen und schlafähnlichen Zustand der Zuschauer. Auch die Nähe zum Traum und damit der Möglichkeit der Traumdeutung sah er in dieser Situation begründet und verwies damit erstmals auf mögliche psychische Effekte beim Betrachten von Filmen (Baudry 1999). Entsprechend versuchen Baudry und der französische Semitoker Metz die Filmtheorie mit psychoanalytischen Ideen des Unbewussten (nach Freud, besonders aber Lacan) zu verknüpfen.

[4] Nach Saussure meint *language* ein soziales übergeordnetes Sprachsystem als System von Zeichen und grammatischen Regeln. Dieses gliedert sich in *langue*, dem Regelsystem der Sprache und *parole*, der konkreten sprachlichen Umsetzung (Saussure 1967: 77).

[5] Hierzu gehören David Bordwell, Kristin Thompson und Noël Carroll.

Selbstbezogenheit, Kenntnis und Mitteilungsbereitschaft nach Hinweisen untersucht (Thompson 1995), um die Organisation von Handlung und Ereignis aufzudecken. Die Interpretation stellt nur „ein Werkzeug unter vielen" dar. Hingegen werden die psychoanalytisch-phänomenologischen Ansätze[6] der Filmanalyse als „interpretative Schablone" (Thompson 1995: 35) gesehen, die „alle Filme in ein ähnliches Muster [...] zwängt" (ebd.: 34). Thompson bemerkt: „Marxistische und psychoanalytische Theorien [...] nähern sich dem Werk mit einem enormen Ballast von gewichtigen Annahmen" (ebd.: 29).

Während die nordamerikanischen Neoformalisten ihrem Ansatz ein Gerüst zugrunde legen, welches frei von Semiotik („untainted by semiotics", siehe Buckland 2000: 2) ist, gelingt es in einigen europäischen Theorien formale und kognitive Ansätze mit einem semiotischen Bezugssystem zu unterlegen und damit auf neue Weise mit psychoanalytischen und affektiven[7] Theorien zu verbinden bzw. zu erweitern (vgl. ebd.; Grodal 2002; Wuss 1999).

Die vorliegende Untersuchung legt die *funktionale Strukturanalyse* von Wuss zu Grunde, welche im Unterschied zum neoformalistischen Ansatz das Filmkunstwerk als „als eine besondere Form modellbildender und *kommunikativer* Tätigkeit" (Wuss 1999: 33 Herv. RH) versteht, „die die strukturelle Beziehungen aus der realen Umwelt in einen Informationsverarbeitungsprozess stellt" (ebd.). Dieser Ansatz ermöglicht es, das audiovisuelle Bewegtbild nicht nur wirkungsorientiert von der Seite der Rezeptoren, sondern auch werkorientiert pragmatisch von der Seite der Filmschaffenden zu sehen (vgl. ebd.: 53), was für die Untersuchung von Eigenproduktionen unerlässliche Voraussetzung ist: „Kunst sorgt im Schaffensprozess für die Bildung von Sinn und bei der Rezeption für dessen Vermittlung." (Wuss 1999: 34). Den im Film enthaltenen Zeichen wird eine steuernde und sinnlich-stimulierende Funktion zuerkannt, die zugleich als „(Mit)Spielmöglichkeit" fungiert, welche die Betrachtenden in Anspruch nehmen oder auslassen können, so z.B. die Identifikation mit Protagonisten, das Wiedererkennen von typischen sozialen Handlungen etc. aber auch das „Spiel mit den Zeichen" (ebd.: 35). Indem Zeichen nicht mehr als Transportmittel für Inhalte, sondern als Resonanzkörper gedacht werden, welche durch Antönen von gemeinsamen Zeichen zum

---

[6] Bordwell fasst die von ihm abgelehnten, poststrukturalsistischen Ansätze mit entsprechend psychoanalytischen Leitkonzepten als „SLAB-Theorien" (Saussure'sche-Lacan'sche-Althusser'sche-Barthes'sche-Theorien) zusammen (siehe Bordwell/Caroll, Post-Theory, 1996: 38-52).

[7] Hier soll vor allem Grodal noch einmal hervorgehoben werden, der den zwei großen Linien in der Filmtheorie, dem Realismus und dem Formalismus eine weitere hinzufügt, die die Verbindung zwischen „representations and emotions" expliziert und die er „ecological conventioalism" nennt (Grodal 2002: 21).

Zusammenspiel zwischen Filmeschaffenden, Betrachtenden und Film führen, entsteht auf diese Weise als Ergebnis des Zusammenspiels der mentale Film im Kopf des Einzelnen (vgl. Wuss 1993; Kloepfer 1985).

Für diese Arbeit wird also das Filmschaffen der Kinder als künstlerischer Austauschprozess mit der Umwelt gesehen. Nach Boesch sind ästhetische Anmutung und ästhetische Emotionen auf Beziehungen zurückzuführen, die Subjekte gegenüber Objekten aufbauen (vgl. Boesch 1983: 216). Damit kommt den Arbeitsergebnissen der Kinder als ästhetischen Objekten die Funktion von „Brückenobjekten" (Boesch 1983: 244) zwischen den Kindern selbst und der objektiven Welt zu. Die filmischen Eigenproduktionen der Kinder stellen in dieser Hinsicht auch eine ästhetische „Handlungsspur" (Boesch 1983: 217) dar, in der die sinnlich erfahrbare Lebenswelt der Kinder als Resonanz durch die Projektionsfläche des entstehenden Films mit eigenen Erwartungen und Ideen mitschwingt.

2.2 Aspekte der Filmnotation

Die Idee von Film als Erzählung legt nahe, Film ebenso wie Sprache durch Schrift zu „materialisieren" und damit sowohl für Untersuchungszwecke greifbar als auch in Publikationen sichtbar zu machen. Film wird aus diesem Grund in der kommunikationswissenschaftlichen Inhaltsanalyse und in der rekonstruktiven Sozialforschung als Beobachtungsunterstützung überwiegend durch Beschreibung und Verbalverschriftlichung dokumentiert und der Auswertung zugänglich gemacht (vgl. Bohnsack 2009). „Das Filmprotokoll ist die möglichst exakte, detaillierte Transkription eines Films in Sprache bzw. Text" (Faulstich 2008: 63; vgl. auch Korte/Drexler 2004), schlägt Faulstich vor. In der Regel liegt der Schwerpunkt eines solchen Filmprotokolls in der Beschreibung des Filmgeschehens (also der Filmhandlung) als Ablauf. Die sich parallel entwickelnden, vielschichtigen, ineinandergreifenden, audio-visuellen Strukturen werden entweder gar nicht berücksichtigt oder sind derart reduziert, dass sie für eine Auswertung außerhalb der Handlungsebene wenig brauchbar sind (vgl. Joost 2008; Moritz 2010) Die Entwicklung und Ausbreitung der Wiedergabetechnologien (und Medien), die eine einfache Wiederholung von Sprach- und Filmaufzeichnung und detailliertere Filmauswertung erlauben, ermöglichen es jedoch, bei der Transkription neue Wege zu gehen (vgl. Moritz 2010). Kloepfer zieht zur Analogie die (symphonische) Musik heran, in welcher er das Wesen des Filmischen besonders nachvollziehbar gespiegelt sieht: Die Musik „verläuft in der Zeit, doch wird zu einem gegebenen Moment gleichzeitig und vieldimensional kommuniziert: typisch für den Film ist das Miteinander von Simultaneität

(Raum- oder Körperkunst) und Sukzessivität (Zeit- und Dauerkunst)" (Kloepfer 2003: 3191).

2.3 Dokumentation von Vielschichtigkeit

Die Analogie Musik verweist auf eine andere Möglichkeit der Transkription, die der *Notation*. Unter Notation ist zunächst eine Auf*zeichnung* durch Zeichen und Symbole zu verstehen, so wie es auch in der musikalischen Notenschrift der Fall ist. Ein grafisches, an ‚Partitur'[8] angelehntes Notationssystem bietet grundsätzlich den Vorteil, über die horizontale und vertikale Anordnung, sowie grafische Symbole Filmeinheiten so abzubilden, dass sowohl der zeitliche Ablauf (in der Horizontalen) als auch gleichzeitige Ereignisse mehrerer ‚Stimmen' (in der Vertikalen) in Zeiteinheiten bestimmt werden können. So wie in der musikalischen Notation musikalische Parameter (Tonhöhe, Tondauer etc.) durch Noten angelegt werden, können auch filmische Parameter in einem Partitursystem notiert werden. Allerdings ist – wie Weibel anmerkt – „der Begriff Notation [...] in seinem heutigen Gebrauch von einer Spannung der Gegensätze gekennzeichnet. Einerseits gilt die enge Auffassung der musikalischen Notation als Partitur. Andererseits gilt der umfangreichere Begriff der Notation als Aufzeichnung" (Weibel 2008: 32). Notation kann daher als Aufzeichnung einer Spur durch zunächst mechanische, später auch automatische und digitale Aufzeichnungsgeräte verstanden werden. Die maschinelle Übertragung in die Visualität war (und ist), wie bereits oben vermerkt, mit dem Anspruch verknüpft, dass sich das „Wirkliche so authentisch wie möglich abzeichnen und wiederholen sollte" (Mersch 2006: 98). (Audio)Visuelle Dokumentationen, die mit der Absicht der technisch protokollierten Beobachtung entstehen, zählen zu dieser Kategorie. Die Übertragung einer solchen Aufzeichnung in ein grafisches Notationssystem wäre in diesem Fall eine Notation zweiter Ordnung. Deutlicher formuliert: Während die Videoaufzeichnung im Sinne des „Existenzbeweises" (visueller Beleg) automatisch durch ein technisches Hilfsgerät (Kamera) ausgeführt wird, geht es bei der Notation von Filmmaterial durch Forschende um den Erkenntnisgewinn durch die Konstruktion einer „modellhaften Visualisierung" (Mersch 2006: 97) – das Fassen der Zusammensetzung eines Films als Struktur. Diese Notationen bilden demnach nicht den Film selbst ab, sondern der Film wird in ein „Strukturbild"

---

[8] Auch Eisenstein nutzte zur Analyse von Filmen Partituren, um so „die spezifische Gestaltbildung und vor allem ihre rhythmische Strukturierung [zu] erfassen [...und] intersubjektiv verständlich zu machen, was als Wirkangebot unterhalb der Bewusstseinsebene wirkt" (Kloepfer 2003: 3207).

(Sachs-Hombach 2006: 201-207) *transformiert*. Goodmann und Philippi (2007) führen diesen Gedanken noch konkreter aus: sie bezeichnen diese Form wissenschaftlicher Hilfskonstrukte zur modellhaften Darstellung von Analyseergebnissen oder Beobachtung als „Diagramme" (ebd.: 165 bzw. 125–167). Das Begriffsspektrum um das Diagramm soll im Folgenden in gebotener Kürze umrissen werden.

Unter Diagramm wird „ein mit graphischen Mitteln hergestelltes Schaubild" verstanden, „welches der Klärung und Kommunikation eines bestimmten Sachverhaltes dient", wie Krausse einleitet (Krausse 1999: 5). Der von Krausse synonym für Diagramm verwendete Begriff „Schau*bild*" verweist einerseits auf die Problematik der grundsätzlichen Voreingenommenheit der Wissenschaftstheorie gegenüber Bildern, die als „nicht eigentlich relevant, vielmehr lediglich als Supplement, als eine Hinzufügung eines anderswo gewonnenen und überprüften Wissens, welches dieses bloß unterstreicht oder untermalt" (Mersch 2006: 96, vgl. auch Mersch 2005) eingestuft wurden und werden. Andererseits stellt sich bei der Betrachtung verschiedener Diagramme die Frage nach einer grundsätzlichen Einordnung und Abgrenzung des Begriffs – in wieweit nämlich hier überhaupt noch von *Bildern* gesprochen werden kann, wenn zusätzlich zu den grafischen, pikturalen Notationen Texte verwendet werden. Diese Frage ist tiefgreifender, als sie zunächst scheinen mag: Mit welchem Vokabular und unter welchen Prämissen – sollte es sich um solche handeln – würden dann diese Bilder diskutiert werden? Ist das Repertoire der kunstwissenschaftlichen Ansätze und Verfahren auch für diese Bilder aus einem ganz anderen Entstehungskontext geeignet? Zusammen mit Bucher können die Schwierigkeiten folgendermaßen resümiert werden: „innerhalb der nicht institutionalisierten transdisziplinären Gemengelage der Bildwissenschaften [muss] ein Untersuchungsgegenstand ‚Diagramm', […] erst noch bestimmt und damit gegenüber anderen Erscheinungen abgegrenzt werden." (Bucher 2007: 115).

3 Diagramme als Analyseinstrumente

3.1 Filmnotation als diagrammatische Methode

Das Vorgehen, Filme zu analytischen Zwecken in ihrem Gefüge durch Symbole und mimetische Bilder modellhaft in ein axiales System zu übermitteln, wird im Folgenden als *diagrammatisches Vorgehen*[9] be-

---

[9] Peirce entwickelt den Begriffs des diagrammatischen Schließens in Bezug auf den mathematischen Erkenntnisvorgang, den er wiederum auf die Kantsche Definition mathematischer Erkenntnis als Konstruktion von Begriffen der reinen Anschauung bezieht (Rosenthal 1994).

zeichnet. Diese Methode unterstützt durch visuelle Strukturierung des Untersuchungsgegenstandes den zirkulär angelegten Analyseprozess der GTM, da verborgene Zusammenhänge und Zusammensetzungen sichtbar gemacht werden können. Strukturvergleiche sind möglich und Strukturähnlichkeiten können aufgespürt werden, einzelne Strukturaspekte können intensiver untersucht und schließlich zu einer Strukturtypologie ausgearbeitet werden. Auf diese Weise kommt es zur erwähnten Transformation von ursprünglichen Videodaten in ein Diagramm.

3.2 Vorstellung der Analyseinstrumente

Aus den bislang überschaubaren Angeboten der diagrammatischen Ansätze für Filmnotation (vgl. u.a. Faulstich 2008, Kloepfer et al. 1991, Przyborski, Hampl 2010, Joost 2008, Moritz 2009b) wurde das Verfahren der „Feldpartitur" nach Moritz (vgl. Moritz 2009b) ausgewählt. Darüber hinaus wurde im Rahmen der Forschungsarbeit ein weiteres Analysemittel entwickelt, das sogenannte Räumliche Filmdiagramm, welches in diesem Artikel zum ersten Mal vorgestellt wird.[10] Es handelt sich in beiden Fällen um visuell basierte Analyseinstrumente.

3.3 Räumliches Filmdiagramm (Hilt)

Vgl. Filmbeispiel „Wasserfall" auf DVD, das Basis für das Filmdiagramm in Abb. 1 ist

Für das räumliche Filmdiagramm wurden mit Hilfe des Bildbearbeitungsprogramms Photoshop die in regelmäßigen Abständen entnommenen Stills[11] (Einzelbilder) eines Clips über- und nebeneinander montiert, so dass schließlich die raumgreifende Filmgeste sichtbar wird. Die Deckkraft der Stills wurde dabei heruntergesetzt, so dass die Stills transparent erscheinen. Auf diese Weise entstand bei mehrfachem Überlappen von Bildteilen oder ganzen Ausschnitten eine kontrastreichere, dunklere Bildregion. Das für die vorliegende Interpretation beobachtete, längere Verweilen oder mehrfaches Einstellen eines Bildausschnitts kann so nachvollzogen werden (siehe Abb. 1).

---

[10] Aus Gründen des Umfangs muss ich an dieser Stelle auf die ausführlichen Erörterungen in meiner in Vorbereitung befindlichen Dissertation hinweisen (Hilt 2011).
[11] Ein Video besteht aus einer bestimmten Anzahl von Bildern (Frames) pro Sekunde (im PAL-System mit 25 fps, im NTSC-System mit 30 fps). Wird das Video angehalten, scheint die Bewegung im aktuellen Bild einzufrieren. Einzelne Bilder eines Videos werden auch Still genannt.

Abbildung 1: Räumliches Filmdiagramm mit Bewegungsgeste (Hilt)[12]

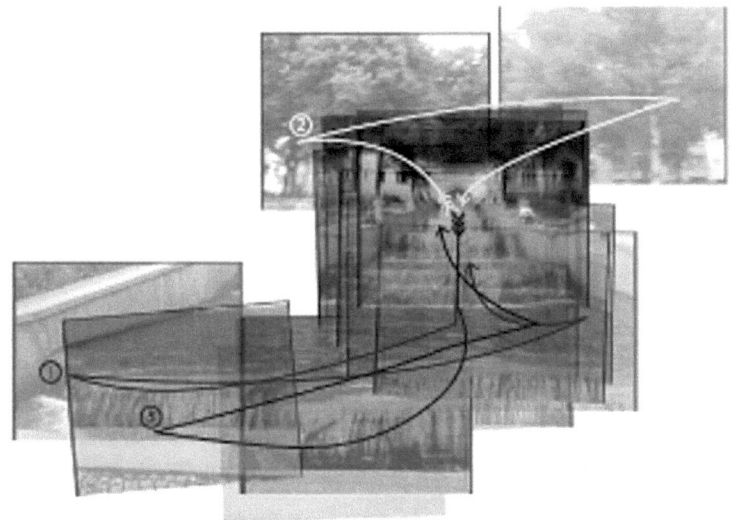

Siehe dazu auch das Raumdiagramm zur Videosequenz „Paradies", das Zoombewegungen darstellt

Das räumliche Filmdiagramm bezieht sich je nach Untersuchungsschwerpunkt auf einen virtuellen Filmraum oder eine Einstellung. Eine Einstellung besteht aus einer Folge von Einzelbildern, die ohne Pause mit der Filmkamera aufgenommen wurden. Nicht immer bleiben die Einstellungen so erhalten wie in diesem Beispiel. Oft werden sie aufgeteilt und mit Teilen anderer Einstellungen zu zusammenhängenden Sequenzen und Szenen montiert.[13]

Raum und Zeit eines Films konstruieren sich für die Betrachtenden durch die Wahrnehmung von Beziehung und Ordnung der Darstellung. Erst das diagrammatische Vorgehen ermöglicht das Herausstellen aus dem Raum-Zeitverbund, der individuellen filmischen Raumumsetzung

---

[12] Die flächige Überlagerung der Stills im räumlichen Filmdiagramm entstehen durch Schwenks der Kamera während der Aufnahme nach links, rechts, oben und unten bei gleichzeitigem Nicht-Bewegen in der Raumtiefe (vor, zurück).

[13] Das räumliche Filmdiagramm kann die virtuellen Räume in einer Übersicht darstellen. Bei längeren Filmen bzw. Filmen mit verschiedenen virtuellen Räumen müsste pro Raum ein räumliches Diagramm erstellt und dann mehrere Diagramme auf einer ‚Filmlandkarte' zusammengefasst werden. Finden tatsächliche Bewegungen in die Raumtiefe statt (z.B. Kamerafahrt), würden die transparenten Stills in einem dreidimensionalen Arrangement abgebildet werden. Auch die scheinbare Raumbewegung (Zoomen) würde auf diese Weise wiedergegeben werden können.

und der Analyse derselben. Daher ist das räumliche Filmdiagramm auch für die Lesenden gut geeignet, sich mit dem Material vertraut zu machen.

3.4 Feldpartitur (Moritz)

Bei dem zweiten Diagramm *Feldpartitur* handelt sich um ein Transkriptionssystem, welches die Strukturmerkmale der Beobachtung des Filmmaterials in einem mehrspurigen Zwei-Achsen-System festhält (vgl. Moritz 2009b). Das erlaubt die Notation von verbalen, paraverbalen, aber auch von nonverbalen Daten einer untersuchten Sequenz. Ereignisse werden nebeneinander (sukzessives Auftreten) entlang einer horizontalen Zeitachse, sowie untereinander (simultanes Auftreten) in mehreren vertikal angeordneten Spuren als Symbole transformiert. Wie für Kloepfer ist auch für Moritz der synästhetische Ansatz bei der Betrachtung von Film wichtig: „der Film geht [...] von komplexen Gestalten aus, die gleichzeitig indizieren, ikonisieren und konventionell-symbolisch funktionieren." (Kloepfer 2003:3193; vgl. Moritz 2010).

Vgl. Filmbeispiel „Wasserfall" auf DVD, das Basis für Feldpartitur in Abb. 2 ist

vollständige Feldpartitur auf DVD

Abbildung 2: Auszug aus der Feldpartitur (nach Moritz)

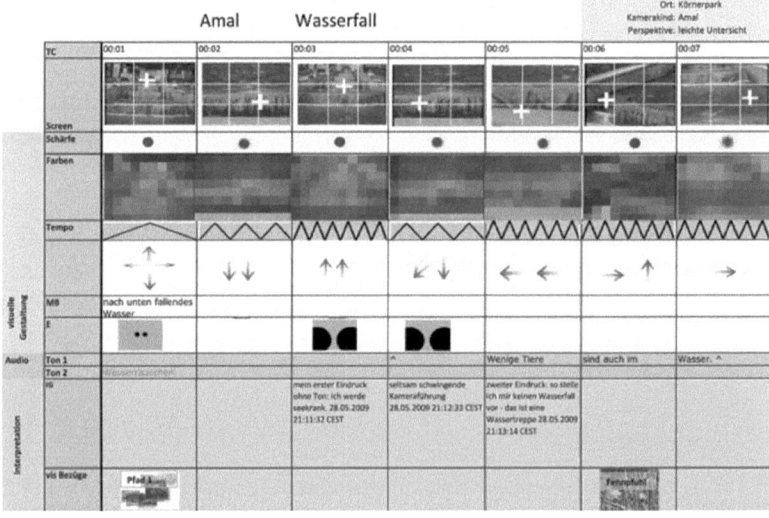

Die Darstellungsmöglichkeit der Verschränkung von Spuren und ihr Ineinander wirken sind daher eine wichtige Anforderung, die von Moritz durch Anlehnung an die musikalische Orchesterpartitur eingearbeitet wurde. Die Feldpartitur eignet sich nicht nur als Arbeitsinstrument zur

Unterstützung der Analyse durch diagrammatisches Vorgehen und zur Darstellung der finalen Kerntheorie, sondern mit diesem System können zusätzlich schriftliche Notizen (Memos), Zitate einer Interpretationsgemeinschaft oder mimetische Assoziationen in die Ordnungsstruktur eingebracht werden.

Auf diese Weise sind unterschiedliche Zeitstufen des Arbeitsprozesses selbst diagrammatisch abgebildet, wodurch der wichtige Anspruch der Transparenz bzw. Nachvollziehbarkeit einer qualitativen Untersuchung (vgl. Lamnek 2008; von Steinke 2009) erfüllt wird.

3.5 Abstimmen der Instrumente aufeinander

Beide Diagramme werden miteinander in Beziehung gesetzt, wobei die sekündlich entnommenen Stills als strukturbildendes Element fungieren. Die Stills sind im räumlichen Filmdiagramm entsprechend flächig übereinanderliegend, in der Feldpartitur entsprechend linear angeordnet. Das räumliche Filmdiagramm wird als Einstieg ins Material genutzt und kann auch als Verweis in der Feldpartitur abgebildet werden.

Vgl. Feldpartitur auf DVD, Spalte A, Zeile 12
(= Verweis auf räumliches Filmdiagramm)

Mit der Ausarbeitung der Feldpartitur beginnt der zirkulär angelegte analytische Prozess. Denn für die Gestaltung dieses Strukturbilds ist es notwendig, sich von den konkreten Anschauungen eines Films zu lösen, relevante Bedeutungsträger zu benennen und sie durch Symbole zu ersetzen. Permanent erfolgen Abgleiche und Überarbeitungen von im Analyseprozess gewonnenen Erkenntnissen mit neuen Erkenntnissen. Das impliziert ggf. auch die grafische Überarbeitung der eingesetzten Symbole. Auf diese Weise entwickelt sich eine zunehmende Dichte und Prägnanz der entstehenden Codes. Die Feldpartitur dient dabei gleichermaßen als Analyseinstrument und Dokumentationsmatrix.

Für die Untersuchungsschwerpunkte (audiovisuelle Bezogenheit und Filmgeste) war eine Notation in Notenschrift nicht erforderlich, stattdessen wurden eigene Symbole entwickelt. Das System der Feldpartitur wurde beibehalten, jedoch beim Anlegen der Notation mit dem Programm Excel optische Spezifikationen ausgeführt, wie z.B. das Einfärben von Spuren zwecks besserer Differenzierung. So sind die Audiospuren (Ton1/Kommentar und Ton2/Originalton) z.B. blau hinterlegt. Durch den Analyseprozess entstand die momentane Anzahl der Spuren, wobei Zusatzspuren für Zitate aus der Interpretationsgemeinschaft und/oder Verweise[14] z.B. auf andere Clips eingerichtet wurde.

Vgl. Legende in Feldpartitur

Vgl. die Spuren für Clipverweise und Interpretationsgemeinschaft in Feldpartitur, Spalten L/M, Zeilen 12 und 11

---

[14] In das vorgestellte Forschungsprojekt werden etwa Feldnotizen und Feldtagebücher, Notizen der Kinder, Interviews sowie interpretatives Chatmaterial der Interpretationsgemeinschaft „Netzwerkstatt" in die Feldpartitur eingetragen.

4 Diagrammatisches Vorgehen am Beispiel

4.1 Besonderheiten des Ausgangsmaterials

Bei den Videoaufzeichnungen der vorliegenden Forschungsarbeit handelt es sich um eine Datensammlung, die von den Kindern selbst produziert wurde. Sie stellen somit innerhalb der Materialklassifizierung (vgl. Abschnitt 1) ein besonderes audiovisuelles Material dar. Anschließend an Niesyto wird die hier vorliegende Ausgangslage der Kameraführung und Nachbearbeitung durch beteiligte Kinder als Subgenre „mediale Eigenproduktion" definiert (Niesyto 2001: 90f). Wie Niesyto lege ich die Annahme zugrunde, „dass Kinder und Jugendliche in der Lage sind, mit Medien zu gestalten und zu kommunizieren" (Niesyto, Holzwart Peter 2008: §8). Die produzierten Filme werden als „präsentativ-symbolische Ausdrucksformen bei lebensweltlicher Erkundung mit unterschiedlichen Ausdrucksintensitäten und Graden von Reflexivität" angesehen (ebd.: §10) und interpretiert.[15]

4.2 Das untersuchte Projekt

Das folgende Untersuchungsbeispiel ist als Zwischenergebnis einer, in der Medienpädagogik angesiedelten Forschungsarbeit zu sehen, die unter dem Arbeitstitel *Vor-gabe, Vor-bilder, Vor-einstellung. Einfluss von Technik, Format und Vorbildern in Videoproduktionen bei Kindern*[16] mit Migrationshintergrund fallanalytisch Strukturelemente, Ausdrucksformen und ästhetische Emotionen untersucht. Das didaktische Erkenntnisinteresse gilt in diesem Rahmen gleichermaßen der Aneignung von Medientechnik und der Entwicklung und Umsetzung von eigenen Medienkonzepten der Kinder. Diese Fragestellung erfordert die Entwicklung eines geeigneten Forschungsinstrumentariums, welches die Ausdruckskomponenten der Kinder im Medium Film zu erfassen in der Lage ist. Diese Instrumente könnten für weitere Forschende von Interesse sein, weshalb die Schwerpunkte in diesem Beitrag einerseits in Aufbau, Kombination und Darstellung der Analyseinstrumente und -methoden, andererseits aber auch in der praktischen Umsetzung liegen.

---

[15] Vergleiche auch Hickethier 2004: 20, vgl. Ohler 1990, Bachmair 1996: 299. Weitere Ausführungen finden sich in meiner Dissertation.
[16] Technische Universität Berlin, Erziehungswissenschaft, Prof. Dr. Hendricks

Bei dem ausgewählten Beispiel handelt es sich um einen Miniclip von 27 Sekunden Dauer des elfjährigen Mädchens „Amal"[17].Der Clip entstand im Rahmen des medienpädagogischen Projekts „Wasserlauf" mit sieben Schülern und Schülerinnen der fünften und sechsten Klasse der Grundschule am Richardplatz in Berlin Neukölln anlässlich des Berliner Kunstfestes *48h Neukölln*[18] 2006. Die Aufgabenstellung im Projekt an die Kinder bestand darin, Wasser in seinen verschiedenen Formen in der Öffentlichkeit im näheren Umkreis der Schule auf der Basis eines gemeinsamen Filmausflugs aufzuspüren und darzustellen. Der Arbeitsauftrag für das darauffolgende Editieren lautete, die Filmclips auf die gewünschte Länge zu beschneiden, bei Bedarf Clips zu verbinden und Kommentare zu entwickeln, die den Zuschauern erklären, was den Kindern an den aufgenommenen Bildern wichtig ist, warum eine Situation gefilmt wurde bzw. wie die Einstellung mit dem Thema Wasser verbunden ist.

Videoclip „Wasserfall" auf DVD

Das gesamte Datenmaterial des Projekts „Wasserlauf" umfasst 33 Videoclips, 8 Zeichnungen und 26 Fotos. Zusätzlich zum Bildmaterial sind Feldnotizen und Feldtagebücher, Notizen der Kinder, Interviews sowie interpretatives Chatmaterial der Interpretationsgemeinschaft Netzwerkstatt[19] einbezogen.

Die Miniclips haben eine durchschnittliche Länge von 20–200 Sekunden und wurden als einzeln abrufbare Clips in Form eines non-lineares Projekts[20] zum Kunstfest öffentlich aufgeführt und auch zu diesem Anlass von den Kindern zusammengestellt.

Die Möglichkeit, sich in einem nur grob vorgegebenen Rahmen auditiv (in Wort, Geräusch und Musik) oder visuell in Bildern, Farbe, Abbildern und Körpersprache unmittelbar oder symbolisch auszudrücken, stand bei der Initiierung als kreativ-reflexives Projekt im Vordergrund. Der Blick durch das Kameraobjektiv und der Rahmen, Clips für ein größeres Publikum zu schaffen, bedingte dabei für die Kinder eine neue Art der Wahrnehmung: Der Umgang mit einer Kamera ist mit Bewegungskontrolle und Koordination verbunden. Das Wahrnehmen der Umgebung

---

[17] Name geändert
[18] Dieses jährlich Ende Juni stattfindende, größte Kunst- und Kulturfestival Berlins ist auf 48h und auf Veranstaltungsorte des namensgebenden Bezirks Neukölln beschränkt. Ein Ziel des Festivals ist es, „möglichst alle Bevölkerungsteile und -gruppen anzusprechen und in kulturelle Prozesse zu involvieren" (http://www.48-stunden-neukoelln.de/2010/, letzter Zugriff 24.4.2010, 13:45 Uhr)
[19] Es handelt sich hierbei um eine der „interdisziplinäre Online-Arbeitsgruppen" (Moritz 2009a: §5), welche am Institut für Qualitative Forschung der Internationale Akademie an der Freien Universität Berlin hochschulübergreifend in selbstorganisierten Austausch zu qualitativen Forschungsarbeiten ermöglichen.
[20] In einem non-lineares Filmprojekt ist die Reihenfolge der kleinsten filmischen Bestandteile (Einstellungen oder kleine Szenen) nicht vorbestimmt und zu Sequenzen bzw. einem Film zusammengefügt. Die Betrachter wählen aus einem Clip-Pool selbst aus, in welcher Reihenfolge sie welche Szene oder Einstellung anschauen möchten.

ist darüber hinaus durch den Sucher auf einen kleinen Rahmen eingeschränkt. Beide Aspekte erschweren die Kontrolle über die Eigenbewegung und verstärken die „Geste des Suchens" (Flusser 1994: 205) nach dem Zielobjekt. Die (Such)Bewegungen mit der Kamera, verbunden mit der eingenommenen Körperhaltung, die sich im Blickwinkel manifestiert, hinterlassen ihre ‚Spuren' in der Aufnahme und können daher rekonstruiert werden. Dieses als ‚Herantasten' und ‚Ausprobieren' der eigenen Ausdrucksmöglichkeiten kodierte Filmverhalten der Kinder ist für die pädagogischen Eigenproduktionen charakteristisch und erfordert daher einen besonderen Interpretationszugang (vgl. Niesyto/Holzwart 2008).

Ein Großteil der von Amal erstellten Clips hebt sich durch die in ihnen enthaltenen, auffälligen Kamerabewegungen von den Clips der anderen Kinder ab. Diese Formen der Kamerabewegung mit ihren spezifischen Eigenschaften werden von mir als erster Hinweis für subjektive Bedeutung interpretiert. Ein Clip mit exemplarischer Kamerabewegung wurde für diesen Beitrag ausgewählt. Clipinhalt bildet die Wasserkaskade im Körnerpark, welcher die letzte Etappe des Filmausflugs ist. Es handelt sich dabei um einen Ort, der allen Kindern bekannt und sehr beliebt war. Die vorherige Station bildete eine kleine, wenig besuchte Parkanlage mit einem durch Enten, Schildkröten und weiteren Tieren belebten Teich in einer Reihenhaussiedlung (Fennfuhl in Britz), was sich als relevant für die Rekonstruktion des subjektiven Sinns erweisen wird.

4.3 Räumliches Filmdiagramm und Feldpartitur am Einzelfallbeispiel

Die folgende detaillierte Beschreibung des Vorgehens wird im Sinne eines Werkstattberichts anhand der offenen und axialen Kodierprozesse der GTM ausgeführt. Das selektive Kodieren wird der Folgearbeitsschritt sein, der auf den Ergebnissen dieser Arbeitsphase aufbauen wird.

Im vorliegenden Einzelfallbeispiel wurden in der Phase des offenen Kodierens die bereits geschilderten heftigen und für Amal charakteristischen Kamerabewegungen beobachtet. Daher wurden sie als eine näher zu untersuchende Kategorie [Bewegung] bezeichnet und in die Differentialanalyse genommen. Erst zu einem späteren Zeitpunkt werden diese Differentialanalysen einer erneuten Gesamtinterpretation auch unter Einbeziehung des gesamten Filmmaterials zur Schülerin unterzogen. Der Verlauf dieser Kamerabewegungen gestaltet sich, wie das räumliche Filmdiagramm dieses Clips zeigt folgendermaßen:

Die erste schwungvolle Bewegung nach unten links wird in 8 Sekunden beschrieben (Pfad 1). Danach verharrt die Kamera für zwei Sekunden auf der wiedergefundenen Eingangseinstellung. Die folgende Bewegung nach oben links (Pfad 2) und dann nach rechts ist zwar weniger raumgreifend, dafür jedoch doppelt so schnell – in 4 Sekunden. Wieder verharrt die Kamera (1,5 Sekunden), um dann erneut nach unten auszureißen. Diesmal wenig schwungvoll ausholend. Schon nach zwei Sekunden steht wieder die Eingangseinstellung. Erneut verharrt die Kamera 1,5 Sekunden um dann in einem weiteren Versuch und etwas mehr Schwung und Raum nach unten links (Pfad 3) auszuholen. Die Bewegung dauert vier Sekunden und gleicht einem ‚Echo' der ersten Bewegung.

Räumliches Filmdiagramm 1 auf DVD (vgl. auch Abb. 1)

Die montierten Stills spiegeln im räumlichen Filmdiagramm die beschriebene Geste wieder. Die Kamerabewegung wird durch Bewegungslinien, die nach unten und nach oben ausreißen sichtbar. Nach unten links ist die Bewegungslinie heftiger und ausholender als der Ausreißer nach oben: Um eine Bildhöhe nach unten und eine Bildbreite nach links verschiebt sich der Bildausschnitt, während es nach oben nur die Hälfte der Höhe und Breite ausmacht.

Während durch das räumliche Filmdiagramm die Bewegungsgeste in Dauer und Raum nachvollziehbar ist, werden dieselben Filmbilder im Diagramm Feldpartitur in einer Zeile verwendet. Hier werden Bewegungsrichtung und Geschwindigkeit der Kamera durch Symbole markiert.

Feldpartitur auf DVD

Durch die sich ergänzende Analyse beider Diagramme kann die den Film bestimmende Bewegungsgeste zunächst in die Konzepte [Bewegungsabschnitt] und [Pause] untergliedert werden, die auf dem räumlichen Filmdiagramm als verschiedenfarbige Bewegungspfade festgehalten werden. Als Zusammenfassung der Konzepte Bewegungsabschnitt wird damit die Kategorie [Bewegung] spezifiziert. Hier können als Eigenschaften Rhythmus, Richtung, Dauer und Tempo charakterisiert und mit ihren jeweiligen Dimensionen ausgearbeitet werden (vgl. Abb. 3).

Abbildung 3: Kategorie Bewegung mit Eigenschaften und Dimensionen (Hilt)

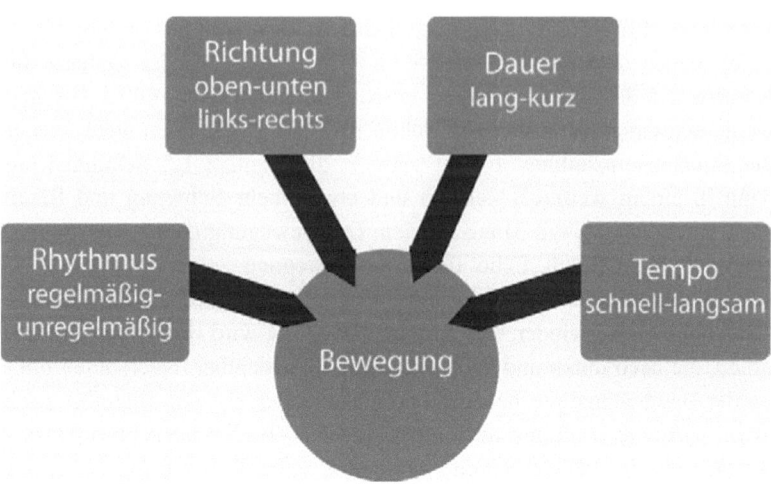

Diese differenzierte Betrachtung zeigt die Auffälligkeit, dass alle drei Bewegungsabschnitte einen ähnlichen Pfad aufweisen und stets auf den gleichen Ausgangspunkt zurückkommen. Wird im Anschluss das Phänomen Ausgangspunkt bzw. [Ausgangsbild] als Konzept untersucht, lassen sich die Eigenschaften Bildfokus, Bildinhalt, Bildausschnitt und Aufenthaltsdauer ausmachen. Bei dieser Untersuchung fällt sofort ein Zusammenhang zwischen dem [Ausgangsbild] und der, um das Ausgangsbild herum kreisenden Bewegungsgeste auf. Deutlich ist anhand der blassen und kräftigen Farben auf dem räumlichen Filmdiagramm zu sehen, wo die Kamera sich öfter und länger oder seltener und kurz aufhält: Auf der Totalen der Eingangseinstellung, wo im oberen Drittel des Ausschnitts nahezu mittig ein Zierbau mit Wasserfontaine zu sehen ist, liegt der Hauptaugenmerk von Amal. Immer wieder kehrt sie zu dieser Einstellung zurück. Die an dieser Stelle farblich kräftigste Region ist vom Zentrum der Gesamtfläche des Diagramms etwas nach rechts oben verschoben. In dieser Hinsicht kann das räumliche Filmdiagramm auch als Spur der „Aufmerksamkeitslenkung" (Peez 04-01: 7) des Mädchens während der Filmaufzeichnung gesehen werden.

Angelehnt an Mruck und Mey, welche das gezeigte Kodierschema als „gehaltlosen heuristischen Rahmen" für das axiale Kodieren vorstellen, der dazu dient, „durch die Analyse bereits vorliegender und die Hinzuziehung weiterer empirischer Fälle gehaltvolle Aussagen und Hypothesen abzuleiten" (Mruck, Mey 2009: 130, Hervorhebung i.O.). werden die vorläufigen Kategorien und Subkategorien mit dem Zweck der Gehaltfülle immer wieder am Material geprüft, erweitert, zusammengefasst und differenziert.

Beim axialen Kodieren werden im Kodierparadigma die Relationen zwischen Achsenkategorien und den jeweiligen Unterkategorien erarbeitet (vgl. Strauss/Corbin 1999). Es wird eine andere Untersuchungsperspektive eingenommen, wobei jetzt das visuelle Kernphänomen des Films, die Bewegungsgeste, im Mittelpunkt steht. Bei näherer Betrachtung des Phänomens wird klar, dass [Bewegung] und [Ausgangsbild] Unterkategorien einer Kategorie sind, die hier mit [Bildausschnitt bestimmen] bezeichnet werden soll. In Anlehnung an die Grafik „Kodierparadigma" von Mey und Mruck (Mruck, Mey 2009: 131, vgl. auch Strauss 1996) sind die Zusammenhänge für diese Kategorie in Abbildung 4 näher veranschaulicht.

Abbildung 4: Kategorie [Bildausschnitt bestimmten] des Filmbeispiels „Wasserfall" (nach Mey und Mruck 2009: 131)

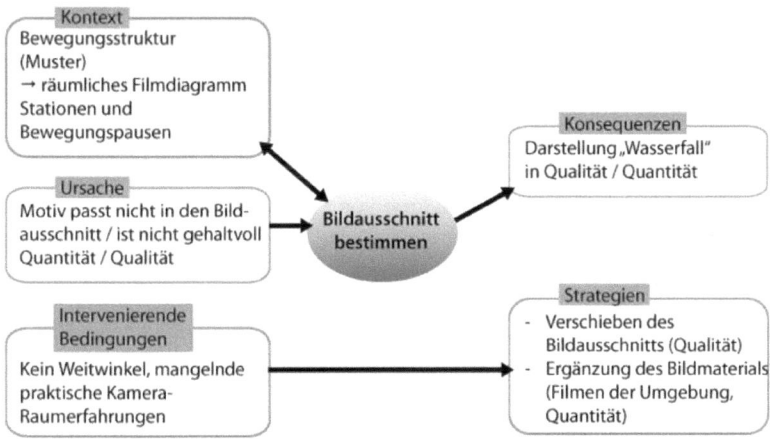

Als eine in der Interpretationsgemeinschaft generierte Hypothese wurde eine Unzufriedenheit des Mädchens über den Bildausschnitt angenommen. Möglich wären bspw. Zweifel Amals, in wieweit durch das einfache Abfilmen des Wasserfalls die Besonderheit des Ortes sichtbar wird. Dieser Aspekt wird hier Qualitätsdifferenz benannt.

Bei dem zweiten möglichen Aspekt, der hier mit Quantitätsdifferenz bezeichnet ist, steht Amal der Beschränktheit des Bildausschnitts im Sucher gegenüber, der nicht das umfassende Szenario „Wasserfall" wiedergibt, welches sie in der Realität erlebt. Ihre Änderungsstrategie besteht folglich im Verschieben des Bildausschnitts. Mit ausholenden Gesten durchbricht Amal die Begrenzung des Suchers und macht auf diese Weise die Umgebung des Wasserfalls im Film sichtbar.

Die intervenierende Bedingung nach GTM besteht in diesem Fall darin, mit der Diskrepanz zwischen Bildausschnitt und Realität umzugehen[21], und zwar auf Basis [mangelnder Erfahrung] und [fehlender Werkzeuge].

Tatsächlich betont Amal durch den von ihr gewählten Filmtitel „Wasserfall" und auch durch ihren Filmkommentar – *„Mir gefällt am meisten der Wasserfall"* – dass die Wasserkaskade für sie subjektiv bedeutsam ist. Die kreisende Bewegungsgeste kann daher auch wie eine Skizze oder Markierung verstanden werden. In einem Zitat aus der oben vorgestellten Interpretationsgemeinschaft heißt es dazu: „sie malt den Wasserfall nach wie auf dem Zeichenblock, geschwind den Hintergrund mit großer Geste (Chat 28.05.2009 21:17:17).

Bei dieser Betrachtung wird demnach das kindliche Handeln mit der Bedeutung *Wasserfall zeigen und hervorheben* interpretiert. Die Bewegungsgeste des Kindes ist dabei eine zeigende, Amal scheint die Kamera wie einen „Stift" zu verwenden, um den für sie wichtigen Ort auf einer inneren Karte einzukreisen. Die dreifache Wiederholung der Markierung mit immer dem gleichen Bildresultat entspricht dabei einem sehr nachdrücklichen Zeigen. Das filmische Ausdruckshandeln lässt sich hier – verglichen mit Ausdrucksmitteln der Schrift – wie die dreifache Unterstreichung oder die Verwendung von drei Ausrufezeichen lesen. In der Konsequenz erscheint die Wasserkaskade daher wie überdeutlich hervorgehoben (vgl. Abb. 5).

---

[21] Eine einfache Lösungsmöglichkeit hätte z.B. in der Verschiebung des Kamerastandpunktes gelegen – mit einer größeren Distanz zum Motiv wäre die Aufnahme von mehr Umgebung zum Wasserfall möglich gewesen. Der Preis dafür wäre allerdings eine weniger imposante, weil nun durch die Distanz verkleinert erscheinende Abbildung des fallenden Wassers. Ein fortgeschrittener Lösungsansatz bestünde im Aufteilen des Gesamteindrucks „Wasserfall" in mehrere Einstellungen und die anschließend erneute Neuanordnung durch die Montage. Ein Weitwinkelobjektiv war z.B. weder zur Hand, noch wurde dessen Nutzen zuvor mit den Kindern angesprochen.

Abbildung 5: Kategorie [Wasserfall hervorheben] des Filmbeispiels „Wasserfall" (nach Mey und Mruck 2009: 131)

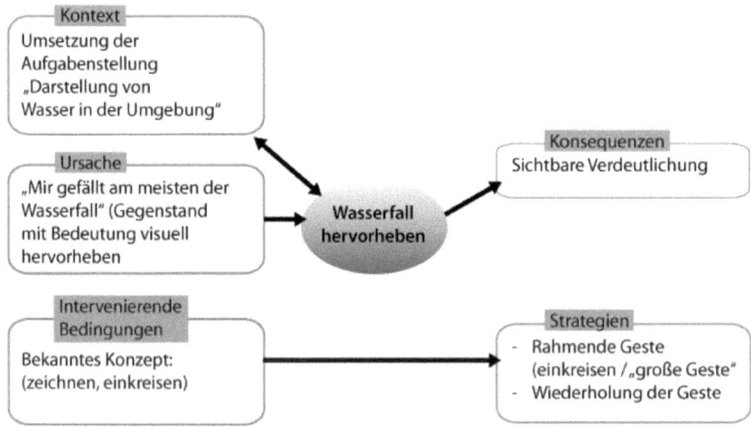

4.4 Feldpartitur als Analyse- und Erkenntniswerkzeug

Mit Hilfe der Feldpartitur können komplexe Strukturen im vorhandenen Material sowie die Verknüpfungen ineinander greifender Konzepte sichtbar gemacht werden. So werden im folgenden Schritt die herausgestellten visuellen Konzepte mit dem Videokommentar ergänzend zusammengeführt und subjektive Bedeutung rekonstruiert. Der im postproduktiven Bearbeitungsschritt hinzugefügte Verbalkommentar Amals setzt, wie auf der Feldpartitur zu sehen ist, gleichzeitig mit der ersten schwungvollen Pendelbewegung nach links ein (TC 00:05).[22] Durch die Kamerabewegung verschwindet das in der Totalen aufgenommene Motiv des Wasserfalls für einen Moment. In der Folgesequenz sind Ausschnitte von Wasser und der unteren Stufe des Wasserbeckens zu sehen. Amals Kommentar besteht aus drei, im ersten Augenblick mit dem Bildmotiv wenig zusammenhängend erscheinenden Sätzen: „*Wenige Tiere sind auch im Wasser. Ich mag am meisten den Wasserfall. Ich finde die Küken, die im Wasser schwimm' ganz süß.*" (TC 00:05–00:15)

Inhaltlich ist Amals Kommentar zwar durch das Motiv Wasser mit dem Bildmotiv verbunden, in den Kommentarsätzen scheint Amal jedoch eine ganz andere Szene als die gefilmte zu beschreiben: Sie berichtet von

---

[22] Die mit TC (Timecode) abgekürzten Angaben in Klammern im Folgenden beziehen sich auf den in der Feldpartitur vereinfacht angegebenen Timecode in mm:ss (Minute/Sekunde)

Tieren und Küken, während doch im gesamten Clip keine Lebewesen im Wasser zu sehen sind.

Durch die Kamerabewegung einerseits und den darauf folgenden Wechsel in Motiv- und Einstellungsgrößen andererseits entstehen markante Farb- und Texturunterschiede im Clip. Es fällt auf, dass Amal die Kommentarsätze an diesen als markant rekonstruierten Stellen ausgerichtet hat: Der erste Satz beginnt bei den Großaufnahmen des Wasserbeckens, die Farbe Grau dominiert (TC 00:05 / Spur Farben). Den zweiten Satz hat Amal im Satzbau so verändert, dass das Satzende aus dem Wort Wasserfall besteht (TC 00:08–00:10 / Spur Ton 1). Dabei ist das Satzende so platziert, dass das Wort ‚Wasserfall' und das mit der erneut bei TC 00:10 eingenommenen Ausgangseinstellung Bild ‚Wasserfall' gleichzeitig erscheinen. Ab TC 00:11 beginnt eine neue Bewegungslinie – Amal wischt von links nach rechts über die Bäume, so dass die Farbe Grün das Bild für kurze Zeit beherrscht (TC 00:11–00:15 / Spur Farbe, insbesondere 00:12–00:14).

Es scheint, dass Amal beim Anschauen und Editieren des Wasserfallvideos einen Vergleich zwischen der aktuellen Filmsituation und erinnerten bzw. gefilmten Situationen aus der Vergangenheit vornimmt. Vielleicht erinnert sie sich an die vorangehende Filmsituation, in welcher Grün die dominierende Farbe aller dort aufgenommenen Einstellungen ist[23] und in welchen auch Blesshuhnküken im Wasser entdeckt wurden (siehe Feldpartitur: An erwähnter Stelle wurde in der Feldpartitur Spalte L/M, Zeile 12 eine entsprechende Bildnotiz mit dem vermutlich assoziierten Clip eingefügt). Im Zusammenhang mit den Filmausschnitten und den dort dominierenden Farben lässt sich der Editierprozess Amals nachvollziehen. Sie unternimmt demnach verbal, wozu sie offenbar filmgestalterisch noch nicht in der Lage ist und verleiht durch den letzten Kommentar den Küken zumindest erzählerische Präsenz.

Beim Zusammenführen der Ergebnisse wird für mich als Forschende interessant, wie vielschichtig die Auseinandersetzungen von Amal bei der Erstellung des Videoclips sind und wie vielfältig sich das „Sprechen" des Kindes in der charakteristischen, zunächst wie ‚unfertig' oder ‚unsicher' wirkenden filmischen Handlung rekonstruieren lässt. Während der Aufnahme scheint sie aktiv mit den technischen Aspekten der Kadrage und der Darstellung zu experimentieren: Sie erspürt eine ‚Beschränkung' durch den Ausschnitt im Sucher und fügt mit einer entschieden wirkenden Geste während der Aufnahme visuelle Ergänzungen mittels ausladender Kamerabewegungen hinzu. Auch beim Editieren scheint Amal gleicher-

---

[23] Die Kinder schauten sich beim Sortieren und Editieren gegenseitig über die Schulter, so dass nicht nur die eigenen Aufnahmen, sondern auch die der anderen als bekannt vorauszusetzen sind.

maßen kritisch wie aufmerksam und kreativ. Mit ihren kommentierenden Sätzen greift sie verändernd in das Ausgangsmaterial ein. Durch die Platzierung der Sätze ausgerechnet an den ‚bewegtesten' Stellen des Videos und dokumentiert sich auf diese Weise auch die subjektive Bedeutung dieser, sich ergänzenden Ausdruckformen.

Auch wenn der Untersuchungsprozess noch nicht abgeschlossen ist, lässt sich am Ende der Ausführungen zusammenfassend sagen, dass die Übertragung des untersuchten Clips in diagrammatische Formen nicht nur hilfreich, sondern auch notwendig ist, um sich im explorativ und zirkulär angelegten Verstehens- und Interpretationsprozess dem vorliegenden, wenig erforschten Typus der Eigenproduktion von Kindern in seinen Bedeutungsgehalt überhaupt anzunähern. Mit den Analyseinstrumenten gelingt es, einerseits die mannigfaltigen, differenzierten Materialerscheinungen und ihre Verknüpfung in Ihrer Struktur erstmals systematisch zu erfassen und diese ins forschende Bewusstsein zu heben. Erst auf diese Weise werden die erscheinenden Phänomene der Analyse überhaupt zugänglich und ermöglichen die weitere explorative Annäherung an die Spezifik des hier vorliegenden Materials. Während das räumliche Filmdiagramm dabei die Orientierung in der virtuellen Raumsituation und eine Übersicht von Bewegung im Raum gewährt, gelingt mit dem Transkriptionssystem Feldpartitur die Transformation des Films in ein gehaltvolles Strukturbild, welches das sequentielle und simultane Verfolgen der relevanten Phänomene ermöglicht.

Hinweise zum DVD-Material dieses Beitrags

Die Feldpartitur

Die Feldpartitur zum Videoclip „Wasserfall" ist ein fünfseitiges pdf-Dokument, das das Video in den hier relevanten Kategorien Screen, Schärfe, Farben, Tempo, Kamerabewegung, Motivbewegung, Einstellungsgröße, Ton 1 (Kommentar) und Ton 2 (Originalton) visuell erfasst und statisch wiedergibt. Grundsätzlich kann die Feldpartitur zeilen- oder spaltenweise gelesen werden, je nachdem ob man sich in das Nacheinander oder das Gleichzeitige vertiefen möchte.

Die Kategorien wurden für den Einzelfall Amal im Rahmen der GTM herausgebildet (s.o.), ihre Umsetzung in Symbolen in der Legende auf Seite 1 erklärt. Ein besonderes Augenmerk wird dabei auf die visuelle Gestaltung (7 Kategorien) gelegt. Die Zeilen dieser Kategorien haben eine weiße Hintergrundfarbe, während die Audiozeilen blau und die Zusatzzeilen grün hinterlegt sind. Letztere enthalten Informationen aus der Interpretationsgemeinschaft sowie visuelle Bezüge. Diese grünen Zeilen haben also eine Notizfunktion, um zu bestimmten Momenten / Stills Relationen zur Analyse herzustellen.

In der ersten Zeile ist in TC (Timecode) das zeitliche Erscheinen der Stills (sekündlich) wiedergegeben. In Zeile 2 finden sich die entsprechenden Stills mit einem groben Raster (3/3)[24], welches eine schnelle Orientierung in dem Bild ermöglicht. Mit dem weißen Kreuz ist jeweils der Blickschwerpunkt markiert[25]. In Zeile 4 (Kategorie Farbe) wurden die Filmbilder bildtechnisch so verändert, dass nun Farbfelder stärker in den Vordergrund treten. Diese Kategorie spielt im Einzelfall Amal eine besondere Rolle. Die Reaktion auf Farben zeigt sich in diesem Clip vor allem in den Spalten L, M und N (Sieh dazu auch im Artikel Abschnitt 4.4). Hier sind in Zeile 12 die entsprechenden Bezugsbilder als Stills, die auf andere Clips verweisen oder Abbildungen des Raumdiagramms als Bildnotizen platziert.

Das räumliche Filmdiagramm

Um das im Artikel vorgestellt Beispiel („Wasserfall") des räumlichen Filmdiagramms zu erweitern, wurde ein weiteres Videobeispiel („Paradies") mit einer anderen Filmsituation zur Verfügung gestellt. Im ersten Beispiel weist die Kamera einen festen Standpunkt auf, sie wird allerdings von dort aus in verschiedene Richtungen geschwenkt. Dieselben Bilder, die in sekündlichem Abstand in der Feldpartitur linear angeordnet werden, finden sich hier überlappend angeordnet wieder, so dass sich ein statischer Eindruck vom gefilmten Raum aber auch von der Filmgeste entsteht. Im Beispiel Wasserfall erscheint das Raumdiagramm flächig, da keine Bewegung in die Raumtiefe stattfindet. Eine solche Bewegung ist auch in professionellen Filmen selten (meist handelt es sich dabei um Kamerafahrten, was einen größeren technischen Aufwand bedeutet). In der Regel werden verschiedene Einstellungen eines Raumes aneinander montiert, um so einen vielschichtigen Eindruck einer Situation wiederzugeben (siehe auch Artikel Abschnitt 3.3).

---

[24] Dieses Raster entspricht der *Drittel-Regel,* ein Film- und Video-Konzept, wobei der gefilmte Ausschnitt in jeweils drei imaginäre Abschnitte in der Vertikalen und Horizontalen unterteilt wird. Das schafft Bezugspunkte, die als Leitlinien für die Bildgestaltung gelten (siehe Katz, Steven D; Utecht, Harald, 2004: Die richtige Einstellung. Shot by shot; zur Bildsprache des Films; das Handbuch. Dt. Erstausg., 5. Aufl. Frankfurt am Main: Zweitausendeins).

[25] Die filmenden Kinder wurden nicht in dieser Regel instruiert. Das Raster wird hier als Analysehilfe angewendet.

Im zusätzlichen Beispiel Paradies handelt es sich um eine scheinbare Bewegung in die Tiefe, herbeigeführt durch einen Zoom. Nicht der Kamerastandpunkt wird verändert, sondern die Brennweite[26] verschoben. So entsteht der Eindruck, die Kamera bewegte sich auf ein Objekt zu oder entfernte sich. Erkennbar ist die Scheinbewegung des Zooms auch daran, dass die Bildausschnitte immer gleich sind. Im Zusatzbeispiel Paradies nutzt das Kamerakind diesen Effekt, um sich von dem Motiv der Baumgruppe am See Stück für Stück zu ‚entfernen' und dabei immer mehr Umraum sichtbar zu machen. Dieser Vorgang ist hier durch die unterschiedlichen Bildgrößen wiedergegeben. Würde sich der Kamerastandpunkt tatsächlich verschieben, ergäben sich immer neue, anders gestaltete Bildausschnitte.

Literatur

Anderson, J. D. (1996). The reality of illusion. An ecological approach to cognitive film theory. Carbondale, IL: Southern Illinois University Press., Bordwell, D. (1997). On the history of film style. Cambridge, MA: Harvard University Press. Hier vor allem: Branigan, E. (1992). Narrative comprehension and film. London; auch Anderson, J. D. (1996). The reality of illusion. An ecological approach to cognitive film theory. Carbondale, IL

Ang, Ien (2006): Vorwort. In: Hepp, Andreas; Winter, Rainer (Hrsg.): Kultur - Medien - Macht. Cultural studies und Medienanalyse. 3., überarb. und erw. Aufl. Wiesbaden: VS Verl. für Sozialwiss. (Medien - Kultur - Kommunikation).

Baudry, Jean-Louis (2008): Das Dispositiv: Metapsychologische Betrachtungen des Realitätseindrucks. In: Pias, Claus; Vogl, Joseph; Engell, Lorenz; Fahle, Oliver; Neitzel, Britta (Hrsg.): Kursbuch Medienkultur. Die maßgeblichen Theorien von Brecht bis Baudrillard. 6. Aufl. München: DVA, S. 381–404.

Bazin, André (1975): Was ist Kino? Bausteine zur Theorie d. Films. Dt. Erstveröff. Köln: DuMont Schauberg (DuMont-DokumenteFilm).

Boesch, Ernst E (1983): Das Magische und das Schöne. Zur Symbolik von Objekten und Handlungen. Stuttgart-Bad Cannstatt: Frommann-Holzboog (Problemata, 97).

Bohnsack, Ralf (2009): Qualitative Bild- und Videointerpretation. Die dokumentarische Methode. Opladen: Budrich (UTB Erziehungswissenschaft, Sozialwissenschaften, 8407).

Bordwell, David / Thompson, Kristin (Hrsg.) (2008): Film art. An introduction. 8. ed., internat. ed. Boston, Mass.: McGraw-Hill (McGraw-Hill higher education).

Brütsch, Matthias; Tröhler, Margit; Hediger Vinzenz (Hrsg.) (2005): Kinogefühle. Emotionalität und Film. Marburg: Schüren (Zürcher Filmstudien, 12).

---

[26] In der Optik ist die Brennweite der Abstand zwischen dem Fokus (Brennpunkt) und der ihm zugehörigen Hauptebene einer Linse.

Bucher, Sebastian (2007): Das Diagramm in den Bildwissenschaften. Begriffsanalytische, gattungstheoretische und anwendungsorientierte Ansätze in der diagrammtheoretischen Forschung. In: Reichle, Ingeborg (Hrsg.): Verwandte Bilder. Die Fragen der Bildwissenschaft. Berlin: Kulturverl. Kadmos .

Buckland, Warren (2000): The cognitive semiotics of film. 1. publ. Cambridge: Cambridge Univ. Press.

Bulgakowa, Olga (2002): Montagebilder bei Eisenstein. In: Beller, Hans (Hrsg.): Handbuch der Filmmontage. München: Tr Verlagsunion GmbH, S. 49–77.

Corbin, Juliet M. / Strauss, Anselm L. (2008): Basics of qualitative research. Techniques and procedures for developing grounded theory. 3. ed. Los Angeles, Calif.: Sage Publ.

Dinkelaker, Jörg; Herrle, Matthias (2009): Erziehungswissenschaftliche Videographie. Eine Einführung. 1. Aufl. Wiesbaden: VS Verlag für Sozialwissenschaften / GWV Fachverlage GmbH Wiesbaden (Qualitative Sozialforschung).

Ehrenspeck, Yvonne (Hrsg.) (2003): Film- und Fotoanalyse in der Erziehungswissenschaft. Ein Handbuch. Opladen: Leske + Budrich.

Elsaesser, Thomas / Hagener, Malte (2008): Filmtheorie zur Einführung. 2. Aufl. Hamburg: Junius (Zur Einführung, 321).

Faulstich, Werner (2008): Grundkurs Filmanalyse. 2. Aufl. Paderborn: Fink (utb.de Bachelor-Bibliothek, 2341).

Flusser, Vilém (1994): Gesten. Versuch einer Phänomenologie. Ungekürzte Ausg. Frankfurt am Main: Fischer-Taschenbuch-Verl. (Fischer Fischer Wissenschaft, 12241).

Goodman, Nelson; Philippi, Bernd (2007): Sprachen der Kunst. Entwurf einer Symboltheorie. 5. Dr. Frankfurt am Main: Suhrkamp Taschenbuch Verl (Suhrkamp-Taschenbuch Wissenschaft, 1304).

Grodal, Torben (2002): Moving pictures. A new theory of film genres, feelings and cognition. Repr. Oxford: Clarendon Press.

Hilt, Regine (2011, in Vorbereitung): Vor-gabe, Vor-bilder, Vor-einstellung. Einfluss von Technik, Format und Vor-Bildern in Videoeigenproduktion bei Kindern. Eine Grouded Theory Studie (Dissertation).

Imdahl, Max / Giotto (1996): Giotto Arenafresken. Ikonographie, Ikonologie, Ikonik. 3. Aufl. München: Fink (Bild und Text).

Joost, Gesche (2008): Bild-Sprache. Die audio-visuelle Rhetorik des Films. Univ., Diss. u.d.T.: Joost, Gesche: Grundzüge der Filmrhetorik--Tübingen, 2007. Bielefeld: Transcript-Verl. (Film).

Jörissen, Benjamin / Marotzki, Winfried (2009): Medienbildung - eine Einführung. Theorie - Methoden - Analysen. Bad Heilbrunn: Klinkhardt (UTB Erziehungswissenschaft, Medienbildung, 3189).

Kloepfer, Rolf (1985): Mimesis und Sympraxis. Zeichengelenktes Mitmachen im erzählenden Werbespot. In: Kloepfer, Rolf; Möller, Karl Dietmar (Hrsg.): Narrativität in den Medien. Mannheim und Münster: MANA / MAKS, S. 141-18.

Kloepfer, Rolf (2003): Semiotische Aspekte der Filmwissenschaft: Filmsemiotik. In: Posner, Roland; Burkhardt, Armin; Ungeheuer, Gerold; Wiegand, Herbert Ernst; Steger, Hugo; Brinker, Klaus (Hrsg.): Handbücher zur Sprach- und Kommunikationswissenschaft. = Handbooks of linguistics and communication science = Manuels de linguistique et des sciences de communication. Berlin: de Gruyter, S. 3188–3211.

Kloepfer, Rolf / Landbeck, Hanne / Werner, Ute (1991): Ästhetik der Werbung. Der Fernsehspot in Europa als Symptom neuer Macht. Orig.-Ausg. Frankfurt am Main: Fischer-Taschenbuch-Verl.

Knoblauch, Hubert et al. (2008): Visual Analysis. New Developments in the Interpretative Analysis of Video and Photography. (FQS, Vol 9 Visual Methods, 3). Online verfügbar unter: http://www.qualitative-research.net/index.php/fqs/issue/view/11, zuletzt geprüft am 19.03.2010, 22:45 Uhr.

Knoblauch, Hubert / Schnettler, Bernd / Raab, Jürgen / Soeffner, Hans-Georg (Hrsg.) (2006): Video analysis: Methodology and methods. Qualitative audiovisual data analysis in sociologiy. Frankfurt/M: Lang.

Korte, Helmut / Drexler, Peter (Hrsg.) (2004): Einführung in die systematische Filmanalyse. Ein Arbeitsbuch. 3., überarb. und erw. Aufl. Berlin: Schmidt.

Kracauer, Siegfried (Hrsg.) (1996): Kino. Essays, Studien, Glossen zum Film. 5. Aufl. Frankfurt am Main: Suhrkamp (Suhrkamp-Taschenbuch, 126).

Krausse, Joachim (1999): Information auf einen Blick – Zur Geschichte der Diagramme. In: Form + Zweck, Jg. 1999, H. 16, S. 5–23.

Krotz, Friedrich (2007): Mediatisierung. Fallstudien zum Wandel von Kommunikation. Wiesbaden: VS Verlag für Sozialwissenschaften / GWV Fachverlage GmbH Wiesbaden.

Lamnek, Siegfried (2008): Qualitative Sozialforschung. Lehrbuch. 4., vollst. überarb. Aufl., [Nachdr.]. Weinheim: Beltz PVU.

Lowry, Stephen (1992): Film - Wahrnehmung - Subjekt. Theorien des Filmzuschauers. Herausgegeben von Gesellschaft für Theorie und Geschichte audiovisueller Kommunikation e.V. (Montage AV, Zeitschrift für Theorie und Geschichte audiovisueller Kommunikation, 01/1). Online verfügbar unter http://www.montage-av.de/pdf/011_1992/01_1_Stephen_Lowry_Film_Wahrnehmung_Subjekt.pdf,, zuletzt geprüft am 7.3.10, 15:57.

Marotzki, Winfried / Niesyto, Horst (Hrsg.) (2006): Bildinterpretation und Bildverstehen. Methodische Ansätze aus sozialwissenschaftlicher, kunst- und medienpädagogischer Perspektive. Wiesbaden: VS Verlag für Sozialwissenschaften | GWV Fachverlage GmbH Wiesbaden (Medienbildung und Gesellschaft, 2).

Mersch, Dieter (2005): Das Bild als Argument. In: Wulf, Christoph; Zirfas, Jörg (Hrsg.): Ikonologie des Performativen. [Tagung „Ikonologie des Performativen" im Rahmen der "Berliner Ritualstudie" vom 12. bis 14. Juni 2003 im Clubhaus der Freien Universität Berlin]. München: Fink, S. 322–344.

Mersch, Dieter (2006): Visuelle Argumente. In: Maasen, Sabine; Mayerhauser, Torsten; Renggli, Cornelia (Hrsg.): Bilder als Diskurse - Bilddiskurse. 1. Aufl. Weilerswist: Velbrück Wiss., S. 95–116.

Metz, Christian (1972): Semiologie des Films. München.

Metz, Christian / Blüher, Dominique (2000): Der imaginäre Signifikant. Psychoanalyse und Kino. Münster: Nodus Publ. (Film und Medien in der Diskussion, 9).

Moritz, Christine (2009a): Eine "virtuelle Insel für Qual-Frösche": Erfahrungsbericht einer netzbasierten qualitativen Arbeitsgruppe im Rahmen des Netz-Werkstatt-Konzepts. Christine Moritz in Zusammenarbeit mit der Leuchtfeuer-Arbeitsgruppe der NetzWerkstatt. In: Forum Qualitative Sozialforschung / Forum: Qualitative Social Research, H. Volume 10, No. 1, Art. 3. Online verfügbar unter http://nbn-resolving.de/urn:nbn:de:0114-fqs090134.

Moritz, Christine (2009b): Die Feldpartitur. System zur Abbildung realzeitlicher Handlungsprozesse auf der Basis audiovisuellen Datenmaterials. Postersession Berliner Methodentreffen. (FQS Methodentreffen 2009). Online verfügbar unter http://www.qualitative-forschung.de/methodentreffen/archiv/poster/poster_2009/moritz.pdf, zuletzt geprüft am 11.12.2009, 13:22 Uhr.

Moritz, Christine (2010): Dialogische Prozesse in der Instrumentalpädagogik. Eine Grounded Theory Studie (Dissertation). Essen: Die Blaue Eule.

Mruck, Katja / Mey, Günter (2009): Methodologie und Methodik der Grounded Theory. In: Kempf, Wilhelm; Kiefer, Markus (Hrsg.): Forschungsmethoden der Psychologie: zwischen naturwissenschaftlichem Experiment und sozialwissenschaftlicher Hermeneutik. 1. Aufl. Berlin: Regener (Hochschullehrbücher, 4), S. 100–152.

Niesyto, Horst (2001): Selbstausdruck mit Medien. Eigenproduktionen mit Medien als Gegenstand der Kindheits- und Jugendforschung. München: KoPäd-Verl.

Niesyto, Horst; Holzwart Peter (2008): Präsentativer und diskursiver Selbstausdruck junger Migranten und Migrantinnen im Kontext verschiedener (medien-) kultureller Ressourcen. (FQS, Vol 9 Visual Methods, No 3). Online verfügbar unter http://nbn-resolving.de/urn:nbn:de:0114-fqs0803101, zuletzt geprüft am 18.03.2010, 9:30 Uhr.

Panofsky, Erwin (1955): Meaning the Visual Arts. Iconography and Iconology: An Introduction to the Study of Renaissance Art. NY-Gloucester Mass in: Garden City.

Peez, Georg (2004): Im Foto ist alles gleichzeitig. In: Zeitschrift für Theorie und Praxis der Medienbildung, www.medienpaed.com, Jg. 2004, Heft 1. Online verfügbar unter http://www.medienpaed.com/04-1/peez04-1.pdf, zuletzt geprüft am 21.05.2010.

Reichertz, Jo (2009): Kommunikationsmacht. Was ist Kommunikation und was vermag sie? und weshalb vermag sie das? 1. Aufl. Wiesbaden: VS Verl. für Sozialwiss. (Wissen, Kommunikation und Gesellschaft).

Sachs-Hombach, Klaus (2006): Das Bild als kommunikatives Medium. Elemente einer allgemeinen Bildwissenschaft. Univ., Habil.-Schr.--Magdeburg, 2003. 2., leicht verb. Aufl. Köln: von Halem.

Schnettler, Bernd / Pötzsch, Frederik (2007): Visuelles Wissen. Online verfügbar unter http://www.uni-due.de/imperia/md/content/procede/schnettlerpoetzsch2007.pdf, zuletzt geprüft am letzter Zugriff 16.03.2010, 23:12.

Schnupp, Daniela (2008): Tagungsbericht Dilettanten, Amateure, Medienmeister - Wie verändern Laien unsere visuelle Kultur? Bericht zur internationalen und interdisziplinären Tagung der Universität Siegen vom 5. – 7. Juni 2008. In: KZfSS Kölner Zeitschrift für Soziologie und Sozialpsychologie, ISSN 0023-2653 (Print) 1861-891X (Online), H. Volume 60, Number 3, S. 641–651. Online verfügbar unter http://www.medienamateure.de/pdfs/kzfss.pdf, zuletzt geprüft am 21.5.2010.

Steinke, Ines von (2009): Gütekriterien qualitativer Forschung. In: Flick, Uwe; Kardorff, Ernst von; Steinke, Ines (Hrsg.): Qualitative Forschung. Ein Handbuch. Orig.-Ausg., 7. Aufl. Reinbek bei Hamburg: Rowohlt-Taschenbuch-Verl. (Rororo Rowohlts Enzyklopädie, 55628).

Strauss, Anselm (1996): Grundlagen qualitativer Sozialforschung. Datenanalyse und Theoriebildung in der empirischen soziologischen Forschung. München: Wilhelm Fink Verlag.

Strauss, Anselm (2004): Methodologische Grundlagen der Grounded Theory. In: Strübing, Jörg; Schnettler, Bernt; Strübing-Schnettler (Hrsg.): Methodologie interpretativer Sozialforschung. Klassische Grundlagentexte. Konstanz: UVK Verl.-Ges. (UTB Sozialwissenschaften, 2513), S. 429–451.

Strauss, Anselm / Corbin, Juliet (1999): Grounded theory. Grundlagen qualitativer Sozialforschung. Unveränd. Nachdr. der letzten Aufl., 1996. Weinheim: Beltz Psychologie Verl.-Union.

Strutz, Tilo (2005): Bilddatenkompression. Grundlagen, Codierung, Wavelets, JPEG, MPEG, H.264 ; mit 69 Tabellen. 3., aktualisierte und erw. Aufl. Wiesbaden: Vieweg (Vieweg Praxiswissen).

Thompson, Kristin (1995): Neoformalistische Filmanalyse. In: Montage AV, Zeitschrift für Theorie und Geschichte audiovisueller Kommunikation, H. 04,1. Online verfügbar unter:
http://www.montage-av.de/pdf/041_1995/04_1_Kristin_Thompson_Neoformalistische_Filmanalyse.pdf, zuletzt geprüft am 7.3.10, 15:06.

Weibel, Peter (2008): Notation zwischen Aufzeichnung und Vorzeichnung Handlungsanweisungen – Algorithmen – Schnittstellen. In: Amelunxen, Hubertus von; Lammert, Angela (Hrsg.): Notation. Kalkül und Form in den Künsten ; [... anlässlich der Ausstellung "Notation. Kalkül und Form in den Künsten", 20. September bis 16. November 2008, Akademie der Künste, Berlin ; 14. Februar bis 26. Juli 2009, ZKM, Zentrum für Kunst und Medientechnologie Karlsruhe]. Karlsruhe: Akad. der Künste; ZKM, S. 32–38.

Wuss, Peter (1993): Filmanalyse und Psychologie. Berlin: Edition Sigma.

Wuss, Peter (1999): Filmanalyse und Psychologie. Strukturen des Films im Wahrnehmungsprozess. 2., durchges. und erw. Aufl. Berlin: Ed. Sigma (Sigma-Medienwissenschaft, Bd. 15).

Wuttke, Dieter (1998): Aby M. Warburg-Bibliographie 1866 bis 1995. Werk und Wirkung ; mit Annotationen. Baden-Baden: Koerner (Bibliotheca bibliographica Aureliana, 163).

Der Interpretationsprozess nach der dokumentarischen Methode am Beispiel von Kurzfilmen über Schule

Astrid Baltruschat

Zusammenfassung

Am Beispiel von zwei Amateurvideos, die von Schülern und Lehrern gedreht wurden, sollen in diesem Beitrag wesentliche Schritte einer Filminterpretation nach der dokumentarischen Methode veranschaulicht werden. Da für das tiefere Verständnis der hier vorgestellten Vorgehensweise ihre Verortung innerhalb der dokumentarischen Methode unverzichtbar ist, werden zunächst (1.) einige methodologische und methodische Vorüberlegungen angestellt, deren Umsetzung anschließend (2.) am konkreten Filmmaterial exemplarisch verdeutlicht wird.

1 Methodologische und methodische Vorüberlegungen[1]

Die dokumentarische Methode zielt weder auf die Oberflächenstruktur der Darstellung bzw. Inszenierung sozialer Realität ab noch auf (vermeintliche) objektive Strukturen, die hinter der Darstellung zu stehen scheinen, sondern auf das handlungsleitende Wissen der Beforschten, das sich in den filmischen Szenerien dokumentiert (Bohnsack 2007a). Hierbei handelt es sich um ein Wissen, das von den Betroffenen nicht direkt zur Explikation gebracht wird, sondern das ihnen so selbstverständlich und vertraut ist, dass es implizit bleibt. Dem forschenden Beobachter stellt sich dementsprechend die Aufgabe, dieses die Handlungen orientierende, „atheoretische Wissen" (Mannheim 1964: 97ff) der Akteure theoretisch-begrifflich zu fassen und zur Explikation zu bringen (Bohnsack 2009: 19).

1.1 Die Analyseeinstellung der Dokumentarischen Methode

Die dokumentarische Methode ist gekennzeichnet durch einen Wechsel in der Analyseeinstellung vom *Was* zum *Wie*: Nicht der wörtliche oder im-

---

[1] Zur ausführlicheren Darstellung der method(olog)ischen Grundlagen siehe Bohnsack in diesem Band sowie Bohnsack 2009, Bohnsack/Baltruschat 2010, Baltruschat 2010: 29ff.

manente Sinngehalt einer Aussage, sondern die Art und Weise, wie diese Aussage zustande kommt und dass sie überhaupt gemacht wird – also das *Dass* und das *Wie* einer Aussage – stehen im Fokus, denn gerade hier wird jenes vorreflexive, atheoretische Praxiswissen sichtbar.

Die Unterscheidung zwischen diesen beiden Sinnebenen kommt bei der Interpretation in zwei klar voneinander abgrenzbaren Arbeitsschritten zum Ausdruck: Im ersten Schritt, in der sog. „formulierenden Interpretation", wird das, was thematisiert wird, also das *Was*, lediglich nachvollzogen, indem es möglichst ohne jegliche Deutung oder Bewertung zusammengefasst wird und die Abfolge des thematischen Verlaufs durch eine Gliederung sichtbar gemacht wird. Im zweiten Schritt, der sog. „reflektierenden Interpretation", wird sodann der Frage nachgegangen, *Wie* diese Aussagen von den Akteuren dargestellt, wie sie verortet und begründet werden. Dabei geht es lediglich darum, die *Herstellung* der Realitätskonstruktionen der Akteure nachzuvollziehen, nicht aber, sie auf ihre Richtigkeit oder ihre Berechtigung hin zu untersuchen oder sie zu bewerten. Jegliche Geltungsansprüche von Aussagen werden hier bewusst ausgeklammert. Dieser zweite Interpretations-Schritt vollzieht also einen „Bruch mit dem Common Sense" (Bourdieu 1996: 269), da nun nicht mehr, wie sonst üblich, die Sinnkonstruktionen der Akteure als solche zur Disposition stehen, sondern von diesen eben gerade abgesehen wird (vgl. Bohnsack 2003).

Bei einer Kommunikation im Medium des Bildhaften sind diese einzuklammernden Sinnkonstruktionen auf der Ebene des Ikonografischen angesiedelt. Panofsky (1932) macht dies am Beispiel des Grüßens deutlich: Die Gebärde des Hut-Hochhebens wird erst durch eine Sinnkonstruktion zu einem Gruß, indem dem Akteur eine Absicht unterstellt wird. Das, was wir jedoch auf der ikonografischen Ebene als ein Grüßen bezeichnen, ist auf der vor-ikonografischen Ebene lediglich als ein Heben des Hutes zu identifizieren (Bohnsack 2005: 249f.).

Wir neigen im Common Sense dazu, nichtabstrakte Bilder oder Gesten zunächst in der Weise zu ,lesen', dass wir gedanklich Handlungen und Geschichten entwerfen, die sich auf einem Bild oder in einem Film abspielen könnten (Bohnsack 2005: 253). Dementsprechend bezeichnet Barthes diese Sinnebene auch als den sog. „entgegenkommenden Sinn" (Barthes 1990), der sich dem Betrachter sofort aufdrängt. Um allerdings zum dokumentarischen Sinn vordringen zu können, ist es nötig, diese Ebene der Konnotationen oder der ikonografischen Codes hinter sich zu lassen. Erst „wenn man (geistig) die Konnotationszeichen ausgelöscht hat" (Barthes 1990: 37), ist es möglich, zu jener Sinnebene zu gelangen, die Aufschluss über das inkorporierte Wissen und damit über den Habitus der Akteure oder Produzenten gibt (vgl. Bohnsack 2009: 35f).

Um diesen Bruch mit dem Common Sense, der mit dem Wechsel in der Analyseeinstellung vom *Was* zum *Wie* einhergeht, tatsächlich vollziehen zu können, darf der erste Arbeitsschritt, in dem das *Was* beschrieben wird, also nicht nur auf der ikonografischen Ebene verbleiben, sondern muss hinter diese zurückgehen und dazu die ikonografischen Bedeutungen so weit wie möglich einklammern (Bohnsack 2005: 253f; Bohnsack 2009: 141-151). Aufgrund dieser primordialen Bedeutung der vor-ikonografischen Ebene erfolgt die Interpretation des gesprochenen Textes, sofern er von Interesse ist, erst nach der Interpretation des Visuellen (Bohnsack 2009: 150, 173).

1.2 Die Bedeutung der komparativen Analyse

Je nach Vergleichshorizont, vor dem ein Bild oder eine andere Bedeutungseinheit interpretiert wird, geraten unterschiedliche Aspekte oder Sinn-Dimensionen in den Blick des Interpreten. Um sowohl die eigene Standortgebundenheit als auch die Polysemie, die Vieldeutigkeit, der zu interpretierenden Einheit methodisch zu kontrollieren, spielt deshalb die komparative Analyse als methodisches Prinzip bei der dokumentarischen Interpretation eine zentrale Rolle. Je komplexer und vieldeutiger ein Produkt ist, desto bedeutsamer wird dieses Prinzip (Bohnsack 2007b: 32-34). Gleichzeitig verhilft es dazu, die Spezifika der einzelnen Fälle präziser herauszuarbeiten, wie am Vergleich der beiden Filme im Folgenden noch sichtbar wird.

Allerdings dürfte aufgrund der Komplexität einer Filminterpretation die Anzahl empirischer Vergleichsfälle, die ebenfalls einer Interpretation unterzogen werden und die dann für eine fallübergreifende (*filmexterne*) komparative Analyse genutzt werden können, im Normalfall sehr niedrig sein. Umso wichtiger ist es deshalb, Möglichkeiten *filminterner* Vergleiche und Relationierungen so weit wie möglich auszuschöpfen, um trotzdem auf imaginative Vergleichshorizonte des Interpreten weitgehend verzichten zu können. So kann beispielsweise bei der Interpretation des Schülerfilms an den expliziten Vergleich angeknüpft werden, den die Schülerinnen thematisieren, indem sie die Schule der Vergangenheit der Schule in der Gegenwart gegenüberstellen (vgl. 2.4.1).

1.3 Das Transkript

Transkripte zu den Videosequenzen „Melanchthon - find ich super" und „Kammer des Schreckens"

Die bei filmwissenschaftlichen Analysen üblichen Methoden der Verschriftlichung von Filmen in narrativer und/oder tabellarischer Form (als Sequenz- oder Einstellungsprotokoll; vgl. z.B.: Faulstich 2002: 63-80; Korte 2005) oder die Formen der Protokollierung von Filmen, die bislang im Kontext der qualitativen Sozialforschung entwickelt wurden, bergen für eine Interpretation grundlegende Probleme (vgl. Bohnsack 2009: 170f): Derartige Protokollierungen verlassen, nach dem Verständnis der dokumentarischen Methode, die vor-interpretative Ebene und können nicht mehr als Transkript im eigentlichen Sinne gelten. Bereits dann, wenn z.B. ein Bild durch einen Text ersetzt wird, handelt es sich schon um einen interpretativen Akt. Außerdem geht durch die Übertragung des Films in ein anderes Medium (z.B. in die Sprache oder in eine Grafik) gerade das Eigensinnige des Films, auf das die dokumentarische Interpretation abzielt, verloren. Der Rückgriff auf den Film selbst bleibt deshalb letztlich immer unverzichtbar.

Allerdings haben Stefan Hampl und Aglaja Przyborski ein Transkriptionssystem für Filme entwickelt (Näheres dazu: Hampl 2005, 2006, 2008, 2009, 2010; Przyborski/Wohlrab-Sahr 2009: 169–172; vgl. auch Hampl in diesem Band), das die oben genannten Probleme weitgehend löst: In einem gleichbleibenden Zeitintervall werden Einzelbilder aus dem Film extrahiert und in Tabellenform aneinander gereiht. Anschließend kann der gesprochene Text den Bildern zugeordnet und können Geräusche bzw. Musik entsprechend markiert werden. Um deutlich zu machen, welche Stimmen oder Klänge aus dem Off kommen, wurde im hier vorliegenden Beispiel die Schriftfarbe verändert (grau statt schwarz). Dieses Transkript verbleibt konsequent auf der vor-interpretativen Ebene, denn die visuelle Ebene wird durch Visuelles dargestellt und simultan dazu wird die verbale Ebene in Textförmiges übertragen. Darüber hinaus gelingt es, durch die Partiturschreibweise entlang einer konstanten Zeitachse auch den Zeitfluss des bewegten Filmbildes wiederzugeben. Dieses Transkriptionssystem ist hervorragend geeignet, um sich einen Überblick über den Film zu verschaffen, da es den Wechsel der Kameraeinstellungen in ihrer Zeitdauer und Häufigkeit und die Relation zwischen Bild- und Textverlauf in ihrer Synchronizität sehr übersichtlich zu verdeutlichen vermag.

2 Exemplarische Interpretation

Zwei Amateurvideos, die als Beiträge zu einem Ideen- und Kreativ-Wettbewerb zum Thema „Schule überdenken! – Muss die Institution Schule grundlegend verändert werden?" erstellt wurden, liegen der exemplarischen Interpretation zugrunde. „Kammer des Schreckens oder Realschule in Zeiten der Revaluation" wurde von einem Lehrerteam einer Realschule, „Melanchthon – find ich super" von Schülerinnen einer neunten Klasse des gleichnamigen Gymnasiums gedreht.

Videosequenzen auf DVD:

„Melanchthon - find ich super" und „Kammer des Schreckens"

Die beiden Produzentengruppen (Lehrer und Schüler) dieser Kurzfilme entstammen zwar nicht derselben Schule, ihnen ist jedoch in Bezug auf die Institution Schule ein (konjunktiver) Erfahrungsraum gemeinsam, den sie in ihren Filmen auch thematisieren. Ihre Auseinandersetzung mit dieser Institution geschieht in beiden Fällen im Rückgriff auf ihre eigene konkrete Schule, in der sie auch drehen, und sie werden in beiden Fällen sowohl als *abbildende* als auch als *abgebildete* Filmproduzenten (zu dieser Unterscheidung siehe Hampl und Bohnsack in diesem Band) aktiv. Aufgrund dieser formalen Gemeinsamkeiten, die jedoch gleichzeitig von – im Blick auf die Institution Schule – zwei komplementär aufeinander bezogenen Akteursgruppen produziert wurden, eignen sich diese beiden Filme durch ihren „Kontrast in der Gemeinsamkeit" (Bohnsack 2003: 37) besonders gut für eine komparative Analyse. Durch den Vergleichshorizont gerät dabei weniger die (Organisations-) Kultur der jeweiligen Einzelschule in den Blick als vielmehr die Unterschiedlichkeit ihrer Positionen und der damit verbundenen Rollen im Kontext der *Institution* Schule.

Je nach Eigenart des Filmmaterials kann die konkrete Vorgehensweise bei der Interpretation variieren. So empfiehlt es sich beispielsweise bei den hier vorliegenden Filmen nicht, die Interpretation der visuellen Komponenten des Films über eine längere Strecke von der akustischen Dimension zu trennen, da diese Stränge (insbesondere im Film der Lehrer) in ihrer Synchronizität eng miteinander verwoben und derart aufeinander bezogen sind, dass die akustischen Zeichen (die teilweise nur aus Geräuschen bestehen) ohne das Visuelle kaum verständlich werden. In einem stärker sprachbezogenen Format dagegen (wie beispielsweise der Fernsehshow von Stefan Raab, die von Bohnsack und Hampl interpretiert wurde; vgl. Bohnsack 2009: Kap. 6; Hampl 2010) hat es sich bewährt, den Text auch über einen längeren Abschnitt hinweg gesondert zu betrachten und dessen Diskursorganisation zu analysieren. In beiden Fällen wird dabei an der Primordialität des Bildhaften festgehalten und die visuelle Dimension dementsprechend vorrangig in den Blick genommen.

Die beiden für die dokumentarische Methode grundlegenden Analyseschritte der formulierenden und der reflektierenden Interpretation werden aufgrund der Komplexität des Mediums Film (Verschränkung von Sequenz- und Simultanstruktur; vgl. Wagner-Willi 2005: 269ff) auf unterschiedlichen Detaillierungsniveaus durchgeführt. In einer Übersicht über die Gesamtstruktur steht dabei zunächst die Sequenzialität im Vordergrund (I), während bei der detaillierten Analyse von sog. Fokussierungsmetaphern (vgl. 2.3) demgegenüber stärker die Simultanstruktur berücksichtigt wird (II). So ergeben sich folgende Interpretationsschritte:

1. Formulierende Interpretation I: Beschreibung des Sequenzverlaufs
2. Reflektierende Interpretation I: Reflexion der Struktur des Films; Auswahl von Fokussierungmetaphern
3. Formulierende Interpretation II: Beschreibung der ausgewählten Fokussierungsmetaphern auf der vor-ikonografischen Ebene und Identifikation ikonografischer Elemente
4. Reflektierende Interpretation II: Interpretation der Fokussierungsmetaphern
5. Interpretation des Filmtitels
6. Gesamtdarstellung

Für die Interpretation von Fokussierungsmetaphern wurden Beispiele aus drei unterschiedlichen Bereichen gewählt:

- aus dem Bereich der formalen Komposition von Fotogrammen (2.4.1)
- aus dem Bereich der Montage (2.4.2)
- aus dem Bereich von Gebärden und abgebildeten Gegenständen (2.4.3)

Die hier vorgeschlagene Abfolge einzelner Arbeitsschritte stellt allerdings nur einen idealtypischen Verlauf dar. Die zirkuläre Bewegung jeglicher interpretativer bzw. hermeneutischer Prozesse wird durch die Polysemie und die Komplexität des Datenmaterials Film noch zusätzlich verstärkt. So ist es nicht ausgeschlossen, dass manche Eigenheiten der Gesamtstruktur des Films erst bei der Interpretation von einzelnen Fokussierungsmetaphern in ihrer tatsächlichen Tragweite in den Blick kommen oder dass beispielsweise die abschließende Auseinandersetzung mit dem Filmtitel dazu führt, noch weitere Passagen detaillierter zu interpretieren.

2.1 Formulierende Interpretation I: Beschreibung des Sequenzverlaufs

Zu Beginn der Interpretation wird zunächst der Film als Ganzes in den Blick genommen und in seinem Ablauf nachvollzogen. Dabei geht es nicht darum, die ‚Geschichte', die der Film (vermeintlich) erzählt, in ihrem „entgegenkommenden Sinn" (Barthes 1990) zu erfassen, sondern das Nacheinander der Szenen ohne kausale Verknüpfungen oder Sinnkonstruktionen wiederzugeben. Dazu wird eine Beschreibung des Sequenzverlaufs des Films vorgenommen, in welcher der Wechsel der Kamera-Einstellungen und der Szenerien (der Handlungsorte und der Personen) nachgezeichnet wird. Diese Beschreibung geht noch nicht ins Detail, sondern strebt eine Gliederung des Ablaufs in Ober- und Untersequenzen bzw. eingelagerte Sequenzen (ES) an. Sie verbleibt so weit wie möglich auf der vor-ikonografischen Ebene und greift auf der ikonografischen Ebene lediglich auf kommunikativ-generalisierte (gesellschaftlich institutionalisierte) Wissensbestände zurück (z.B. auf das Wissen darum, was ein Lehrer oder ein Schüler ist). Dabei orientiert sie sich primär am Visuellen, um zunächst noch so weit wie möglich von der ikonografischen Ebene absehen zu können, die durch den Einbezug der Sprache Eingang findet. Erst sekundär wird auch auf explizit Thematisiertes zurückgegriffen. So wird im Schülerfilm beispielsweise der Vergleich zwischen der Schule damals und heute, auf den die Schüler im Text ihres Films explizit hinweisen, für die Gliederung genutzt.

Sequenzverlauf des Films „Melanchthon - find ich super" auf DVD

2.2 Reflektierende Interpretation I: Reflexion der Struktur des Films

Um die Formalstruktur der beiden hier interpretierten Filme in ihrer Ganzheit sichtbar zu machen, wurde jeweils eine Strukturskizze erstellt (vgl. Tab. 1 und 2, nachfolgende Seiten). Sie verdeutlicht Spezifika und Besonderheiten des Gesamtaufbaus wie z.B. die auffällige Anordnung von eingelagerten Sequenzen, die Wiederkehr bestimmter Elemente, den (Nicht-) Wechsel von Orten oder eine Kontinuität bestimmter Handlungsschichten.

Farbige Strukturskizzen der Videos auf DVD

In der Gesamtstruktur werden bereits wichtige Charakteristika der Filme erkennbar, die sich später auch durch homologe Strukturen in einzelnen Elementen validieren. Im Schülerfilm fällt beispielsweise das ständige Hin- und Herspringen zwischen dem Ort der Schule und einem privaten Ort (meist auf dem Sofa; oberste Zeile der Strukturskizze; vgl.

Tab. 1)² auf. Darin unterscheidet er sich deutlich vom Film der Lehrer: Dort findet kein derartiger Wechsel in den Räumlichkeiten statt. Und gerade das gefängnisartige Festgeschriebensein auf einen abgeschlossenen Raum, der auch im Titel seinen Niederschlag findet („Kammer des Schreckens"), erweist sich als eines der Hauptcharakteristika dieses Films.

Lediglich zwei eingelagerte Sequenzen transzendieren diesen Ort (1. eine Uhr in Großaufnahme; 2. dieselbe Uhr in Verbindung mit einem Portrait; vgl. oberste Zeile in der Strukturskizze Tab. 2)³, indem sie völlig unverbunden und damit auch unverortet (durch Montage) in den Film eingefügt sind. Die strukturierende Macht, die diesen Symbolen zugeschrieben wird, zeigt sich ebenfalls als homologe Struktur bei der Detailanalyse einzelner Szenen. Außerdem wird eine Art roter Faden sichtbar durch eine in Variationen ständig wiederkehrende Handlungsschicht, in der die Lehrerin Marianne hinter hohen Papierstößen mit rot verschmierten Händen agiert (dritte Zeile von oben in der Strukturskizze Tab. 2)⁴. Während bei den Schülern durch den Wechsel der Handlungsorte immer wieder eine Distanzierung vom Ort der Schule und den typisch schulischen Situationen sichtbar wird (sie „*spielen*" - wie sie selber sagen – „*[nur] ein bisschen Theater*" in der Schule), steht bei den Lehrern eher eine Fixierung auf einen gefängnisartig charakterisierten Handlungsrahmen und eine ‚doppelköpfige' (Uhr und Portrait) Strukturierungsmacht im Vordergrund. Die gelingende Distanzierung der Schülerinnen hingegen zeigt sich auch in der Rahmung ihres Films: Nach der Anfangs-Szene auf dem Sofa (S 1) wird, mit den Worten „*Film ab!*", sozusagen ein ‚Film im Film' (gestreifter Balken in Tab. 1) eröffnet (der Film über Schule). Auch in der anschließenden Verwendung eines filmfremden Vorspanns (S 2) zeigt sich eine Variation ihrer Distanzierung, die schließlich noch eine Steigerung erfährt durch die Verwendung von Outtakes (S 15.6–8; in Tab. 1)⁵, die, anders als sonst üblich, direkt an den Nachspann des Films angefügt wurden. Auf diese Weise wird – entgegen filmischer Konvention – die Filmfiktion gebrochen und damit der vorangegangene Film in seinem (fiktiven) Charakter als (nur) ein Film kenntlich gemacht.

---

² Im farbigen Original auf der DVD rot gekennzeichnet.
³ Im farbigen Original auf der DVD rot gekennzeichnet.
⁴ Im farbigen Original auf der DVD pink gekennzeichnet.
⁵ Im farbigen Original auf der DVD orange gekennzeichnet.

Der Interpretationsprozess nach der dokumentarischen Methode 249

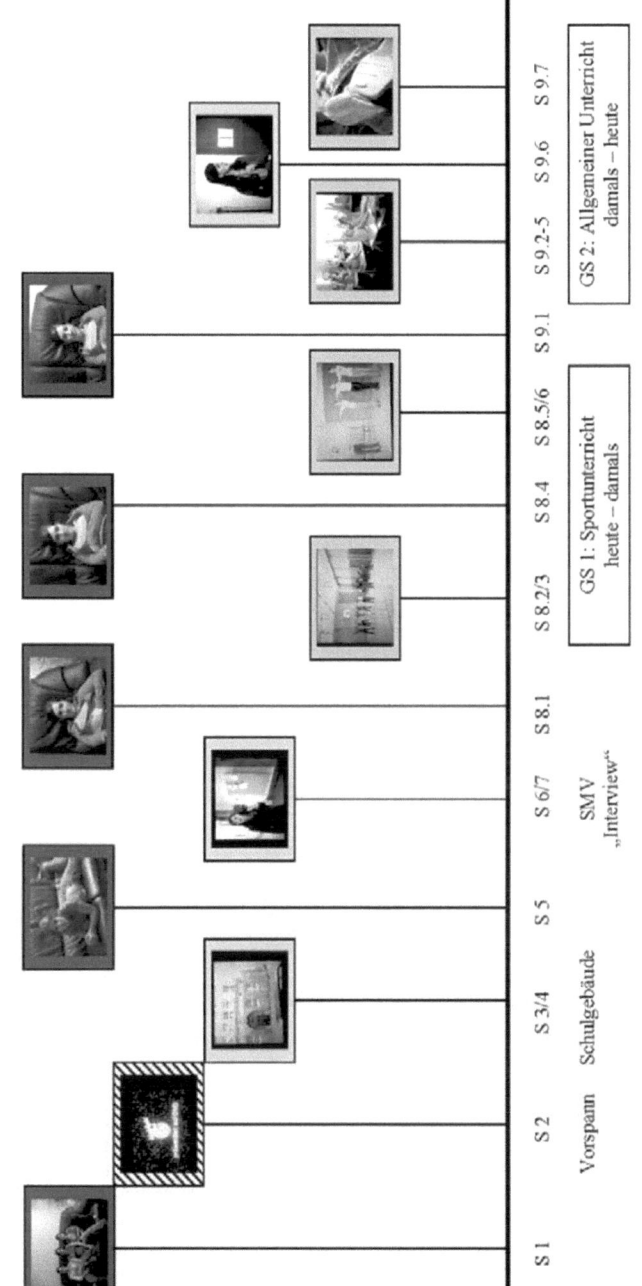

Tabelle 1: Strukturskizze des Schülerfilms „Melanchthon – find ich super"

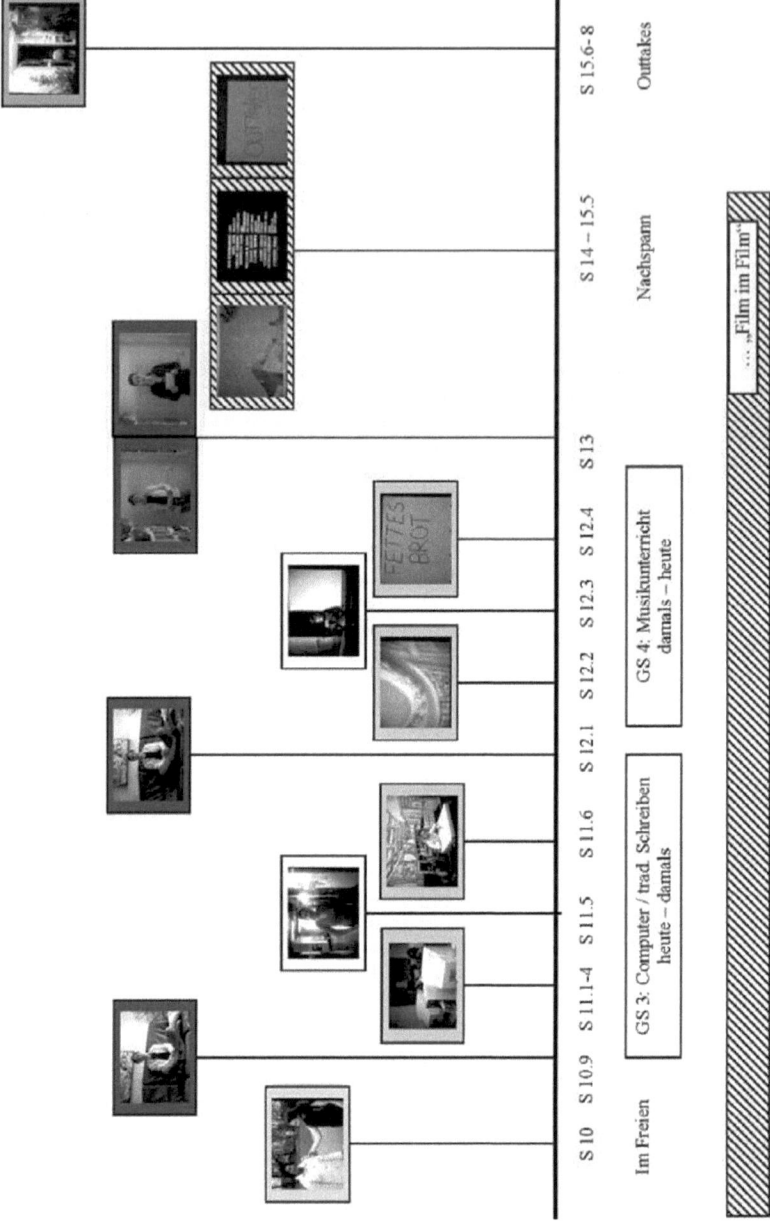

Der Interpretationsprozess nach der dokumentarischen Methode 251

Tabelle 2: Strukturskizze des Lehrerfilms „Kammer des Schreckens"

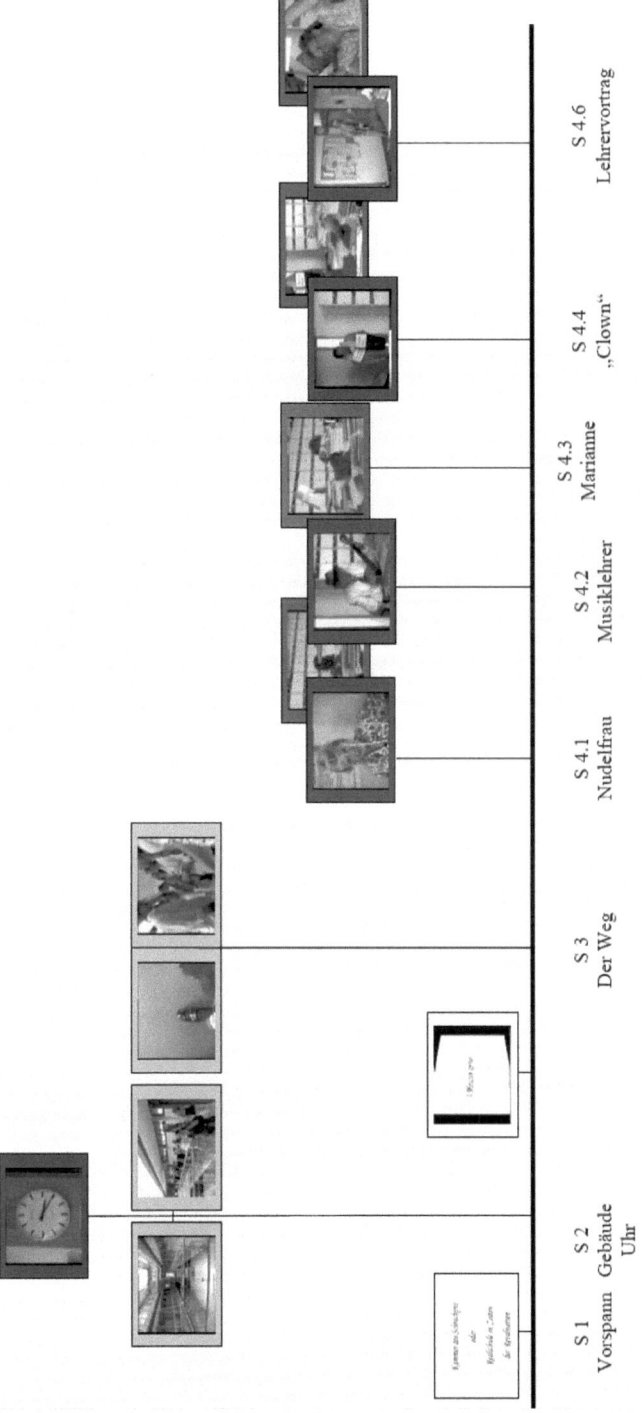

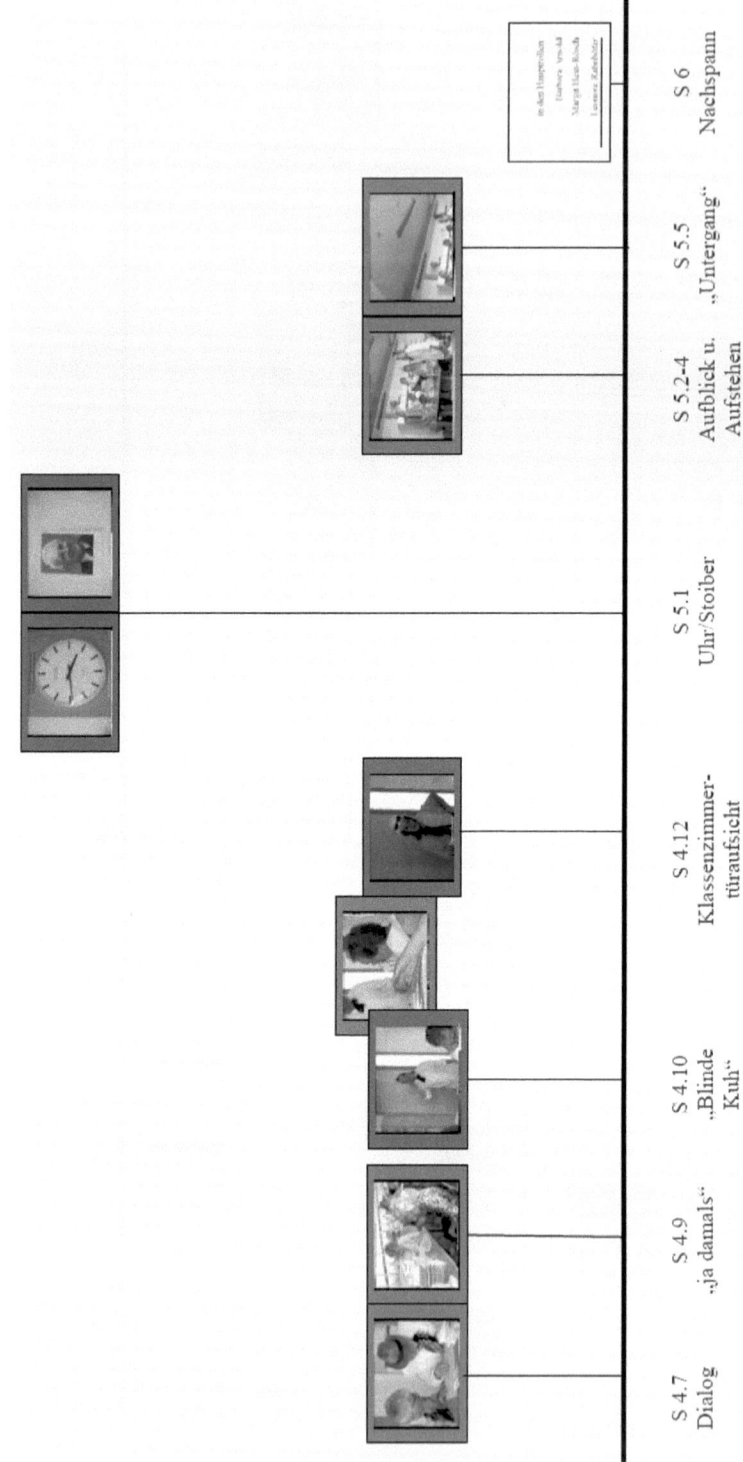

2.3 Auswahl von Fokussierungsmetaphern

Aus forschungsökonomischen Gründen konzentriert sich die detaillierte Interpretation auf kurze Ausschnitte oder einzelne Elemente oder Elementgruppen des Gesamtfilms, die aufgrund von Steigerungen, Häufungen, Diskontinuitäten oder sonstigen Auffälligkeiten in besonderer Weise fokussiert erscheinen (vgl. auch Bohnsack, 2009: Kap. 5.8.2). Insbesondere im Blick auf den Schülerfilm kommt zudem ein weiterer Aspekt hinzu, den es bei der Auswahl der zu interpretierenden Passagen zu berücksichtigen lohnt. Durch den Vergleich der Schule damals mit der Schule heute, der den Hauptteil des Films prägt (viermal werden Szenenpaare zu unterschiedlichen Formen des Unterrichts einander gegenüber gestellt; GS 1–4, unterste Zeile in Tab. 1)[6] oder durch die Verwendung eines Schlussbild-Paares (vgl. Abb. 4) stellen die Schüler selbst Vergleichshorizonte her, die für eine komparative Analyse genutzt werden können.

Weitere Passagen im Schülerfilm, die eine detaillierte Betrachtung herausfordern, wären beispielsweise die ungewöhnliche Rahmung des Films und die eigentümliche Schlussphase in Form einer ‚Zusammenfassung' und einer ‚persönlichen Stellungnahme' – zwei Darstellungsgattungen, die üblicherweise eher mit schulischen Formaten (z.B. Erörterungen) als mit einem Film in Verbindung gebracht werden – zusammen mit der damit einhergehenden Doppelung der szenischen Darstellung (S 13: Moderations-Szenen vor der Tür), die so an keiner anderen Stelle im Film sonst auftaucht. Aufgrund des vielfachen Einsatzes des auffälligen pinkfarbigen Mikrophons (S 6/7), der Häufigkeit von Interviews (S 7, S 10), ihrer teilweise satirischen Inszenierung (Interview eines Babys, S 10) und der sich dabei wiederholenden Formel, die auch im Filmtitel ihren Niederschlag findet (*„find ich"*), empfiehlt es sich, auch diese Szenen näher zu beleuchten.

2.4 Reflektierende Interpretation II

2.4.1 Fokussierungsmetaphern aus dem Bereich der formalen Komposition von Fotogrammen: Die Gegenüberstellung der Schule damals und heute

Wenn die Gestaltungsleistungen der *abbildenden* Filmproduzenten von Interesse sind, dann eignet sich das Fotogramm (ein Einzelbild) sehr gut,

---

[6] Im farbigen Original auf der DVD blau gekennzeichnet.

um beispielsweise Einstellungsgröße (vgl. Übersicht bei Bohnsack in diesem Band; Bohnsack 2009: 247; Baltruschat 2010: 43), Kadrierung sowie Standort und Perspektive der Kamera, also wesentliche Gestaltungselemente des Filmbildes zu ermitteln. Bei seiner reflektierenden Interpretation kann auf die Vorgehensweise der dokumentarischen Bildinterpretation zurückgegriffen werden, indem das Fotogramm in den drei Dimensionen der Planimetrie (also bzgl. der Struktur der Bildfläche; vgl. dazu auch den Beitrag von Hampl in diesem Band, dort insbes. in 3.2), der Perspektivik und der szenischen Choreografie (also der Anordnung und des aufeinander Bezogenseins der abgebildeten Akteure) analysiert wird (vgl. Bohnsack, 2009: Kap. 3.6 und Kap. 6.3.4).

Am Beispiel der einander zugeordneten Szenen-Paare des Vergleichs der Schule damals und heute (GS 1–4) soll hier allerdings das Augenmerk mehr auf der Umsetzung des Prinzips der komparativen Analyse im Umgang mit Fotogrammen liegen.

Abbildung 1: Fotogramme zum Sportunterricht (GS 1): heute – damals

Durch die unterschiedlichen Kamera-Einstellungen (Halbtotale vs. Totale), die im Vergleich der Fotogramme des ersten Szenen-Paars (Abb. 1) deutlich werden, verschwinden die Schüler der Gegenwart in einem durch die Linienführung stark strukturiert erscheinenden Raum, während die Schüler im Damals als Personen eher präsent sind. Auffällig ist dabei auch die unterschiedliche Schärfe der Bilder und die daraus entstehende Widersprüchlichkeit in Bezug auf die Präsenz der Akteure: Die Personen in der Gegenwart werden sozusagen schärfer ins Visier genommen und verschwinden gleichzeitig in der Menge und im Raum, dessen Linienführung durch die Schärfe noch an Dominanz gewinnt. Trotz oder wegen der Schärfe sind die Schülerinnen in der Szene zur Gegenwart letztlich weniger als Individuen präsent als die recht unscharf abgebildeten Schüler im Damals.

Abbildung 2: Fotogramme zum allgemeinen Unterricht (GS 2): damals - heute

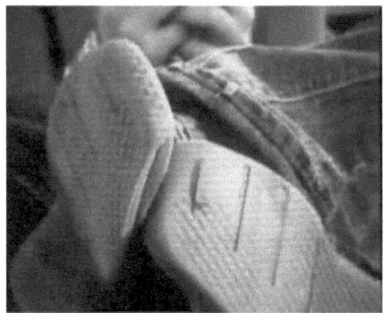

Betrachten wir vor dem Hintergrund des ersten Szenen-Paars nun das zweite, so fallen nochmals die unterschiedlichen Kamera-Einstellungen auf (Abb. 2). Während im Damals wieder eine Halbtotale gewählt wurde, dominiert im Heute die Groß- und Detaileinstellung. In der Bildgestaltung fällt außerdem die daraus entstehende Fragmentierung der abgebildeten Personen ins Auge. Dies führt zu einer ähnlichen Aussage wie im ersten Szenen-Paar, auch wenn sie auf entgegengesetzte Weise hergestellt wurde: Die Person als Ganzes verschwindet auch hier bei der Darstellung der Gegenwart, dieses Mal allerdings hinter der Konzentration der Aufmerksamkeit auf das Detail.

Abbildung 3: Fotogramme zu Computer/traditionellem Schreiben (GS 3)

Das dritte Szenen-Paar unterscheidet sich weniger in der Kamera-Einstellung, als vielmehr in der Positionierung der Akteure. Dabei entsteht in der Szene zum Heute dieselbe Gegensätzlichkeit zwischen Akteur

und Umgebung, die in den vorangegangenen Szenen-Paaren durch die unterschiedliche Kamera-Einstellung zum Ausdruck gebracht wurde: Die Akteure im Heute verschwinden hinter raumgreifenden Requisiten (den Computern). Dagegen bleibt der Blick auf den Schüler in der Szene zum Damals frei und unverstellt (Abb. 3).

Durch den Vergleich dieser drei Szenen-Paare miteinander bestätigt sich also der gewählte Vergleichspunkt („tertium comparationis"), der diese Gegenüberstellung strukturiert (vgl. dazu Bohnsack 2003: 204). Er besteht in dem Verhältnis zwischen den Akteuren und ihrem Umfeld. Dieses Verhältnis kam durch die unterschiedlichen Kamera-Einstellungen ins Spiel und setzte sich im dritten Szenen-Paar in der Positionierung der Akteure fort (bei gleichbleibender Kamera-Einstellung). Im Gegenüber zu den Szenen im Damals veränderte sich dieses Verhältnis in den Szenen zum Heute durchgängig zu Ungunsten der abgebildeten Personen als Individuen. Während in den Szenen zur Vergangenheit ein relativ ausgewogenes Verhältnis zwischen Person und Umfeld vorherrscht, fällt für die Gegenwart eher eine Disproportionalität ins Auge zwischen den Menschen und ihrer (institutionellen) Umgebung.

Aus der Perspektive von engagierten Pädagogen, die möglicherweise ihren eigenen Deutungshorizont an diesen Film herantragen, könnte dies als Hinweis dafür gelesen werden, dass die Schüler in ihrer Persönlichkeit zu wenig zu ihrem Recht kommen und als Aufforderung verstanden werden, sie stärker ins Visier zu nehmen. Betrachtet man jedoch das Relevanzsystem der Schüler, wie es in diesem Film insgesamt zum Ausdruck kommt, so führt dies eher zur entgegengesetzten Aussage: Auf der dokumentarischen Sinnebene zeigt sich immer wieder, dass die Schüler sich einer (vollständigen) Beobachtung und Erfassung als Individuen zu entziehen versuchen, und wiederholt wird eine klare Trennungslinie gezogen zwischen der Sphäre der Institution Schule und der eigenen Privatsphäre (z.B. in den eingelagerten Moderations-Szenen, s.o.). Darüber hinaus wird außerdem auch noch am Ende des Films (S 15: Outtakes) der aufdringliche Blick einer „versteckten Kamera" auf die eigene Privatsphäre in Szene gesetzt und abgewehrt.

So lässt sich schließlich bei genauerem Hinsehen aus dem expliziten Vergleichshorizont der Schüler zwischen dem Damals und dem Heute ein impliziter Vergleichshorizont rekonstruieren, in dem die Szene im Freien (S 10), die genau im Zentrum des Filmaufbaus steht, zu einem Gegenpol wird zu den Szenen, die in der Schule spielen. Dieser rekonstruierte Vergleichshorizont bewegt sich nun nicht mehr zwischen dem Damals und dem Heute, sondern zwischen der Sphäre der Schule und dem Leben jenseits dieser Institution. Als homologe Struktur zeigt er sich beispielsweise auch in dem bereits oben erwähnten doppelten Schlussbild des

Films (vgl. Abb. 4), durch das ebenfalls eine deutliche Trennung zwischen diesen beiden Sphären hergestellt wird (vgl. 2.6).

Abbildung 4: Fotogramme des Schlussbild-Paares

2.4.2 Fokussierungsmetaphern aus dem Bereich der Montage: „Der Weg"

Für die Analyse einer Montage ist die Kenntnis der filmtechnischen Konventionen, also dessen, was gemeinhin als ‚Filmsprache' bezeichnet wird, sehr nützlich. Sie erleichtert das Erfassen der spezifischen Herstellung der Filmnarration durch Schnitt und Kameraführung. Derartige kinematografische Elemente repräsentieren dabei kommunikativ-generalisierende Wissensbestände und damit eine Art von ‚ikonografischer Ebene', hinter die zurückgegangen werden kann, um das *Wie*, also die Herstellung der jeweiligen Aussage in den Blick zu bekommen. Dabei können, wie am folgenden Beispiel gezeigt wird, Vergleiche mit ähnlich gearteten Montageformen anderer Filme hilfreich sein, um das Spezifische der zu interpretierenden Montage noch präziser herauszuarbeiten.

Vgl. Lehrerfilm „Kammer des Schreckens" ab Minute 0:57

In der Sequenz „Der Weg" des Lehrerfilms wird durch Kameraführung und Montage mittels filmtechnischer Konventionen ein narrativer Raum konstruiert, der folgendermaßen ‚gelesen' werden kann (vgl. Tab. 3): Eine Person, von der nur die Füße zu erkennen sind, geht langsam geradeaus und bewegt sich durch eine Gruppe von Jugendlichen hindurch. Ihr Blick ist zunächst auf den Boden gerichtet, dann horizontal, dann wieder auf den Boden usw. Ihre Blicke verlaufen unterhalb der Augenhöhe der Schüler. Diese Person ist also entweder sehr klein oder sie läuft gebeugt. Diese Beschreibung stellt sozusagen die ikonografische oder konnotative Ebene dieser Sequenz dar und vollzieht die Geschichte, die hier mittels der Konventionen der ‚Filmsprache' erzählt wird, nach. Auf der denotativen oder vor-ikonografischen Ebene liegen allerdings lediglich zwei sehr verschiedene Filmbilder vor, die abwechselnd aneinander montiert wurden. Dabei ist auf beiden Filmbildern eine konstant bleibende, gleichförmige Vorwärtsbewegung (Kamerafahrt vorwärts) zu erkennen. Diese Vorwärtsbewegung stellt letztlich das verbindende Element dar, durch das diese beiden Szenen, die auf den ersten Blick nichts miteinander zu tun haben scheinen, in den oben beschriebenen Sinnzusammenhang gebracht werden.

Tabelle 1: Videotranskript aus „Kammer des Schreckens" 0:57–1:20

TC:	0:57	E12 0:58	0:59	1:00	1:01
Musik:	♪♪♪♪♪				
Geräusch:		Schritte	~ ~ ~	~ ~ ~	~ ~ ~
Off:		leise Stimmen	aus	der	Ferne
Kamera:		↑	↑	↑	↑
TC:	1:02	1:03	1:04	1:05	E13 1:06
Musik:				~ ~ ~	lautes Stimmen-
Geräusch:	~ ~ ~			~ ~ ~	
Off:	im	Hinter-	grund	↑	↑
Kamera:	↑	↑	↑		
TC:	1:07	1:08	1:09	1:10	E14 1:11
Geräusch:	gewirr ~ ~ ~	~ ~ ~	~ ~ ~	~ ~ ~	Schritte
Off:					leise Stimmen
Kamera:	↑	↑	↑	↑	↑
TC:	1:12	1:13	1:14	E15 1:15	1:16
Geräusch:	~ ~ ~	~ ~ ~	~ ~ ~	lautes Stimmen-	gewirr ~ ~ ~
Off:	im	Hinter-	grund		
Kamera:	↑	↑	↑	↑	↑
TC:	1:17	1:18	1:19	1:20	
Geräusch:	~ ~ ~	~ ~ ~	~ ~ ~	~ ~ ~	
Off:					
Kamera:	↑	↑	↑	↑	

Bei dem hier angewandten Kompositionsmuster handelt es sich um einen sog. Match Cut[7] (vgl. Steinmetz 2005: 36). Dies ist eine Montagetechnik, durch die zwischen zwei (möglicherweise sogar völlig verschiedenen) Einstellungen eine Kontinuität hergestellt wird. Im hier vorliegenden Beispiel wird die Kontinuität dadurch sichtbar, dass die Bewegung des Vorwärtsgehens der Frau konstant weiter geführt wird (Kamerafahrt vorwärts). Trotz der disparaten Bildinhalte erscheint die ganze Sequenz dadurch als eine Einheit. Meist wird jedoch bei einem Match Cut die Kontinuität einer Sequenz durch ein in beiden Einstellungen gleichbleibendes Bildelement – einen markanten Gegenstand oder eine wichtige Person – hergestellt.

Um die Eigentümlichkeit des hier vorliegenden Match Cuts noch genauer erfassen zu können, werden nun zum Vergleich und als Kontrast Beispiele dieser Montagetechnik aus anderen Filmen herangezogen: So findet sich beispielsweise in „Lola rennt" von Tom Tykwer mehrfach eine Variante des Match Cuts, in der eine *Person in gleichbleibender Bewegung* in den verschiedenen Untersequenzen in unterschiedlichen Umgebungen gezeigt wird. Das verbindende Element der Untersequenzen ist in diesem Fall die (sichtbare) rennende Lola, die trotz wechselnder Kulissen immer im Zentrum des Filmbildes steht. Eine andere Variante findet sich in „2001 Odyssee im Weltraum" von Stanley Kubrick. Dort folgt die Kamera eine Weile einem Knochen, der von einem Menschenaffen in die Luft geworfen wird. Nach dem Schnitt tritt an die Stelle des Knochens ein Raumschiff, das eine *ähnliche Form* aufweist und gleichzeitig die *Bewegung* des Knochens nahtlos weiterführt.[8]

Im ersten Fall ist also das Motiv einer rennenden Frau das verbindende Element, im zweiten Fall die Bewegung eines Gegenstandes, wobei die Bewegung und die äußere Form des Gegenstandes konstant bleiben und der Gegenstand selbst ausgetauscht wird. Stellt man nun einen Vergleich an, zwischen diesen drei Varianten, so fällt auf, dass das verbindende Element im Lehrerfilm keine sichtbare Person (wie bei Tykwer) oder keine gegenständliche Bewegung (wie bei Kubrick) ist, sondern letztlich etwas Immaterielles – nämlich *lediglich eine Bewegung*, die von der Kamera ausgeführt wird. Die Verbindung zwischen diesen beiden disparaten Szenen bleibt also sehr vage und lose, wobei nun das Faktum der Abwesenheit der gehenden Person hervortritt, die eigentlich das verbindende Element repräsentieren würde. Damit wird die Abwesenheit des Personhaften, die sich schon im ersten Abschnitt zeigte, in dem man nur die Füße (und die Aktentasche) der gehenden Person sah, nun auch noch

---

[7] Matchen: „passend Zusammenfügen" (vgl. Steinmetz 2005: 24).
[8] Vgl. Filmausschnitte auf der DVD in Steinmetz 2005

durch diese Form der Montage unterstrichen und taucht somit als homologe Struktur sowohl im Filmbild als auch in der Montage auf.

Die Verbindung der einzelnen Untersequenzen bleibt durch das Fehlen eines gemeinsamen Bildelements derart lose, dass diese Sequenz beinahe wie ein Cross Cutting anmutet, also wie ein Hin- und Herspringen zwischen verschiedenen (voneinander unabhängigen) Handlungssträngen, die simultan nebeneinander ablaufen.[9] Auch die Wiederholung des Wechsels zwischen den beiden verschiedenartigen Untersequenzen unterstreicht diesen Anklang. In dem Oszillieren zwischen Match Cut und Cross Cutting dokumentiert sich dabei gleichzeitig die eigentümliche Form der Begegnung zwischen den beiden Parteien, der Lehrerin und den Schülern, die zum Ausdruck der hier sichtbar werdenden Übergegensätzlichkeit (zur „Sinnkomplexität des Übergegensätzlichen" (Imdahl 1996: 107), vgl. Bohnsack in diesem Band und Bohnsack 2009: 36) als ‚Nicht-Begegnung' bezeichnet werden könnte. Sie zeigt sich außerdem auch sehr prägnant in der Gestaltung des Tonraums dieser Sequenz: Während in einem Match Cut die Einheit der Untersequenzen für gewöhnlich durch ein Konstant-Halten des Tonraums unterstrichen wird, z.B. durch gleichbleibende Laufgeräusche oder durch eine weiterlaufende Hintergrundmusik (z.B. in „Lola rennt"), behält hier jeder Abschnitt seinen eigenen Tonraum. Dadurch werden akustisch zwei voneinander abgesetzte Räume hergestellt, die ihrerseits zu dem oben beschriebenen Oszillieren zwischen Match Cut und Cross Cutting beitragen.

Die Nicht-Begegnung zwischen Schülern und Lehrerin korrespondiert außerdem gleichzeitig mit einer Selbstbezogenheit der Lehrerin, die bereits dadurch zum Ausdruck kommt, dass sie zunächst nur auf sich selbst (auf ihre eigenen Füße) blickt (vgl. dazu auch Bohnsack 2009: 166ff). Diese Selbstbezogenheit wird nun auch noch durch eine filmische Erzähltechnik unterstrichen, die ebenfalls in dieser Montage zur Anwendung kommt, die sog. „subjektive Kamera". Damit ist ein Erzählkonzept gemeint, bei dem die Kamera so geführt wird, dass sie die Blicke eines Filmakteurs (hier: der Lehrerin) wiedergibt. Der Zuschauer blickt dadurch in gewisser Weise mit den Augen der (unsichtbar bleibenden) Lehrerin auf das gezeigte Geschehen. Das Gegenstück dazu wäre sozusagen ein ‚objektiver' Blick, also der Blick eines Außenstehenden (eines Zuschauers) auf das Geschehen (Hickethier 2001: 130–132; Faulstich 2002: 120). Die einzige Begegnung zwischen Lehrern und Schülern vollzieht sich in

---

[9] Bei einem Cross Cutting wird zwischen zwei (oder mehreren) voneinander unabhängigen Handlungssträngen hin und her gesprungen. Aufgrund filmischer Konventionen sind sie dadurch als simultan ablaufende Geschehnisse zu erkennen. So kann beispielsweise in einem spannenden Countdown dem Zuschauer mitgeteilt werden, dass die Rettung des Helden bereits naht, indem der parallele Handlungsstrang der herbeieilenden Helfer immer wieder in den Haupterzählstrang eingewoben wird.

diesem Film also in Form eines ‚subjektiven' Blicks der Lehrerin, die in Blickführung, Tongestaltung und Bildgestaltung als eine isolierte, ganz in ihrer eigenen Welt gefangene Person (oder besser ‚Nicht-Person') erscheint und dabei auch noch hinter einer riesigen Aktentasche (ein Metonym für apersonale Tätigkeiten) verschwindet. Und so wiederholt sich das Muster der ‚Nicht-Begegnung' nicht nur mehrfach, sondern auch bis in einzelne Details hinein.

An diesem Interpretationsbeispiel wird gleichzeitig deutlich, wie durch die Relationierung verschiedenartiger Elemente, die in unterschiedlichen Dimensionen des Films angesiedelt sind (im Bereich der Montage, der Bildgestaltung, der Kameraführung und der Gestaltung des Tonraums), homologe Strukturen identifiziert werden können und sowohl zu einer Validierung als auch zur weiteren Präzisierung der rekonstruierten Sinnstruktur führen können.

2.4.3 Fokussierungsmetaphern aus dem Bereich von Gebärden und abgebildeten Gegenständen: „Marianne"

Die Identifikation einer Handlung wie die des Grüßens (vgl. 1.1) bewegt sich auf der ikonografischen Ebene und bezeichnet die Dimension des immanenten Sinngehaltes, die Ebene des *Was*. Um jedoch zum dokumentarischen Sinngehalt vordringen zu können, ist es nötig, von der Motivzuschreibung des Grüßens abzusehen und anstelle dessen auf die Herstellung und die genaue Ausführung dieser Handlung zu achten – also das *Wie* ins Auge zu fassen.

Die Handlung, die die Lehrerin Marianne hinter den Papierstößen ausführt, ist auf der ikonografischen Ebene nicht eindeutig zu klassifizieren, weil sie in der Art, wie sie sich hier vollzieht, nicht zum üblichen Handlungsrepertoire, also zu den „institutionalisierten Handlungen" von Lehrern gehört. Allerdings erinnert sie an den Kampf mit zu korrigierenden Klausuren. Auf der Ebene „operativer Handlungen"[10], also auf der vor-ikonografischen Ebene, könnte man sie etwa folgendermaßen beschreiben: Marianne sitzt hinter aufgetürmten Papierstößen und transportiert mit beiden Händen abwechselnd weitere Papierstapel von hinten nach vorne auf die Stöße. Dabei lassen sich „small behaviors" (Goffman 1979: 24) identifizieren, die in sich sehr widersprüchlich sind:

Lehrerfilm
„Kammer des Schreckens"
ab Minute 2:50

---

[10] Bohnsack unterscheidet zwischen Bewegungen auf der ikonografischen und der vor-ikonografischen Ebene (vgl. Bohnsack in diesem Band; Bohnsack 2009: 144ff.): Kineme (als Elemente von Gebärden), Gebärden und operative Handlungen (Gebärdenbündel, deren Motiv im weiteren Bewegungsverlauf sichtbar wird, wie z.B. das Beugen der Knie *um* sich zu setzen) sind auf der vor-ikonografischen Ebene angesiedelt, institutionalisierte Handlungen dagegen auf der ikonografischen Ebene.

Einerseits greift gleich zu Beginn der Passage, nachdem Marianne ins Bild gekommen ist, ihre rechte Hand nach vorne und wirkt wie die Hand eines Ertrinkenden, der sich ans rettende Ufer ziehen möchte. Andererseits befördert die linke Hand gleich anschließend einen Papierstapel von hinten nach vorne. Daraus ergibt sich eine in sich gegensätzlich wirkende Vorwärts-Rückwärts-Kraulbewegung. Widersprüchlich ist auch die Art, in der sie ihre Arme nach unten bewegt: Teils werden sie kraftlos fallen gelassen, teils schlagen sie kräftig nach unten, sodass der Eindruck entsteht, dass das Papier geschlagen wird. So oszilliert diese Bewegung zwischen tätlicher Aggression und kraftloser Resignation. Diese beiden Pole zeigen sich auch darin, wie Marianne ihre Hände auf den Papierstößen ablegt: Beim ersten Mal lässt sie sie kraftlos auf die Stöße sinken (Abb. 5, links), beim zweiten Mal drückt sie sich mit krallenförmig aufgestellten Fingern davon ab (Abb. 5 rechts).

Abbildung 5: Fotogramme: Mariannes Hände

Diese Gegensätzlichkeit setzt sich als homologe Struktur in der Dimension der Akustik fort: Mariannes Tonfall bewegt sich zwischen einem weinerlich wimmernden Pianissimo und einem wütenden Forte. Der Text trägt dabei ebenfalls diese Widersprüchlichkeit in sich: Der sich ständig wiederholende Satz „*Ich kann nicht mehr ...*" wird beim neunten Mal durch den Zusatz „*... aufhören*" weitergeführt und dadurch doppeldeutig. Einerseits wird er durch den Zusatz verstärkt zu einem doppelten Appell „*Ich kann nicht mehr! Aufhören!*". Andererseits bekommt dieser Text, wenn er als ganzer Satz verstanden wird, die entgegengesetzte Bedeutung: „*Ich kann nicht mehr aufhören!*" also: „Ich will bzw. muss unbedingt weiter machen!" Die Rhythmik, die durch das Aufpatschen der Hände auf Tisch und Papierstöße den Text „*Ich kann nicht mehr*" begleitet, akzentuiert außerdem allmählich die beiden Worte „*Kann!*" und

„*Mehr!*" und legt damit eine Art Subtext unter den gesprochenen Text, der ebenfalls in die entgegengesetzte Sinnrichtung weist: „*(Ich) kann! – Mehr!*"

In einer Art Übergegensätzlichkeit fließen hier die Ohnmacht eines Opfers, das gerne aufhören möchte, aber nicht darf, und die Triebkraft eines Täters, der nicht mehr aufhören will (oder kann), ineinander. Diese Widersprüchlichkeit wiederholt sich schließlich auch noch in der Metaphorik und der Symbolik der rot verschmierten Hände und in späteren Handhaltungen von Marianne. Einerseits ‚klebt Blut an den Fingern' der ‚Triebtäterin' Marianne (Abb. 6, links), andererseits erscheinen ihre Finger wie die blutenden Hände eines Opfers (‚wund korrigiert'; Abb. 6, rechts).

Abbildung 6:   ‚Blut' an Mariannes Händen

Bezieht man kommunikativ-generalisierte Wissensbestände der ikonografischen Ebene hier mit ein, so kommen die Selektionsaufgaben von Lehrern in den Blick: Bei den Papierstößen handelt es sich nämlich um gestapelte Klassensätze von Leistungserhebungen und die rote Farbe repräsentiert die typische Korrekturfarbe der Lehrer. Das Rot an Mariannes Händen erscheint auf dieser Ebene als Folge ihrer überbordenden Korrekturtätigkeit.

Im Rahmen dieser Tätigkeit werden die Ohnmacht und die Aggression, die sich hier dokumentieren, mit weiteren Bedeutungen gefüllt: Gegenüber den Selektionsaufgaben der Schule wird die Akteurin selbst zum Opfer und zur Täterin gleichzeitig: Sie kann sich diesen Aufgaben nicht entziehen und nimmt einerseits selber Schaden daran (‚blutet'), andererseits mutiert sie zum getriebenen Handlanger einer Gewalttätigkeit, bei der sie die Akten (als Repräsentanten der Schüler) ‚schlägt' und ‚bluten lässt'. Das Motiv einer Akte, die anstelle des Menschen, zu dem sie gehört, blutet, taucht interessanterweise in eben dem Kinofilm auf, der im Titel des Lehrerfilms zitiert wurde: „Harry Potter und die Kammer des Schreckens".

2.5 Interpretation des Filmtitels

Im Titel des Films „Kammer des Schreckens" der Lehrer spiegeln sich bereits wichtige Aspekte wider, die im Film selbst von Bedeutung sind, wie z.B. das eingangs erwähnte gefängnishaft anmutende Festgeschriebensein auf die Sphäre der Schule (im Begriff der „Kammer") und das unentrinnbar erscheinende Involviertsein in (brutal anmutende) Tätigkeiten, die von strukturellen (institutionellen) Widersprüchen geprägt sind (vgl. 2.4.3).

Auch im Titel des Films der Schüler verdichten sich wesentliche Strukturen, die bereits im Film sichtbar wurden. Immer wieder zeigte sich dort ein Rückzug von dem Anspruch auf ein Engagement der *ganzen* Person, dem Zugriff auf das gesamte Individuum. Dies kam in der Gegenüberstellung zwischen der Schule damals und heute zum Ausdruck (2.4.1), aber auch in der wiederholten Auseinandersetzung mit einem Anspruch auf eine authentische Positionierung (z.B. in den Interviews: *„Wie findest du ..."* oder im Schlussteil: *„Unsere persönliche Meinung ist ..."*). Im Filmtitel wird diesem Anspruch einerseits nachgekommen („Melanchthon – *find ich* super"), gleichzeitig geschieht dies im Rückgriff auf eine weit verbreitete Floskel („Otto – find ich gut"), was eine ‚persönliche' Stellungnahme ermöglicht, ohne dabei tatsächlich persönlich zu werden. Damit zeigt sich hier eine weitere Facette jener Distanzierung, die bereits in der Struktur des Gesamtfilms auffiel.

2.6 Gesamtdarstellung

Alle wesentlichen Aspekte, die sich in der Gesamtstruktur des Films und in einzelnen Fokussierungsmetaphern zeigten, sich dabei validierten und/oder ergänzten, werden schließlich in einem letzten Arbeitsschritt zusammengeführt und in ihrer Zusammenschau reflektiert, sodass ein Gesamtbild der wesentlichen Orientierungen des jeweiligen Films entsteht. Aufgrund der lediglich exemplarisch ausschnitthaften Einblicke, die in diesem begrenzten Beitrag in die Interpretationsergebnisse der beiden Filme gegeben werden konnten, können die Gesamtergebnisse hier ebenfalls nur andeutungsweise skizziert werden (ausführlicher: Baltruschat 2010).

So dokumentiert sich beispielsweise im Film der Schüler ein äußerst filigranes Wechselspiel zwischen Identifikation und Distanzierung, die in der Art einer Übergegensätzlichkeit ineinanderfließen: Einerseits bringen die Schülerinnen eine positive Identifikation mit ihrer Schule zum Ausdruck und setzen bereitwillig eine erwünschte Programmatik in Form eines ‚Als-Ob' in Szene (z.B. die Möglichkeiten eigenverantwortlicher Mitbestimmung im ‚Interview' zur Schülermitverantwortung), andererseits distanzieren sie sich aber auch wieder von einer Vereinnahmung ihrer Person als ‚Schauspieler wider Willen' (z.B. in den Outtakes). Während es nun den Schülerinnen gelingt, auf routinierte und spielerische Weise den an sie gestellten Ansprüchen auf Authentizität nachzukommen und dabei gleichzeitig ihre persönliche Sphäre vor dem pädagogischen bzw. institutionellen Zugriff zu schützen, scheint den Lehrern dagegen diese Distanzierung von den an sie gerichteten institutionellen Ansprüchen nicht zu glücken:

Ihr gefängnisartig anmutendes Festgeschriebensein auf die Sphäre der Schule und ihre Verstrickung in zirkuläre double-bind-artige Strukturen (vgl. z.B. „Marianne" in 2.4.3) erweist sich als kaum überwindbar. Gerade in der Kontrastierung der beiden Filme treten diese unterschiedlichen Muster immer wieder deutlich hervor. Sehr prägnant zeigen sie sich beispielsweise auch in der Wahl der Schlussbilder, die sich aufgrund ihrer Gemeinsamkeit zu einer Kontrastierung anbieten: Die Jugendlichen verwenden anstelle *eines* Schlussbildes ein Schlussbild-*Paar*, die die beiden voneinander abgesetzten Bereiche repräsentieren: die Schule und die Sphäre jenseits davon. Die Schule wird dabei als eine ‚untergehende' Struktur (Abb. 4, links) dargestellt, die von Menschen abgelöst wird, die (‚unstrukturiert') im Freien stehen (Abb. 4, rechts). In der Schluss-Szene des Lehrerfilms dagegen sind es die Lehrer, die ‚untergehen': Inmitten des Raums, in dem der gesamte Film spielt, und inmitten ihres Aufblicks (der ihre Einbindung in die hierarchische Struktur repräsentiert) verschwinden sie als Personen allmählich von der Bildfläche und zurück bleibt schließlich eine menschenlose Struktur (vgl. Tab. 2: S 5.5 ‚Untergang').

Hinweise zum DVD-Material dieses Beitrags

Das Material auf der Begleit-DVD dieses Bandes ermöglicht einen detaillierten Nachvollzug der hier vorgestellten Interpretationen und kann damit Anregungen für die eigene Auseinandersetzung mit der Interpretation von Filmen bieten. Auf fest umrissene Aufgabenstellungen mit dem hier vorgestellten Material wurde allerdings bewusst verzichtet. Sie würden zwar dem weit verbreiteten Wunsch nach ‚praxisorientierter' Übung und direkt umsetzbarer Anwendbarkeit nachkommen, dabei jedoch das Missverständnis nähren, es käme bei der dokumentarischen Interpretation auf eine übertragbare Ausführung einübbarer Muster an, und würde gerade damit deren Forschungslogik und ihre Fundierung in einer praxelogischen Methodologie (Bohnsack 2003) konterkarieren. Für den Übenden wird es darauf ankommen, auf der Basis der Analyseeinstellung und der Grundprinzipien der dokumentarischen Methode selbst einen Weg in Auseinandersetzung mit dem eigenen empirischen Material zu finden, sich seiner Vorgehensweise dabei immer wieder reflexiv und kritisch zu vergewissern und so u. U. auch zu neuen Zugängen zu gelangen.

Literaturverzeichnis

Baltruschat, Astrid (2010): Die Dekoration der Institution Schule. Filminterpretationen nach der dokumentarischen Methode. Wiesbaden.

Barthes, Roland (1990): Der entgegenkommende und der stumpfe Sinn. Kritische Essays III. Frankfurt a. M..

Bohnsack, Ralf (2003): Rekonstruktive Sozialforschung. Einführung in qualitative Methoden. (5. Aufl.) Opladen.

Bohnsack, Ralf (2005): Bildinterpretation und dokumentarische Methode. In: Christoph Wulf / Jörg Zirfas (Hrsg.): Ikonologie des Performativen. München, S. 246-262.

Bohnsack, Ralf (2007a): Performativität, Performanz und dokumentarische Methode. In: Christoph Wulf / Jörg Zirfas (Hrsg.): Pädagogik des Performativen. Theorien, Methoden, Perspektiven. Weinheim, Basel, S. 200 - 223.

Bohnsack, Ralf (2007b): Zum Verhältnis von Bild- und Textinterpretation in der qualitativen Sozialforschung. In: Barbara Friebertshäuser / Heide von Felden / Burkhard Schäffer (Hrsg.): Bild und Text. Methoden und Methodologien visueller Sozialforschung in der Erziehungswissenschaft. Opladen &Farmington Hills, S. 21 - 45.

Bohnsack, Ralf (2009): Qualitative Bild- und Videointerpretation. Die dokumentarische Methode. Opladen u. Farmington Hills.

Bohnsack, Ralf / Baltruschat, Astrid (2010): Die dokumentarische Methode: Bild- und Videointerpretation. In: Enzyklopädie Erziehungswissenschaft Online (EEO). Weinheim, München.

Bourdieu, Pierre (1996): Die Praxis der reflexiven Anthropologie. In: Pierre Bourdieu / Loïc J.D. Wacquant (Hrsg.): Reflexive Anthropologie. Frankfurt a. M., S. 251-294.

Faulstich, Werner (2002): Grundkurs Filmanalyse. München.

Goffman, Erving (1979): Gender Advertisements. New York.

Hampl, Stefan (2005): Exemplarische Videotranskription von „Istanbul Total" in Partiturschreibweise. Videotranskript, Interpretationsvorlage und Vortrag im Rahmen der Forschungswerkstatt für qualitative Methoden (WS 2005/06). Institut für Publizistik und Kommunikationswissenschaft, Universität Wien.

Hampl, Stefan (2006): „Istanbul Total". Die mediale Artikulation eines transnationalen Kultur- und Erfahrungsraumes. Dokumentarische Methode/Videointerpretation, Video bzw. Video-Transkription. Vortrag beim 9.

Bundesweiten ZBBS-Workshop zur Qualitativen Bildungs- und Sozialforschung, Otto-von-Guericke-Universität Magdeburg.

Hampl, Stefan (2008): MoviScript - Software zur Videotranskription. Computerprogramm. Wien. Abgerufen von www.moviscript.net

Hampl, Stefan (2009): Videointerpretation und -transkription. Die dokumentarische Methode. Unveröffentlichtes Manuskript zum gleichnamigen Vortrag bei der Tagung „Videobasierte Methoden der Bildungsforschung – Sozial-, kultur- und erziehungswissenschaftliche Nutzungsweisen", 19.–20. Juni 2009, Stiftung Universität Hildesheim.

Hampl, Stefan (2010, in Fertigstellung): Die Artikulation des Türkischen in der deutschen Fernsehshow Istanbul Total. Rekonstruktive Videointerpretation nach der dokumentarischen Methode (Arbeitstitel). Dissertation. Wien: Universität Wien.

Hickethier, Knut (2001): Film- und Fernsehanalyse. (3. Aufl.) Stuttgart, Weinheim.

Imdahl, Max (1996): Giotto – Arenafresken. Ikonographie – Ikonologie – Ikonik. München.

Korte, Helmut (2005): Sequenzprotokoll. In: Lothar Mikos / Claudia Wegener (Hrsg.): Qualitative Medienforschung. Ein Handbuch. Konstanz, S. 387-394.

Mannheim, Karl (1964): Beiträge zur Theorie der Weltanschauungsinterpretation. In: Ders.: Wissenssoziologie. Neuwied, S. 92-154.

Panofsky, Erwin (1932): Zum Problem der Beschreibung und Inhaltsdeutung von Werken der Bildenden Kunst. In: Logos. Internationale Zeitschrift für Philosophie und Kultur, Bd. XXI, S. 103-119 (Wieder abgedruckt in: Ders. (Hrsg.) (1964): Aufsätze zu Grundfragen der Kunstwissenschaft. Berlin: Hessling, S. 85-97).

Przyborski, Aglaja / Wohlrab-Sahr, Monika (2009): Qualitative Sozialforschung. Ein Arbeitsbuch. (2. korr. Aufl.) München.

Steinmetz, Rüdiger (2005): Filme sehen lernen. Grundlagen der Filmästhetik. Frankfurt a. M..

Wagner-Willi, Monika (2005): Kinder-Rituale zwischen Vorder- und Hinterbühne. Der Übergang von der Pause zum Unterricht. Wiesbaden.

4. Teil:
Methodische Reflexionen

Zugänge zur Eigenlogik des Visuellen und die dokumentarische Videointerpretation

Ralf Bohnsack

1 Einleitung

Für die Erfolge der qualitativen oder genauer: rekonstruktiven Methoden in den letzten 30 Jahren von entscheidender Bedeutung war ihre Hinwendung zu den ‚profanen' Produkten der Alltagspraxis. Den „artful practices" of „everyday life", wie Harold Garfinkel (1967: vii), der Begründer der Ethnomethodologie, dies genannt hat, soll mit jener analytischen Sorgfalt begegnet werden, welche konventionellerweise nur den ‚hochkulturellen' Produkten zuteil wird, also den Gegenständen von Literaturwissenschaft, Kunstgeschichte und Kunstinterpretation gewidmet sind.

Dieser Paradigmenwechsel, also die Hinwendung zur Re-Konstruktion alltäglicher profaner Praktiken und Produkte, fiel dann in seinen Anfängen zeitgeschichtlich zunächst mit jener Entwicklung in Philosophie, Erkenntnistheorie sowie sozialwissenschaftlicher Handlungstheorie und Empirie zusammen, die als „linguistic turn" bezeichnet wurde. Dies führte dazu, dass die ‚rekonstruktive Wende' in der empirischen Sozialforschung, zuallererst im Bereich *sprachlicher* Verständigung und hier – zunächst in Form der ethnomethodologischen Konversationsanalyse von Harvey Sacks (u.a. 1995) – in der Interpretation von *Texten* entfaltet worden ist.

Die Bindung an das Modell des Textes ist der Konversationsanalyse, den Cultural Studies, der objektiven Hermemeutik, der Narrationsanalyse, der wissenssoziologischen Hermeneutik und schließlich der dokumentarischen Methode ebenso gemeinsam wie die Hinwendung zur „profane culture", wie es in den Cultural Studies (Willis 1981) auch genannt wurde, also zur systematischen Geordnetheit und Regelhaftigkeit des Alltagslebens in seiner Eigenlogik.

Ein konsequenter Zugang zur Eigenlogik alltäglichen Handelns und Kommunizierens betrachtet dieses als selbst-referentielle Systeme. Eine Vorreiterrolle hat hier die Konversationsanalyse gespielt. Harvey Sacks (1995: 536) hat dies schon in den 60er Jahren auf die Formel gebracht: „Wenn wir so etwas wie eine Soziologie des Gesprächs betreiben, dann geht es um die Frage, was das System selbst als Grundlagen, Motive, oder was auch immer, zur Verfügung stellt, um etwas Wesentliches für das System zu tun."

Wenn wir Handlungen und Äußerungen als selbst-referentielle Systeme betrachten, gehen wir davon aus, dass sich deren Bedeutung von der Relation zu jenem *Kontext* her bestimmt, wie er von den Akteuren und Akteurinnen in ihrer Handlungspraxis *selbst hergestellt* wird – sei dieser nun ein Gespräch oder eine Erzählung. Im Falle der *Text-*

Interpretation wird der Kontext durch die *sequentielle* Relation der jeweils zu interpretierenden Äußerung oder Geste zu den ihr nachfolgenden konstituiert. Auf diese Weise verleihen die Äußerungen oder Gesten – durchaus im Sinne von George Herbert Mead (1968) – einander wechselseitig ihre Signifikanz. Im Falle der Interpretation von Bildern ist dies allerdings nicht eine *sequentielle*, sondern eine *simultane* Relation von Einzelelement und Gesamtkontext des Bildes (dazu weiter unten).[1]

Der Zugang zur alltäglichen Kommunikation als selbst-referentiellem System ist daran gebunden, dass wir uns systematisch auf den von den Erforschten jeweils selbst hergestellten Kontext, also das Gespräch oder die Erzählung und Beschreibung (bzw. auf spezifische Passagen aus diesen), beschränken. Das bedeutet, dass wir – wie wir dies aus allen Verfahren der Textinterpretation kennen – unser Kontextwissen einklammern oder suspendieren. Analog würde dies für die Bildinterpretation die Einklammerung vor allem unseres sprachlich-textlichen Vor-Wissens bedeuten.

Dieses Prinzip oder diese Analyseeinstellung, Gespräche und Texte ganz allgemein als selbst-referentielle Systeme zu betrachten, ist im Anschluss an Ethnomethodologie und Konversationsanalyse von anderen Methodologien qualitativer Forschung übernommen worden. Bis heute hat dieser analytische Zugang jedoch keinerlei Anwendung oder Relevanz im Bereich der sozialwissenschaftlichen Bildinterpretation gewonnen. Dies hat insbesondere die Konsequenz, dass in weiten Bereichen qualitativer Sozialforschung der Versuch unternommen wird, Bilder im Kontext von Texten, d.h. im Kontext sprachlich-textlichen Vor-Wissens, zu interpretieren. Demgegenüber sollte es – wie Hans Belting (2001: 15) mit Bezug auf William J. T. Mitchell (1994) fordert – darum gehen, „Bilder nicht mehr mit Texten zu erklären, sondern von Texten zu unterscheiden". Und dies gilt auch und insbesondere dort, wo, wie im Falle von Video- und Filmanalysen, das zu analysierende Produkt sowohl Texte als auch Bilder umfasst. Wir können dabei auch an Reflexionen aus der Philosophie (Michel Foucault 1971) und Semiotik (Roland Barthes 1990) sowie auf Vorarbeiten im Bereich der Kunstgeschichte zurückgreifen (genauer dazu: Bohnsack 2009a: Kap.3 sowie Bohnsack 2010). Max Imdahl (1979: 190) hat hier zu zeigen vermocht, wie es gelingen kann, das Bild als „ein nach immanenten Gesetzen konstruiertes und in seiner Eigengesetzlichkeit evidentes System" zu erschließen.

Nur wenn wir uns diesen Herausforderungen eines Zugangs zum Bild in seiner Eigenlogik und Selbstreferentialität stellen, kann es gelingen, uns der Sinnkomplexität des Bildes anzunähern, wie sie alltagssprachlich in der Wendung ihren Ausdruck findet: „Ein Bild sagt mehr als tausend Worte". Denn im Alltag verständigen wir uns in unmittelbar evidenter Weise *durch* Bilder, ohne dass es einer sprachlich-textlichen Verständigung *über* diese, d.h. einer Interpretation, bedarf. Es gilt also eine Verständigung *durch* das Bild, d.h. ein unmittelbares *Verstehen* im Medium des Bildes und damit jenseits von Sprache und Text, von einer (sprachlich-textlichen) Verständigung *über* das Bild, einer *Interpretation* des Bildes zu unterscheiden. Dies ist eines der wesentlichen Anliegen der von uns entwickelten

---

[1] Die Relation von Kontext und Einzeläußerung resp. Einzelelement ist in jedem Fall eine *reflexive*, wie die Ethnomethodologen dies bezeichnet haben (vgl. Garfinkel 1961 u. 1967: 7f.).

dokumentarischen Bild- und Videointerpretation, deren methodologischer und forschungspraktischer Rahmen in der Auseinandersetzung mit anderen methodischen Zugängen entfaltet wird.

2 Filme und Videos als Eigenprodukte der Erforschten und als Erhebungsinstrumente

In der empirischen Forschung lassen sich grundsätzlich zwei Arten von Filmen und Videos unterscheiden: Auf der *einen Seite* haben wir es mit solchen Filmdokumenten zu tun, die in den jeweiligen kulturellen Lebenszusammenhängen oder Milieus, welche Gegenstand der sozialwissenschaftlichen Analyse sind, *selbst* produziert wurden. Dies gilt einmal für den *privaten* Bereich – beispielsweise für Familienvideos, die von Angehörigen der Familie aufgenommen worden sind. Diese geben uns dann Aufschluss über die Handlungspraxis und den Erfahrungsraum, das Milieu bzw. den Habitus einer Familie.

Ähnliches gilt aber auch für Filme und Bilder aus dem *öffentlichen* Bereich, also für den Bereich der *Massenmedien,* beispielsweise für Fernsehsendungen oder Werbefilme. Hier erhalten wir u.a. Einblicke in die durch die Medien transportierten oder propagierten Lifestyles sowie – je nach Vergleichshorizont – den Habitus bspw. eines Moderators oder einer Fernsehshow (vgl. Bohnsack 2009a: Kap. 6).

Von jenen visuellen Grunddaten, die insgesamt Eigenprodukte der *Erforschten* sind, lassen sich – auf der *anderen Seite* – solche unterscheiden, die zu Forschungszwecken produziert werden. Letzteres ist dort der Fall, wo – wie etwa bei Unterrichtsvideos – Videografien *als Erhebungsinstrument* der (sozial-)wissenschaftlichen Forschung Verwendung finden.

Im letzteren Fall interessieren in der Regel lediglich die Gestaltungsleistungen der *abgebildeten* Bildproduzentinnen und -produzenten[2], wie ich sie nennen möchte. Das sind diejenigen, die *vor* der Kamera agieren, die also abgelichtet werden. Demgegenüber interessieren solche Videografien und Filmdokumente, die von den Erforschten selbst produziert worden sind, sowohl hinsichtlich der Gestaltungsleistungen der ab*gebildeten* wie auch derjenigen der *abbildenden* Bildproduzenten. Letztere sind diejenigen, die *hinter* der Kamera agieren und auch diejenigen, die auch noch nach der Aufzeichnung an der Bearbeitung von Film und Video beteiligt sind.

Zwar gehören diese Gestaltungsleistungen der *abbildenden* Bildproduzenten im Falle der zu Forschungszwecken erstellten Aufzeichnungen nicht zum eigentlichen Forschungsgegenstand. Gleichwohl sollten diese zumindest ansatzweise in Rechnung gestellt, also methodisch kontrolliert werden. Dies betrifft u.a. die Kameraführung, die Wahl der Perspektivität und der Einstellungsgröße wie auch eventuelle Montageleistungen (genauer dazu in Kap. 9 u. 10).

---

[2] Im Folgenden ist in diesem Beitrag mit der Nennung der männlichen Funktionsbezeichnung, sofern nicht anders gekennzeichnet, immer auch die weibliche Form mitgemeint.

3 Produkt- versus Rezeptionsanalyse

Die *Analyse des Produkts* selbst, also des Films oder Videos, gilt es von der Analyse der Rezeption des Produkts, also von der *Rezeptions- oder Mediennutzungsforschung*, noch einmal zu unterscheiden. Im Falle der *Produktanalyse* zielt das Erkenntnisinteresse auf den Habitus und den Modus der Erfahrungskonstitution bzw. den Erfahrungsraum der *Produzierenden* und im Falle der *Rezeptionsanalyse* auf den Habitus, den Modus der Erfahrungskonstitution und den Erfahrungsraum der *Rezipierenden* sowie auf dessen mögliche Veränderungen. Im Bereich der *dokumentarischen resp. praxeologischen Rezeptionsanalyse* finden sich hierzu inzwischen umfangreiche Vorarbeiten (vgl. u.a Schäffer 2003, Geimer 2010 und Michel 2006 u. 2007).

4 Alltagsinterpretation und wissenschaftliche Interpretation im Bereich der Produktanalyse

Die Ansätze der Bild- und Filminterpretation im Rahmen des interpretativen Paradigmas, also vor allem der Konversationsanalyse und der phänomenologischen Soziologie, wie auch im Rahmen der Cultural Studies haben, wie bereits angesprochen, mit der dokumentarischen Methode den rekonstruktiven Charakter ihrer empirischen Forschung gemeinsam. Das bedeutet, dass sie die Produkte und Konstruktionen des Common Sense als „Konstruktionen ersten Grades", wie Alfred Schütz (1971) dies genannt hat, auf dem Wege ihrer Re-Konstruktion einer sorgfältigen Analyse unterziehen und somit diese ‚profanen' Produkte der „popular culture" oder „profane culture" mit einem Respekt behandeln, wie dies bis dahin nur den Werken der Literatur und Kunst vorbehalten war. Hierin unterscheidet sich die sozialwissenschaftliche Analyse von der „Kunstgeschichte, die sich vornehmlich für diejenigen Bilder interessiert, die sie als künstlerisch wertvoll einstuft und die ‚profanen' visuellen Alltags- und Subkulturen ausklammert", wie Jürgen Raab (2008: 166) als Vertreter einer „wissenssoziologischen Bildhermeneutik" innerhalb der Tradition der phänomenologischen Soziologie von Alfred Schütz, also des interpretativen Paradigmas, formuliert.

Jenseits dieser Übereinstimmungen zwischen dokumentarischer Methode, interpretativem Paradigma und Cultural Studies differenzieren wir im Bereich der dokumentarischen Methode zwischen den *atheoretischen,* den habituellen und handlungsleitenden, Wissensbeständen des jeweiligen kulturellen Kontextes einerseits und dessen Common Sense-*Theorien* andererseits. Der rekonstruktive Zugang zum handlungsleitenden Wissen ist zugleich mit einer Distanz den *Theorien* des Common Sense, also den Eigentheorien der Erforschten, gegenüber verbunden. Die Differenz von Common Sense-Theorien und wissenschaftlichen Theorien und somit der „Bruch mit den Vorannahmen des *common sense*" (Bourdieu 1996: 278) ist in der dokumentarischen Methode von zentraler Bedeutung für ihre Begründung als ein *wissenschaftliches* Verfahren (siehe. Kap. 2).

Die Differenz zwischen Common Sense und Wissenschaft wird allerdings nicht mit dem Anspruch einer ‚höheren' Rationalität der sozialwissenschaftlichen Analyse begründet, wohl aber mit dem Anspruch auf einen Zugang im Modus einer anderen Art der Rationalität, also im Sinne eines Wechsels der Analyseeinstellung. Der Wechsel der Analyseeinstellung lässt sich als derjenige von der Frage nach dem Was zur Frage nach dem Wie bezeichnen, wie ich dies im Anschluss an Martin Heidegger (1986) und später auch Niklas Luhmann (1990), vor allem aber eben an Karl Mannheim (1964: 134; ursprünglich: 1921/22) bezeichnen möchte.

Was den Bereich der Bildinterpretation anbetrifft, so ist Erwin Panofsky (1932 u. 1975) in seiner für die Kunstgeschichte bahnbrechenden Differenzierung zwischen der *ikonografischen* und der *ikonologischen* Interpretation durch die dokumentarische Methode seines Zeitgenossen Mannheim und durch eben jenen damit verbundenen Wechsel der Analyseeinstellung beeinflusst worden.

Mit dem Common Sense zu brechen, bedeutet im Sinne der dokumentarischen Methode, sich von den Common Sense-*Theorien* zu lösen. Dies setzt zum einen voraus, dass wir die Inhalte dieser Alltagstheorien, also die begrifflich-theoretischen Explikationen, hinsichtlich ihres Geltungscharakters einklammern und sie in Relation zur Praxis, zum Handeln der Akteurinnen und Akteure setzen, d.h. in Relation zu deren handlungsleitenden impliziten Wissensbeständen. Zum anderen bedeutet der Bruch mit dem Common Sense, dass die in den Common Sense-Theorien implizierten Methoden und Konstruktionsprinzipien zwar *Gegenstand* der sozialwissenschaftlichen Analyse sind, nicht aber deren *Methode* (siehe auch: Bohnsack 2006 u. 2003). In der Methodologie der Cultural Studies wie auch in deren Forschungspraxis fehlen eine methodologisch begründete Differenz zum Common Sense und somit auch ein entsprechender Wechsel der Analyseeinstellung. Dies gilt analog für andere Bereiche der sogenannten interpretativen Sozialforschung, wie u.a. der sozialwissenschaftlichen Hermeneutik und der hermeneutischen Wissenssoziologie, und für deren Film- und Videointerpretation – jenseits der sonstigen Unterschiede zwischen Cultural Studies und diesen anderen Bereichen interpretativer Sozialforschung.

Indem im Rahmen des interpretativen Paradigmas wie auch der Cultural Studies der in den Common Sense-Theorien implizierte Zugang zu den audiovisuellen Produktionen nicht transzendiert wird, verbleibt die Interpretation des Bild- und Filmmaterials mehr oder weniger auf der ikonografischen Ebene. Sie findet somit keinen systematischen Zugang zu den impliziten Wissensbeständen, deren Rekonstruktion als wesentliche Voraussetzung angesehen werden kann für den Zugang zum visuellen Material in seiner Eigenlogik.

Die wissenschaftliche Analyse eines Bild- oder Videoprodukts unterscheidet sich im Sinne der dokumentarischen Methode neben der systematischen Differenzierung von Sinnebenen (insbesondere der ikonografischen und ikonologischen) und der methodischen Kontrolle des Kontextwissens vor allem auch noch durch die methodische Variation empirischer Vergleichshorizonte. Je nach *Vergleichshorizont* geraten unterschiedliche – einander aber nicht ausschließende – Dimensionen oder Erfahrungsräume des Bildes oder Videos in den Blick. Um es an einem Beispiel zu erläutern: Wenn wir ein von Lehrern über ihren Schulalltag produziertes Video vor dem Vergleichshorizont eines Videos von Schülern interpretieren, geraten uns milieutypische Differenzen innerhalb der Schule in den Blick. Wenn wir dieselben beiden Videos mit denen von Lehrern und Schülern einer anderen Schule vergleichen, gerät wiederum eine andere Dimension in den Blick: Es können nun durchaus Gemeinsamkeiten zwischen den zunächst lediglich different erscheinenden Schüler- und Lehrermilieus derselben Schule sichtbar werden, die auf eine übergreifende Schulkulturtypik verweisen.

Auf diese Weise erscheint die Polysemie desselben Videos nicht – wie bei Roland Barthes (1990: 34) und auch in den Cultural Studies (vgl. Andreas Hepp 2004) – primär als methodologisches und methodisches Hindernis, sondern als entscheidende Herausforderung für die methodische Weiterentwicklung im Sinne einer Typenbildung. In der dokumentarischen Methode wird dieser Herausforderung mit der *Mehrdimensionalität* der Typenbildung Rechnung getragen (vgl. Bohnsack 1989, 2007 sowie 2009b).

5 Videoanalyse in ergänzender Funktion zur Gesprächsanalyse

Methodologisch fundierte Ansätze im Bereich der Videoanalyse als Erhebungsinstrument sind insbesondere in der Tradition der Ethnomethodologie und Konversationsanalyse entwickelt worden: „Ethnomethodologie und Konversationsanalyse haben deshalb die Mittel zur Verfügung gestellt, mit Hilfe derer es möglich wird, Videos für soziologische Absichten zu nutzen", heißt es bei Christian Heath (1997: 184), einem der Wegbereiter dieser Richtung der Videoanalyse.

Visuelle Daten werden hier allerdings nicht – wie die Konversationsanalyse dies, wie oben angesprochen, in Bezug auf Texte zu leisten imstande ist – als selbst-referentielle Systeme behandelt. Charles Goodwin (2001: 157), einer der bekannten Vertreter der qualitativen Videoanalyse, führt dazu aus, „dass visuelle Phänomene nur erforscht werden können, indem ein vielfältiges Set von semiotischen Ressourcen berücksichtigt wird (...). Viele von diesen, wie z.B. die Struktur, die durch laufende Gespräche beigesteuert wird, sind in keinerlei Hinsicht visuell, aber die sichtbaren Phänomene (...) können ohne sie nicht zureichend analysiert werden". Und vorher heißt es: "Der Fokus der Analyse ist somit nicht die Repräsentation des Visuellen *per se*, sondern vielmehr die Rolle, welche visuelle Phänomene in der Produktion sinnvollen Handelns spielen" (ebenda). Das bedeutet, dass die Analyse visueller Daten wesentlich als Ergänzung zur Gesprächsanalyse zu verstehen ist.

Das gilt auch für die „Video-Interaktions-Sequenzanalyse" oder „Video-Interaktions-Analyse", einem Verfahren, welches von Hubert Knoblauch (2005) ausformuliert wurde. Die Analyse des Visuellen stellt hier ein weitgehend ungelöstes Problem dar: „Für jede Sequenzanalyse stellt dieser Horizont synchroner Bildverweise ein eingestandenes Problem dar, da er die Sequenzialität der Daten und der Vorgehensweise unterbricht." (Knoblauch 2005: 272). Da im Rahmen der Video-Interaktions-Analyse das Video nicht den Stellenwert eines Alltagsprodukts hat, sondern dies lediglich als Erhebungsinstrument genutzt wird, sind die Beeinträchtigungen aufgrund des beschränkten Zugangs zur Simultanstruktur des Bildes im Bereich der Analyse der Leistungen der abbildenden Bildproduzent(inn)en weniger problematisch als diejenigen im Bereich der Leistungen der abgebildeten Bildproduzenten, also der Gebärden in ihrer Simultanstruktur (vgl. Kap. 7).[3]

Knoblauch (2005: 273) verweist als eine „Möglichkeit, das Problem der Unbestimmbarkeit synchroner visueller Bezüge zu lösen", auf Arbeiten im Bereich der „sozialwissenschaftlichen Hermeneutik", da diese „eine umfassende Bilddeutung visueller Aspekte vornimmt". Er nennt vor allem die Arbeit von Jürgen Raab (2002), eine Analyse eines professionellen Hochzeitsvideofilms. Diese setzt sich in ausgesprochen gründlicher Weise mit den technischen Voraussetzungen dieses Bild-Mediums auseinander, sowohl mit der „Kamerahandlung (Wahl des Standorts, der Perspektiven, der Kadrierung usw.)" wie auch mit den „Nachbearbeitungstechniken (Schnitt, Montage, Verfremdungen, Vertonung)". Die Analyse von Raab bleibt auch nicht auf die Produkte der abbildenden Bildproduzenten beschränkt, sondern nimmt ebenso „Wechselwirkungen zwischen den Darstellungen vor und den Handlungen hinter der Kamera" in den Blick (Raab 2002: 472).

Auch diese Studie stützt sich auf die „Verfahrensweisen der sozialwissenschaftlichen Hermeneutik sowie der im Kern die gleiche Forschungsperspektive bezeichnenden hermeneutischen Wissenssoziologie" (ebenda). Eine umfassende theoretische sowie methodologische Begründung der in der hermeneutischen Wissenssoziologie fundierten „wissenssoziologischen Bildhermeneutik" findet sich in Raab 2008 (Kap. 5). Allerdings bleibt auch diese Studie an das interpretative Paradigma gebunden (dazu genauer: Kap. 6). Das bedeutet, dass das implizite und handlungsleitende Orientierungswissen der Erforschten und damit ihr Habitus als Gegenstand ikonologischer Sinninterpretation und die analytische Differenz zwischen Motivkonstruktion und Rekonstruktion des Habitus nicht systematisch in den Blick geraten (siehe auch: Kap. 6 u. 8). .

Im Bereich des interpretativen Paradigmas und darüber hinaus in der Konversationsanalyse sind auch die Arbeiten von Angela Keppler zu verorten, die eine weit fortgeschrittene Methode der Film- bzw. Fernsehanalyse von sozialwissenschaftlicher Relevanz vorgelegt hat. Keppler selbst (2006: 104) bemerkt mit Bezug auf diese Tradition: „Allerdings bleibt auch hier bislang die Rolle der visuellen Präsentation – und mit ihr die nonverbale Seite der Kommunikation – ausgeblendet, obwohl sich die Konversationsanalyse grundsätzlich als ein Programm der Untersuchung verbaler wie non-verbaler Kommunikation versteht".

Auch bei Keppler selbst bleibt zum einen die Sprache das zentrale Medium ihrer Analyse. Es zeigt sich auch hier die Tendenz, der Bildanalyse eine ergänzende Funktion zuzuschreiben (genauer dazu Bohnsack 2009a: 139f.). Und zum anderen bleiben dort, wo die Bildanalyse bei Keppler Bedeutung gewinnt, die Bewegungen der *abgebildeten* Bildproduzenten, also ihre Gebärden und somit der Bereich der nonverbalen Kommunikation (im

---

[3] Eine Sensibilität für letzteres Problem findet sich – abgesehen von der bereits erwähnten Studie auf der Basis der dokumentarischen Methode von Wagner-Willi (u.a. 2005 u. 2007) – auch in den auf die Forschung im Bereich der Erwachsenenbildung bezogenen Ausführungen von Nolda (2007: 483f.) unter dem Begriff der „Konstellationsanalyse". Diese bearbeitet das „Phänomen der Simultaneität und ist anders als die Sequenzanalyse in besonderer Weise mit der visuellen Ebene verbunden."

Unterschied zur Analyse der von ihnen produzierten Texte) aus der Betrachtung und der genaueren empirischen Analyse weitgehend ausgeschlossen. In letzterer Hinsicht befindet Keppler sich in Übereinstimmung mit den aktuellen Filmwissenschaften im engeren Sinne (u.a.: Hickethier 1996; Bostnar/Pabst/Wulf 2002; Faulstich 2002; Mikos 2003; Monaco 2003; Wiedemann 2005), aber in einem Kontrast zu den klassischen Filmtheorien von Bela Balázs (1976 u. 2001), Siegfried Kracauer (1964) und Erwin Panofsky (1999), bei denen diese Ebene der Analyse, die in der Sprache der Kunstgeschichte als vor-ikonografische bezeichnet werden kann, im Zentrum stand (siehe auch Kap.7).

6 Grenzen des interpretativen Paradigmas

Die methodologische und forschungspraktische Orientierung jener Videoanalysen, die sich in der Tradition der Ethnomethodologie und Konversationsanalyse verorten, hat zum einen die Konsequenz gehabt, dass die hier entwickelten Verfahren primär in ihrer *ergänzenden Funktion zur Gesprächsanalyse* entwickelt worden sind. Darüber hinaus bindet die Orientierung an der Konversationsanalyse und der Ethnomethodologie diese Videointerpretation aber auch an weitere methodologisch-theoretische Prämissen des *interpretativen Paradigmas*.

Aus der Perspektive der dokumentarischen Methode ist eine der wesentlichen Begrenzungen des interpretativen Paradigmas darin zu sehen, dass eine Differenzierung von (unmittelbarem) *Verstehen* einerseits und *Interpretieren* andererseits nicht möglich ist. Verstehen vollzieht sich auf der Basis gemeinsam geteilter *impliziter* Wissensbestände („konjunktiver Erfahrungen" im Sinne von Mannheim 1980: 227ff.). Im Unterschied dazu setzt das *Interpretieren* eine *Explikation* dieser Wissensbestände voraus und ist ausschließlich im Medium der Sprache möglich (was selbstverständlich nicht bedeutet, dass nicht auch im Medium der Sprache implizite Wissensbestände vorausgesetzt und vermittelt werden).

Die Analyse im Bereich des interpretativen Paradigmas setzt, wie der Name schon sagt, erst auf jener Ebene ein, auf der Verständigung sich nach dem Modell des wechselseitigen *Interpretierens* vollzieht. Dies wird vor allem auch darin deutlich, dass die Interpretationen ganz wesentlich auf der Ebene des *wörtlichen* Sinngehalts der Erforschten verbleiben. In den Blick geraten damit die Alltagstheorien, die Common Sense-Theorien der Erforschten, nicht aber deren handlungsleitendes Wissen, welches als implizites Wissen die Praxis strukturiert.

Eine Verständigung *im Medium des Bildes* selbst vollzieht sich aber eben – in den umfassenden Bereichen, in denen sie als solche gelingt und sich nicht (ergänzend) des Mediums Sprache bedienen muss – auf der Basis impliziter (gemeinsam geteilter) Wissensbestände. In diesem Sinne, indem nämlich handlungsleitendes Wissen in ihnen ‚gespeichert' ist, bilden sie eine *Handlungspraxis* ab bzw. repräsentieren sie handlungsleitendes Orientierungswissen. Das handlungsleitende Potential der Bilder erschließt sich mir, indem ich den in ihnen sich dokumentierenden modus operandi bzw. Habitus rekonstruiere, wie er in den abgebildeten Gebärden und der räumlichen Positionierung der *abgebildeten* Bildproduzenten zueinander, also der szenischen Choreografie (dazu auch: Kap. 8), seinen Ausdruck findet, ebenso wie auch in den Gestaltungs- und Selektionsleistungen der *abbildenden* Bildproduzenten.

Diese Interpretation des Habitus ist kategorial verschieden von einer Interpretation nach Art der Unterstellung von Motiven, die sich derart vollzieht, dass ich Geschichten konstruiere, in welche die Akteure auf dem Bild eingebunden sind (genauer dazu in Kap. 8). Ich verbleibe dann, wenn wir der Unterscheidung von Panofsky folgen, auf der ikonografischen Ebene. Es ist dies die Ebene, auf der wir uns im Alltag, also in unseren Common Sense-Interpretationen, den Bildern nähern. Und es ist eben diese Ebene, welche das interpretative Paradigma nicht grundsätzlich zu transzendieren vermag.

7 Die Bewegungen der abgebildeten Bildproduzentinnen und -produzenten

Den visuellen Phänomenen in ihrer Eigenlogik im Sinne selbst-referentieller Systeme Rechnung zu tragen, ist auch Voraussetzung für den Zugang zu den Bewegungen der abgebildeten Bildproduzenten in ihrer Eigenlogik. Für die Klassiker der Filmwissenschaft Siegfried Kracauer (1964) und Bela Balázs (2001) vermochte das Medium Film einen bisher nicht gekannten Zugang zu elementaren Ebenen sozialer Realität zu eröffnen, nämlich zur Ebene der inkorporierten Gesten, der Gebärden und der Mimik. Für Siegfried Kracauer (1964: 387) geht es darum, „der Realität nahezukommen, wenn wir ihre untersten Schichten durchdringen".

Diese elementare Ebene oder Schicht hat Erwin Panofsky (1975), der nicht nur als Klassiker der Kunstgeschichte, sondern auch der Filmwissenschaft gilt (Panofsky 1999), auch als diejenige „primärer oder natürlicher Bedeutungen" oder, wie bereits angesprochen, als *vor-ikonografische* im Unterschied zur ikonografischen Ebene bezeichnet. Es ist diese vor-ikonografische oder – in der Sprache der Semiotik – die *denotative* Ebene, deren genaue Beobachtung und Beschreibung die wesentliche Grundlage der ikonologischen Interpretation und der dokumentarischen Bild- und Videointerpretation darstellt.

Tabelle 1: Bewegungen der abgebildeten Bildproduzentinnen und -produzenten

vor-ikonografische Ebene	Beispiele	Motivkonstruktion
Kineme (Elemente von Gebärden)	Kopf und Schultern gehen nach vorne, Becken nach hinten etc.	
Gebärden: Gestik und Mimik (Kinemorpheme)	Beugen des Rumpfes	
Operative Handlungen	Sich-Setzen	A beugt den Rumpf, um sich zu setzen (Um-zu-Motiv ist am Bewegungsverlauf beobachtbar)
ikonografische Ebene		
institutionalisierte Handlungen (Rollen)	Lehrerin setzt sich ans Pult	A setzt sich, um den Unterricht zu beginnen (Um-zu-Motiv ist am Bewegungsverlauf nicht beobachtbar)

Auf der ikonografischen Ebene fragen wir mit Bezug auf die Bewegungen der abgebildeten Bildproduzenten danach, *was* das für eine Handlung ist (bspw. ein „Gruß"). Wir müssen somit Motive, genauer Um-zu-Motive, unterstellen (bspw.: „ich hebe die Hand, um zu grüßen" oder: „ich beuge den Rumpf, um mich zu setzen"). In dokumentarischer oder ikonologischer Interpretation stellt sich die Frage nach dem *Wie* der Herstellung dieser Handlung oder Bewegung (bspw. ist das Heben der Hand „prätentiös", „unsicher", „starr"). Einen Zugang zum *Wie* der Handlung vermittelt mir die genaue Beschreibung auf der vor-ikonografischen Ebene.

Ray L. Birdwhistell (1968: 380), der Klassiker der Bewegungsanalyse, erläutert das *Wie* am Beispiel des militärischen Grußes. Diese Handlung – obschon hochstandardisiert – erhält eine enorme Variabilität weitergehender Bedeutungen durch das *Wie* ihrer Herstellung: „Durch den Wechsel in Haltung, Gesichtsausdruck, der Geschwindigkeit oder Dauer der Bewegung des Grüßens und sogar in der Wahl ungeeigneter Kontexte für die Handlung kann der Soldat den Empfänger des Grußes ehren, herabwürdigen, zu gewinnen versuchen, beleidigen oder befördern".

Die Bewegungsabläufe auf der vor-ikonografischen Ebene differenzieren wir noch einmal in *Gebärden* einerseits und *operative Handlungen* andererseits. Träger der *Gebärden* können die Extremitäten sein (bspw. ‚Ausstrecken des Armes'), der Rumpf (bspw. ‚Drehen oder Beugen des Rumpfes'), der Kopf (bspw. ‚Senken des Kopfes'), aber auch die Mimik (bspw. ‚Lächeln'). Die Gebärden lassen sich ihrerseits noch einmal in ihre *Elemente* differenzieren, die ich mit Birdwhistell (1952) als „Kineme" bezeichne. Bereits vorliegende Videoanalysen auf der Grundlage der dokumentarischen Methode setzen auf der vor-ikonografischen Ebene an, mit einer genauen Rekonstruktion von Gebärden und operativen Handlungen und teilweise deren Elementen, den Kinemen. Dies gilt für die Analysen von Monika Wagner-Willi (2005 u. 2007) über Schülerinteraktionen im Klassenraum oder auch die Arbeit von Amelie Klambeck (2007) über Patientinnen und Patienten mit „psychogenen Bewegungsstörungen" und deren Verhalten während der Chefarztvisite. Insbesondere letztere Analyse wendet sich auch den Elementen von Gebärden, den Kinemen, zu.

Operative Handlungen (bspw. ‚Sich hinsetzen', ‚Gehen', ‚Hose hochziehen') umfassen in der Regel mehrere Gebärden in ihrer Sequenzialität. Wesentliches Unterscheidungsmerkmal gegenüber den Gebärden im elementaren Sinne ist aber, dass sie – und aus diesem Grund möchte ich sie bereits als Handlungen bezeichnen – mit zweckrationalen Motivkonstruktionen, d.h. mit Konstruktionen von Um-zu-Motiven, versehen werden können, wenn auch möglicherweise nur in rudimentärer Weise. Dies geschieht bspw. derart, dass die einzelne Gebärde (bspw.: ‚Beugen des Rumpfes') „selbst nur Mittel im Sinnzusammenhang eines Entwurfes" ist, wie Alfred Schütz (1974: 119) formuliert hat (bspw. des Entwurfes ‚Sich-Hinsetzen').

Durch diesen Entwurf, durch diese zweckrationale Konstruktion eines Um-zu-Motivs (‚sie beugt den Rumpf, um sich hinzusetzen') wird das Sich-Hinsetzen zu einer *Handlung*. Hier lassen sich dann jeweils weitere Hierarchien von Um-zu-Motiven konstruieren, also bspw.: ‚Die Lehrerin setzt sich hin, um den Unterrichtsbeginn zu signalisieren'. Allerdings ist der Handlungsentwurf beim letzteren Beispiel nicht direkt am Bewegungsverlauf *beobachtbar*, muss vielmehr als Entwurf, als Um-zu-Motiv, auf der Grundlage normativer Erwartungen und Rollenbeziehungen unterstellt oder attribuiert werden. In diesem Fall bewegen wir uns bereits auf der *ikonografischen Ebene*.

8 Motivkonstruktion versus Rekonstruktion des Habitus

Nunmehr kann eine Eigenart der ikonologischen oder dokumentarischen Interpretation deutlich werden, die von elementarer Bedeutung ist: Dieselbe Bewegung (bspw. ‚Beugen des Rumpfes') kann immer auf zwei Sinnebenen zugleich interpretiert werden: zum einen zweckrational im Rahmen der Konstruktion eines Um-zu-Motivs (‚Sich-Setzen'), mit der wir uns auf die Suche nach dem *subjektiv gemeinten Sinn* begeben. Zum anderen und zugleich kann die Gebärde auch (wenn wir nach dem *Wie* ihrer Herstellung fragen) als *Dokument* für das *Wesen* oder den *Habitus* des Akteurs (‚Unsicherheit', ‚Gebrechlichkeit') interpretiert werden. Entscheidend ist dann, *wie* sich jemand hinsetzt, oder *dass* er oder sie sich setzt: „Nicht das ‚Was' eines objektiven Sinns, sondern das ‚Daß' und das ‚Wie' wird von dominierender Wichtigkeit." (Mannheim, 1964: 134). Diese Analyseeinstellung der dokumentarischen Methode lässt sich auch als die Analyseeinstellung auf das *Performative* bezeichnen.

Methodologisches und methodisches Prinzip der dokumentarischen Interpretation ist es, diese Frage nach dem *Wie*, nach dem modus operandi, dem Habitus, zugleich auf unterschiedlichen Dimensionen desselben Falles zu stellen, so dass diese unterschiedlichen Interpretationsdimensionen einander wechselseitig zu validieren vermögen. Im Falle der Interpretation der Bewegungen der abgebildeten Bildproduzenten sind dies vor allem die unterschiedlichen Ebenen der Gebärden, der operativen Handlungen und der institutionalisierten Handlungen, die in der empirischen Analyse in ihrem Bezug aufeinander interpretiert werden.

Im Bereich der Bild- und Filminterpretation stellt die *vor-ikonografische* Ebene allerdings die *primordiale,* vorrangige oder fundamentale Ebene dar. Die sozialwissenschaftlichen, aber auch die nicht-sozialwissenschaftlichen Disziplinen, welche auf Bild- und Filminterpretationen angewiesen sind, stehen dabei vor dem Problem, dass eine Beschreibungssprache der *vor*-ikonografischen Ebene weitgehend fehlt.

Ray Birdwhistell hat hier bereits in den 1950er Jahren bahnbrechende Arbeit geleistet. Er hat in seinen empirischen Analysen gezeigt, dass sich der Sinngehalt von Gebärden, den sog. Kinemorphemen, erst aus der genauen Rekonstruktion der sie konstituierenden Elemente, der Kineme bzw. Kine erschließen lässt. Dies gilt auch für die Mimik, bspw. für die mimische Gebärde des Augenzwinkerns („wink"), wie Birdwhistell (1952: 19) es beschreibt:

„a) Das rechte Auge ist geschlossen, während das linke geöffnet bleibt. – b) Die Mundhaltung ist ‚normal'. – c) Die Nasenspitze ist eingedrückt (Kaninchennase). – d) Der linke Augenhöhlenrand ist schräg („squinted")".

Diese Bewegungen auf der Ebene von Kinemen müssen sich gleichzeitig, synchron oder simultan vollziehen, um ihren Ausdruckscharakter, ihre ikonologische Bedeutung zu erhalten. Die Gebärde des „Zwinkerns", entfaltet ihre Signifikanz nur dann, wenn ihre Konstituentien, die elementaren Bewegungseinheiten der Kineme, *synchron* oder *simultan* zum Ausdruck kommen. Hiermit ist zunächst das simultane Zusammenspiel innerhalb abgegrenzter Bereiche des Körpers gemeint (vgl. Birdwhistell, 1952: 17). Idealerweise umfasst die Rekonstruktion des simultanen Zusammenspiels aber den gesamten Körper, orientiert sich an der „‚whole body' conception", wie Ray Birdwhistell (1952: 8) betont, und bezieht schließlich auch die räumliche *Positionierung der Körper zueinander*, also die szenische Choreografie mit ein (‚A dreht B den Rücken zu'). Auf diese Weise eröffnet die Videoanalyse den Zugang zur „Erforschung des Körpers als Gedächtnisspeicher soziokultureller Prägung" (Hietzge 2010: [1])

Hier wird eine für die Videointerpretation entscheidende methodische Herausforderung erkennbar: Die Interpretation der Semantik von Bewegungen setzt nicht nur deren Rekonstruktion im *sequentiellen* Ablauf voraus, sondern auch in ihrer *Simultaneität*. – Diese er-

Zugänge zur Eigenlogik des Visuellen und die dokumentarische Videointerpretation 283

schließt sich in valider Weise aber allein auf der Grundlage von ‚eingefrorenen' Bildern, von Standbildern, Stills oder Fotogrammen, wie sie auch genannt werden. Es war unter anderem diese Bedeutung der Fotogramme für die Interpretation der Gebärden und der Mimik, welche den Klassiker der Semiotik, Roland Barthes veranlasst haben, diesen eine zentrale Bedeutung für die Semiotik des Filmes einzuräumen. Nach Barthes (1990: 64) „lässt sich in gewissem Maß (…) das Filmische paradoxerweise nicht im Film ‚am rechten Ort', ‚in der Bewegung', ‚in natura' erfassen, sondern bisher nur in einem wichtigen Artefakt, im Fotogramm."

9 Zur Rekonstruktion von Einstellung und Perspektivität im Fotogramm

Das Fotogramm stellt aber nicht nur eine wesentliche Grundlage für die Rekonstruktion der Bewegungen und des Habitus der abgebildeten Bildproduzenten dar, sondern auch der abbildenden. Im Fotogramm dokumentiert sich *zum einen* die Art der Kameraeinstellung bzw. die *Einstellungsgröße*: die Detail-, Groß- und Naheinstellung, die halbnahe, amerikanische, halbtotale, totale und Weit- oder Panorama-Einstellung.

Abbildung 1: Einstellungsgrößen (entnommen aus: Kuchenbuch 2005: 44)

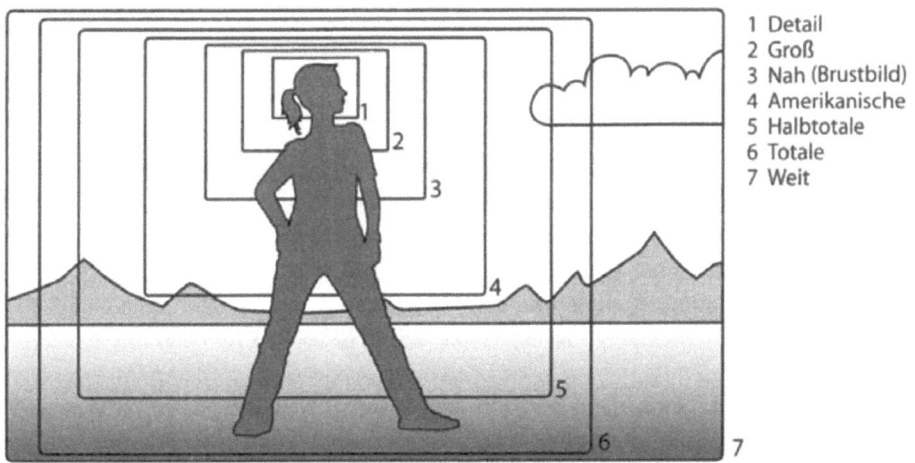

Neben der Einstellungsgröße erschließt sich auch der *Kamerastandort* auf dem Wege über das Fotogramm. In der filmwissenschaftlichen Literatur wird hier im Wesentlichen zwischen der Normal-, Auf- und Untersicht unterschieden (vgl. Hickethier 1996: 61f.). Mit dem Begriff des „fotografierten optischen" Raumes (a.a.O.: 82) wird in der filmwissenschaftlichen Literatur z. T. auf das Bezug genommen, was wir unter dem Begriff der *„Per-*

spektivität" bei der dokumentarischen Einzelbildinterpretation herausarbeiten: die Rekonstruktion des perspektivischen Zentrums, des Fluchtpunkts und des perspektivischen Modus: Frontal- und Übereck- oder Schrägperspektive sowie Aufsicht oder Luftperspektive[4].

Abbildung 2: Fotogramm 0:01 aus „Istanbul Total"

Hier als Beispiel eine Einstellung aus der Fernsehshow Istanbul Total[5]: Stefan Raab auf dem Balkon des Istanbuler Studios von Pro 7. Es handelt sich um die zweite Einstellung ganz zu Beginn der Internetversion dieser Show. Sie wurde in der Einstellungsgröße der Totalen und in der perspektivischen Aufsicht aufgenommen. Der Fluchtpunkt, also das perspektivische Zentrum befindet sich im Kopfbereich von Stefan Raab.

---

[4] Diesen „fotografierten optischen" oder auch „mechanischen" Raum (Hickethier 1996: 70 u. 83), der von Bordwell als auch „shot space", als *Einstellungsraum*, bezeichnet wird und in unserem Verständnis auf der Grundlage des Fotogramms analysierbar ist, gilt es zu unterscheiden vom (eigentlichen) „filmischen" Raum (Hickethier 1996: 82f.), dem „editing space", also dem *montierten Raum* (Bordwell 1985: 117). Als weitere Dimension der Herstellung von Räumlichkeit nennt Bordwell den „sonic space", den *Ton-Raum*, welcher durch akustische Phänomene hervorgerufen wird. Auf der Grundlage des Arrangements dieser drei unterschiedlichen Komponenten konstruiert der Rezipient den filmischen Raum in seiner Gesamtheit als „szenographischen Raum" (Bordwell 1985: 113).

[5] Für weitere Informationen und Interpretationen zu dieser Fernsehshow und zur Bestimmung ihrer „Gattung" in komparativer Analyse mit anderen Gattungen von Fernsehproduktionen siehe auch den Beitrag von Stefan Hampl in diesem Band

Das Fotogramm eröffnet auch den Zugang zu den Eigenarten des Filmes, wie sie sich aus der Wahl des Ausschnitts ergeben, der „Kadrierung", wie es in den Filmwissenschaften (vgl. Deleuze 1997: 34) genannt wird. Die damit verbundene flächenhafte oder planimetrische Komposition der Fotogramme oder Stills findet in der Filmwissenschaft allerdings wenig Beachtung.

Für den Kunsthistoriker Max Imdahl (u.a. 1996) stellt aber gerade die planimetrische Komposition, wie sie u.a durch die Wahl des Ausschnitts hergestellt wird, die wesentliche formale Grundlage dar, um den Weg zur Rekonstruktion des Bildes in seiner ihm eigentümlichen Logik und Eigensinnigkeit zu finden.

Abbildung 3: Fotogramm 0:00 aus „Istanbul Total"

Als Beispiel nehme ich nun die allererste Einstellung aus der Internet-Version der Fernsehshow Istanbul Total. Durch die planimetrische Komposition wird das Bild zerschnitten, so dass Stefan Raab wie ein Fremdkörper vor dem Bosporus wirkt und von diesem durch die Balkonbrüstung deutlich getrennt wird. Dies führt zu einer Übergegensätzlichkeit oder Ambiguität: Einerseits haben wir die Öffnung zur Umwelt des Bosporus und der Türkei, die aber andererseits durch die massiv ins Bild gerückte Brüstung zugleich wieder zurückgenommen wird. Stefan Raab begibt sich in die Welt von Istanbul und der Türkei bzw. umgibt er sich mit dieser, hält sich aber zugleich von dieser und ihrem Alltag fern.

10 Montage, Einstellung und Sequenzialität

Erst die genaue Rekonstruktion der einzelnen Fotogramme in deren Einstellung und Planimetrie ermöglicht uns dann auch die präzise Rekonstruktion des *Einstellungswechsels* als wesentliches Element der *Sequenzierung* der Fotogramme, welche das Produkt der Montage oder – wie es im Fernsehen heißt – der Bildmischung sind. Die Identifikation des Fotogramms, des Standbildes, in seiner simultanen Struktur ist insofern Voraussetzung für die Rekonstruktion der Struktur der Sequenzialität, da nur die genaue Identifikation des Fotogramms in seiner Struktur zum Zeitpunkt t1 die Voraussetzung dafür schafft, die veränderte Struktur des Fotogramms zum Zeitpunkt t2 identifizieren zu können. Die strukturelle Veränderung dieser beiden Fotogramme macht aber eben die Struktur der Sequenzialität aus, wie sie durch die Veränderungen in den Bewegungen der abgebildeten Bildproduzenten und durch den Wechsel in Einstellung und Perspektivität, also durch die Montage bzw. Bildmischung, die Bewegungen der abbildenden Bildproduzenten, hergestellt wird.

Die zeitgenössische filmwissenschaftliche Analyse befasst sich ganz überwiegend mit der Montage und lässt die Analyse der Bewegungen der abgebildeten Bildproduzenten dahinter zurücktreten. So ist für Dieter Wiedemann (2005: 371) „die Montage das bestimmende Element der Filmkunst", da hier der Film „keine Anleihen bei anderen Künsten" (ebd.) machen müsse und somit ganz bei sich sei.

Mit der durch Montage bzw. Bildmischung hergestellten Abfolge der beiden bereits gezeigten Fotogramme (im Videotranskript von 0:00 zu 0:01) haben wir zugleich den allerersten Einstellungswechsel in der Fernsehshow Istanbul Total (zum Transkriptionssystem MoViQ, auf dessen Grundlage das Transkript erstellt worden ist, siehe den Beitrag von Stefan Hampl in diesem Band sowie Bohnsack 2009a: Kap. 7.1).

Abbildung 4: Videotranskript „Istanbul Total" 0:00 – 0.09

Die Struktur und Semantik des Einstellungswechsels, also der Bildmischung, bestätigt die interne Struktur der Fotogramme in ihrer Übergegensätzlichkeit oder Ambiguität von Anwesenheit und Abwesenheit in Istanbul: Mit dem Wechsel von der ersten zur zweiten Einstellung ist ein Wechsel der Einstellungsgröße von der amerikanischen Einstellung zur Totalen verbunden. Der Blick auf die Welt von Istanbul wird somit einerseits weiter geöffnet. Zugleich wird aber auch die Balkonbrüstung noch stärker in das Bild hineingenommen. Stefan Raab wird somit noch deutlicher von der Außenwelt des Studios getrennt (genauer dazu Bohnsack, 2009a: 208 sowie 233ff.)

11 Relationierung als Leistung dokumentarischer Interpretation

Aus der Perspektive der dokumentarischen Methode ist geltend zu machen, dass wir das ‚Ganze' eines Filmes nur dann in den Blick bekommen, wenn wir *Homologien*, also Strukturidentitäten, herausarbeiten können zwischen jener Struktur, die sich *innerhalb* der Einstellungen dokumentiert, also in den *internen* Relationen des *Fotogramms* in seiner Simultaneität, und jener Struktur, die sich in der Relation und Sequenzialität der Fotogramme *zueinander* dokumentiert, also in Einstellungswechsel und Montage. Zu leisten ist also – im Sinne der dokumentarischen Methode – die Relationierung der beiden Relationen: der Relationierung der im Fotogramm (simultan) hergestellten Relationen mit den durch Einstellungswechsel und Montage in der sequentiellen Abfolge der Fotogramme hergestellten.

Exkurs: Die Relationierung der Relationen am Beispiel

Als ein weiteres Beispiel für eine derartige Relationierung von Relationen möchte ich auf eine kurze Sequenz aus einem Video aus dem Dissertationsprojekt von Astrid Baltruschat

(2010; siehe dazu auch ihren Beitrag in diesem Band sowie Bohnsack 2009a: Kap. 5.6.4) eingehen, aus dem im nächsten Abschnitt eine exemplarische Interpretation vorgestellt wird. Diese Sequenz aus dem Amateur-Video mit dem Titel „Kammer des Schreckens", welches wir zuerst in der Forschungswerkstatt in Berlin diskutiert haben und in dem Lehrerinnen und Lehrer Probleme ihres eigenen Alltags verdichtet zum Ausdruck zu bringen suchen, erscheint auch deshalb interessant, weil das, was hier zunächst schlicht als das Produkt von Dilettantismus anmuten mag (wie beispielsweise das Abschneiden von Köpfen bei den abgebildeten Personen), sich durchaus als stilistisches Gestaltungselement der abbildenden Bildproduzenten, also der Lehrerinnen und Lehrer, und somit als Dokument ihres Habitus erweist.

Dieselbe Sequenz ist von Astrid Baltruschat (siehe dazu in ihrem Beitrag in diesem Band: Lehrerfilm) unter einem etwas anderen Aspekt, nämlich stärker mit Bezug auf die Begrifflichkeit der Filmwissenschaft (vor allem unter dem Gesichtspunkt der Grundlagen und Strategien der Montage) interpretiert worden.

Das Videotranskript wurde ebenso wie das der Fernsehshow auf der Grundlage des Transkriptionssystems MoViQ erstellt. Ich habe aus dem Transkript eine Sequenz von 23 Sek. mit vier Untersequenzen (US) ausgewählt: 0:57- 1:20 (Abb. 5).

Zunächst wird in einer *ersten* Untersequenz mit einer Dauer von 8 Sekunden eine voranschreitende weibliche Person abgebildet (die wir aufgrund des ikonografischen Vor-Wissens als vom Unterricht kommende Lehrerin identifizieren können). Die Kamera übernimmt ihre Laufrichtung, Perspektive und ihre Blickrichtung, welche nach unten auf ihre im Gehen sich bewegenden Füße und auf eine schwer ins Bild baumelnde Aktentasche zielt. Die Lehrerin ist somit in gewisser Weise zugleich abgebildete wie auch abbildende Bildproduzentin. Die Blickrichtung (der Kamerablick) bleibt starr: kein Schwenk nach oben oder zur Seite.

Darin dokumentieren sich zwei Komponenten des Orientierungsrahmens der Lehrergruppe, die den Film produziert hat: Zum einen ist der Blick der Lehrerin selbstbezogen auf sich selbst gerichtet. Denn sie ist zugleich diejenige, die schaut (bzw. wird aus ihrer Perspektive geschaut) wie auch diejenige, auf die geschaut wird (nämlich auf ihre Füße). Zum anderen ist der Blick gesenkt und nach unten gerichtet, z.T. auf die Last, die sie trägt und in der eine ,Belastung' ihren Ausdruck findet: die Aktentasche. Es dokumentiert sich hier insgesamt eine Selbstreflexivität, die selbstbezüglich und monadisch bleibt.

Die Szenerie in der *folgenden*, der *zweiten* Untersequenz (von 5 Sekunden Dauer; ab 01:06) ist vollständig verändert und der Wechsel somit – nach dem ersten Eindruck – äußerst kontrastreich: Wir haben es mit einem Blick auf junge Menschen zu tun, die in dichter und lebhafter Kommunikation miteinander stehen. Aufgrund des ikonografischen Vor-Wissens können wir diese als Schüler(innen) identifizieren.

Zugänge zur Eigenlogik des Visuellen und die dokumentarische Videointerpretation   289

Abbildung 5:   Videotranskript: „Kammer des Schreckens" 0:57 – 1:20

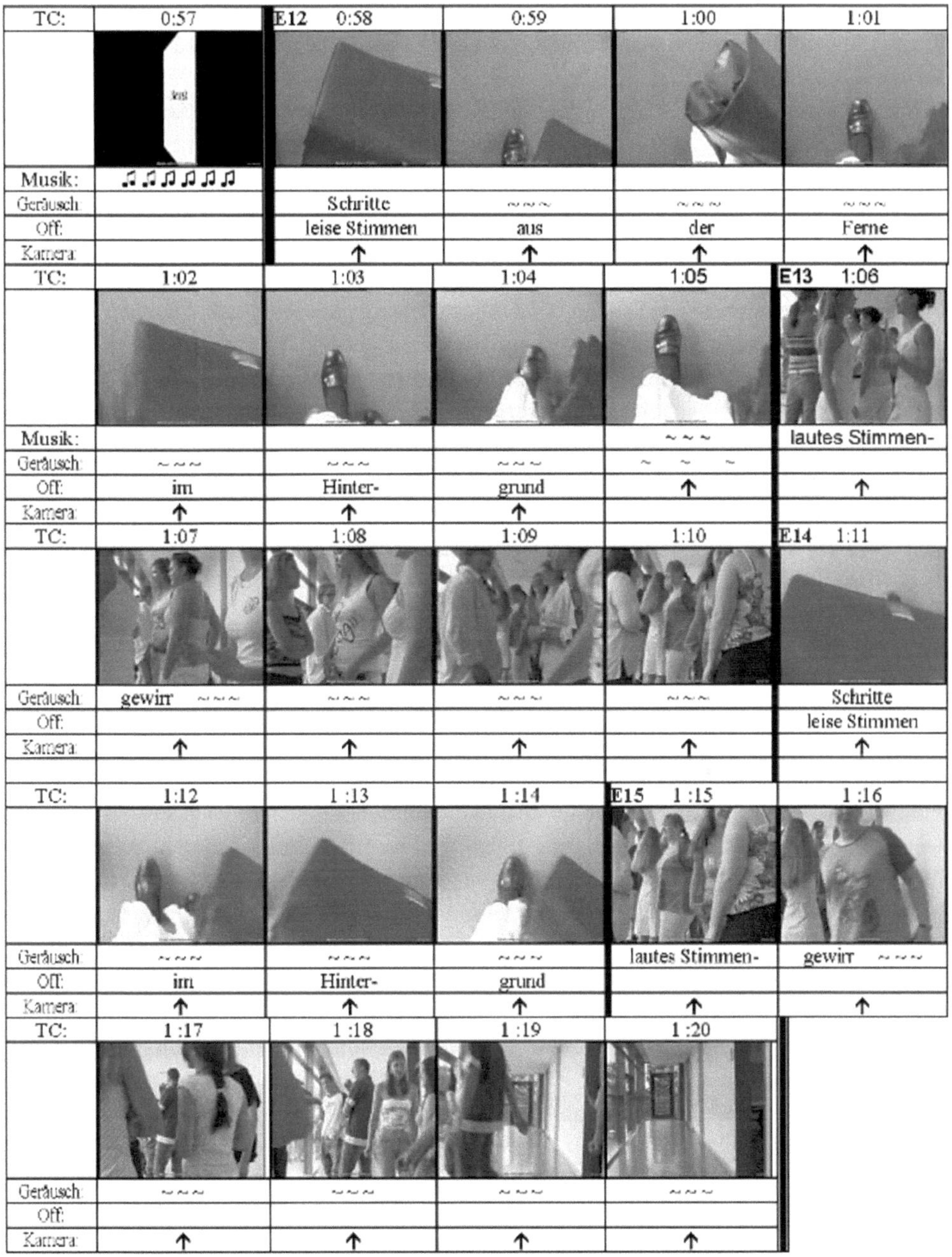

TC:	0:57	E12 0:58	0:59	1:00	1:01
Musik:	♪♪♪♪♪♪				
Geräusch:		Schritte	~ ~ ~	~ ~ ~	~ ~ ~
Off:		leise Stimmen	aus	der	Ferne
Kamera:		↑	↑	↑	↑
TC:	1:02	1:03	1:04	1:05	E13 1:06
Musik:				~ ~ ~	lautes Stimmen-
Geräusch:	~ ~ ~	~ ~ ~	~ ~ ~	~ ~ ~	
Off:	im	Hinter-	grund	↑	↑
Kamera:	↑	↑	↑		
TC:	1:07	1:08	1:09	1:10	E14 1:11
Geräusch:	gewirr ~ ~ ~	~ ~ ~	~ ~ ~	~ ~ ~	Schritte
Off:					leise Stimmen
Kamera:	↑	↑	↑	↑	↑
TC:	1:12	1:13	1:14	E15 1:15	1:16
Geräusch:	~ ~ ~	~ ~ ~	~ ~ ~	lautes Stimmen-	gewirr ~ ~ ~
Off:	im	Hinter-	grund		
Kamera:	↑	↑	↑	↑	↑
TC:	1:17	1:18	1:19	1:20	
Geräusch:	~ ~ ~	~ ~ ~	~ ~ ~	~ ~ ~	
Off:					
Kamera:	↑	↑	↑	↑	

Dieser Kontrast zwischen der Selbstbezogenheit der Lehrerin, wie wir sie auf der Grundlage der Fotogramme in der ersten Untersequenz herausarbeiten können, und der Struktur der Fotogramme der zweiten Untersequenz, der kommunikativen Dichte und interaktiven Bezogenheit der Schülerinnen und Schüler, lässt die Selbstbezogenheit der Lehrerin konturierter hervortreten und ergänzt sie um die Komponente der Isolation bzw. Einsamkeit. Somit dokumentiert sich in der Relation bzw. im Kontrast von erster und zweiter Untersequenz, also in der Montage, auch etwas über das Verhältnis der Lehrerin zu den Schülerinnen und Schülern. Dieses Verhältnis kann tiefer gehender beleuchtet werden, wenn wir in der zweiten Sequenz nicht allein die Szenerie, also die *abgebildeten* Bildproduzenten, sondern auch die Leistung der *abbildenden* Bildproduzenten in den Blick nehmen: Dies betrifft zum einen die Wahl des Bildausschnitts, die Kadrierung: Die Köpfe der in Gruppen und in enger Kommunikation stehenden Schüler sind überwiegend abgeschnitten. Und der Kamerastandort ist so gewählt, dass diese Torsi in amerikanischer oder halbnaher Einstellung von unten, also aus der Untersicht, aufgenommen werden. Im Abschneiden der Köpfe und in der Torsohaftigkeit im Allgemeinen dokumentiert sich, dass die Schüler aus der hier eingenommenen Perspektive der Lehrerin (als abbildender Bildproduzentin) nicht als kommunikationsrelevante Gegenüber wahrgenommen werden.

In der Relationierung von erster und zweiter Untersequenz wird mittels des Wechsels von Szenerie und Einstellung auf der *einen Seite* also ein *Kontrast* zwischen den beiden Sequenzen hergestellt: zwischen der Selbstbezogenheit der Lehrerin und der interaktiven Bezogenheit der Schüler.

Auf der *anderen Seite* werden durch die Relationierung von erster und zweiter Untersequenz mittels des Wechsels von Szenerie und Einstellung aber zugleich auch *Gemeinsamkeiten*, also Homologien, zwischen den Sequenzen hergestellt: Denn wenn wir ihre Leistung als abbildenden Bildproduzentin einbeziehen, so weist die Selbstbezogenheit der Lehrerin in der ersten Sequenz Homologien auf zu der ihr eigentümlichen fehlenden Kommunikationsbereitschaft in der zweiten Sequenz. Somit dokumentiert sich sowohl in diesen Gemeinsamkeiten als auch in dem eben skizzierten Kontrast letztlich ein ähnlicher Sinngehalt. Die einzige Begegnung zwischen Lehrpersonen und Schülern, welche im Film in Szene gesetzt wird, erscheint somit durch die Art dieser Montage eher als eine ‚Nicht-Begegnung'.

Dies wird zudem noch durch eine für derartige Montagen ungewöhnliche Gestaltung des Tonraums verdichtet. Der Tonraum bricht mit jedem Schnitt abrupt ab. Auf diese Weise werden zwei voneinander abgesetzte Räume hergestellt, in denen Lehrerin und Schüler(innen) getrennt voneinander agieren. Und da die Lehrerin sich ihren Weg durch die dicht gedrängt stehenden Schüler bahnen muss, erhalten diese (im Zusammenhang mit dem fehlenden Blickkontakt und kommunikativen Bezug) deutlich den Charakter eines Hindernisses. Die Schüler werden nicht nur nicht als Gegenüber, sondern nicht einmal als Personen wahrgenommen. Vielmehr wirken sie wie eine Mauer und dadurch, dass die Untersicht eingenommen wird, zugleich übermächtig und bedrohlich.

Es kann hier wiederum deutlich werden, dass die dokumentarische Interpretation sich grundsätzlich nicht auf Einzelelemente, sondern auf die Relationen der Einzelelemente zueinander richtet. Dabei ist es im Falle der Film- und Videointerpretation einerseits die *interne* Relation der Bilder in ihrer Simultaneität und andererseits die Relation der Bilder *zueinander* in deren Sequenzialität, welche ihrerseits relationiert werden müssen – im Sinne einer Relationierung der Relationen. Auf diese Weise können wir das ‚Ganze' des Videos in den Blick nehmen. Bei dem Filmtheoretiker Gilles Deleuze (1997: 24) heißt es dazu: „Wäre das Ganze zu definieren, dann durch die Relation".

12 Resümée

Während es in den qualitativen Methoden der Textinterpretation seit ca. 30 Jahren zunehmend selbstverständlich geworden ist, den Text als selbstreferentielles System in seiner Eigenlogik zu rekonstruieren, stehen wir im Bereich der Analyse des Visuellen in dieser Hinsicht am Anfang. Hierzu gilt es – wie dies auch von William T. Mitchell (1994) gesehen wird – die Erkenntnisse der unterschiedlichen Disziplinen, die sich mit stehenden und bewegten Bildern befassen, unter dem Namen Bildwissenschaft transdisziplinär zusammen zu führen. Dies sind vor allem die Kunstgeschichte und -wissenschaft, die Filmwissenschaft und (in ihren ersten Ansätzen) die sozialwissenschaftliche Videografie.

Während die sozialwissenschaftliche Videografie die visuelle Ebene überwiegend im Sinne einer Ergänzung zur Gesprächsanalyse versteht und vor allem die Leistungen der *abgebildeten* Bildproduzenten (und deren Bewegungsverläufe und Habitus) in den Blick nimmt, konzentriert sich die neuere Filmwissenschaft (im Unterschied zur älteren) auf Leistungen der *abbildenden* Bildproduzenten mit Bezug auf deren ästhetisch-technische Herstellung (Einstellung, Kadrierung, Montage/Bildmischung).

Dem vor allem von Seiten der Philosophie, der Kunstgeschichte und der neuen Bildwissenschaft geforderten Zugang zur Eigenlogik des Bildes und des Visuellen werden diese Wege der Videografie und Filmanalyse dabei (bisher) nur partiell gerecht. Methodologische Voraussetzung für einen derartigen Zugang zur Eigensinnigkeit des Visuellen ist, dass die visuelle Ebene, also die stehenden und bewegten Bilder, nicht vor dem Hintergrund des sprachlich-textlichen Vor-Wissens interpretiert werden, sondern dass eine Verfahrensweise methodisiert wird, bei der es gelingt, bestimmte Bereiche des sprachlich-textlichen Vor-Wissens zu suspendieren (genauer dazu: Bohnsack 2009a: Kap. 3.3 und 6)[6]. Handlungstheoretische Voraussetzung hierfür ist eine Differenzierung zwischen einer Motivkonstruktion (für die wir auf sprachlich-textliches Vor-Wissen zurückgreifen müssen) einerseits und der Rekonstruktion des (im Bild selbst sich dokumentierenden) Habitus andererseits.

---

[6] Gewisse – allerdings methodisch noch ganz am Anfang stehende – Ansätze zu einer „ ‚Emanzipation' des Bildmaterials vom Sprachmaterial" zeigen sich bei Kade/Nolda (2007: 170) und Nolda (2007) in ihrer Analyse von Kursen der Erwachsenenbildung und in der im selben Arbeitskontext entstandenen – an die objektive Hermeneutik anknüpfenden – Arbeit von Dinkelaker/ Herrle (2009)

Neben der konsequenten Kontrolle und eben auch Suspendierung sprachlich-textlichen Vor-Wissens bedarf es einer (am Bild rekonstruierbaren) Integration der Leistungen und Bewegungen der *abbildenden* mit denen der *abgebildeten* Bildproduzenten wie auch einer Integration der *sequentiellen* Struktur des Videos mit der Struktur des Einzelbildes in seiner *Simultaneität*. Letzteres stellt eine besondere Herausforderung dar, weil es voraussetzt, über die Sequenzanalyse als *dem* wesentlichen Prinzip der qualitativen Methoden der Textinterpretation hinaus zu gehen. Mit der dokumentarischen Methode versuchen wir, diesen Ansprüchen gerecht zu werden und uns dabei den Gütekriterien sozialwissenschaftlicher Empirie (vgl. Bohnsack 2005) zu stellen.

Literatur

Dort, wo der nicht deutschsprachige Titel im Text zitiert wird, sind die Zitate von mir selbst ins Deutsche übertragen worden.

Balázs, Belá (1976): Der Film. Werden und Wesen der neuen Kunst. Wien (5. Auflage)
Balázs, Belá (2001): Der sichtbare Mensch oder die Kultur des Films. Frankfurt a. M. (urprüngl.: 1924)
Baltruschat, Astrid (2010): Die Dekoration der Institution Schule. Filminterpretationen nach der dokumentarischen Methode. Wiesbaden
Barthes, Roland (1990): Der entgegenkommende und der stumpfe Sinn. Kritische Essays III. Frankfurt a. M. (ursprüngl. 1982)
Belting, Hans (2001): Bild-Anthropologie. Entwürfe für eine Bildwissenschaft. München
Birdwhistell, Ray L. (1952): Introduction to Kinesics (An annotation system for analysis of body motion and gesture). Louisville
Birdwhistell, Ray L. (1968): Kinesics. In David L. Sills (ed.): International Encyclopedia of Social Sciences, Vol. 8. New York, p. 379
Bohnsack, Ralf (1989): Generation, Milieu und Geschlecht. Ergebnisse aus Gruppendiskussionen mit Jugendlichen. Opladen
Bohnsack, Ralf (2003): Dokumentarische Methode und sozialwissenschaftliche Hermeneutik. Zeitschrift für Erziehungswissenschaft (ZfE), 6, S. 480–504
Bohnsack, Ralf (2005): Standards nicht-standardisierter Forschung in den Erziehungs- und Sozialwissenschaften. Zeitschrift für Erziehungswissenschaft (ZfE), 7 , Beiheft Nr. 3 (Standards und Standardisierung in der Erziehungswissenschaft), S. 65–83
Bohnsack, Ralf (2006): Mannheims Wissenssoziologie als Methode. In: Dirk Tänzler/Hubert Knoblauch/Hans-Georg Soeffner (Hg): Neue Perspektiven der Wissenssoziologie. Konstanz, S. 271–291
Bohnsack, Ralf (2007): Typenbildung, Generalisierung und komparative Analyse. Grundprinzipien dokumentarischer Interpretation. In Ralf Bohnsack, Iris Nentwig-Gesemann u. Arnd-Michael Nohl (Hg.), Die dokumentarische Methode und ihre Forschungspraxis. Grundlagen qualitativer Sozialforschung. Wiesbaden (2. Aufl.; ursprüngl. 2001), S. 225–252
Bohnsack, Ralf (2009a): Qualitative Bild- und Videointerpretation. Die dokumentarische Methode. Opladen u. Farmington Hills
Bohnsack, Ralf (2009b): Die Mehrdimensionalität der Typenbildung und ihre Aspekthaftigkeit. In Jutta Ecarius/Burkhard Schäffer (Hg.): Typenbildung und Theoriegenerierung. Perspektiven qualitativer Biographie- und Bildungsforschung. Opladen u. Farmington Hills. S. 47–72

Bohnsack, Ralf (2010): The Interpretation of Pictures and the Documentary Method. In Ralf Bohnsack, Nicolle Pfaff u. Wivian Weller (Hg.), Qualitative Analysis and Documentary Method in International Educational Research. Opladen u. Farmington Hills, S. 267–292) (wieder abgedruckt in Hubert Knoblauch, Alejandro Baer, Eric Laurier, Sabine Petschke u. Bernt Schnettler (Hg.) (2008), Visual Methods. FQS (Forum Qualitative Social Research), 9, 3)

Bordwell, David (1985): Narration in the Fiction Film. London

Borstnar, Niels/Pabst, Eckhard/Wulff; Hans J. (2002): Einführung in die Film- und Fernsehwissenschaft. Konstanz.

Bourdieu, Pierre (1996): Die Praxis der reflexiven Anthropologie. In Pierre Bourdieu, Loïc J.D. Wacquant (Hg.), Reflexive Anthropologie. Frankfurt a. M, S. 251–294

Deleuze, Gilles (1997): Das Bewegungs-Bild. Kino 1. Frankfurt a. M.

Dinkelaker, Jörg/Herrle, Matthias (2009): Erziehungswissenschaftliche Videographie. Eine Einführung. (Reihe: Qualitative Sozialforschung). Wiesbaden

Faulstich, Werner (2002): Grundkurs Filmanalyse. München

Foucault, Michel (1971): Die Ordnung der Dinge. Eine Archäologie der Humanwissenschaften. Frankfurt a. M. (ursprüngl. 1966)

Garfinkel, Harold (1961): Aspects of Common Sense Knowledge of Social Structures. Transactions of the Fourth World Congress of Sociology, 4, pp. 51–65 (deutsch: 1973: Das Alltagswissen über soziale und innerhalb sozialer Strukturen. In: Arbeitsgruppe Bielefelder Soziologen (Hg.), Alltagswissen, Interaktion und gesellschaftliche Wirklichkeit. Reinbek b. Hamburg, S. 189–260)

Garfinkel, Harold (1967): What is Ethnomethodology? In: Ders.: Studies in Ethnomethodology. Englewood Cliffs u. New Jersey, S. 1–34

Geimer, Alexander (2010): Filmrezeption und Filmaneignung. Eine qualitativ-rekonstruktive Studie über Praktiken der Rezeption bei Jugendlichen. Wiesbaden

Goodwin, Charles (2001): Practices of Seeing Visual Analysis: an Ethnomethodological Approach. In Theo van Leeuwen u. Carey Jewitt (eds.), Handbook of Visual analysis. Los Angeles et al., S. 157–182

Heath, Christian (1997): The Analysis of Activities in Face to Face Interaction Using Video. In: Silverman, David (ed.): Qualitative Research. Theory, Method and Practice. London, pp. 183–200

Heidegger, Martin (1986): Sein und Zeit. Tübingen (Original: 1927)

Hepp, Andreas (2004): Cultural Studies und Medienanalyse. Eine Einführung. Wiesbaden (2. Aufl.)

Hickethier, Knut (1996): Film- und Fernsehanalyse. Stuttgart u. Weimar (2. Auflage; ursprüngl. 1993)

Hietzge, Maud (2010): Von der Bildinterpretation zur Videografie – nur ein Schritt?. Review Essay: Ralf Bohnsack (2009). Qualitative Bild- und Videointerpretation [43 Absätze]. Forum Qualitative Sozialforschung / Forum: Qualitative Social Research, 11 (1), Art. 11, http://nbnresolving.de/urn:nbn:de:0114-fqs1001111

Imdahl, Max (1979): Überlegungen zur Identität des Bildes. In Odo Marquard u. Karlheinz Stierle (Hg.), Identität (Reihe: Poetik und Hermeneutik, Bd. VII) München, S. 187–211

Imdahl, Max (1996): Giotto – Arenafresken. Ikonographie – Ikonologie – Ikonik. München

Keppler, Angela (2006): Mediale Gegenwart. Eine Theorie des Fernsehens am Beispiel der Darstellung von Gewalt. Frankfurt a. M.

Klambeck, Amelie (2007): „Das hysterische Theater unter der Lupe". Klinische Zeichen psychogener Gangstörungen. Wege der dokumentarischen Rekonstruktion von Körperbewegungen auf der Grundlage von Videografien. Göttingen

Knoblauch, Hubert (2005): Video-Interaktions-Analyse. In: Christoph Wulf u. Jörg Zirfas (Hg.), Ikonologie des Performativen. München, S. 263–275

Kracauer, Siegfried (1964): Theorie des Films. Die Errettung der äußeren Wirklichkeit. Frankfurt a. M. (ursprüngl. 1960)

Kuchenbuch, Thomas (2005): Filmanalyse: Theorien – Modelle – Kritik. Wien/Köln/Weimar

Luhmann, Niklas (1990): Die Wissenschaft der Gesellschaft. Frankfurt a. M.

Mannheim, Karl (1964): Beiträge zur Theorie der Weltanschauungsinterpretation. In: Ders., Wissenssoziologie. Neuwied, S. 91–154 (ursprüngl. 1921–1922 in Jahrbuch für Kunstgeschichte XV, 4)
Mannheim, Karl (1980): Strukturen des Denkens. Frankfurt a. M.
Mead, George Herbert (1968): Geist, Identität und Gesellschaft. Frankfurt a.M. (Original: 1934: Mind, Self and Society, Chicago)
Michel, Burkard (2006): Bild und Habitus. Sinnbildungsprozesse bei der Rezeption von Fotografien. Wiesbaden
Michel, Burkard (2007): Fotografien und ihre Lesarten. Dokumentarische Interpretation von Bildrezeptionsprozessen. In Ralf Bohnsack, Iris Nentwig-Gesemann u. Arnd-Michael Nohl (Hg.), Die dokumentarische Methode und ihre Forschungspraxis. Grundlagen qualitativer Sozialforschung. Wiesbaden, S. 93–123 (2.Aufl.; ursprüngl. 2001)
Mikos, Lothar (2003): Film- und Fernsehanalyse. Konstanz
Monaco, James (2003): Film und neue Medien. Lexikon der Fachbegriffe. Reinbek b. Hamburg (2. Aufl.)
Mitchell, William J.T. (1994): Picture Theory. Essays on Verbal and Visual Representation. Chicago u. London
Nolda, Sigrid (2007): Videobasierte Kursforschung. Mögliche Erträge von interpretativen Videoanalysen für die Erforschung des organisierten Lernens Erwachsener. Zeitschrift für Erziehungswissenschaft, 10, 7, S. 478–492
Panofsky, Erwin (1932): Zum Problem der Beschreibung und Inhaltsdeutung von Werken der Bildenden Kunst. Logos, XXI, S. 103–119 (Wieder abgedruckt in Ders.: (1964). Aufsätze zu Grundfragen der Kunstwissenschaft. Berlin, S. 85–97)
Panofsky, Erwin (1975): Ikonographie und Ikonologie. Eine Einführung in die Kunst der Renaissance. In Ders., Sinn und Deutung in der bildenden Kunst. Köln, S. 36–67 (ursprüngl. 1955)
Panofsky, Erwin (1999): Stil und Medium im Film. In: Ders.: Stil und Medium im Film & Die ideologischen Vorläufer des Rolls-Royce-Kühlers. Frankfurt a. M., S. 19–57
Raab, Jürgen (2002): „Der schönste Tag des Lebens" und seine Überhöhung in einem eigenwilligen Medium. Videoanalyse und sozialwissenschaftliche Hermeneutik am Beispiel eines professionellen Hochzeitsvideofilms. In: Sozialer Sinn. Zeitschrift für hermeneutische Sozialforschung. Heft 3, S. 469–493
Raab, Jürgen (2008): Visuelle Wissenssoziologie. Theoretische Konzeptionen und materiale Analysen. Konstanz
Sacks, Harvey (1995): Lectures on Conversation. Volumes I & II. Oxford (UK) & Cambridge (USA)
Schäffer, Burkhard (2003): „Ein Blick sagt mehr als 1000 Worte". Zur generationsspezifischen Inszenierung pädagogischer Blickwechsel in Spielfilmen. In Yvonne Ehrenspeck/Burkhard Schäffer (Hg.): Film- und Fotoanalyse in der Erziehungswissenschaft. Opladen. S. 395–418
Schütz, Alfred (1971): Gesammelte Aufsätze, Bd. 1: Das Problem der sozialen Wirklichkeit. Den Haag (Original 1962: Collected Papers, Vol. 1, The Problem of Social Reality. Den Haag)
Schütz, Alfred (1974): Der sinnhafte Aufbau der sozialen Welt. Eine Einleitung in die verstehende Soziologie. Frankfurt a. M. (ursprüngl. 1932)
Wagner-Willi, Monika (2005): Kinder-Rituale zwischen Vorder- und Hinterbühne. Der Übergang von der Pause zum Unterricht. Wiesbaden
Wagner-Willi, Monika (2007): Videoanalysen des Schulalltags. Die dokumentarische Interpretation schulischer Übergangsrituale. In Ralf Bohnsack, Iris Nentwig-Gesemann u. Arnd-Michael Nohl (Hg.), Die dokumentarische Methode und ihre Forschungspraxis. Grundlagen qualitativer Sozialforschung Opladen, S. 121–140
Wiedemann, Dieter (2005): Film und Fernsehen. In Klaus Sachs-Hombach (Hg.), Bildwissenschaft. Disziplinen, Themen, Methoden. Frankfurt a. M., S. 365–380
Willis, Paul (1981): „Profane Culture" – Rocker, Hippies: Subversive Stile der Jugendkultur. Frankfurt a.M.

Zu den AutorInnen

Baltruschat, Astrid

Dr. phil. Astrid Baltruschat ist wissenschaftliche Mitarbeiterin am Lehrstuhl für Schulpädagogik der Katholischen Universität Eichstätt-Ingolstadt. Ihre Arbeits- und Forschungsschwerpunkte sind Lehrerbildung, qualitative Schulforschung, Film- und Bildinterpretation.

Veröffentlichung:
Baltruschat, Astrid (2010): Die Dekoration der Institution Schule. Filminterpretationen nach der dokumentarischen Methode. Wiesbaden: VS-Verlag

Bohnsack, Ralf

Dr. rer. soc., Dr. phil. habil. Ralf Bohnsack ist Dipl.-Soziologe und Universitätsprofessor. Er leitet an der Freien Universität Berlin den Arbeitsbereich Qualitative Bildungsforschung. Seine Arbeitsfelder sind: Rekonstruktive Sozialforschung; praxeologische Wissenssoziologie, dokumentarische Methode, Gesprächsanalyse, Bild-, Film und Videointerpretation, Evaluationsforschung; Milieu-, Generations-, Jugend- und Devianzforschung.

Veröffentlichung:
Bohnsack, Ralf (2009): Qualitative Bild- und Videointerpretation. Die dokumentarische Methode. Verlag Barbara Budrich/UTB, Opladen & Farmington Hills.

Dinkelaker, Jörg

Dr. Jörg Dinkelaker studierte Erziehungswissenschaft mit den Schwerpunkten Erwachsenenbildung/Weiterbildung und Lernen Erwachsener. Seine Promotion legte er über Settings des informellen Lernens ab. Zurzeit ist er wissenschaftlicher Mitarbeiter am Fachbereich Erziehungswissenschaften der Goethe-Universität Frankfurt/Main. Seine Forschungsschwerpunkte sind: Settings des Lernens Erwachsener, Umgang mit Wissen und Nicht-Wissen und Aufmerksamkeitsinteraktion.

Veröffentlichung:
Dinkelaker, Jörg /Herrle, Matthias (2009): Erziehungswissenschaftliche Videographie. Kurs- und Interaktionsforschung. Wiesbaden.

Englert, Carina Jasmin

Carina Jasmin Englert, M.A. studierte Linguistik und Kommunikationswissenschaft. Derzeit ist sie wissenschaftliche Mitarbeiterin am Institut für Kommunikationswissenschaft der Universität Duisburg-Essen. Ihre Forschungsschwerpunkte liegen in den Bereichen Medien, Kommunikation und Emotion.

Veröffentlichung:
Reichertz, Jo / Englert, Carina Jasmin(2010): Einführung in die qualitative Videoanalyse. Wiesbaden: VS.

Hampl, Stefan

Univ.-Ass. Mag. Stefan Hampl absolvierte die Studien der Psychologe (Universität Wien) und der Handelswissenschaften (Wirtschaftsuniversität Wien). Seine Ausbildung in der dokumentarischen Methode erhielt er bei Ralf Bohnsack (FU Berlin) und Aglaja Przyborski (Universität Wien). Seine Dissertation legte er zum Thema Videointerpretation ab (bei Thomas Slunecko, Fakultät für Psychologie der Universität Wien).

Derzeit ist Stefan Hampl Studiengangskoordinator für Psychologie am Institut für Psychologie der Sigmund Freud Privatuniversität Wien/Paris (SFU, www.sfu.ac.at) und Leiter des Instituts für Kulturpsychologie und qualitative Sozialforschung (ikus, www.ikus.cc) in Wien. Schwerpunktmäßig forscht Stefan Hampl in den Bereichen Videointerpretation, Corporate Branding und Wissenschaftsmanagement.

Veröffentlichung:
Hampl, Stefan (2010): Die Artikulation des Türkischen in der deutschen Fernsehshow Istanbul Total. Rekonstruktive Videointerpretation nach der dokumentarischen Methode (Arbeitstitel) (Dissertation). Universität Wien, Wien.

Hecht, Michael

Dr. Michael Hecht ist Dipl. Pädagoge und Lehrer. Derzeit arbeitet er an der Laborschule Bielefeld. Seine fachlichen Schwerpunkte liegen in den Bereichen Schulpädagogik, Allgemeine Pädagogik, Sozialpädagogik und Soziologie. Er forscht vor allem zur Unterrichtsforschung, Videographie und Schulentwicklung.

Veröffentlichung:
Hecht, Michael (2009): Selbsttätigkeit im Unterricht. Empirische Untersuchungen in Deutschland und Kanada zur Paradoxie pädagogischen Handels. Wiesbaden: VS Verlag für Sozialwissenschaften.

Hilt, Regine

Regine Hilt studierte an der Kunsthochschule Berlin Gestaltung (Meisterschülerin und Dipl. Bühnenbildnerin) und an der Universität Essen-Duisburg Mediendidaktik (MA Educational Media). Ihre Forschungsschwerpunkte sind visuelle Methoden, praktische Medienarbeit (mit Kindern, Jugendlichen und Erwachsenen) und Medienkompetenz. Zusätzlich arbeitet sie freiberuflich als Mediengestalterin und Medienpädagogin – dort ist auch ihr Dissertationsprojekt angesiedelt (TU Berlin, Fachbereich Erziehungswissenschaft, bei Prof. Hendricks). Regine Hilt nimmt regelmäßig Lehraufträge im Fachinstitut für Informatik und Grafikdesign / Berlin, an der Fakultät Informatik / TU Dresden und in der Ècole Supérieure de Design in Casablanca und Rabat/Marokko wahr.

Veröffentlichung:
Hilt, Regine (voraussichtlich Herbst 2010): Schriftspiele. In: Fitzek, Herbert / Sichler, Ralph (Hrsg.): Kulturen im Dialog. Tagungsband. Giessen: Psychosozial-Verlag .

Irion, Thomas
Dr. rer. soc. Thomas Irion absolvierte sein Studium im Fach Erziehungswissenschaft und legte dort auch seine Promotion ab. Er ist Akademischer Rat und Geschäftsführer des Grundschulzentrums sowie des Forschungszentrums für Elementar- und Primarbildung an der Pädagogischen Hochschule Weingarten. Seine Forschungsschwerpunkte sind Grundschulpädagogik, Sachunterricht und Medienpädagogik.

Veröffentlichung:
Irion, Thomas (2008): Hypermedia-Recherche im Grundschulalter. Eine qualitative Videostudie zu Vorerfahrungen und Recherchekompetenzen. Baltmannsweiler: Schneider Verlag Hohengehren.

Kurt, Ronald

Ronald Kurt ist außerplanmäßiger Professor für Soziologie an der Universität Konstanz und Senior Fellow am Kulturwissenschaftlichen Institut in Essen, wo er das DFG-Projekt "Interkulturelles Verstehen in Schulen des Ruhrgebiets" leitet. Seine Forschungsschwerpunkte sind: Kultursoziologie, Hermeneutik und Sozialphänomenologie.

Veröffentlichung:
Kurt, Ronald (2009): Indien und Europa. Ein kultur- und musiksoziologischer Verstehensversuch. Inkl. einer DVD mit den Dokumentarfilmen: Be a Medium, Indische Musik - Europäische Musik, Raga Jog. Bielefeld: transcript.

Moritz, Christine

Dr. Christine Moritz studierte Instrumentalpädagogik (Klavier, Dipl.-instr.päd.) an der Hochschule für Musik und Darstellende Kunst in Frankfurt am Main. Sie promovierte im Bereich Kommunikation über das Medium Musik. Ihre Forschungsschwerpunkte sind Qualitative Forschungsmethoden, musikalische Kommunikation und Musikpädagogik.

Veröffentlichung:
Moritz, Christine (2010): Dialogische Prozesse in der Instrumentalpädagogik. Eine Grounded Theory Studie. Essen: die blaue Eule.

Reichertz, Jo

Prof. Dr. Jo Reichertz ist Professor für Kommunikationswissenschaft an der Universität Duisburg-Essen. Seine Forschungsschwerpunkte liegen in den Bereichen Medienwirkung und Mediennutzung, qualitative Text- und Bildhermeneutik und Kultursoziologie.

Veröffentlichung:
Reichertz, Jo (2009): Kommunikationsmacht. Was ist Kommunikation und was vermag sie? Und weshalb vermag sie das? Wiesbaden: VS.

Das Grundlagenwerk für alle Soziologie-Interessierten

> in überarbeiteter Neuauflage

Werner Fuchs-Heinritz / Daniela Klimke / Rüdiger Lautmann / Otthein Rammstedt / Urs Stäheli / Christoph Weischer / Hanns Wienold (Hrsg.)
Lexikon zur Soziologie
5., grundl. überarb. Aufl.
2010. ca. 800 S. Geb.
ca. EUR 39,95
ISBN 978-3-531-16602-5

Das *Lexikon zur Soziologie* ist das umfassendste Nachschlagewerk für die sozialwissenschaftliche Fachsprache. Für die 5. Auflage wurde das Werk neu bearbeitet und durch Aufnahme neuer Stichwortartikel erweitert.

Das *Lexikon zur Soziologie* bietet aktuelle, zuverlässige Erklärungen von Begriffen aus der Soziologie sowie aus Sozialphilosophie, Politikwissenschaft und Politischer Ökonomie, Sozialpsychologie, Psychoanalyse und allgemeiner Psychologie, Anthropologie und Verhaltensforschung, Wissenschaftstheorie und Statistik.

„[...] das schnelle Nachschlagen prägnanter Fachbegriffe hilft dem erfahrenen Sozialwissenschaftler ebenso weiter wie dem Neuling, der hier eine Kurzbeschreibung eines Begriffs findet, für den er sich sonst mühsam in Primär- und Sekundärliteratur einlesen müsste."
www.radioq.de, 13.12.2007

Erhältlich im Buchhandel oder beim Verlag.
Änderungen vorbehalten.
Stand: Juli 2010.

www.vs-verlag.de

Abraham-Lincoln-Straße 46
65189 Wiesbaden
Tel. 0611.7878-722
Fax 0611.7878-400

Über das sprachliche Kapital der Länder in Europa

> Zur Fremdsprachenkompetenz der Bürger Europas

Jürgen Gerhards
Mehrsprachigkeit im vereinten Europa
Transnationales sprachliches Kapital als Ressource in einer globalisierten Welt

2010. 244 S. (Neue Bibliothek der Sozialwissenschaften) Br.
EUR 24,95
ISBN 978-3-531-17441-9

Erhältlich im Buchhandel oder beim Verlag.
Änderungen vorbehalten.
Stand: Juli 2010.

Globalisierung und die fortschreitende Verflechtung der Mitgliedsländer der Europäischen Union führen zu neuen Anforderungen an und Chancen für die Bürger in Europa. Wollen diese am Europäisierungsprozess partizipieren, indem sie z. B. im Ausland studieren oder arbeiten, dann müssen sie die Sprache des jeweiligen Landes sprechen. Transnationales sprachliches Kapital wird damit zu einer zentralen Ressource der Teilhabe am Europäisierungsprozess.

Jürgen Gerhards rekonstruiert die Rahmenbedingungen, unter denen Mehrsprachigkeit zu einer zentralen Ressource geworden ist. Auf der Grundlage einer Umfrage in 27 Ländern der EU analysiert er die Fremdsprachenkompetenz der Bürger Europas; dabei gelingt es ihm, die enormen Unterschiede, die sich in der Ausstattung mit transnationalem sprachlichen Kapital zwischen und innerhalb der Länder zeigen, systematisch zu erklären. Gerhards plädiert für eine radikale Umkehr in der Sprachenpolitik der EU, indem er sich für die verbindliche Einführung des Englischen als ‚lingua franca' in Europa ausspricht.

www.vs-verlag.de

Abraham-Lincoln-Straße 46
65189 Wiesbaden
Tel. 0611.7878-722
Fax 0611.7878-400

MIX
Papier aus verantwortungsvollen Quellen
Paper from responsible sources
FSC® C105338

If you have any concerns about our products,
you can contact us on
ProductSafety@springernature.com

In case Publisher is established outside the EU,
the EU authorized representative is:
**Springer Nature Customer Service Center GmbH
Europaplatz 3, 69115 Heidelberg, Germany**

Printed by Libri Plureos GmbH
in Hamburg, Germany